宮崎山名事典

松本久治 著
Hisaharu Matsumoto

鉱脈社

はじめに

　「糖尿病で高所恐怖症、趣味は登山」。大概の人は怪訝そうな顔をされる。

　ハイキング＆ウォーキング、今風に言えばハイカー、即ち山野徘徊が正しい。私の故郷は宮崎市清武町、朝夕双石山を眺め育ち、高校時代は学友と競い合っていました。厄年に糖尿病に罹患、運動療法と称し渓流釣りに明け暮れ、試しに独身時代３回も富士山に登ったと豪語する妻を誘ったら、すぐに顎を出したのは私。コースタイム１時間を倍もかかり、散々な目に遭遇。

　禁酒・禁煙し一念発起、九州の山から宮崎の山々へ。登山バイブルは、ずっと後に双石山に随行させていただいた、渡部智倶人著『マイカーで行く九州の山歩き』(昭和57年初版)と、斟鉢山随行の吉川満著『宮崎県の山歩き』(昭和64年初版)でした。平成４年４月19日、西都市の烏帽子岳山開きで銀鏡神社濱砂宮司に山頂へ御幣を託された時に知り合った単独行の柴田ツネ子さん(福岡市・故人)が、各都道府県の百山を目ざされ、既に宮崎県はこの山で77座目とのこと。その資料や、折々にいただく国内だけではなく海外からの山行の便りに憧憬しておりました。

　『宮崎百山』刊行で日本山岳会宮崎支部に加入し、後に「二人歩地山楽会」に戻り、誰とも行き会わぬ山を巡っていましたが、平成元年に坐骨神経痛で40日間の松葉杖。山行記録をワープロし、坂元守雄氏発行の『みやざきの自然』(1989～2002)に地蔵岳を投稿が縁で、四方面山・稲妻山・権現山・珍神山・冠岳・高森山・二つ岳・男鈴山・小松山・矢岳・えびの岳・可愛岳・荒平山・楠森塚・西林山・熊山を連載していただいた。

　平成４年11月３日、ウエストン祭の時に、国見岳初登頂に随行した森本辰雄元日本山岳連盟九州支部長は高校の大先輩、後に「宮崎山楽会」

を創設され私は岳友として、牛の峠・西林山・唐松山など案内、平成16年5月1日『日本山名事典』(三省堂)刊行で宮崎の山と峠420座を一緒に編集させていただいた。しかし全国の二万五千図記載の山と峠を網羅したもので字数も制限され、何時かは詳しい宮崎山名事典をと思っていた次第です。

　結局、全踏破は叶いませんでしたが、まだ林業華やかな時代に林道を利用して登られた頃で、既にキャンプ場も閉鎖された所もあり、現在とは随分隔たりもあります。また、折に触れ、山麓での貴重な話や、快く案内までしていただいた方々を記載できませんでしたが、心より御礼申し上げます

　なお、出来るだけ正確を期すために、新聞、雑誌などの記事をはじめ、孫引きした箇所も多々ありますが、紙面の都合上、まとめて参考文献の記載にてご了承ください。

　標高・三角点等数・基準点名は、国土地理院発行の「基準点配点図」や「基準点成果等閲覧サービス」「電子国土基本図」を参照しました。
　　2024年6月

第2編　資料データ編 — 205

第3編　山を讃える校歌

県西部

霧島山

えびの市立 飯野小学校 262	えびの市立 大河平(オコビラ)小学校 262	えびの市立 岡元小学校 262
えびの市立 真幸(マサキ)小学校 262	えびの市立 上江中学校 262	小林市立 小林小学校 262
小林市立 細野小学校 262	小林市立 永久津小学校 263	小林市立 紙屋小学校 263
小林市立 南小学校 263	小林市立 三松小学校 263	小林市立 永久津中学校 263
小林市立 東方中学校 263	小林市立 細野中学校 263	高原町立 後川内小学校 263
高原町立 広原小学校 263	高原町立 後川内中学校 264	都城市立 有水小学校 264
都城市立 川東小学校 264	都城市立 上長飯小学校 264	都城市立 祝吉小学校 264
都城市立 笛水小学校 264	都城市立 菓子野小学校 264	都城市立 西小学校 264
都城市立 西岳小学校 264	都城市立 明和小学校 265	都城市立 吉之元小学校 265
都城市立 石山小学校 265	都城市立 麓小学校 265	都城市立 高城小学校 265
都城市立 四家小学校 265	都城市立 庄内小学校 265	都城市立 丸野小学校 265
都城市立 中霧島小学校 265	都城市立 江平小学校 266	都城市立 縄瀬小学校 266
都城市立 夏尾小学校 266	都城市立 高城中学校 266	都城市立 有水中学校 266
都城市立 沖水中学校 266	都城市立 小松原中学校 266	都城市立 夏尾中学校 266
都城市立 西岳中学校 266	都城市立 山之口中学校 267	三股町立 深年小学校 267
三股町立 三股小学校 267	三股町立 三股西小学校 267	三股町立 三股中学校 267
国富町立 木脇小学校 267	国富町立 木脇中学校 267	国富町立 本庄中学校 267
西都市立 三財中学校 268	宮崎市立 浦之名小学校 268	宮崎市立 瓜生野小学校 268
宮崎市立 江平小学校 268	宮崎市立 大淀小学校 268	宮崎市立 鹿村野小学校 268
宮崎市立 清武小学校 268	宮崎市立 江南小学校 268	宮崎市立 潮見小学校 268
宮崎市立 那珂小学校 269	宮崎市立 宮崎小学校 269	宮崎市立 宮崎西小学校 269
宮崎市立 檍中学校 269	宮崎市立 赤江中学校 269	宮崎市立 大塚中学校 269
宮崎市立 大宮中学校 269	宮崎市立 大淀中学校 269	宮崎市立 清武中学校 269
宮崎市立 東大宮中学校 270	宮崎市立 宮崎大学教育文化学部附属中学校 270	
宮崎県立 飯野高校 270	宮崎県立 小林高校 270	宮崎県立 小林工業高校 270
宮崎県立 小林商業高校 270	宮崎県立 本庄高校 270	宮崎県立 宮崎海洋高校 270
宮崎市立 宮崎工業高校 271	宮崎県立 都城工業高校 271	

高千穂峰(たかちほのみね)

小林市立 小林中学校 271	小林市立 紙屋中学校 271	小林市立 三松中学校 271
高原町立 狭野小学校 271	高原町立 高原小学校 271	高原町立 高原中学校 271
都城市立 五十市小学校 272	都城市立 梅北小学校 272	都城市立 沖水小学校 272
都城市立 乙房小学校 272	都城市立 木之川内小学校 272	都城市立 志和池小学校 272
都城市立 高崎小学校 272	都城市立 高崎麓小学校 272	都城市立 大王小学校 272
都城市立 御池小学校 273	都城市立 南小学校 273	都城市立 安久小学校 273
都城市立 山田小学校 273	都城市立 笛水小中学校 273	都城市立 五十市中学校 273
都城市立 庄内中学校 273	都城市立 志和池中学校 274	都城市立 妻ケ丘中学校 274
都城市立 中郷中学校 274	都城市立 夏尾中学校 274	都城市立 西中学校 274
都城市立 姫城中学校 274	都城市立 御池中学校 274	都城市立 山田中学校 274
三股町立 勝岡小学校 275	宮崎市立 住吉中学校 275	新富町立 富田中学校 275

県南部

仙立山 北郷町立 黒荷田小学校 283

鼓ケ岳 日南市立 吾田中学校 283

津の峯 日南市立 油津小学校 283

飫肥城 日南市立 桜ケ丘小学校 283

鯛取山 日南市立 榎原小学校 283　　串間市立 秋山小学校 284

高畑山 串間市立 本城小学校 284　　串間市立 有明小学校 284　　串間市立 市来小学校 284

小松ケ丘・扇山 串間市立 都井中学校 284

瀧口山 串間市立 大束小学校 284　　串間市立 大束中学校 285

麻畠山 串間市立 北方小学校 285

笠祇岳 串間市立 笠祇小学校 285

県中央部

釈迦ケ岳 国富町立 深年小学校 286　　綾町立 綾中学校 286

式部岳 国富町立 八代小学校 286

双石山 宮崎市立 鏡洲小学校 286　　宮崎市立 鏡洲中学校 286　　宮崎県立 宮崎海洋高校 286

鰐塚山 都城市立 南小学校 287　　都城市立 西中学校 287　　宮崎市立 七野小学校 287
　　　　宮崎市立 田野小学校 287　　宮崎市立 田野中学校 287　　宮崎市立 宮崎南小学校 287
　　　　宮崎県立 日南農林高校 287

斟鉢山 宮崎市立 木花小学校 288　　宮崎市立 国富小学校 288　　宮崎市立 木花中学校 288

荒平山(丸目山) 宮崎市立 大久保小学校 288　　　　　　　　　　　宮崎市立 加納小学校 288

久峰 宮崎市立 広瀬北小学校 288　　宮崎市立 広瀬小学校 288　　宮崎市立 久峰中学校 289

宝塔山 宮崎市立 佐土原小学校 289

天ケ城 宮崎市立 高岡小学校 289　　宮崎市立 高岡中学校 289

城山 宮崎市立 青島小学校 289

宮崎城 宮崎市立 池内小学校 290

諸塚山（もろつかやま）　諸塚村立　立岩小学校 299　　諸塚村立　諸塚小学校 299　　諸塚村立　七つ山小学校 300
　　　　　　　　　　　諸塚村立　諸塚中学校 300　　高千穂町立　向山中学校 300

日陰山（ひかげやま）　美郷町立　西郷義務教育学校 300

清水岳（しみずだけ）　美郷町立　山瀬小学校 300

高峠（たかとうげ）　美郷町立　小八重小学校 300　　美郷町立　神門小学校 301

尖山（とがりやま）　美郷町立　西郷中学校 301

冠岳（かんむりだけ）　日向市立　東郷小学校 301　　日向市立　福瀬小学校 301　　日向市立　東郷学園 301

米の山（こめのやま）　日向市立　日知屋小学校 301　　日向市立　日知屋東小学校 302　　日向市立　冨高小学校 302
　　　　　　　　　　　日向市立　細島小学校 302

比良山（ひらやま）　日向市立　財光寺小学校 302　　日向市立　財光寺中学校 302

塩見城（しおみじょう）　日向市立　塩見小学校 302

高森山（たかもりやま）　日向市立　岩脇中学校 302

戸高山（とだかやま）　門川町立　五十鈴小学校 303

狗山城（いぬやまじょう）（日向門川城）　門川町立　五十鈴小学校 303

高千穂・延岡地域 ──────────────────────────────────── 304

古祖母山（ふるそぼさん）　高千穂町立　上岩戸小学校 304　　高千穂町立　岩戸小学校 304　　高千穂町立　岩戸中学校 304

祖母山（そぼさん）　高千穂町立　田原小学校 304　　高千穂町立　五ヶ所小学校 304　　五ヶ瀬町立　桑野内小学校 305
　　　　　　　　　高千穂町立　田原中学校 305

三秀台（さんしゅうだい）　高千穂町立　五ヶ所小学校 305　　高千穂町立　田原中学校 305

二つ岳（ふたつだけ）　高千穂町立　上岩戸小学校 305

三尖（みつとぎり）　高千穂町立　上野小学校 305　　高千穂町立　上野中学校 306

玄武山（げんぶやま）　高千穂町立　上野小学校 306　　高千穂町立　上野中学校 306

穂日嶺（櫛觸峯）　高千穂町立　高千穂中学校 306

国見ケ丘（くにみがおか）　高千穂町立　押方小学校 306

二上山（ふたかみさん）（ふたがみやま）　高千穂町立　押方小学校 306　　　　　　　　五ヶ瀬町立　坂本小学校 307

烏帽子岳 高千穂町立 向山北小学校 307　　高千穂町立 向山南小学校 307　　日之影町立 高巣野小学校 307

城山 (樺木岳城)　五ヶ瀬町立 上町小学校 307

祇園山　五ヶ瀬町立 鞍岡小学校 307

傾 山　日之影町立 見立小学校 308

丹助岳　日之影町立 大菅小学校 308　　日之影町立 宮水小学校 308

比叡山　北方町立 下鹿川小学校 308　　延岡市立 美々地小学校 308

大崩山　日之影町立 鹿川中学校 308　　北川町立 祝子川小中学校 309

速日の峰　延岡市立 城小学校 309　　美郷町立 北郷小学校 309

行縢山　延岡市立 三椪小学校 309　　延岡市立 南方中学校 309　　延岡市立 黒岩中学校 309
　　　　宮崎県立 延岡第二高校 309

霧子山　延岡市立 三椪小学校 310　　延岡市立 三椪中学校 310

可愛岳 (えのたけ・えのだけ)　延岡市立 北川小学校 310　　　　延岡市立 東海小学校 310
　　　　延岡市立 東海東小学校 310　　延岡市立 北川中学校 310　　延岡市立 黒岩中学校 311
　　　　宮崎県立 延岡第二高校 311　　宮崎県立 延岡東高校 311

長尾山　延岡市立 東海中学校 311　　宮崎県立 延岡商業高校 311

愛宕山　延岡市立 恒富小学校 311　　延岡市立 西小学校 311　　延岡市立 東小学校 311
　　　　延岡市立 恒富中学校 312　　延岡市立 南中学校 312　　宮崎県立 延岡高校 312
　　　　宮崎県立 延岡第二高校 312

城山 (延岡城跡)　延岡市立 岡富小学校 312　　　　　　　　　延岡市立 岡富中学校 312
　　　　延岡市立 西階中学校 312　　宮崎県立 延岡商業高校 312

鏡 山　延岡市立 須美江小学校 313　　延岡市立 熊野江小学校 313　　延岡市立 熊野江中学校 313
　　　　延岡市立 南浦中学校 313

飯塚山　延岡市立 北浦中学校 313

尾高智山　延岡市立 三川内小学校 313

あとがき

第 **1** 編　宮崎の山名

※山の名前の後の項目は以下の順番です。
標高／三角点等級／基準点名／行政区／2.5万図／5万図

ア

青井岳(辻の岡) [アオイダケ]563.3m／二等／青井岳／都城市山之口町／有水／野尻

古称は青井嶽、地元呼称は辻の岡、古い地形図には括弧書きされている。日豊本線では県内最高標高（266m）青井岳駅の北に位置し、喘ぎ登ることから障泥嶽が転訛した山名で、文献には大山、西南戦争関係書には葵岳との記載もある。元禄の頃に、大玄公（島津家20代綱貴（1650〜1704）が登臨され「御茶屋の場」とも呼ばれていた。

『平家物語長門本』には、治承元年（1177）、平家打倒の密議「鹿ケ谷の陰謀」の発覚で、俊寛僧都、藤原成経、平康則が鬼界ケ島へ流刑途中の記載に「……それ船引（清武）、室野（田野町七野）、大山（青井岳）といひて月影日影もささぬ深山の峨々たる石巌を凌ぎこえて、日向の国西方が島津の庄に尽き始ふ……」とある。現在の国道269号に沿う道は、奈良〜平安時代の官道であった。『三国名勝図会』には、船路の目当て（目印）であったことが記されている。北北西（直線距離2km）に薩摩街道間道のケラガツカ、東北東（直線距離3.25km）にかつて高岡町山下への峠道・茶仙野（386m、三等、点名同じ）が位置する。

天神ダムと九州自動車道の中間部に、平成3年（1991）3月31日に設定された「青井岳林木遺伝資源保存林」（1.01ha）には、県内一の大カヤ（推定樹齢500年、幹周470cm、樹高30m）があり、「宮崎巨樹100選」（平成4年3月）、「森の巨人たち100選」（平成12年4月）に選定されている。

　国道269号と境川をまたぐ青井岳鉄橋（境川橋梁、高さ30m、長さ133m）は、大正５年（1916）、青井岳トンネル（1529m）と共に険しい谷間の難工事の末竣工し、日豊本線は全面開通。SL時代は「撮り鉄マニア」に人気があった。「青井岳の駅出でてより猪の床の話を聴きつつ居たり」斉藤茂吉が大正10年（1921）１月４日、宮崎観光を終え鹿児島への車中で地元の人の話に耳を傾けながら詠んだ歌である。

　青井岳駅から踏切を渡った先に〈新青井岳登山口〉があり、連結するように山之口町麓地区まで、旧往還の鹿児島街道の一部が「薩摩古道」（約14km、標高差約200m）としてウォーキングコースがある。「日向の軽井沢」として知られる青井岳自然公園、「とろみの湯全国ベスト10」にも選ばれた泉質の青井岳温泉を基点に、国道269号より飛松林道へ、青井岳キャンプ場、ハナカガシの森を過ぎ、西南戦争ゆかりの西郷坂（297m、独標）を越え左折、飛松川の宇都頭一号橋を渡ったＴ字路をまた左折し飛松林道98支線99分線へ、飛松地区簡易水源地を経て約4.9kmゲート地点が〈青井岳登下山口〉。他に青井岳荘を起点のウォーキングには、青井岳コース７km、ハナカガシコース５km、大カヤの木コース徒歩1.5時間、天神ダムコース徒歩１時間と案内がある。

※山之口とは、延喜式にある古代宿駅名の救仁（田野）と水俣（三股）を結ぶ宮崎往還（鹿児島街道）青井岳越の山の入り口であることが地名の由来で、中世から近世にかけて伊東氏と島津氏の争奪戦が繰り返され、「青井岳を制する者は日向を制す」とまでいわれた。藩政時代は、高城、高崎と共に山之口郷は鹿児島の島津本家の直轄領として12カ所の御番所（関所）があり、青井岳には５カ所が創設されていた。

青 鈴 山 ［アオスズヤマ］1238.8m／三等／立岩／椎葉村／上椎葉／椎葉村

　古くは小原権現山とあり、椎葉村有林の山で、林道桑の木原線が八合目まで通じているが、山頂への作業路は廃道化している。

※日足の短い椎葉は、「岐阜県白川郷」や「徳島県祖谷」と共に日本三大秘境といわれている。平成の大合併以前は、九州の市町村では一番大きな面積で、東京23区とほぼ同じ。「椎葉村は宮崎県より広い」とまで表現される。現在は、長崎県対馬市が一位。なお、平成22年（2010）９月30日、湯山峠（国道388号）付近（1.7km）の熊本県水上村〜宮崎県椎葉村の県境が総務省により確定告示され、面積が1.15ha増えて総面積は537.35haとなった。

赤岩山 [アカイワヤマ] 530.4m ／四等／赤岩山／日南市北郷町／坂元／日向青島

　日南市街地から眺め西北に広がる舞の山～赤岩山～乱杭野～坊主山に至る稜線は、その山容から地元では寝姿観音山脈と呼ばれている。乱杭野の霧島神社を起点に、舞の山から赤岩山西峰（標高540m、等高線）にかけて周回遊歩道があり、山頂の赤い岩峰からの山名である。東の485m峰（独標）は通称：立野山、坊主山との中間は城山（じょんやま、367m、独標）という。

　南面の北郷町権現谷沿いに、平成9～14年にかけて「緑のダム」の山林整備事業により、「権現谷の水を守る会」黒木圏光会長（1927～2017）所有の自然公園「はなぞの」（松盛園）を中心に、森林浴や散策ができる管理歩道8号が完成した。

　林道・権現谷線が乱杭野と通称：握りこ山（291.1m、四等、点名：越ケ泊）との鞍部を越えて、北郷町富土原と日南市富土原を結んでいる。握りこ山とはその山容と、伊東島津の戦いで山頂へ麓民が握り飯を運んだことに由来する。

赤木の原山 [アカギノハラヤマ] 1161.3m ／三等／向ノ原／椎葉村／不土野／椎葉村

　北西を不土野川、北東を小崎川に囲まれ、赤木の原山から北東の三方辻（1326m、二等、点名・三方峠）～一野瀬山（1092m、独標）へと尾根が続き、耳川の日向椎葉湖（上椎葉ダム湖）へと裾引く山塊である。南西の小崎峠（球磨越、1266m、独標）は、西南戦争の明治10年（1877）4月26日、早朝風雨の中、薩軍の西郷隆盛は小崎の庄屋・那須家から山輿で越えて、球磨川の源流・本須敷で休憩し、江代（水上村）に泊り、翌27日の黄昏に近い頃に、人吉城下の蓬莱山永国寺（幽霊寺）に到達した。小崎峠は日本の峠1000の一つで（『日本百名峠』）、西の県道142号上椎葉湯前線の不土野峠（旧江代越、不土野林道）は、国見峠（古くは胡桃坂・久留美嶺）と共に椎葉山への二大峠の一つである。

赤木山 [アカギヤマ] 909.8m ／二等／堂屋敷／小林市須木村～〈多良木町〉／田代ケ八重／須木

　山麓の堂屋敷は鹿児島藩の辺路番所があった所で、平安時代以降の作との薬師像を納める堂屋敷薬師堂があり、東の市ノ俣山との鞍部を経て熊本県多良木町槻木へ通る要所は御大師越と呼ばれ、槻木側からは堂屋敷越といわれた。多良木町下槻木御大師の県道144号より新西郷橋（西南戦争での西郷隆盛に由来する橋で、綾北川支

流槻木川）を起点に普通林道・下槻木南線が、市ノ俣山の中間で分岐し、北の九合目を通過している。米良を出発した西郷軍は国境を越えて再度日向に入り、西郷隆盛が堂屋敷に輿を留めたのは明治10年（1877）8月27日の午後だった。

　県道143号・中河間多良木線を挟んだ南方に雪の尾（792.9m、三等、点名同じ）が相対する。薬師堂近くには、南北朝争乱で高城合戦に敗れ須木城に立てこもった宮方の将・肝付兼重より米良の菊池への援助の主命を帯びた若武者の悲話のある（立看板要約）「八人塚一本杉」の巨木がある。

赤川浦岳 ［アカゴウラダケ］1232.0m／三等／田原越／高千穂町／祖母山／三田井

　親父岳と国見岳の中間に位置し、古くは赤小浦岳、赤児浦岳、赤子浦岳とも記され、九州自然歩道の黒原越より西へ尾根伝いに静かなたたずまいの山頂に至る。白い花のアケボノツツジで知られ、「祖母山・親父岳・赤子浦」で五ヶ所三代三山といわれる。

　西の国見岳との鞍部の旧往還・崩野峠（現県道8号五ヶ瀬竹田線）は、島津との勢力争いに敗れた伊東三位入道主従一行が、大友宗麟を頼って豊後落ちした峠である。天正5年（1577）12月9日未明、佐土原、都於郡を脱出してから17日目に河内に到着、翌正月7日、豊後を指して落ちていった三位入道は、生きて再び日向の地を踏むことはなかった。

赤土岸山 ［アカトギシヤマ］1169.4m／三等／赤堂岸／諸塚村〜五ヶ瀬町／諸塚山／諸塚山

　別称・あかどぎし、あかどうぎし。古くは内野口山、赤堂岸（点名に同じ）とある。一般には粘土でできた土地を赤土という。かつて修験道の諸塚山は女人禁制のため、花を捧げる女たちは、南は小原から西は赤土岸山付近までしか入れなかったので「花塚」とも呼ばれていた（『諸塚山の古木・巨樹100選』より）。

　速日の峰、真弓岳、九左衛門、諸塚山、二上山と共に六峰街道の山の一つ。六峰街道とは北方町を起点に北郷区、日之影町、諸塚村、高千穂町を経由して五ヶ瀬町に至る幅員5m、延長57kmのスーパー林道で、正式名称は広域基幹林道二子山東・二子山西・諸塚山線の総称。近くには山村整備作業路・笹の原線、赤岩作業路の支線がある。

赤髭山 ［アカヒゲヤマ］951.4m／三等／赤髭山／西米良村〜西都市／村所／村所

　紅葉で全山が赤く染まることからの山名といわれ、かつて山頂には山之神の小祠があった。国道219号（米良街道）銀鏡隧道東口・一の瀬三叉路を県道39号西都南郷線へ右折し1.7km、〈元村入口〉分岐より赤髭山林道が東山腹を通っている。

米良山地の山で、オサレ山・雪降山・龍房山・空野山・地蔵岳・烏帽子岳と共に銀鏡七山の一つである。

　北の烏帽子岳との鞍部・棚倉峠（銀鏡越とも）は、かつて小川と銀鏡を結ぶ主要路で、江戸幕府の「交代寄合衆」の重責にあった米良氏が、大名に準じて数年に一度の参勤交代をする経路であった。米良氏は、南朝一筋の名門である肥後菊池氏の後裔で、旧藩時代は人吉藩相良氏に属し、明治維新後本姓菊池に復帰し男爵となる。村所から銀鏡への往還は、天包越（現殿様街道）と棚倉峠の二つの峠を越えていた。

赤　水 [アカミズ] 898m／独標／高千穂町～日之影町／大菅／三田井

　古くは丹水嶽、赤水嶽ともいわれた。山頂近くに冷泉が湧き麓民が温泉療養に利用、硬水のため水底に紅い湯垢が付着し、水が赤く見えたことが山名の由来となる。

　昭和31年（1956）まで岩戸村を構成していた岩戸は高千穂町へ、見立は日之影町へと分離合併し、翌年は県道6号日之影宇目線の開通で、山が厚く幾つものピークを数える湾洞越（わんずごし・わんずごえ、1010m、等高）伝いの生活道は廃れてしまっていた。平成22年（2010）3月、分村から半世紀ぶりに両地区の協力のもとに、かつての峠道が復活を遂げ、日之影町見立中川から高千穂町岩戸の天の岩戸神社を結ぶ参詣道として、「天の古道」（10.5km）と命名され、平成25年（2013）4月27日、日之影町主催により初歩きが実施された。

　見立（3.75km）湾洞越（1.75km）赤水（5km）天の岩戸神社。西南戦争での西郷軍退路であり、明治10年（1877）8月20日、山浦峠（鹿川峠）に露営した西郷隆盛は、輿を降りて白木綿を肩から斜めにかけ結び、護衛兵が下から臀部を押し上げ、上の方からは吊し上げるようにして、辛うじて断崖を越え、21日夜は三田井の戸長役場（現高千穂町役場）に一夜を過ごし、改めて進路方向を鹿児島城山に定めた。湾洞越より北の小焼岳（1168m、独標）との鞍部に渡内越がある。

朝　陣　野 [アサジンノ] 839.4m／三等／尾八重／宮崎市田野町～日南市北郷町／築地原／日向青島

　古くは国見嶺、『旧北郷町史』には北の山とあり、日南山地の山で、鰐塚山の東4km、並松山の北に位置する。かつては焼畑の山で、前の晩に女性が延期を頼みにきたが野焼きを実行し、子蛇を抱いた大蛇の焼死体が見つかり、その後集落に災いが続き、祟りを鎮めるために蛇権現（大戸野神社）を祭ったとの言い伝えがある。カヤの一種・浅茅生野からの転訛で、丈の低いチガヤ（イネ科の多年草）が一面に生えているところで人の手が入っていない荒れた草地であったことからの

山名で、「ノ」とは原野のことをいう。

　県道28号日南高岡線の田野層雲橋南詰より上倉谷林道63支線を詰めた上倉谷登山口と大戸野峠（越）からの小径が尾根で合流して山頂へ。「鰐ん塚と金玉は包めば降らん（振らん）、朝陣野は包めば降る」と、鰐塚山よりもこの山に雲がかかると雨になるといわれる。田野町山麓の日和見山であり、朝日がたださす（出陣する）野山であることからの山名ともいう。

　北腹には道の駅「田野」や倉谷ふれあい牧場があり、大戸野峠から大戸野林道が南へ並松山の板谷林道に連結している。大戸野側の「飫肥杉峠展望台」からは、全国に名の通った見事な日本一のスギ美林が眺望できる。元和元年（1623）頃に飫肥藩では財政困窮の打開策としてスギの造林を奨励したことから、飫肥杉林業は始まったといわれている。※飫肥杉はスギの品種ではなく旧飫肥藩の領地内に植えられたスギの総称である。

愛宕山 ［アタゴヤマ］ 799.4m ／四等／愛宕山／高千穂町〜五ヶ瀬町／三田井／三田井

　高千穂町五ケ村と五ヶ瀬町桑野内を結ぶ往還で鳥越と呼ばれた。現在は県道203号土生高千穂線で国見ケ丘より桑野内まで11km、東に兜塚（650.3m、三等、点名同じ）、南には「高千穂山の会」により丁寧に手入れされた杉林と雑木林の鳥屋岳（別称・戸矢の山、772.1m、四等、点名同じ）があり、高千穂は何処もそこかしこに神々の気配が感じられる。

　一般に愛宕山とは山中に火伏・防火の神の愛宕権現を祀ってあることからの山名で、全国の総本社は京都市右京区嵯峨愛宕町に鎮座する愛宕神社である。『日本山名事典』（三省堂）によると日本一多い山名は城山（298山）、次いで丸山（187山）、3位の愛宕山は122山を数える。ちなみに都道府県最高峰の中で最も標高が低いのは千葉県の愛宕山（通称嶺岡愛宕山、408.2m、三等、点名・二ツ山）である。

愛宕山 ［アタゴヤマ］ 1035.5m ／三等／小原井／高千穂町／祖母山／三田井

　道元林道で山頂部と分割された尾根の突端（1000m、等高線）に、火伏の神・愛宕様（愛宕将軍地蔵菩薩）を祀ってあることからの山名で、防火・鎮火の神の龍泉寺地蔵尊で知られる「集雲山龍泉寺」のある高千穂町上野が一望され、地元では愛宕権現山と呼ばれている。

　この高原一帯は敷見原（四季見原）と呼ばれ、北東部の「四季見原すこやかの森キャンプ場」は、登山はもちろん、スカイスポーツの基地としても人気を集め、親父山

林道沿いの上野川には竜ケ岩の滝（50m三段、古称・龍窟瀑）があり、水面に映す夏の青葉、秋は紅葉の名所として知られている。

※東の土呂久を結ぶ道元越に名を残す、道元とは源義経の家臣・斉藤忠信の子で、出家し上野王農内に住み後に岩戸西の内に移り住み、豪の者として知られた。

愛 宕 山 ［アタゴヤマ］251.3m ／二等／愛宕山／延岡市／延岡／延岡

　　国土地理院呼称・あたごさん。古くは笠沙の山・笠江岬（笠江御崎）と呼ばれていたが、慶長元年（1596）延岡城主・高橋元種が築城のため縣城（延岡城）内の愛宕神社を遷座したことから愛宕山と改める。

　　平成10年（1998）4月、展望台とテレビ塔への分岐1.8kmの車道や駐車場が再整備され、T字路の標識には〈左・ゴールまで445m（全長2.195km）、右・山頂まで700m（全長2.45km）〉と案内がある。東には展望台へ550mの柞ケ谷コースがあり、西には700mの生目神社、水を司る神を祀る御手洗水神社（すいじんさん）、極天様（ごってんさん、愛宕神社奥の院）への神社コースの遊歩道と共に、擬木階段など景観にはできるかぎりの配慮がなされ、「愛宕山ふれあい公園」として歩いても車でも気楽に楽しめる延岡市シンボルの山である。

　　平成16年（2004）8月・日本夜景百選、同年日本ウォーキング協会により「美しい日本の歩きたくなる道五百選」（延岡展望・愛宕山のみち）に選定された。また全国の美しい夜景101カ所を選定して紹介する単行本『日本夜景遺産』（丸々もとお監修、ぴあ出版）に南九州で唯一選ばれている。平成12年4月完成の直径11m高さ12.7mの円筒状の3階建展望台からは300度のパノラマ。夜は動脈の国道10号と市街地の明かりに、高さ380mの旭化成ベンベルグ工場の赤と白のストライプ模様の煙突が空高く突き上げ、旭化成工場群の放つ明るい光が不夜城のように広がる。ニニギノミコトとコノハナサクヤヒメが結ばれたという神代の時代から続く出逢いの聖地であり、現代は恋愛のスポットとしてハート形のモニュメントには永遠の愛が成就するという南京錠が願掛けしてある。

　　南麓の片田町を往復する送電線巡視路を利用して下りから始まる登山は、自然そのままの道で足にも優しい。往路を戻らず山の辺を西へ向かい三須の93.7m（四等、点名・三須）に立ち寄り、尾根伝いに小径を山頂へ伝うのもまた面白い山歩きができる。「太郎兵衛狐」は、この山の北側の柞ケ谷に棲んで悪さをするキツネと作造爺さんの知恵比べの民話である。

　　頂上を「極天様」（天空を崇める聖地）と敬称し、男坂を設け、国守が直接斎主を

務める神社としたので、女人禁制の霊山であったが、大柄の美人で武芸にも長けていた日向御前（国姫・徳川家康のひ孫で藩主・有馬直純の正室）が馬を駆って登ったために、禁制は解かれ、領内の女性も参拝できるようになった。奥の院の鳥居の笠木は日向御前の奉納したもので、延岡では日向御前は「男勝りのお転婆娘」の代名詞であった。

　北西の古城町には、初代県の領主・土持氏の井上城跡・天守山（古くは天子山、68m、独標）がある。永仁5年（1297）土持国綱によって築城、永亨元年（1429）西階城に移った。

※昭和59年（1984）2月7日、愛宕山南面山林の出火で避難騒動も発生、自衛隊のヘリも出動し4日後に鎮火。焼失面積は8404ha、損害額は1億990万円に達した。

天包山 ［アマツツミヤマ］1188.8m／三等／天包／西米良村／村所／村所

　別称・てんぽうざん、てんぽうさん。古くは天包嶽、天砲越とあり、雨包山から転訛した山名で、天堤との記載もある。市房山・石堂山と共に米良三山（毎年4月29日山開き）の一つで、天包高原は「米良の軽井沢」とも呼ばれている。

　国道219号（米良街道）のカリコボーズ休暇村のある田無瀬より林道鉱山谷・古川線（殿様街道）～天包線（花街道）を経由し約10km、八合目登山口の坊主岩は、娘が登ると雨になるという「あまいわ」（天岩）と呼ばれる雨乞いの大岩で、西南戦争の銃弾跡が残っている。【西南の役激戦記念石碑】があり「明治10年7月22日・小川本陣の薩軍と村所本陣の官軍の攻防の地で、官軍は天砲山上に大砲を据え小川を砲撃した。官軍の死傷58名、薩軍は死者10余名、傷者数知れず」とある。またこの天包越は今度は逆コースで銀鏡から西米良への西郷軍退路となり、同年8月26日風雨の中、西郷隆盛が峠越えした道である。

　展望施設と電波塔のある山頂は、古くは高塚稲荷神社（天砲権現）があった。天包山観峯道と呼ばれた参道は整備され、坊主岩登山口から30分のコースタイムである。平成14年（2002）2月・花卉団地を起点（900m・等高線）に一周1時間のトレッキングコースが完成。全長4km、途中分岐は左右どちらを辿っても一周して戻れるようになっている。

　平成26年10月5日、山岳地帯を走るトレイルランニングの大会「西米良スカイランニングクエスト」（同実行委員会）が、トレッキングコース周辺で、翌年以降の本格実地を見据えて開催された。

　南北朝時代より宮方の将・菊池の子孫の隠れ里・米良の庄の中心地の村所には菊池記念館（米良氏19代・旧菊池武夫公別邸）や西米良村歴史民俗資料館があり、西米良村役場近くの村所八幡神社からの古の登山道は、七合目の高塚稲荷神社を経

て、コースタイム１時間30分の案内がある。

※かりこぼーず休暇村には「西米良温泉ゆたーと」、米良三山をイメージした三角形の桁組み（トラス）のある日本最長（140m）の木造車道橋「かりこぼーず大橋」、川の駅「百菜屋」、宿泊施設の双子キャンプ村がある。

※カリコボーズ（勢子坊主・狩子坊主）とは米良地方に伝わる精霊のことで、春彼岸から夏にかけては川に下り水太郎「水の神」になり、秋彼岸から冬には山太郎「山の神」になるといわれ、いたずらもするが悪さはせず、いろいろな逸話は語り部により受け継がれ、米良の山里の心豊かな暮らしを今も見守っている。

天 香 山 ［アマノカグヤマ］605m／独標／尾谷／高千穂町／三田井／三田井

　一般に、三田井側の西峰・天香具山（605m、独標）は、天孫（ニニギノミコト）降臨のときに天上より携えた真榊を植えたと伝えられ、高千穂地方の神社の祭典はこの山のサカキを供える浄心なる神域で、別名・榊山といわれている。登山の対象は岩戸側の東峰の天香久山（599.7m、四等、点名・尾谷）で、天の岩戸開きの時にフトダマノミコト（日本書紀では太玉命、古事記では布刀玉命）がこの山の真榊を根こそぎにして大神の神事に供えたといわれる。

　山腹に平成６年（1994）４月オープンの天の岩戸温泉（420m）があり、旧高千穂鉄道の東洋一の鉄橋（高さ105m）や九州一の高さを誇ったこともある雲海橋（高さ115m、長さ199m）が見下せる穴場的な存在の山で、かつては岩戸小学校の遠足の山であった。南東の尾根の突端の赤石岳（520m、等高）には氏神様が祀られ、麓の尾谷は集落部門「清流が育む大地」として、第９回美しい日本のむら景観コンテストでむらづくり対策推進本部長賞を受賞した。

　平成４年度完成の普通林道・天香具山線が焼山寺山との鞍部を越えて岩戸と浅ケ部地区を結ぶ。途中の「天の岩戸温泉」と「高千穂温泉」の単純温泉の源泉近くに、平成７年７月30日、老人グループ「若やぎ会」により道開きされ〈天香久山公園展望台登口〉の標識が建てられた。なお浅ケ部八十八ケ所霊場巡り「へんろ道・22番札所入口」（542m・案内板）を伝い、途中から天香具山や岩峰のワンズ岳（509m・案内板）に立ち寄り、高千穂で唯一「手力雄命」を祀る赤石神社の上宮を経るコースもある。

　東麓の天の岩戸神社は、主祭神の天照大神がスサノオの乱暴狼藉に困り果て籠ったと伝えられる天の磐屋をご神体とする。拝殿のある西本宮と岩戸川を挟んで

東本宮がある。西本宮より岩戸川右岸沿いに約10分で、八百万の神々が岩戸に隠れた天照大神をいかにして外に出そうかと協議された天の安河原と、洞窟（間口30m、奥行き25m）の仰慕ヶ窟があり、一帯には願いが叶うという無数のケルンが埋め尽くされ、静寂の中に荘厳な雰囲気がある。

　「草の芽は立つ　木の芽は伸びる　天の香久山　霞立つ」（野口雨情作詞、岩戸民謡より）。

※万葉集には天の香具山、奈良県の大和三山は地形図に天の香久山（152m・独標）と記載。

荒崎山 [アラサキヤマ] 338.6m ／三等／瓜立／都農町／都農／都農

　山中には巨石が点在し「都農の俵石」なるストーンサークルがあるという。山頂部には九州電力荒崎山無線中継所があり、川南町から都農町街や太平洋が一望できる車道は、南の尾立山（370m、等高線）を経て相見山・尾鈴神社へ続いている。

　平成22年、尾鈴サンロード沿いの山麓に「立野ウォーキングコース」（一周3.3km）が開設され、「梅の里・鈴川うめ」の名で出荷される梅林を始め、ミカン園、ハウス、金の斧が沈んでいると伝えられる立野溜池など、山里の四季折々の季節を愛でながらの散策は、ゆっくり歩いて1時間30分、家族連れの人気のスポットになっている。「立野」とは神武天皇の衣の綻びを立たれたまま縫った処ということで、美々津の立縫いの里と同じ伝説の地名といわれており、サンロードを挟んだ南東に大師山（172m、独標）がある。

嵐山 [アラシヤマ] 183.5m ／三等／阿蘇／延岡市・北浦町／古江／蒲江

　麓の海岸線約1kmの白砂青松の下阿蘇ビーチは、九州No.1海水浴場として平成18年度（2006）環境省「海水浴場百選」特賞受賞。日豊海岸シーニックバイウェイ（蒲江・北浦大漁街道）は国土交通省「日本風景街道」全国72ルートに選定され、東九州伊勢えび街道（平成16年より）の中心を占める。レジャー施設に「下阿蘇ビーチリゾート浜木綿村」キャンプ場、「道の駅・北浦」がある。

　別称かんご山。焼畑の荒地から「あらし」となったとも、静かな下阿蘇海岸に映る山容を表し京都の嵐山になぞらえた山名ともいわれ、かつてキビナゴなど魚群を観察する色見場が設けられていた。

　沖に浮かぶ県内最大（周囲約15.5km）の島浦島は、ミニ西国三十三ケ所の観音菩

薩の野仏を巡る遠見場山（とんばんとも。185.4m、二等、点名・島野浦）が聳え、国土交通省の「島の宝100景」や公益法人日本離島センターの「しま山100選」に県内で唯一選定されている。

荒平山 [アラヒラヤマ] 602.9m ／二等／荒平山／宮崎市清武町・田野町／築地原／日向青島

　古くから飫肥藩清武郷が取り仕切るカヤ山で、荒れた傾斜地（平）からの山名である。荒平山森林公園は旧清武町有林（138ha）の有効活用と森林公園構想のもと、国の生活環境保全林整備事業として平成９年（1997）より着手。町道2.5km～林道荒平山線（1991.1m）先の八合目には駐車場・トイレが設置、自然林造成や改良地、ツバキの森や巨木の森への管理歩道を散策したり、丸目岳（古くは円目嶽・今泉神社元宮跡、613.8m、四等、点名：梅藪）への尾根歩きを満喫することができる。北の荒平山から南へ連なる中の辻（605m、独標）～丸目岳を「丸目山・丸目の山」と総称し、宮崎市立大久保小学校や加納小学校の校歌にも歌われ親しまれている清武町最高峰である。

　天御中主神を祭神とする今泉神社は、円目嶽山頂にあったが遠隔で難渋のため、慶長11年（1606）飫肥第２代藩主・伊東祐慶の命で現在地（下今泉）に移したと伝えられ、大正３年（1914）建立の【今泉神社古跡】の石碑と祠がある。山麓の丸目集落は、江戸時代中期に円目寺という寺院があったことから、円目を丸目に改められ名付けられたものである。研ケ谷を源流とする清武川支流水無川は、旅の僧（アメノナカヌシノカミ）が大根を洗っていた老女に所望したが断られたために水がなくなったという伝説地で、森林の保全ならびに水源涵養機能向上を図る目的で整備が行われ清武町水道の水源地になっている。北麓に磐座と呼ばれる乳房の形をした巨石構築物の「丸目の乳岩さま」があり、昔から乳飲み子を抱いた母親が乳の出を祈願に訪れる。

イ

飯塚山 [イイヅカヤマ] 571.4m ／四等／本村／延岡市北浦町／古江／蒲江

　古くは末越山、別称に谷光、とびの越しがあり、飯を盛った塚状の山容からの山名である。西へ岳山、東へ神子山への尾根続きで、北浦町三川内地区と海岸地区を二分する広大な山脈の中央に位置し、大分県境の山々からも確認することができる。南東の小尾根の端で中野内集落の北の山は軍人岳（234.6m、四等、点名：中野内）と呼ばれている。「飯塚んたお（山）に雲が落ち込む時は時化が近くに来ちょる」との諺がある。

飯 干 山 ［イイボシヤマ］1162m／独標／椎葉村／古屋敷／椎葉村

　古くは大河内と小崎を結ぶ往還で、『日向地誌』の山の項に飯星越とある。高塚山との鞍部の国道265号の飯干峠（1050m、等高）は高塚山の登山口でもあり、椎葉方面への展望は見事に尽きる。合戦原への往還の1154.6m峰（三等・点名：豆坂）は、鷹の巣山で幕府献上の鷹取をする御立山の一つであり、椎葉山から肥後の球磨や人吉に通じる要所であった。

　西の赤木の原山との中間の谷間に位置する小崎川沿いの川の口（国道265号）には、享保16年（1731）7月・人吉藩に杣山願を出して処刑された【黒木六左衛門、右田大六兄弟殉難の地】の碑がある。杣山願事件とは、明暦2年（1656）人吉支配となり禁止となった杣取り（許可を得て木を切り出し焼畑をすること）の願いが5年に渉り却下された上に、悲劇的な結末となった事件である。飯干峠は他に国道503号五ヶ瀬町～諸塚村境にもあり、どちらの上下線とも急なヘアピンカーブの連続である。

飯 盛 山 ［イイモリヤマ］846.4m／二等／飯盛岳／えびの市／韓国岳／霧島山

　古くは飯盛岳・飯盛峯、別称に片平山・丸山がある。国道221号の加久藤越・昭和53年（1978）完成のえびのループ中央の丸岡（丸岡公園、511.1m、四等、点名：黒原）に対して「南の丸岡」ともいう。高盛飯の山容からの山名で、『三国名勝図会』には「飯盛峯……四面より望見ても皆一状なり、故に世人奇峯（珍しい形の山）と称す」とある。裾野はえびの市、鹿児島県湧水町にまたがる陸上自衛隊霧島演習場となっている。

硫 黄 山 ［イオウヤマ］1317m／独標／えびの市／韓国岳／霧島山

硫黄山(霧島連山)の噴火直後

　えびの高原（1200m）東部にある韓国岳の寄生火山で、明和5（1768）年の噴火により誕生した、霧島山系では最も新しい火山体で、砕屑丘といわれる地形である。台地状の山で、かつて火口内では硫気孔が激しく活動を続け、一帯は荒涼としており、別名賽の河原、硫黄地獄とも呼ばれ、ススキがエビ色に染まることがえびの高原の地名の由来となる。眼下の不動池（湖面標高1228m、直径200m、水深9m）は、火山特有のコバルトブルー（青緑色）の水を湛え神秘的である。

　硫酸の原料やマッチに使用された硫黄の採取は、明治33年（1900）に事業化され、昭和13年（1938）には王子製紙下請の常磐商会が白鳥鉱業所として採掘を始

め、昭和30年の月産100〜150 t をピークに、硫黄の値下がりのため、昭和37年に閉山した。昇華法と呼ばれる製法で、硫黄を付着させるために岩を並べた煙道や石組みの跡が残存しており、不毛だった溶岩の台地が徐々に緑化していく自然の力を実感できる場所でもある。

　斉藤茂吉は、昭和14年（1939）10月８日、霧島温泉より韓国岳へ登山、その紀行に「此処から蝦野一帯の平地が見え、韓国嶽の東北方とその溶厳の開行した方に硫黄採掘処があり、精錬所の煙が活発に立ちのぼっているのが見える。その全体がきびしくて私の心を満足せしめる。前面には六観音、白鳥の山が聳えてゐるが、そこはもう宮崎県である」と記し、「韓国の北の一峰おちいりて硫黄のいぶき此処に聞こゆる」と詠んだ。

　平成30年４月、250年ぶりに噴火した火山活動の影響で通行止めになっていた県道１号（小林えびの高原牧園線）が、令和４年（2022）11月26日、土日限定で４年９ヵ月ぶりに通行を再開した。

※昭和35年放映で小林旭主演の日活映画・渡り鳥シリーズ第２作「口笛が流れる港町」は、宮崎市や当地でロケが敢行され、白鳥鉱山（映画では相良鉱山）や硫黄山一帯を主に、観光ソング「想い出のスカイライン」（作詞・青木義久／作曲・服部良一／歌・三鷹淳）で知られる有料道路えびのスカイライン（1958〜85）から砂利道の小林韓国岳線（北霧島道路）や韓国岳・甑岳・不動池など、えびの高原を俯瞰する当時の貴重な映像が映し出されている。

石　神 ［イシガミ］ 329.9m ／四等／田ノ原／日向市／山陰／日向

　別称・しゃくじん。山頂に一辺が２mを超す十数個の柱状岩が、東西南北にほぼ正確に敷き詰められた巨石遺構（石の両端の直径27m、中心の高さ３m）は、神護石との言い伝えがあり、第12代・景行天皇九州親征の伝説地として国見山・国見ケ丘・神石の塚などの別称もある。日本書紀にある国覓岳（くにまぎのおか）ともいわれ、南へ峰伝いの乙羽山にかけての山中には、巨石が至るところに散在している。巨石に神が宿るという信仰は縄文時代からあり、社殿を持たず巨石を祀るところを盤座（いわくら）という。

　尾鈴サンロード（日向灘沿岸北部広域農道）から西望される山麓の美々津小学校田

の原分校（平成22年3月閉校）を中心に、身を寄せ合っている田の原集落とマッチした田園風景美は、見事の一語に尽きる。

石 堂 屋 ［イシドウヤ］1335.9m／三等／石堂屋／椎葉村／国見岳／鞍岡

　別称・いしどや。向霧立山地の中腹に位置し、向山国有林に属す。古地図に欅木ノ塚とあり、石のお堂の屋根の形容からの山名で、かつて真下に椎葉村立尾前小学校があった。東流する耳川支流尾前川は、紅葉の名所・尾前渓谷で、境谷から尾前地区間は水量豊富のため、九州でも有数の大山女魚の生息地であり、日向椎葉湖のワカサギを餌に育ったヤマメの巨大化した降海型サクラマス（サケ科、記録70cm級）が、産卵期には桜色して遡上する。

　尾手納の萱野登山口よりコースタイム100分で五勇山との分岐を右折、石堂屋へは明確な切り分け道がある。南麓の向山地区日添の公民館「峰越乃館」には《焼畑継承の地》の碑がある。

石 堂 山 ［イシドウヤマ］1547.0m／二等／石堂山／西米良村〜椎葉村／石堂山／村所

　古くは石堂嶽で、古い山岳誌には石当山とある。市房山・天包山と共に米良三山の白眉の山で、毎年4月29日の山開きには一合目コース登山口で安全祈願祭が行われる。日本棚田百選「向江棚田」のある上米良登山口からの比高（麓から山頂までの高さ）1250mは、九州本土では屈指の健脚コースであり（参考コースタイム4時間）、頂稜の南肩より尻張坂と名付けられた九つの階段状のニセピークが連続する。

　近年は国道265号の新井戸内橋南詰より民有林林道・米良椎葉線（かりこぼーず街道）10.5kmの井戸内峠（902m、独標）より森林管理道・長藪線（3.6km）を経由する六合目（970m）からの登山（コースタイム2時間30分）が主流となっている。〈一番つらい一合目〉〈体調整う二合目〉〈自信がついた三合目〉〈もうすぐ休憩四合目〉〈中間地点五合目〉〈ぼちぼち登ろう六合目〉〈いい事ありそう七合目〉（林道・160m、標高1240m）〈何事もやればできるぞ八合目〉〈くるしさのりこえ九合目〉の標式を伝う。

　山頂には大正8年（1919）寄進の霧島六所権現祠と、第34回宮崎国体山岳競技開催記念碑がある。「昔、山頂に石造りの御堂があり、誰にも顔を見せない女人が住み、村人は石堂谷の二つある下の滝で身を清め、物を借りに行くと何でも貸してくれたが、心ない男3〜4人が無理矢理手を引っ張ったところ、不思議な大声で泣き出し、一帯は俄かに掻き曇り雷鳴が轟き、御堂もなくなり、男たちも行方不明になった」との、物貸し伝説による山名である。

　樋口山への眺望尾根歩きは、約3km・2時間30分の健脚コースタイム。「西米良温泉ゆたーと」で味わえる西米良サーモンは、カワマスとエゾイワナの交配

で、一ツ瀬川支流井戸内谷の井戸内養鱒場で養殖されている。

石仁田山 [イシニタヤマ] 1359m／独標／椎葉村／日向大河内／椎葉村

　地元では「イシンタ」が一般で、古くは桑の木原山とあり、高塚山の北東に位置し、東の基幹林道・大河内桑の木原線の山鳥尾峠登山口より四等三角点（1251.2m、点名：山鳥尾）を経由する。山頂北西面の大石とニタ場があることからの山名で、林道沿いには「よこ井の水」の湧水がある。

　「仁田」とは、山中の湿地のことで、猪をはじめ野獣が集まり体中に泥を擦り付けてダニなどを退治した場所であり、昔は銃を構えて待伏せした狩猟の地であった。現在は銃器による期間は「暦による日の出から日の入りまで」となっている。南腹を東西に走る国道388号沿いの一ツ瀬川支流ヒラ谷とヒノクチ谷の吐合点には、ヒラ谷の滝と荒河内滝がある。

石橋山 [イシバシヤマ] 738m／独標／延岡市北方町／日之影／諸塚山

　この地方の豪族・仏の太郎が、大友宗麟の残党狩りに立て籠もった百間ダキ（日平ダキ、885m、独標）の洞窟・仏ケ岩屋、物見に使ったとされる見張り石、コウモリ岩屋などがあり、かつては風の精・孤高の鳥とも呼ばれるイヌワシが断崖の岩棚に大きな巣をつくり飛翔が見られたという。西の比叡山から東へ犬帰山（860.0m、三等、点名：犬返山）から茶臼山にかけて観音ダキなどの名が付けられた岸壁帯を抱え、後に仏ケ岩屋からは赤さびた鎧や兜がでてきて、それで財を成した人がいると伝わる。

　八峡から三ケ村の桑水流・狩底・桑の木を経る小径、美々地からの道を合わせ、平成21年（2009）8月埋設の四等三角点（624.0m、点名：松八重）のある林道石橋山線（起点）まで6.9km、石橋山直下の広場は山麓の人たちが事あるたびに集い寄合（宴）を催した展望の地である。百間ダキへの林道脇の【短歌6首の歌碑】から廃道を下る、自然岩を切り抜いた石橋から上は女人禁制の山であったことからの山名である。

　北方町猪の内〜半小屋〜上中尾への九州自然歩道は、途中には店も宿もない県内屈指の長い道程であった。この一帯はかつて槇峰鉱山を所有していた延岡藩の内藤藩山で、山奥から鉱山の坑木を搬出する中継点に休憩小屋があり、「半小屋」の地名は三椏から槇峰までのちょうど半分の距離に当たることから名付けられた。

石 保 山 [イシホヤマ] 443.1m ／四等／白樫窪／延岡市北浦町／三川内／蒲江

　別称・いしぼやま。国土地理院呼称・せきほさん。別称に土岐の平とある。奥川内より石保山林道 (5.5km) が通じ、西は奥川内谷、東は荒内谷。三川内の大井からの眺めは秀麗で、石保ケ谷林道が山頂近くへ伸びており、平成12年1月に四等三角点 (443.1m、点名・白樫窪) が埋設されている。西の小川支流黒川内谷の源流で、北へ尾根続きの佐伯市との県境には枯樅山 (664.8m、三等、点名：枯樅)、北川町との三町境には伽の平山 (伽の平嶽とも。634m、独標) がある。

板 川 内 山 [イタカワチヤマ] 433.7m ／三等／女子山／都城市／高野／国分

　都城市の緊急時の砕石場で、南面の山肌がむき出しの荒れた山になっている。この山中は昔、腹痛を装い親切な旅人の懐中物を奪った美女がいたことから、古くは女子山 (点名に同じ) と呼ばれ、薩摩弁で掏摸のことをスイと発音することから掏摸山、また北側より眺めたときに双峰であることから対山の別称もある。北麓の板川内集落からの山名で、地元では「いたがわ」と短く縮めて言う。現在は北西へ直線距離720mの411m峰 (独標) を女子山と呼んで区別している。

市 ノ 俣 山 [イチノマタヤマ] 881.0m ／四等／市俣山／小林市須木村〜〈多良木町〉／田代ケ八重／須木

　赤木山の西へ直線距離2.06km、西俣山の北3.75km、熊本県境に位置する。熊本県多良木町下槻木御大師の県道144号槻木田代八重線より新西郷橋を起点に、普通林道下槻木南線が赤木山との中間で分岐し、市ノ俣山の北直下まで延びている。

　綾北川支流槻木川に架かる新西郷橋は、西南戦争の西郷軍退路で、明治10年 (1877) 8月27日未明、先日からの台風で渡河不能となり、大木を切り倒し急造の橋を造り、全軍が渡り終えると、官軍の追撃を考慮し流そうとしたら、「そのままにしといた方が村の人たちが喜ぶじゃろう」と西郷隆盛が止めさせた。その後村人が使用し、幾度も付け替えられたが、誰言うとなく《西郷橋》の名で呼ばれ、昭和63年 (1988) 1月、約250m下流に新西郷橋が竣工された。

市 房 山 [イチフサヤマ] 1720.5m ／一等／市房山／西米良村〜椎葉村〜〈水上村〉／市房山／村所

　国土地理院呼称・いちふさざん。古くは市房嶽、都城方面からは球磨山とある。その形状から扇岳の別称や、御岳さん、神様山の尊称があり、古代の斎場と謂われる『磐座』がそそり立つ。毎年4月29日、石堂山・天包山と共に西米良村

主催の「米良三山やま開き」が実施される。

　古伝によると、「久米（多良木町）の城主・市房なる者が狩猟の折、仏石と称する奇石を見て霊地と悟り、小祠を祀ったのが始まり」といわれ、平安時代初期の大同２年（807）、霧島神宮の神霊を勧請したのが市房神社（市房山神宮・市房大権現）の本宮で、市房山をご神体として、麓の市房山神宮・一の宮神社（中宮）、湯前町の市房山神宮・里宮神社（下宮）の三社から構成され、縁結びの神として旧暦３月16日に男女して参拝する風習があり、お岳さんめい（参り）と呼ばれていた（『湯前町史』参照）。

　深田久弥クラブ選定の日本二百名山で、『女性のための百名山』（板倉登喜子著、山と渓谷社刊）にも記載され、宮崎県標高第３位、熊本県第２位。宮崎県側の槙の口から、力の水〜恵の水〜避難（造林）小屋・七合目（1116.1m、四等、点名：田出之川原）を経由する登山道（参考コースタイム４時間30分）は、林道・上米良〜大平線経由の五合目駐車場（870m、等高）からが主流。東面の一ツ瀬川支流境谷は、『日本百名谷』（岩崎元郎・関根幸次・中庄谷直著、白山書房刊）として、耳川支流上の小屋谷と共に全国に紹介された。山頂より北の心見の橋（チョックストーン）〜二つ岩（1671.8m、三等、点名土用木場）へのルートは平成16年（2004）の台風で通行不能になり、対岸の石堂山からの展望は至る所で山肌の崩壊の爪跡が生々しい。

　林子平・蒲生君平とともに「寛政の三奇人」と称された、酒豪の髙山彦九郎正之は寛政４年（1792）２月22日早朝「先ず酒店に入りて焼酎を酌みぬ」とあり、市房六社大権現（市房神社）経由で登山し針の耳（心見の橋）を往復、下山後、また一献傾けたと『筑紫日記』に記している。米良家第28代重隆の時代に鷹巣山守護職を任ぜられて、徳川幕府が指定した市房山の山麓上米良（その他に木浦、中之又）の３カ所を守護した。

　熊本県では江代山（津野岳）、あさぎり町上皆越の白髪岳（1416.7m、一等、点名同じ）とで「球磨の三岳」と呼ばれている。月刊誌『山と渓谷』平成24年（2012）８月号「日本名急登100山」に、市房山一ツ瀬川コース（槙ノ口発電所〜市房山、標高差1400m、平均斜度13.3°）が、九州本土では傾山〜観音岳コースと共に掲載されている。

稲　妻　山 ［イナヅマヤマ］ 454.0m ／三等／宇都／都城市山田町／高崎新田／野尻

　稲を家型に積んだ山容からの古名・稲積山が後に稲妻山に転訛した山名で、山田町最高峰。山頂には平成16年に山麓の石風呂壮年会による双眼鏡（20×80mm）が設置され、尾根伝いに長尾林道14支線（通称稲妻林道）が通り、石風呂から送電

線巡視路のある星ケ尾山に立ち寄り、稲妻登山口の展望櫓に沿って〈宇都口下山口〉へとセットの低山歩きを楽しむこともできる。

　長尾国有林に属する「稲妻郷土の森」(14.98ha) は、樹齢95年のケヤキが林立し、平成3年に郷土の森の県内第1号として林野庁が指定。山田川最上流地のトイレや駐車場のある「石風呂遊砂地公園」を基点に、A・B・C3コースの遊歩道が整備されたが既にブッシュ化し、公園はキャンプ場として利用されている。稲妻山系と長尾連山との盆地、大淀川水系木之川内川の紫目谷 (あだに) に木之川内ダム (九州農政局・1983〜2009) が国営都城盆地農業水利事業の一環として平成元年 (1989) に着工され同21年に完成した (ロックフィルダム・堤高64.3m・堤頂長409.7m)。ダム湖面には逆さの稲妻山と高千穂峰が映り独特の景観を見せる。

犬ケ城山 [イヌガジョウヤマ] 253m／独標／日南市／鵜戸／飫肥

　地元呼称・いぬがじょうが一般。戦国時代、島津氏と伊東氏が戦った飫肥争奪戦での犬ケ城砦跡。尾根は北へ松永越を経て、天文14年 (1545) 伊東義祐が飫肥侵攻の際に築いた貝殻城 (水の尾の砦、482m、独標) へと続いており、この道は後に鳥居峠 (324m・独標) を越えて、日本三下り宮・鵜戸さん参りのコースの一つでもあった。都於郡城主・伊東12代祐国が一城攻防83年の火蓋を切ったのが文明16年 (1484) で、島津方は三州 (日向・大隈・薩摩) 一の名城・飫肥城 (城主・新納忠続) を取り囲むようにして周囲の山々に10を数える山塞 (さんさい) があった。

岩壺山 [イワツボヤマ] 737.6m／二等／高束／宮崎市〜日南市北郷町／郷の原／日向青島

斟鉢山 (くんばちやま)・花切山と合わせて徳蘇連山と呼ばれ、古くは丸尾山とあり、かつて宮崎市最高峰 (田野町と合併し現在は鰐塚山) でありながら、宮崎市街地からはこの山を確認することは難しい。山名は尾根に壺状の岩があったことに由来する。東に「照子の巌」と称する岩窟のある内海川に沿って内海林道、西に家一郷林道があるが路面は荒れている。

　この山を源流域とする広渡川支流猪八重川の猪八重渓谷は、コケ博士として世界的に有名な服部新佐 (しんすけ) (1915〜92) 設立の服部植物研究所の研究地で、国内有数の

蘇苔類の宝庫。世界のコケ約1800種類のうち300種類が群生し、日本の氷河期に最後に残した生物地域といわれ、平成30年（2018）に日本蘇苔類学会により「日本の貴重なコケの森」に全国で27番目の認定を受けた。

　平成20年「森林セラピー基地」にも認定された猪八重渓谷と風景林は、20数カ所の滝群が点在し、昭和36（1961）年９月「県立わにつか自然公園普通地域」に指定され、沢沿いの遊歩道はトロッコ軌道跡、水力発電跡、「流合の滝」を経由した「五重の滝」まで整備された深緑の回廊は、ノルディックウォーキングのコースとしても利用されている。

　平成25年３月30日、NPO法人ごんはる・ユニバーサルフィールド主催、北郷小中学校グラウンド発着で、蜂の巣公園から花立山を経由し岩壺山頂を往復する北郷森林セラピートレイルランニング大会が初開催された。未舗装路17km・舗装路６km、トップは２時間48分56秒だった（宮崎日日新聞より）。

ウ

上野岳 ［ウエノダケ］755.8m／四等／上野岳／高千穂町〜日之影町／三田井／三田井

　国土地理院呼称・かみのだけ。九州自然歩道は、高千穂町野方野から上野峠（かみのとうげとも・七折坂・八本杉峠）を越えて、日之影町一の水を結ぶ。ほとんどは廃れてしまっているが、延岡〜高千穂を結ぶ主要道路の高千穂往還（高千穂街道・肥後往還・熊本往還とも）であり、貞享２年（1685）８月５日、水戸黄門の助さんのモデル・水戸光圀の家臣・佐々介三郎一行が「大日本史」史料収集のために肥後へ、文化９年（1812）６月18日、幕府測量方・伊能忠敬一行は日之影一の水から深角へ、そしてこの上野峠を越えて岩戸往還へ向かった。

　石灰岩の山で東山腹には、昭和８年（1933）２月28日、国の天然記念物指定の七折（徳富）鍾乳洞がある。洞内は延長140mと短いが、数多くの鍾乳石、石筍、石柱、石幕等があるも一部荒らされて、保護のため入り口は閉鎖されている。上野峠より北へ尾根伝いに藪漕ぎすれば山頂に立てる。北の猿岳との中間の秀峰の高岳（740m、等高）山頂には小祠が祀られている。

※高千穂町の北に大字名で下野と上野があり、役場に問合せて山名は「うえのだけ」と確認。

牛 の 峠 ［ウシノトウゲ］ 918.0m ／一等／牛ノ峠／日南市〜三股町／三王原／末吉

県内では祖母山・大国見（国見岳）・尾鈴山と共に一等三角点本点の山で、昭和26年〜33年にかけて一等三角点のゆがみを修正するため天文観測した天測点（全国48点の内35点現存、県内唯一）が設置されており、展望は望めないが九州百名山（山と渓谷社刊、自然を愛する会選定）に恥じない歴史の山である。

　薩摩藩と飫肥藩との牛の嶺往還は、薩摩街道七筋の一つで、寺柱街道・寺柱筋・都城飫肥往還とも呼ばれた。幕府巡検使（上使）の通り筋で、寺柱番所（関所）跡から野坂一里塚（島津・飫肥藩公道三十六里塚）（鹿児島下町札の辻を起点とする一里塚）の標柱辺りは古道と山道が交錯していたが、その後林道建設で消滅。踏み固められた尾根の小径は崩落箇所や倒木に拒まれ廃道化しているが、寛永10年（1633）を初回に天保9年（1838）まで幕府は9回の派遣をした。323.2m（四等、点名・尾崎）より475.3m（四等、点名・上尾崎）と旧道をたどっての中の峠（679.1m、四等、点名同じ）は展望もすぐれ、御茶屋と呼ばれた接待仮屋が設けられたところである。

　両藩の寛永4年（1627）から実に48年間にわたる、槻の河内と板谷河内（北郷町）で発端の境界争いは「牛の峠論所」といわれている。論所（論地）とは境界、所有権、用益権をめぐり係争中の土地のことで、鰐塚山から櫨ケ峠（のちに北に矢立峠が開削）〜柳岳〜栂の尾嶽（830.3m、三等、点名・本河内）〜牛の峠に連なる稜線争いは、飫肥藩の主張どおり峰筋が藩境と、延宝3年（1675）11月に江戸幕府の評定所で裁定され、【従是東飫肥領】（これよりひがしおびりょう）、勝訴した伊東藩の境界柱「塚石」（標高880m、等高）が建てられている。

　初の実測による日本地図作成者・伊能忠敬の分遣隊・副隊長坂部貞兵衛組は、文化7年（1810）4月28〜30日飫肥城下より牛の峠へ、大隅半島一周後、福山〜都城経由で、6月16日より3日かけて牛の峠まで測り、往還の横切り側線を完結した。

　「牛の峠」とは牛の形をした大岩石からの山名とあり（『日南郷土史会6号』）、塚石

近くと山頂西20mの岩石や飫肥側に三角石があるとあるが詳細は不詳。他に険路急坂で牛の力を借りなければ越せないほどであったことに由来するともいわれ、『中郷村史』には牛の峠と区別して「東岳」と記載がある。

　登山は、三股側からは県道12号都城東環状線より、高畑辺路番所跡（薩摩藩には百ヵ所近くあったその一つ）がある高畑林道を東へ7.8kmで登山口へ。日南側からは旧上熊隧道登山口コースの他に、酒谷川支流猪ケ谷の新村林道より地形図記載の牛の峠へ。飫肥側に明治27年（1894）２月、酒谷村の人々の願主による寄進の石龕（家型の石祠）があり、その頃に開削された堀切の馬車道と推測され、南へ尾根を伝い「塚石」のある旧牛の峠往還を経て山頂へ。国土地理院の点の記には、一般通行止の内木谷林道4.3km地点より徒歩20分とある。「牛の峠で　後ふりむいて　飫肥がこいしく　袖ぬらす」（野口雨情作詞・飫肥民謡より）

珍 神 山 ［ウズカミヤマ］・仏 野 ［ホトケノ］ 823.0m ／二等／珍神山／美郷町西郷区～日向市東郷町／坪谷／神門

　国土地理院呼称・ちんじんさん。珍神山の五本松越登り口・庵登は、正徳年間（1711～15）に尾鈴山麓に建立された天台宗盲僧派鶏徳寺の僧たちが、島津伊東の戦いの際に戦火を受け一時ここに逃れたところと伝えられ、別名・仏野と地形図に括弧書きされており、日本文化の特徴でもある神仏習合の一面をうかがう山である。かつて加子山と共に、美々津に寄航する船舶の日当（山合わせ・目印）の山で、『古事記』にある神武東征のとき、速吸瀬戸（速吸の門、現・豊予海峡・鳴門海峡とも）で海導者（水先案内人）を務め槁根津日子の名を賜った、珍彦神に由来する山名である。

　美郷町西郷区から滝ノ内林道を経由する登山道は、九州自然歩道を兼ねており、歌人・若山牧水生家裏山の和田越の展望台で一服し、牧水の母校・坪谷小学校や坪谷神社を迂回、牧水公園を経て、ツツジの岩峯・権現山（305m、独標）の西を通り、神陰峠へと向かう石積みの坂道は、古道の雰囲気を今も残している。西の白仁田山（768.0m、三等、点名・六字）との鞍部の五本松峠（620m、等高線）は、坪屋（谷）と田代を結ぶ古くからの峠道で、一時牧水の父・立蔵が、田代で医療の仕事に携わり引っ越ししたとき、猫を忘れて、牧水が泣きじゃくり取りに戻ったという逸話がある。

　酒と旅の歌人・若山牧水は、明治18年（1885）に生まれ昭和３年（1928）９月17日43歳で亡くなった。弘化２年（1845）現埼玉県所沢市出身の医師の祖父・健海が建てた木造二階建の生家は、さらに父が度々手を加えて、牧水が過ごした頃のまま保存され、牧水忌には牧水祭が催されている。

内　山 [ウチヤマ] 736.4m／四等／内山／えびの市／白髪岳／加久藤

　古くは松河内山とあり、天狗山の南、内山谷を挟んで鉄山の東に位置し、東部は川内川の急流の浸食により長い年月をかけて形成された渓谷美のクルソン峡（約10km）、さらに県境を越えて、熊本の球磨の三岳・白髪岳（1416.7m、一等、点名同じ）や国見山（1229m、独標）八ケ峰（976.7m、三等、点名・八野峰）が聳えている。

　南から北へ水平距離約2kmのゆるやかな尾根で、地形図での内山は739m峰（独標）と記載されていたが、『えびの市史』には北峰の標高758m峰で紹介されており、平成22年（2010）12月、尾根の西端に四等三角点（736.4m、点名・内山）が新設された。

　古くは鉄山との中間、柿木原から木屋ケ野を経て、中内谷と内山谷の合流点から尾根道を北上し、狗留孫寺を経て国境を越える旧道・狗留孫越があった。東部の内山林道は廃道化寸前で、南部には伊東島津の戦いで、島津義弘が築き、永禄7年（1564）に伊東義祐に攻め落とされた今城跡（城主・大河平隆次）があり、平成18年（2006）3月竣工・狗留孫大橋（長さ325m・橋高70.5m・ふるさと農道）から眺める峡谷の岸壁に「今城跡」の文字が大書されている。

　上大河平には大河平ツツジで有名な大河平小学校（平成17年閉校）がある。大河平音頭①「北を望めば　白髪岳　山を恵みに　人集う　昔を偲べば　武士の　御霊眠れる　今城に　千草の茂みで　キジが鳴く　大河平よかとこ　心もなびく」（作詞・郡山利治／作曲・河邊一彦／監修・河邊道志）

梅乃木山 [ウメノキヤマ] 789.0m／三等／二合目／日南市北郷町／坂元／日向青島

　古くは高松山とあり、北の木曽山との連山で尾根筋に自然林が現存し小径が続いている。上横谷林道と三ツ岩林道が南西の裾を通り、東部北河内の三ツ岩国有林には、明治11年（1878）に山床直挿しの方法で植林され、平成元年（1989）指定の「三ツ岩林木遺伝資源保存林」があり、アカ、トサグロ、クロ、アラカワなど8種類の飫肥杉1158本の巨樹が林立している。

　平成6年、広渡ダム（長さ170m・高さ66m）建設により、山女魚の自然分布の南限といわれる広渡川（鈴屋藤夫著『山漁』農文協より）でも、大山女魚の好釣場だった板谷一帯は、イタヤ湖として様変わりした。ダム右岸の通称亀の河内山（730.0m、二等、点名・亀河内）は、レイクサイド公園を基地に、九州電力送電線巡視路（都城日南線、1977.2）を利用して、小松山林道沿いの亀の河内川のつづら滝（牛のとどろ滝）を経由する山歩きができる。

※山名では一般に地すべりなどの災害地名の埋める、埋まるから梅の字が当てられる場合がある。

エ

江代山 [エシロヤマ]・津野岳 [ツノダケ] 1607.0m／二等／都野岳／椎葉村～〈水上村〉／古屋敷／椎葉村

　別称の津野岳は鋭峰の角からの山名。江代は球磨郡水上村（旧江代村で湯山村、岩野村と合併して水上村となる）の大字名で、古くは江代越、江代岳とも記されており、現在は九州大学演習林の山で馬口岳とセットで登られている。

　江戸時代、椎葉山は人吉藩の幕府からの預かり地で、球磨との交易も盛んに行われ、江代越、韮草越、湯山越は「椎葉山の三径」として歴史的に知られた峠道であり、熊本県では江代山は市房山・白髪岳とで「球磨の三岳」と呼ばれる名峰である。大河内小崎再奥の集落・葛籠原から熊本県水上村朴木原への峠の小崎川の源流部には、タンゴノキリという地名があり、タンゴ（樽）のような大蛇がいたと言い伝えられている。キリとは焼畑が森林状になったところをいう。

榎　峠 [エノキトウゲ] 1244.9m／三等／檜山／延岡市・北川町／祝子川／熊田

　古くは鬼の目山と共に奥牧山とあり、『西南戦争延岡隊戦史』には矢立嶺と記されている。北山腹の祝子川支流落水谷の落水の滝（高さ40m、幅10m）は厳冬期には凍結する滝として人気がある。平成の合併前は延岡市最高峰だった桧山との連山で、かつて鬼の目山との鞍部に二股越（908m、独標）があったが、通る人も絶えて草木に埋もれてしまった。

可愛岳 [エノタケ] 727.8m ／二等／可愛山／延岡市・北川町／延岡北部／延岡

　古くは可愛ノ嶽、別に可愛山、エン嶽とも記されている。天孫瓊瓊杵尊の御陵伝説の可愛山陵（経塚）と尾根に鉾岳や三本岩の巨石群、拝み岩の伝承遺物もある霊峰で、可愛と書いて埃と呼び、「えらしい」とは「可愛らしい」の地言葉である。山頂三角点峰は西郷越（旧・中の越）と呼ばれ、尾根は南西へ六体の地蔵があるという六首山（574m、独標）から小幡（畑）山（465.9m、三等、点名：葛ケ内）へと続いている。

　明治10年（1877）、時代に逆行した西南戦争で、西郷隆盛宿陣となった児玉熊四郎邸は現存し、平成4年（1992）5月に「西郷隆盛宿陣跡資料館」（略称・西郷記念館）として、一般公開されている。西郷は御陵墓のことを知った上でこの俵野に宿陣したことが近年明らかになり、政府軍は3日2晩攻撃をしなかった。包囲された

薩軍は、全軍に解放令を布告、地元の猟師２名・樵数名を先導に、８月17日午後10時出発し18日未明、暗闇に紛れて西郷軍の主力600人が突破した山で、そのヒベラ山（向山とも。197.2m、四等、点名：俵野）の裾コースは、平成２年に司馬遼太郎の『翔ぶが如く』のNHKテレビ放映を記念に、南ルート登山道として整備され、毎年11月３日「日本で一番遅い山開き」と銘打って開催されている。

西郷軍はザレノカシラ（砂礫の頭）から前人未踏ノゾキ（覗）の急崖の下をへつり、西郷越をして和久塚へと向かった。東峰は鞍部が現在の中の越を経て烏帽子岳（585.5m、四等、点名：二本杉）で、近年この北コースは主に下山コースとして利用されている。「北面に鬼の築山（塚の谷）の地名があり、平成２年地籍調査のときにピラミット状の石塚を何人も確認し、その後テレビ取材までして探したが見つけきれなかった」とのこと（故横山学初代資料館長の談）、神秘を秘めた計り知れない霊山である。南東の三足の高畑山（297.7m、三等、点名：小橋山）中腹には和田越の戦いの無鹿山で負傷し遅れた薩軍奇兵隊総監「飫肥西郷」こと【小倉処平自刃（８月18日）の碑】がある（徒歩15分）。処平は佐土原隊長・島津啓次郎、諸将中唯一の文官・村田新八と共に薩軍三智識と称揚され、英国留学し文部権大丞まで務めた逸材で32歳の若さであった。

各ルートは地元の俵野文化財顕彰会により整備されている。平成25年（2013）夏の甲子園準優勝校・延岡学園のある大峡町を抜け、明和８年（1771）勧請の竹谷神社を経て、南面から一部のマニアによって登られている。

寛政の三奇人・髙山彦九郎は、その著「筑紫日記」によると、寛政４年（1792）７月14日、小梓山（峠）を往復して可愛山陵大権現社に拝殿した（『髙山彦九郎全集第四巻』より）。熊本出身の文豪・徳富蘆花は、大正２年（1993）９月17日、「城山陥落の三十七回忌（９月24日）に鹿児島で西郷翁の墓参をする」と九州めぐりの途中、一人は薩軍に人夫として駆り出されたという案内人２名を頼み、夫婦で雨中登山、後に著書『自然と人生』の中の巻頭小説『灰燼』や紀行文『死の影にて』で険阻なこの山を書き記している。延岡市立黒岩中学校校歌①「可愛の嶮を　父と見て　行縢の麓　母となし　朝に夕に　仰ぎつつ　愛と正義の道を践む　我らが母校黒岩中学」（作詞・吉田正實／作曲・権藤円立）

えびの岳 ［エビノダケ］ 1292.7m ／四等／海老野／えびの市／韓国岳／霧島山

古くは蝦野岳と記されている。麓にえびの高原キャンプ場、ピクニック広場、屋外ステージ、テニス場、冬場は人工スケートリンクなどがあり、えびの高原の中心部は霧島国立公園の集団施設地区でホテル、バスターミナル、駐車場などがある。大正12年（1923）３月国の天然記念物に指定の長江川渓谷沿いの「ノカイドウ」（バラ科の夏緑性小高木・野海棠または山海棠）は、高さ３〜４mになり、世界でこ

こだけしか自生してない貴重植物（固有種）で、５月上旬の１週間くらい、つぼみは濃い紅色、サクラより一回り小さく、桃色かかった白い花が咲く【案内板】より）。鹿の食害による絶滅寸前のために鉄柵などいろいろな方法で保護されており、他にもキリシマミズキやナツツバキでも知られている。

「海老野」の地名は、火山ガスによってススキがエビ色になることから名付けられた。近年では、西の栗野岳（1094.3m、三等、点名同じ）から鹿児島県境（1046.9m、三等、点名：県境）伝いで縦走する健脚者もいる。平成28年（2016）４月にはピクニック広場を起点に新たな登山道が設けられ（コースタイム30分）、この山域は訪れる人が少なくミヤマキリシマなどの盗掘により荒らされた過去があり、登山者の目が監視に役立つことを期待したい。

烏帽子岳 ［エボシダケ］1692.2m／三等／烏帽子岳／椎葉村〜〈八代市泉村〉／国見岳／鞍岡

古くは烏帽子塚。九州中央山地国定公園、向霧立山地の山で、県内標高第６位、平家落人の女官自刃の伝説がある。五ヶ瀬町から椎葉村へかけての本県と熊本県境に広がる九州中央山地の国有林6038haが、平成６年（1994）６月29日、林野庁の「森林生物遺伝資源保存林」に全国で初めて指定された。主な県内の山岳は小川岳、向坂山、白岩山、三方山、高岳、国見岳（大国見）、小国見岳、烏帽子岳、白鳥山が入る。

一般には、平安時代から近代にかけて和装の礼服着装の際に元服した男子が被った烏帽子に似た山容からの山名である。ちなみに霧島山系の烏帽子岳（987.9m、３等、点名同じ）は、鶏冠の方言の「よぼし」からの山名という。九州本土にある烏帽子岳24座の最高峰で、スズダケが生い茂り烏帽子を脱がなくては歩けなかったことに由来する山名ともいわれる。

烏帽子岳 ［エボシダケ］1125.6m／三等／烏帽子塚／西米良村〜西都市／石堂山／村所

小川烏帽子岳ともいわれ、かつて熊野系の修験道の山で蜜多羅山と古称、南面断崖は腹巻ダケで、日平越側の石鉄山、蔵王権現の社が安置された権現山には修験山伏が修業した鉄鎖が現存している。銀鏡七山の最高峰で県内標高第５位。銀鏡地区山開き委員会主催、西都市観光協会後援、西都山岳会・宮崎岳朋会協力により昭和63年（1988）４月10日を第１回に、古穴手〜ししの平（879m）経由の山開

きが開催されている。

県道小川・越野尾線（民話街道）を、平成21年（2009）
10月オープンの「平成の桃源郷・おがわ作小屋村」
や小川城址公園を通り抜け、堤原を起点に木浦助
八重を通り腰巻岳を巻いて権現山（1110m）を経由す
る旧登山道は4時間以上を費やす健脚コースであ
る（『九州百山峰』より）。堤原の案内板には〈山頂へ
8km・布水の滝へ5.4km〉とある。布水の滝（落差75
m）は、別名布引の滝と呼ばれ、滝の上に観音堂が
ある。

※銀鏡三山のオサレ山・雪降山・龍房山に烏帽子
　岳・空野山・地蔵岳・赤髭山を加えて銀鏡七山という。

烏帽子岳 [エボシダケ] 808.8m ／三等／烏帽子山／高千穂町／三田井／三田井

古くは烏帽子山とあり、延岡方面より国道218号
（神話街道）を高千穂町に入ると左へ、山頂に電波塔
のある尖峰で「烏帽子岳が鉢巻すると雨になる」と
いわれている。鞍掛山との鞍部・山懐の茶園の広が
る丸小野集落は、第8回美しい村景観のコンテスト
で「むらづくり対策推進本部長賞」を受賞。

丸小野から電波塔近くまで普通林道烏帽子岳線
（全長4320m、幅員3.5m）が走り、山頂は石灰岩が露出
し、安政巳年（3年・1856）の大山祇命（大山角野尊と
刻字）の石祠がある。見下ろせば、穂觸神社のある
穂日嶺（穂觸峯とも。420m、等高）を中心に、四皇子峰
（420m、等高）〜高天原遥拝所（390m、等高）〜神事の祝詞にある髙山（愛宕山とも。492.
8m、四等、点名栃股）・短山（430m、等高）の峰々のある高千穂三田井の神呂木（興梠）
の里、人と自然が創り出した心和む神話の里の風景が広がる。

烏帽子岳 [エボシダケ] 362.2m ／二等／烏帽子岳／延岡市〜門川町／川水流／延岡

別称・よぼしだけ。かつて山頂部を延岡市三輪から門川町を結ぶ峠道があり、
南に茶屋の本（437m、独標）、猫の越の地名が残っている。東へ尾根伝いの高取山
（264.9m、三等、点名同じ）に続く一帯は三輪山と総称される野鳥の観察地である。
「よぼし」は鶏冠の方言でもある。

烏帽子岳 [エボシダケ] 260.1m／四等／烏帽子／門川町／日向／日向

　　　　　　遠見山との連山で、古地図には烏帽子山と
　　　　　　ある。かつて一帯は延岡藩の放牧場で、北に
　　　　　　連なる遠見山と共に、牧山と呼ばれていた。
　　　　　　遠見山森林公園に続くサクラ並木は「牧山街
　　　　　　道」と呼ばれる。国の天然記念物に指定され
　　　　　　ている全身金属光沢のカラスバトが生息する
　　　　　　門川湾に浮かぶヒョウタン状の「サバイバル
　　　　　　アイランド乙島」(周囲４km、標高79.3m、三等、点
名同じ) は、暖地性の植物が群生し、海蝕窟が７穴あり、最大の「茶屋の大門」(高
さ14.4m・奥行き63m) は「龍宮のぞき」とも呼ばれている。

オ

扇　　山 [オウギヤマ] 1661.7m／二等／切立峠／椎葉村／胡摩山／鞍岡

　　　　　　九州中央山地国定公園の中心部にあり、霧
　　　　　　立越の東端に位置し、椎葉山(村)では一番
　　　　　　の登山人気の山で、県内標高第９位。膨大な
　　　　　　山体が、東部の十根川方面に大きく山脚を張
　　　　　　り、多数の谷を放射線状に出して、堂々と扇
　　　　　　状に裾を広げた山容に由来する山名である。
　　　　　　霧立越沿いの無人でも清潔な扇山山小屋と
　　　　　　水場から、北へ600m、ツクシシャクナゲ群
生地を経て山頂へ。昭和54年 (1979) 「日本のふるさと宮崎国体」で霧立山地が山
岳競技の会場になったのを記念して、筑紫石楠花の開花するゴールデンウィーク
明けの日曜日に山開きが開催されている。松木から鹿野遊へ林道・利根川三方界
線 (松木林道) が越えており、新旧の松木登山口と内の八重登山口コースがある。

大 崩 山 [オオクエヤマ] 1643.3m／一等／祝子川山／延岡市北方町・北川町／祝子川／
　　　　　　熊田

　古くは鉾岳と共に「黒尊仏」とあり、超巨大カルデラ噴火による花崗岩山塊
で、大崩山群の主峰。祖母傾国定公園に含まれ、平成２年 (1990) 祖母傾大崩山
周辺「森林生態系保護地域」として指定。大崩山の中心部1800ha の良質な原生
林地域は、風雪や歳月に耐えてきた花崗岩峯群 (二枚ダキ、小積ダキ、湧塚など50を数

える）の息を呑む絶景と、三里河原のある祝子川渓谷、原生樹海、変形異形の木々と枯存木、渓流の組み合わせが良く、西日本で最大の自然のダイナミズムで、ツツジ類は26種を数える。山容が崩れた形の「オオクエ」からと、露出した花崗岩が風化しやすくボロボロ崩れることからの山名ともいわれる。

　九州本土最後の秘境と呼ばれ、九州随一の景観と九州一の危険な山を併せ持つ、あらゆる魅力を備えた山で、「どれも度肝を抜かれるコースで、そのよさは登ってみなくちゃ分からない」。例年4月29日、大崩山山開きと祝子川渓谷開きが祝子川温泉・美人の湯で行われる。下赤祝子川林道、美人の湯のある上祝子（北川町）の大崩山登山口や宇土内谷（北方町）登山口コースからの登山が中心で、上祝子登山口から徒歩25分に大崩山荘（標高750ｍ・60人収容・延岡市北川町総合支所地域振興課℡0982-46-5010）がある。

　平成2年5月には、鹿川キャンプ場を起点に鬼の目林道を利用し、鬼の目山の鞍部・旧往還の鹿川越（祝子川越、1050m、等高線）より遠見岩（1400m地点）～ブナ林が広がるカラヤケ（1574m、独標）を経る鹿川越コース（4㎞）が開かれた。このコースの鹿川側には、日の出を望みに泊り込みで登られたという「海の見岩屋」があるとのこと。

　深田久弥クラブ選定の日本二百名山の一つで、『一等三角点百名山』（著者・一等三角点研究会、発行者・川崎吉光、山と渓谷社刊）に県内では祖母山と共に記載されている。平成16年（2004）10月、国土地理院では三角点（1643.3m）より北東4.3m地点が高いことで標高1644mと確認された。月刊誌『山と渓谷』は創刊1000冊記念（平成30年8月号）として日本登山ルート全国100に選定。本県では4ルートの一つ、登山口～ワク塚～大崩山～坊主尾根～登山口の周回コースが選ばれた。麓には、高さ24mと15mの巨岩の隙間に三角形の岩が鎮座する新パワースポット「神さん山」（巣ノ津屋洞窟遺跡）がある。

大　椎 ［オオジ］ 543.0m／三等／大椎／美郷町西郷区／田代／神門

　別称・大椎山。山麓の石峠ダム湖（耳川左岸・九州電力大内原ダム）の総合レジャー施設「石峠レイクランド」（平成12年4月グランドオープン）には、「さいごう温泉美々川」、コテージ、プール、展望デッキ、ロックガーデン、レストラン等がある。林道石峠線の葉桜文学の小道より周回登山道が整備されており、尖山と日陰山に抱かれた熊の神楽とダム湖、第一級の展望を堪能できる。平成14年（2002）より山開きが催されており、八合目より急登を強いられるが山頂は絶景の大観で、方

言では椎の実を「コウジ」といい、椎の木を
「オオジ」ということからの山名である。

　奥日向路（国道327号）の小原〜大内原間は
サクラ並木の名所で、観光案内や物産販売の
「さいごうの関」は、石峠沿道自然景観地区
の表玄関でありドライバーの憩いの場所とな
っている。歌碑【初冬の山路さびしみ一夜ふ
た夜母待つ家に寝にかへるなり　小野葉桜】
（若山牧水より6歳若く交流があった西郷区田代出身の歌人）。

大瀬内山 ［オオセウチヤマ］ 978.6m ／三等／三方／西都市〜木城町／瓢箪淵／尾鈴山

　古くは大瀬内嶺で、杖木山・稗畑山と共に
鹿遊連峰と呼ばれる。国内南限といわれたコ
ウヤマキ群落地で、オオタカ・クマタカの生
息地であった大瀬内谷に、平成20年（2008）、
九州電力小丸川揚水発電所の大瀬内ダム（堤
高65.5m、展望所標高830m）と下ダムの「石河内
ダム」（堤高42.5m）が竣工された。
　石河内の伊東氏48城の一つ・石城跡（城主：
長友源次郎。亀城とも）は、大正7年（1918）11月、武者小路実篤（1885-1976）が人間
の理想郷を目指して開拓した「新しき村」で、【此処は新しき村誕生の地なり
すべての人が天命を全うする事を理想として我らが最初に鍬入れし処は此処な
り】の実篤碑がある。その後大正14年12月に実篤は村を離れ、昭和13年（1938）
浜口（川原）ダム建設をきっかけに埼玉県入間郡毛呂山町の「東の新しき村」へ
活動は移り、武者小路（杉山）正雄・房子夫婦により受け継がれ理想郷の「日向
新しき村」は完成した（新納仁著『村は終わった‐最後の人となった房子‐』より）。平成13
年（2001）、実篤が住んでいた大正9年完成の旧居が復元され、平成20年、この縁
により両町は「友情都市」盟約を結んだ。
　【山と山とが讃嘆しあうように、星と星とが讃嘆しあうように、人間と人間が
讃嘆したいものだ】実篤碑のある新しき村を見下す前坂（石河内）展望台（県道19
号石河内木城高鍋線、標高170m）を起点に、ヒノキ林と自然林の融合した「郷土の森」
には林間歩道があり、小屋町峠（314.1m、四等、点名同じ）から白木八重牧場（464.3
m、三等、点名：丸塚）への九州自然歩道に連結している。
　平成8年オープンの「木城えほんの郷」に隣接する明治20年（1887）創立の近
代的な木造建築の石河内小学校は、平成24年3月で廃校となり、125年の歴史に

幕を下ろし、今はスポーツ合宿・団体宿泊施設「いしかわうち」へと生まれ変わった。

浜口ダム下流右岸の妙見三石神社は、山頂から三つの大岩が谷底へ落下した伝説があり、妹ケ八重よりけもの道を30分、裏の妙見滝（30m）からさらに25分で、今にも落下しそうな巨岩が二つ軒を突き出している磐宮へ、真下の風穴洞窟は20㎞もあり米良へ通じていると伝わる。浜口地区民の山菜料理が振る舞われ、学業成就・五穀豊穣・子授けの神様として多くの参拝客で賑わった滝の妙見三石神社祭りは平成20年1月で幕を閉じた。

大谷山 ［オオタニヤマ］533.0m／二等／大谷／三股町〜都城市山之口町／山王原／都城

別称・うたにやま。『日向地誌』には三角点峰が大谷山雑樹林、花之木村の項に555m峰を花の木大谷山とあり、地元では大谷（うえんたん）が一般で、北は大淀川水系花木川をはじめその支流の富吉川や樋口川の源流域で多くの谷があることからの山名である。花の木村は合併して山之口村（現都城市）になった。

町民の森・桝安森林公園（37万㎡）のふるさと展望台を経て「おもいでの丘」からと、照葉樹林の森から九州電力都城日南線の送電線巡視路を利用し、乗っ越すと反対側に三股からの林道が通っているので、アップダウンも少なく安心して尾根の藪漕ぎができる。桝安森林公園は昭和42年度から54年度まで桝安牧場だったが昭和59年（1984）に山之口町制20周年事業として森林の建設に着手、平成2〜4年は県が生活環境保全林整備事業および予防海山事業、山之口町が県補助事業2件および町単独事業を実施した（以上平成5年3月「竣工記念碑」より要約）。

大年嶽 ［オオトシダケ］708.4m／四等／大年嶽／小林市須木村／須木／須木

国道265号・新軍谷トンネル（延長1088.5m）を抜けると真正面に聳える小林市須木支所（旧須木村役場）背戸の山で、林道水引谷線が山腹を通っている。

西麓・宮地には、明治42年（1909）須木村内の各神社を合祀した総鎮守・大年神社が鎮座、素戔嗚尊（スサノオノミコト）の子で穀物の実りを守る大年神を祀る。旧称・大年一之宮大明神社の御神体山で、天保14年（1843）の『三国名勝図会』に描かれている。風雨のない静かな夜更けに大音響が響き渡り、村人は天狗どし（天狗倒し）と呼んで山中に花や柴をまつり、日ごろの行いを戒めたと伝えられ、地形図では「嶽」の字を冠した県内唯一の山である。

　最奥の低山でありながら本庄川（綾南川）の峡谷を通して海のきらめきを眺められるとのことで、かつては須木の小中学校の遠足のスポットであった。西の本庄川対岸には、心に宿る須木の村々の風景が広がる、鐘のなる丘・鳥巣山（480m）があり、山頂の電波塔・NHK須木テレビ中継放送所は昭和28年（1953）２月よりで、東京でわが国最初のテレビ放送開始より全国の1000局目に当たる。一帯は「はれご山」とも称されこの地区の日和見山でもある。

大仁田山 [オオニタヤマ] 1315.6m ／三等／上只石／諸塚村〜五ヶ瀬町／諸塚山／諸塚山

　古くは大泥田山と記され、動物（猪や鹿）が体中に泥をつけ寄生虫を落とすための小さな沼（湿地）の仁田場（ぬた場）の転訛した山名。国道503号五ヶ瀬町〜諸塚村境の飯干峠（海抜1037m、道路標識）から、かつて70分の藪漕ぎコースタイムであったが、平成７年（1995）４月大仁田スカイライン（連絡管理道大仁田山線、全長6772m、幅４m）と連結する広域基幹林道小原井〜財木線が相次ぎ開通し、南の黒仁田山（山頂標石1321m、独標1310mの北東で、北・東・南登山口あり）と合わせて、容易に登られるようになった。

　飯干峠には【西郷隆盛退軍之路】の碑があり、明治10年（1877）８月21日、宿営の坂本専光寺を出発し、諸塚村飯干へ向けて、翌22日この難路を越えた。行くも来るもヘアピンカーブの連続だが、広い駐車スペースがあり、祇園山や揺岳をはじめ五ヶ瀬の山々への落陽は、知る人ぞ知る飯干峠。またこの一帯から小原井川沿いの小原井童子（岩山の別称）や小原井鍾乳洞にかけては、紅葉の名所としても知られている。東の国道503号七ツ山川沿いの飯干源流渓谷には、キャンプ場「諸塚山渓流の里」（平成12年５月オープン）や飯干峠歩道などがある。尾根筋には中九州大仁田山風力発電所の風車８基（高さ118m）が設置され、平成28年（2016）９月より運転が開始された。

大野岡 [オオノオカ] 552m ／独標／都城市／都城／都城

　古くは鵜の岡で、薩摩弁では「おお」を「う」と発音する（大山→うやま、大太鼓

→うでこ、大大根→うでこん、大きな→うどか）ことから、逆に「鵜」が「大」に転訛した山名である。南西に鳶ケ岡（古くは鳥見廟、551m、独標）、西に南北朝時代の古戦場があり、天文2年（1533）には北郷家第8代忠相が築かせた六ケ村城跡（通称六カン城、323m、独標）があり、自然の山を利用した日本では珍しい中国式の山城という。

　平成3年（1991）3月、10余年を費やして完成した普通林道・鳶の岡線（延長9070m）が、国道222号の鼻切峠より、山神社が祀られている大野岡の山腹を通り、大谷入口バス停へ連結している。西麓の安久町には、昭和58年（1983）6月2日、国指定有形文化財指定の興玉神社内神殿がある。神社より東方1kmにあった正応寺薬師堂の厨子と伝えられ、廃仏毀釈のとき、住民の機転で神社の内神殿として転用保存され、創建時の棟木（歴史資料館展示）には「応永6年（1399）十月七日奉造立」の墨書があり、県内最古の木造建築物である。国道222号の安久小学校近くより、六ケ村城展望所と興玉神社入口の案内がある。

大 野 山 ［オオノヤマ］721.4m ／三等／瀬戸口／日南市北郷町／坂元／日向青島

　古くは小鳶山とあり、「ノ」は「ヌ」の転訛語で、一般に湿地のある地すべり地をいう。国内唯一の海幸彦（ホデリノミコト）を主祭神とする潮嶽神社のある宿野から、河原谷林道を詰めて谷沿いに登られる。油津に上陸した百済王は坊主山を越え、小姓坂を経て、ここ宿野に泊ったとの伝説がある。山幸彦との釣針の貸し借りが争いの種になり敗れた海幸彦が満潮に乗り辿り着いた潮嶽の里で、乗ってきた磐船の埋まる森は「賢所」と呼ばれる禁足地である。

　県道28号日南高岡線・大戸野越の北郷町側にある「飫肥杉展望所」より、大野山から並松山～朝陣野に連なる、全国に名の通ったオビスギの見事な美林を一望することができる。東に県道日南高岡線を挟んで仙立山（433.7m、四等、点名：先達）が相対する。

大 幡 山 ［オオハタヤマ］1350m ／等高線／小林市／日向小林／霧島山

　霧島山系23座の火山の中で唯一の複式火山（二重式火山）で、爆裂火口湖・大幡池（湖面標高1226m、直径460m、水深11m、古くは小波多池）を有し、古くは小波多山・大畠山と記され、尾根の端にあることからの山名とも。また池の壁頂と四周の山が低く水深も浅いため、常に波が多く、大波多から大幡へと転訛したともいわれている。ミヤマキリシマの群落地で山頂近くに大幡池展望所がある。大幡前山（1296m、独標）の岩棚は膳棚と呼ばれ、西の獅子戸岳との中間のピークは築山（1381m、独標）とある。

　「宮崎県ひなもり台県民ふれあいの森」は、310haの森林公園で、昭和48年

（1973）４月８日に第24回全国植樹祭が、同61年９月16日には第10回全国育樹祭が開催されており、森林学修展示館や生産の森、郷土の森、野鳥の森の中を行く散策路「自然林森林浴コース」（全長３km・コースタイム50分）、「杉木立コース」（全長１km・コースタイム15分）、「グリーンアドベンチャーコース」（全長1.6km、コースタイム35分）、ひなもりオートキャンプ場周辺の「追跡ハイキングコース」、全長２kmの「クロスカントリーコース」などバラエティに富んでおり、併設する森林体育館、テニスコートなどの施設と、家族連れやアウトドア派には別天地である。

　夷守台から大幡山や丸岡山への登山口である東麓の林道は、大正14年（1925）に開削され昭和40年（1965）頃まであった皇子原（公園）からのトロッコ道の名残りである。平成19年（2007）４月17日には、ふるさと林道・皇子原夷守岳線（4.6km）が開通した。

　【大幡池は比較的古い火山帯の頂上部にできたマール（水蒸気爆発などによってできた火口）で、岸には火口が造られた時のベースサージ堆積物が見られ、堆積物の上には鬼界カルデラの大噴火によって噴出した鬼界アカホヤ火山灰が見られます。これにより大幡池は7300年前以前に出来たことがわかります。岸は低木に囲まれており付近にはミヤマキリシマの群落地があります。東の端に設けられた門からトンネルで水を送り山麓の高原町や小林市の灌漑用水源に利用されている】（夷守台の案内板より）。

　『日本百名山』著者で登山家の深田久弥は、単独で韓国岳、獅子戸岳、大幡山、新燃岳、中岳などを登り、「高千穂峰を最も美しく眺め得るのは、霧島山群中の一峰大幡山であろうか」と記している。（註・三等三角点標石〈1352.5m、点名大幡山〉は崩壊により2021年撤去）

大平岳 ［オオヒラダケ］710.3m／三等／大平山／高千穂町～日之影町／三田井／三田井

　大平山ともあり、本谷山より南下する稜線の最南端に位置し、上野峠より石灰岩の尾根伝いで、山頂には石祠がある。近年、無線塔と展望台が設置されたので、すぐにこの山が確認できる。林道・上野岳線（平成18年～22年５月完成、全長3951m、幅４m）が延びており、高千穂町はもとより日之影町方面まで、幾多の神話や伝説を生んだ山里の壮大な眺めが一望できる。コブや突起物がなく傾斜面が平らでなだらかであることに由来した山名で、岩戸川をはさんで東は「日本棚田百選」の尾戸の口棚田で、西の岩戸駅北には栃又棚田がある。

　山麓の大平は、宮崎二大頓智ばなしの一つで、宮崎市生目の「半ぴどん」に対して、高千穂の「万太さん」こと小侍（郷土）渡辺万太兵衛が代官を手玉に取る「万太ばなし」が、悪政に虐げられた人たちの憂さ晴らしとして語り継がれている。

山頂直下を貫く TR 高千穂線（全長2,938m、日南線谷の城トンネルに続いて県内2番目の長さを誇った）の大平山トンネルは、深角駅からすぐにトンネル内で北へカーブして、五ヶ瀬川峡谷土呂久川に架かる東洋一（川床からの高さ105m、全長35.4m）の高千穂鉄橋を渡り、天の岩戸駅を結んだ。内田康夫著『高千穂伝説殺人事件』（角川書店）は、ここから事件がスタートする。NHK 総合テレビ・夜ドラで放映された「女神の恋」（松本明子主演、2003年7月）のタイトルシーンにも使用されており、他にも高千穂鉄道は西村京太郎著『神話列車殺人事件』（光文社文庫）の舞台になり、斉藤栄著『高千穂秘境推理旅行』（実業之日本社）にも登場する。平成17（2005）年9月6日、台風14号の影響で廃止となった高千穂鉄道も、同24年より高千穂あまてらす鉄道（高山文彦社長）が軽トラを改造したスーパーカートを使っての運行で復活し、人気のスポットとなっている。

大森岳 [オオモリダケ] 1108.7m ／一等／大森岳／小林市須木村／大森岳／須木

　宮崎市の日本百名橋・橘橋から大淀川の上流に西望される。秀麗な山容を見せ、山頂近くには「宮崎県防災行政無線大森山中継局」が設置されている。大森とは大きな山のことで、山神社が祀られており大森岳の山名となった。

　企業局綾南ダム線（昭和29年〈1954〉建立）送電線巡視路を利用する綾北川の綾北発電所からと、本庄川（綾南川）支流多胡羅川からとの2コース、西の国道265号の輝嶺峠からは、大森岳林道（昭和55年建設）7kmを柚園三角点（三等・968.9m）を経て1時間10分のコースタイムなど、東西南北の4ルートがある。

　1700haの面積を誇る東南陵は日本最大級の照葉樹林帯で、「九州中央山地国定公園綾地区」として、昭和61年（1986）、林野庁・緑の文明学会・地球環境団体が共同で制定した「森林浴の森100選」で、南麓の川中キャンプ場を中心に、周辺はセラピーロードとして整備されており、かつてはトロッコ軌道を伝う登山道もあったが廃道化している。キャンプ場入り口から約1kmの西光寺跡境内に川中神社が建つ。大山祇命を筆頭に五つの神体を祀り、伊東義祐の勧請するところと伝えられ、県指定文化財「阿弥陀如来座像」を安置し、健脚の神として「わらじ」を奉納する習慣があった。

　平成7年（1995）林野庁選定・日本水源の森百選の「綾の照葉樹林」を代表する山で、「綾川湧水群」は環境庁選定の日本名水百選である。綾川流域の照葉樹林3,245haを含む約14.5haの地域で、林野庁から森林生態系保護地域の保存地区

に指定されてる区域は原則立入りを禁止されている。平成23年５月に国際照葉樹林サミットが開かれ、同年10月５日には、「森林セラピー基地・綾」のシンボル「照葉大吊橋」（高さ142m、長さ250m）が、一年にわたる架替工事が完了、昭和59年(1984)からの初代大吊橋はリニューアルオープンした。平成24年７月11日、国連教育科学文化機関（ユネスコ）により、綾を中心とするこの地域は「綾ユネスコ・エコパーク」に登録された。

岡 富 山 ［オカトミヤマ］198m ／独標／延岡市／延岡北部／延岡

　平安末期から戦国期に見える荘園の旧・岡富村（古くはおかがみむらとも発音、現在は延岡市の大字名）にある山で、森林環境税（県民税）により、みやざき森づくりコンベンションの一環で、同山の96.3ha は森づくりフィールドとして、スギ・ヒノキ・広葉樹の下刈りや歩道の整備が行われている。鍋倉山ともいわれ、かつては不動の滝近くに不動寺があった。

　南麓松山町の慧日山本東寺の西の丘陵は、縣（現延岡）地方を支配していた土持氏の本城だった松尾城跡（最後の城主・土持相模守高信）で、天正６年（1578）４月10日、豊後の大友宗麟・義統に攻められ落城、高信は坂宮から祝子川を遡り妙の地（現・土持神社）で自刃した。高信の養父で第16代当主・歴代で文武両道に秀でていたと評される土持親成は50余騎を従え、岡富山の西を越えて、行縢要塞に立て籠もったが捕らえられ豊後にて切腹、縣の庄を制すること前後33代・700余年に及ぶ日向の名族・土持氏本家は滅亡した。大友軍の第一次日向出兵・土持征伐のことで、同年11月が第二次出兵の「耳川の戦い」である。

　平成24年（2012）２月、岡富山を貫く松山町と宇和田間に、宇和田トンネル（1504m）が完成した。南流する野地町の五ヶ瀬川堤防沿いは、静岡県河津町で発見されたという早咲きで淡いピンクのカワヅザクラ300本が植栽、「天下一ひむか桜」と名付けられ、菜の花100万本と共に春を彩る。五ヶ瀬川と大瀬川の中州にある、日本記録の更新を目指し国内のトップアスリートが集結する「ゴールデンゲームズ in のべおか」が開催される西階運動公園は、延喜式にある奈良平安時代に公用馬を常置させた川辺駅跡（児童公園隅に標柱）で、西階城跡（別名宝坂城、63m、独標）を巡る金堂ケ池ジョギング・クロスカントリーコースの浮桟橋や八橋などが整備されている。（①池周回ジョギングコース1.27km②クロスカントリーコースショート1.57km③クロスカントリーコースロング2.7km）

小 川 岳 ［オガワダケ］1542.3m ／二等／小川岳／五ヶ瀬町〜〈山都町・旧矢部町〉／緑川／鞍岡

　古称・小川山。九州山地脊梁の山で、向坂山の北に位置し、近くまで波帰林

道が延びている。向坂山のハイランドスキー場北の登山口から黒岩（遠見岩、1582m、独標）〜小川岳を経て天狗岩から林道に下りる約6kmは「小川ルート」として平成12年（2000）10月、「霧立越の歴史と自然を考える会」により2年をかけて開設された。さらに向坂山〜小川岳〜黒峰まで（地形図上の尾根の水平距離8.8km）の県境尾根縦走歩きも近年人気がある。平成22年9月26日、鞍岡の波帰生活センターを発着点に、小川岳や向坂山の尾根を伝うランニング「九州脊梁山脈トレイルラン in 五ヶ瀬2010」(17.5km) が開催された。五ヶ瀬川支流小川川の源流であることからの山名である。

尾崎山 [オサキヤマ] 1438.2m ／三等／桑ノ木原／椎葉村／上椎葉／椎葉村

別称・おざきやま。古地図に轆轤尾地山とあり、ロクロを使ってお椀やお盆などの素材を造っていた木地師たちの稼業地帯として、昔から素材となるトチ・ブナ・ケヤキなどの巨樹の山だったことが想像される。小屋掛けして、自然と共生する樵や炭焼きたちも同じで、何年かの周期には自然の再生を考慮し枯渇しないように刈られていた。山の尾根の先端部に当たることからの山名で、東南麓に尾崎村があり、東の竜岩山との中間に尾崎と上椎葉を結ぶ尾崎峠（尾崎越とも）がある。

　三方岳と同じ国道388号・大河内越を登山口に、西は九州大学宮崎演習林で平谷実習路を利用、途中の三等三角点（点名：尾崎峠、1224.3m）を経由する。寛政4年（1790）2月19日快晴の日、神門を発った髙山彦九郎は、田出原〜牛山〜新屋敷より大河内越〜麦藪坂〜栂尾（津賀尾）を経てその夜は尾崎に宿し、翌20日大河内より熊本県湯山村へ向かった。（『筑紫日記』より）

オサレ山 [オサレザン] 1151.5m ／二等／銀鏡／西都市／尾八重／尾鈴山

かつては山岳修業の山伏の行場で、山頂に祈拝場が設けられていた。山名の由来には天狗が跋扈していて「恐れ」られたこととか、周囲の山々に「押され」て高くなったことからともいわれている。峰々の奥駆道であった龍房山と雪降山とで銀鏡（古くは白見）三山と呼ばれ、尖り山のオサレ山は男神で、龍房山は女神を祀る銀鏡神社のご神体山である。北

の空野山からの尾根伝いは起伏が多く結構きつく、最近は南山腹の林道を利用して登られている。

　平成元年（1989）４月23日、銀鏡地区村おこし推進会・西都山岳会実行委員会主催により登内林道終点より、一本杉コースを経由しオサレ山と龍房山を結ぶ二神尾根コースを周回する第一回山開きが開催された。県内にはカタカナ文字の山としては他に青井岳山系のケラガツカがある。

尾 鈴 山 ［オスズサン］1405.2m ／一等／尾鈴山／都農町〜木城町／尾鈴山／尾鈴山

　別称・おすずやま。古くは荘園時代の古地名・新納院（日向八院の一つ）から新納山・新納嶽（岳）と呼ばれ、別称に都農神山・吐濃峯・韜馬峰・日篠岳・鈴嶽（鈴岳）・御鈴山・男鈴山・二色山とも表記され、雅名に尾鈴嶺、地元では御岳・ゴゼンリョウ（御前稜）とも尊称されている。神武天皇が東遷を控え滝下で矢を研いだという伝説に由来する、平成２年（1990）「日本の滝百選」第８位入選の矢研の滝（落差73m）をはじめとする尾鈴瀑布群（30数滝）は、昭和19年（1944）国指定文化財に、同33年尾鈴県立自然公園に指定（13,301ha）された。

　一等三角点本点の山で、深田久弥クラブ選定の日本二百名山の一つで、「尾鈴山の会」を中心に山開きや渓谷歩き、紅葉巡りなどが開催されている。山頂より少し万吉山へ向かったところの尾鈴神社奥の院地名（本宮、1400m・等高）は鉾峯といい、中世より高鍋山伏の修験道霊山であった。

　尾鈴の山名の由来は、山野を駆け巡る山ノ神の鈴を付けた白馬を「お鈴様」と呼んだ伝説からと、山の尾（尾根）に鈴竹（篠竹）が茂ることからの山名ともいわれている。

　北麓の東郷町坪谷出身の歌人・若山牧水は、延岡中学時代に山頂に夜泊して、「峰にねて雲に下界は見えずなりぬただ親しきは星のまたたき」と詠んでいる。

　紅葉スポットの甘茶谷沿いを詰めて小藤分登山口へ、山頂へは約２kmで一合目ごとに標識があり、九合目の先に展望所（1390m・等高）がある。かつて広い山頂にあった、昭和48年（1973）４月建立の鉄骨の櫓（約10m）は、安全上の理由から平成３年（1991）に解体され、展望は望めないが、弁当を広げるには格好の場所

である。

「尾鈴風致探勝林」内の都農南小学校尾鈴分校（大正13年〜昭和34年）跡地の尾鈴キャンプ場（200人収容、都農町観光協会℡0983-25-5712）のある九重頭を中心に、一部自然歩道として現存している森林軌道（森林鉄道）跡は、明治42年（1909）から敷設され、大正13年（1924）には都農駅まで延長されたが、昭和33年（1958）に廃止された。尾根道以外の山では西面の972m峰（独標）はキジノシロ、903.3m峰（三等、点名・川口）は六次郎山という。「尾鈴山ひとつあるゆゑ黒髪の白くなるまで国恋にけり　安田尚義」（第二歌集『尾鈴嶺』より、歌碑：高鍋農業高校）

男 鈴 山 ［オスズヤマ］ 783.4m ／二等／男鈴山／日南市〜串間市／飫肥／飫肥

　古くは日南側からは鈴を逆さにした山容から鈴山、串間側からは円目岳と呼ばれていた（『日向地誌』）。国道222号を飫肥城下町へ南下し稲荷橋を渡り本町商人通りの真向かいに聳える。女鈴山（741m、独標）と三角点峰の男鈴山との夫婦山で、串間市最高峰である。別名「おとこすずやま」ともあり、遊歩道のある木山（51.8m、四等、点名同じ）の油津水道史跡公園の山頂絵図には男鈴山と仮名が振られている。

　近年はふるさと林道・小布瀬風野線（別名アジサイロード、平成13年〈2001〉３月完成、延長7217m）開通記念碑の〈鈴嶽の峯遊歩登山道入口〉改め〈ふるさと林道コース〉より登られており、近くには、池之河原林道大平支線も開通し「絶景・女鈴山・5.3kmスロー運転30分」の案内がある。

　女鈴山頂へ数分の大山祇命を主祭神に12神を祀る鈴嶽神社は、和銅元年（708）創建で長いこと朽ちたままだったが、平成９年（1997）11月に大平小校区６地区（大平、広野、片野、風野、田ノ野、中原）住民共同により風野林道（３km）に１km延長の参道を完成したことから、串間市大平と日南市大窪の行政区を超えた協力により、平成11年４月に再建された。

　北麓には平成２年７月オープンの酒谷キャンプ場（酒谷小学校跡）があり、遊水プール・コミュニティセンター・林間休養施設が揃い、吊橋から小布瀬（子産瀬）の滝入り口まで全長976mの林間遊歩道が設けられ、明治22年（1889）11月架設の大谷石橋（長さ22m、幅3.5m）を巡る周回は約１時間のコースタイムで、平成11年から地元村おこしグループ「やっちみろかい酒谷」により整備が行われている。男鈴山名にあやかって、男鈴山長八（明治40年、最高位・西小結）、男鈴山義寿（昭和28年、最高位・東三段目35枚目）の力士も輩出している。

落　石 ［オテイシ］1220.8m／三等／舟ケ迫／美郷町南郷区／神門／神門

　丸笹山と茶屋越の中間に位置する国有林で、渡川支流木裏谷に沿って併用林道・木浦谷線が落石の山裾を通っており、元渡川郵便局跡地より北へ約4㎞地点から、北東へ小径を500mで自然林豊かな山頂へ。南の776.1m峰（四等、点名・木浦）は通称・タコの塚と呼ばれている。山名のとおり自然災害に関係する山名と想像される。

乙　野　山 ［オトノヤマ］1100.9m／三等／乙ノ山／高千穂町～日之影町／見立／三田井

　別称「おつのやま」とあり、山頂部は国有林に属す。古くは南の小林峠と共に昭和31年（1956）まで岩戸村だった。日之影の煤市と高千穂の日陰を結ぶ往還路・二体の地蔵尊が座す追越（1000m、等高線）は、見立鉱山華やかなりしころ、ある若者が、思慕している娘が逃げたので峠を越えて追いかけ追いつき、恋を成就したことからの峠名といわれ、稜線を南に伝うと字地・原の鹿倉とある猟場だった乙野山は近い。平成24年（2012）11月に25年かけて開通した森林基幹道・黒原煤市線（21㎞）が東裾（登山口）を通って、二つ岳の登山口へ続いている。

乙　羽　山 ［オトワヤマ］272m／独標／日向市／山陰／日向

　国土地理院九州測量部には「おとばざん」とあり、古くは音羽山と記され、峠を言う「オオタワ」が転じて音羽になったことからの山名である。北に連なる山頂部にイワクラ（盤座）のある石神との双峰で、山中には巨石が点在している。二つの山に包まれるような山麓の、平成22年（2010）3月閉校となった美々津小学校田の原分校を中心に身を寄せ合っている田の原集落と田園風景。尾鈴サンロード（日向灘沿岸北部広域農道）からの眺めは言いようのない懐かしさが漂う。

鬼　ケ　城　山 ［オニガジョウヤマ］196.0m／三等／鬼ケ城／日南市／鵜戸／飫肥

　地元呼称は「おにがじょう」が一般。文明16年（1484）より伊東祐国～尹祐～義祐と3代にわたる83年間の一城攻防は全国でもこの飫肥城だけといわれる。この山も伊東義祐と島津忠隅の飫肥争奪戦で、取ったり取られたりの戦いを繰り返した合戦場の鬼ケ城跡で、鬼城とも記されている。一般に荒々しい侵食地帯や崖崩れなどに例えて「鬼」と命名したもので、西の犬ケ城山と共に頂稜の南面は広渡川による浸食で垂壁になっており

天然の要害であった。

　日向中世の大武将・伊東三位入道義祐は永禄５年（1562）飫肥紀行のとき「番衆たち、多くの敵を殺せばや鬼ケ城とは人の言うらん」という狂歌を詠んでいる。飫肥本城をはじめ、犬ケ城（山）、高佐山（高砂城山）、東光寺（砦跡・日南総合運動公園に連なる山、80m、等高線）、中の尾（砦跡、183.9m、三等、点名・二本松）、新山（星倉新山・岩崎稲荷神社森、107.9m、四等、点名・星倉）、鎌ケ倉（城跡、135.0m、三等、点名・鎌ケ倉）、玖磨陣、高寺城など、周辺の砦の動きが手に取るように見通しがきき、お互い番衆（番人）を置いて見張った山城である。

　北への尾根道はかつて旧水の尾峠（貝殻城、482m、独標）経由の鵜戸往還の間道でもあった。水の尾峠東の鵜戸往還・鳥居峠（324m、独標）は鵜戸神宮の一の鳥居があった所で、中間の電波塔のある469.6m峰（二等、点名白石）は東岳（『九州の峠』より）とあり、往時の参道の面影を今も残している。

鬼　塚 ［オニツカ］375.9m／三等／鬼塚／小林市／日向大久保／加久藤

　昔、大鬼が川内川を堰き止め真幸谷を海にしようと高岡方面から畚を担いできたが、鶏の鳴き声に驚いて土を捨て逃げ去ったという伝説の山で、そのとき畚の土を叩き落としたのが南東の小鬼塚（畚叩とも。340m、等高線）で、こちらは大鬼塚ともいわれる。山麓の鬼塚集落からは50m弱の標高差で近所の子供たちの格好の遊び場になっており、地名と区別して鬼塚山とも呼ばれている。

　北東へ４kmの勧請亀ケ丘公園・古くは霧島勧請岡（356.1m、三等、点名・勧請岡）は、国指定エヒメアヤメ（誰故草とも）自生南限地で、小林市教育委員会や「エヒメアヤメを守り育てる会」により保存管理が行われている。

鬼 の 目 山 ［オニノメヤマ］1491.0m／三等／鬼目／延岡市北方町・北川町／祝子川／熊田

　山腹の水晶玉が鬼の目のように輝いていたことからの山名で、北の川内名村（北川町）からは北面を望み奥牧山と呼ぶが一山なりとある（『日向地誌』より）。鉾岳と国見山を入れて鬼の目山系といい、この山域でしか見られない貴重植物「ツチビノキ」（落葉低木・ジンチョウゲ科）は６～７月頃開花する。

　鬼の目山林道（9.6km）が旧往還・鹿川越経由で鉾岳を西から北を迂回し国見山との分岐へ延びてきているが崩落が進み荒れている。登山は鉾岳や国見山と同じく標高700mに位置する鹿川キャンプ場を基地に、鉾岳谷を登り詰めて鬼の目林

道を経由する。東への尾根伝い1222m峰（独標）と1099m峰（独標）は通称・馬鞍山（まんくう）（七五郎落し）と呼ばれる登攀クラスの馬の背尾根で東壁は鬼の目ダキといい、榎峠（とうげ）の間の北山腹に厳冬期は氷結で知られる落水の滝（落差60m）があり、落水林道が上祝子から巻くようにして大崩山との鞍部・旧往還の鹿川峠（鹿川からは祝子川越）の北山腹へ通じている。平成29年（2017）6月、山頂の南東部、登山道より外れた支尾根の標高約1200m地点に根回り約7m、高さ8mの巨大な天然杉が確認され、鬼の目杉と命名された。

尾 野 山 ［オノヤマ］796.5m ／四等／聖川／高千穂町／三田井／三田井

　　　　　　　　上野（かみの）の国道325号を挟んで四恩岳の東部に位置し、尾根の西端には金比羅社を祀る山上展望台があり、案内には王の山とある。北麓に王農内（おうのうち）集落があり、東の広木野の波切不動と称される寿命院不動堂の背後には、山頂に6畳敷ほどの畳石が庇状（ひさし）に突き出している不動嶽（600m、等高）が聳える。北東には王農内と東の岩戸土呂久を結ぶ道元越（どうげんこえ）（1027.7m、四等、点名・道元）がある。道元とは源義経の家臣・斉藤忠信の子で、出家し上野王農内（かみのおうのうち）に住み後に岩戸西の内に移り住み、豪の者として知られた。

　南麓の下野八幡神社の樹齢800年のケヤキとイチョウは、昭和26年（1951）6月9日、国指定天然記念物と「宮崎の巨樹100選」にも選ばれており、老木伝説のある「逆さ杉」や「有馬杉」もある荘厳な神社森である。建久3年（1192）二つ岳の正八幡を大神惟元公（三田井氏10代）がこの地に移し、高千穂太郎政信公の時代に境内を整え、社殿を建立したとある（案内板より）。

御 鉢 ［オハチ］1420m ／等高線／都城市～高原町～小林市～〔霧島市〕／高千穂峰／霧島山

　別称・みはち。古くは曾乃峯（『続日本紀』）、火常峯（ひのとこみね）、西峰とあり、後に炊き立てのご飯を移し入れておく飯櫃（めしびつ）に似ていることから御鉢と言われるようになった。東部の二子石と同じ高千穂峰西部の寄生火山で、高千穂峰とで二上の峰と称し天孫降臨伝説地である。

　6世紀頃には高千穂峰との鞍部にある背丘尾（せたお）（瀬田尾とも）に、社殿および別当寺華林寺があったが、延暦7年（788）3月4日に御鉢の噴火で元宮は焼失。天暦年間（947～57）に性空上人が高千穂河原（しょうくう）（古宮址）に再建したが、文歴元年（1235）12月28日またも御鉢噴火で全て消失。いったんは東霧島神社に遷座されていたが、文明16年（1484）薩摩藩11代島津忠昌の命により、東社を霧島東神社、西社

を霧島神宮として東西に分け建立された。

　高千穂河原から高千穂峰コースは背丘尾越登山道ともいわれ、御鉢に登りきったところの岩は亀石と呼ばれている。直径約500m、深さ200m以上の鉢の形をしたホマーテ型の火口で、お鉢回り（1.57km、青島1.5kmより少し広い）の東縁は狭くガレ場が多く注意を要する。噴気活動は現在も続いており、文献上の噴火は天平14年（742）11月とあり、最後の噴火は大正12年（1923）で、百年周期といわれている。

親 父 山 ［オヤジヤマ］ 1644.2m ／三等／親父山／高千穂町／祖母山／三田井

　古くは親爺岳とあり、祖母傾縦走路の障子岳から西南西への稜線に位置し、中腹には親父山原生林が広がり、南下する稜線の、九州では珍しくカラマツ林に囲まれた樒原（四季見原、1200m）は、地元では「しっきんばる」と呼称される。熊の山言葉が由来である親父山は全国唯一の山名で、障子岳山頂には熊の供養塚があり、三尖・黒岳とセットの健脚登山も人気がある。明治17年（1884）編纂『日向地誌』には「五ヶ所村にては黒嶽と呼ぶ」とあり、当時は黒岳と同じ山として扱われていた。山頂より障子岳側すぐの鞍部に【B29遭難碑】（終戦直後の昭和20年8月30日・米軍死者12名）がある。

　平成7年（1995）7月オープンの「四季見原すこやかの森キャンプ場」を起点に、防火帯を利用し、点名・敷見原（1366.7m、三等）を経由する「さるくバイ新道」コースもある。雲海の隠れた名所として家族連れに人気のキャンプ場近くのパラグライダーエリアでは、空の散歩を楽しむ愛好家も見られる。「四季見原すこやかの森キャンプ場」（番地は高千穂町上野親父山平3751-722）

カ

家一郷山 [カイチゴウヤマ] 437m ／独標／宮崎市／日向青島／日向青島

　別称・けちごやま。かつて日向ラインと呼ばれた加江田渓谷の一軒屋があった
ことからの地名・家一郷（旧家一郷野営場）に宮崎営林署家一郷事業所や宿舎があ
った。昭和27年（1952）、さらに奥地の陰の谷に、名称もそのままに家一郷事業所
として移転したことから、後にこの山の山名となった。

　平成14年（2002）6月、宮崎森林管理署において家一郷山自然観察遊歩道（全長
1260m）が設けられた。複層林の自然をそのまま生かすために伐採せず、百種類
の樹木に名前を書いたプレートが取り付けられた歩道沿いには、順路や案内板が
設置されている。樹齢百年を越す絶壁に張り付いた山桜や約5mのさざれ石「屏
風岩」などがみられ、ゆっくり散策しながらしっとりとした自然を満喫できる。

　現在、事業所跡は宮崎市自然休養林の椿山キャンプ場になり、鏡洲小学校家一
郷分校（昭和28年開校〜昭和39年閉校）跡は駐車場となっている。丸野駐車場から椿
山キャンプ場まで9.4km、森林軌道（森林鉄道）跡は自然歩道として現存している。
「水清らかに山青く　日向ラインの谷深し　集える子らに幸あれと　学舎建てり
　家一郷分校」（鏡洲小学校家一郷分校校歌③より）。椿山キャンプ場の問合せ・申込先：
（6月30日まで）宮崎中央森林組合℡0985-82-0133　（シーズン中）椿山キャンプ場管
理棟℡0985-58-0896（2017年度より休止）。

貝 野 [カイノ] 958.0m ／三等／貝野／美郷町南郷区／神門／神門

　山あいのせまい地形の峡が貝に変わったもので、狭い原野の意の山名である。
民有林道・阿切線が九合目近くまで延びている。ひむか神話街道（一部国道388号）

に沿う小丸川源流の鬼神野溶岩渓谷は、鬼神野美石群と呼ばれ、平成８年（1996）県指定文化財（名勝）。約6000万年前に隆起した国内最大級の溶岩の渓谷で、鬼神野溶岩渓谷キャンプ村を中心に、紅葉狩りや渓流釣りはもちろんカヌーコースとしても人気がある。

鏡　山 ［カガミヤマ］917.0m／三等／鏡山／五ヶ瀬町～〈山都町・旧蘇陽町〉／高森／高森

　熊本県山都町馬見原より「西南の役古戦場鏡山登山口」案内から山頂近くへ林道・鏡山引込線が延びており、山頂には熊本の有志が建立した【鏡山西南戦争慰霊碑】や建設省無線中継局がある。（廻渕）鏡山は（坂狩）中登岳・（室野）明神山（明神岳、948.2m、三等、点名・下長野）と共に鏡石大明神を祀ることに由来する山名で、三ヶ所の地名の由来でもあり、北麓の地名から廻渕山とも呼ばれていた。鏡石（鏡岩）とは、表面に光沢があって物の影のよく映る石のことで、諸方にこの名の石があり諸々の伝説を伴う（『広辞苑』より）。

　西南戦争時は熊本街道と那須往還の分岐点だった室野には、薩軍の陣地があった男山（631m、独標）、明神山に相対する室野岳（829.9m、四等、点名・戸ノ上）、蕨塚（647.8m、三等、点名同じ）があり、南東に鏡山山脈とある坊主山（883.6m、四等、点名・内笠部）を経て笠部峠（兼ケ瀬越、800m、独標、現在の笠部隧道）へ至る激戦地だった。

　国道218号沿いには「特産センターごかせ」や五ヶ瀬の里キャンプ村があり、北の五ヶ瀬川本流は山都町の名勝・蘇陽峡渓谷で、北東の五ヶ瀬川支流三ヶ所川にかかる鵜の子の滝（落差20m）は、柱状節理の奇岩に囲まれた深い青緑の滝壺5000㎡（直径60m）へ広がる波紋が幻想的で、地元では「うのことどろ」と呼ばれている。

鏡　山 ［カガミヤマ］645.4m／一等／鏡山／延岡市北川町／古江／蒲江

　眼下に日豊海岸を望み、スカイスポーツのメッカ「風と光の丘・鏡山公園」として北川町を代表する観光地の一つで、昭和62年（1987）より５月連休に「鏡山スカイスポーツフェスティバル」が開催され、豊かな山並みと「日向の松島」と呼ばれるパノラマが広がり、鳥人たちは「究極のエリア」に酔いしれる。それに合わせて平成22年（2010）から毎年４月「北川やっちみろ会」により鏡山トレッキング大会も催されている。鏡のように円い形をした草原からの山名で、初日の出の好スポットでもある。鏡山牧場公園には若山牧水歌碑【日向の国むら立つ山

のひと山に住む母恋し秋晴れの日や】やオランダ型大風車がある。

　市棚駅近くの国道10号より大型車も通過できる鏡山登山道で山頂へ、国道388号の須美江より県道240号日豊海岸北川線（9km）が合流し、山頂より幹線林道・森山線（全長15026m）に連結、丸野山〜岳山〜飯塚山〜森山の山腹を蛇行し古江方面へ通じている。

鹿 久 山 ［カクヤマ］485.1m ／三等／南平／日南市〜串間市／榎原／飫肥

　国土地理院呼称・かきゅうさん。かくさん、かぐやまとも呼ばれ、別称に前山・南平前山。南平集落より作業路が延びており、1km地点から尾根沿いに1時間（2.5km）、山頂部は国有林で神社が祀られている。北麓の南平宿之河内には入道山の滝（ヘゴの滝）がある。札の尾より榎原川を遡行し荒河原の砂防ダムを経由し尾根伝いにも登れる（画像はキジの托卵中）。

加 子 山 ［カコヤマ］大 平 ［オオヒラ］866.8m ／三等／加子山／日向市東郷町〜美郷町南郷区／坪谷／神門

　国土地理院呼称・かごやま。古くは鹿子山ともある。古い地形図には「大平（おおひら）」とあるが、現在は南峰（812.0m、四等、点名同じ）を大平と呼んで区別している。かつては北へ尾根の連なる珍神山と共に、美々津港に寄港する船頭の位置確認や、航路を決める目印（山合わせ・天文山とも）の山で、舟子（水夫、水主とも記す）からの山名といわれ、大平林道が八合目まで延びている。北のはみの峠は西郷区日平と南郷区水清谷を結ぶ。

　加子山の北西に位置する水清谷には、斜面が急で大きな岩が点在し大蛇（ツチノコ）が棲んでいて晴天でも雷声が轟くという謎の珍名山・かいごん塔（859.1m、四等、点名：猪の原）があり、林道矢形内の口線の標高600mの山腹に広がる「かいごん塔梅園」は県内有数の南高梅の産地で、2千本の梅林が開花する2月下旬には多くの観光客が訪れる。水清谷ふるさと村オートキャンプ場があり、東奥にはつづらん塔と呼ばれる山もある。鞍部のタオから峠をトウと呼ぶことがあり塔の

字を当てたと考えられる。

笠祇岳 [カサギダケ] 444.2m ／三等／高田／串間市〜〔志布志市〕／串間／志布志

「古くは前嶽だったが内の蔵村（志布志市）の内森山にあった笠祇大明神社を山頂に遷すに及んで笠祇嶽と改めた」とある（『三国名勝図会』要約）。別称に笠祇山・笠置山ともあり、人が菅笠を被ったような山容からの山名とも。串間市に注ぐ牧の谷川と前川（志布志市）の分水嶺で、かつては西麓が烏帽子野牧と呼ぶ農耕馬の放牧地であったが、今は和牛の里で知られる。山頂部に牧神（畜産の神様）の笠祇神社が鎮座、「お笠祇どん」の尊称で呼ばれ、三角点脇の平成23年（2011）再建の赤い鳥居は鹿児島との県境を跨いで建てられ、志布志湾を一望するパノラマが広がる。

　山頂へは車道（2.7km）は延びているが、笠祇小学校近くからの参詣道は健在で、登山口の看板【串間のへそ、ツワブキとベブの名産地・和牛の里】には山頂へ30分の案内があり、小学生手作りの標式に心和む山歩きを約束してくれる。

　九州では珍しい暖地性の草原で、多数の希少生物が生息し、地区民による保護活動も行われており、「笠祇・古竹草原重要生息地」（164.9ha）として平成19年に県指定された。かつて日向国南諸県郡に属していた志布（武）志・松山（志布志市）・大崎の三郷は、宮崎県が分県して再発足した明治16年（1883）5月9日に鹿児島県に残されたもので、元々同じ信仰圏にあり、笠祇神社は志布志市役所を見下ろす岳野丘（274.3m、二等、点名・笠祇岳）にも祀られている。

　平成4年（1992）より、笠祇地区連休の恒例イベントとして「和牛の里ふれあい焼き肉フェスティバル inKASAGI」が開催されている。勿体森運動公園の西北に位置し平成7年に整備された「国際交流の森」・第二高畑山市民いこいの森公園（374.9m、四等、点名：高畑山、約2600㎡）は、山頂まで車道（2.3km、徒歩50分）が通じており、串間市街はもとより志布志湾まで見渡せる展望と、スカイスポーツの基地としても人気がある。かつて山頂にあった高さ40mの風力発電施設は故障が多く修理費がかさみ平成26年2月に撤去された。東の甚谷国有林には、かつて航海の目標だった竜口山（長谷山・前見山とも。506.4m、二等、点名：竜口）がある。

笠松山 [カサマツヤマ] 1521.9m ／三等／黒仁田／日之影町〜《豊後大野市緒方町》／見立／三田井

　「笠松」とだけの文献もある。傾山と祖母山が背比べをして傾山が負け、当時

傾山にいた山の神が祖母山へ飛び移ろうとしてここで一休みし、笠を五葉松に掛けたまま忘れたという地名伝説からの山名という。祖母傾縦走路の中間点に位置し、傾山との鞍部が九折越で、九折越小屋近くの広場は緊急時ヘリポートになっており、西へ遭難碑（1969年３月12・13日相継いで２人の若者が遭難）～東展望台を経て山頂へ。西にはトクビ（1504m、独標）展望台がある。

　昭和62年（1987）11月24日、北東1.5㎞、緒方町側の山手谷支流の谷合でツキノワグマ（雄、体重75kg）が射殺されたが、平成22年（2010）８月、本州より持ち込まれた種とDNA鑑定結果が発表された。昭和32年（1957）死体が発見されたのが九州最後の熊の記録で、その後も祖母傾山系ではロマンと不安の入り混じる生息、絶滅論争は続いている。環境省は「50年前後の間に確実な生息の情報が得られていない」ことから、平成24年８月28日公表したレッドリスト改訂で、「絶滅の恐れのある地域固体群」分類から削除し、事実上絶滅していると判断した。

霞ケ丘 ［カスミガオカ］349.2m／三等／霞岡／都城市高崎町～高原町／高原／野尻

　別称・かすんがおか。霞権現として知られる霞神社が山頂に鎮座（340m）。祭神は大己貴命、少彦名命および保食命で、古来より畜産、縁結び、商売繁盛の神として知られ、700段ある本参道は九州自然歩道も兼ねており、右に登れば山頂三角点へ。

　神殿裏の岩窟には体長30㎝の白蛇が生息し、県内はもとより県外からの参拝者も多く、信仰の深さを表すように参道には土産物店もひしめいている。本参道（20分）、本殿（５分）、三角点。山岳信仰の修業場所であった霧島連山の一角にあり、「霞」とは修験道の言葉で縄張りを意味する。修験者がこの地を「仮の住まい」としたことから、「かすみ」という言葉が残ったとも伝えられている。

霞ケ丘 ［カスミガオカ］356m／独標／小林市野尻町／高原／野尻

　地元では「かすんがおか」。国道268号野崎バス停横の【野尻町霞権現2000m】標柱から南へ0.6㎞に駐車し林道を伝う。山頂の「白蛇観音堂」は台風で倒壊したが、ご神体の石神には献花が絶えず、しっとりとした自然散策を満喫できる。神が住むことから神住となり転訛して霞の丘の山名となった。霞ケ丘を中心に、西峰の四等三角点峯（点名瀬戸口、322.5m）と東峰の三等三角点峯（点名：田野、342.3m）を持つ三つのたおやかなピークで、この山から北部一帯にかけての地名は野尻町大字三ケ野山である。

野尻では花街道と呼ばれている東の国道沿いの「道の駅ゆーぱるのじり」には、宮崎県総合産業試験場「薬草地域作物センター」や、高台の大塚原公園（214.8m、三等、点名大塚）への散策路があり、三角点石はコンクリート枠と金属板で保護されており、霞ケ丘や霧島山系、野尻北山連山（城の岡〜土然ケ丘〜七郎山）への展望もゆっくり楽しむことができる。

傾　山 ［カタムキサン］ 1602.1m ／二等／傾山／日之影町〜《緒方町・宇目町》／三田井／三田井〜竹田

　かたむきやまが一般。雅名「かたむくさん」。南から後傾、本傾（山頂三角点峰）、前傾と連なる三つの流紋岩の険しい岩峰が西の祖母山側に傾いていることからの山名で、県内最北端に位置し（北緯32度50分08秒）、『日向地誌』には「豊後からは傾き山と称し、臼杵郡からは黒泥田山（黒仁田山）と呼ぶが実は一山なり」とある。また神武天皇が東征前に兄弟４人で登頂された伝説から四皇子峰とも呼ばれた。祖母傾縦走路・18km（水平距離）は九州随一といわれる。日本三百名山（深田久弥クラブ選定）。
　宮崎県からのコース①県道６号〜黒仁田林道（距離10km）九折登山口〜水場〜九折越〜千間（1378m、独標）〜杉ケ越コース分岐〜後傾〜本頂　②大分県境（県道６号）の杉ケ越（大明神越・杉囲大明神）コースは危険箇所にハシゴがセットしてある健脚コースである。月刊誌『山と渓谷』平成24年（2012）８月号「日本名急登100」に傾山：観音岳コース（大分県側の九折〜傾山）標高差：1180m 平均斜度：12.7°が九州本土では市房山、一ツ瀬川コース（槇ノ口発電所〜市房山）と共に全国に紹介された。例年４月29日、日之影町主催により山開きが開催される。ウォルター・ウェストンは祖母山の翌日（明治23年11月７日）この山に登った。「祖母山も傾 山も夕立かな　山口青邨」

鹿 鳴 山 ［カナラセヤマ］362.3m ／三等／金良瀬／串間市〜日南市南郷町／本城／都井岬

　別称・かめいさん、かんなりやま、しかなりやま。山頂部は国有林で、古くは加奈良瀬山ともあり、地元では「かならせ」とだけで呼ばれる森閑な山である。山麓の県道438号北方南郷線沿いには熊野神社、東山神社、湯ノ山鉱泉がある。
　県道439号市来南郷線を挟んで東の南郷町最高峰の霧島山（369.5m、三等、点名：三本松、地形図未記載）は、潟上神社のある脇本より昭和37年度（1962）開設の林道

波平瀬線（3989m）が山頂の三本松古墳へ通じており、古墳は円墳で石棺が出土したといわれ祠が祀られている。主稜線の突端からは、弧を描いて伸びる「日本の渚百選」の石波海岸（3km）、一部は国の天然記念物に指定されている約2kmに及ぶ「石並の海岸樹林」(250種を超える貴重な亜熱帯植物が群生)、200m沖合に浮かぶ日本サルの生息地「幸島」(周囲3.5km、標高113.5m、三等、点名・幸島)への展望が素晴らしい。

金 御 岳 ［カネミタケ］472m／独標／都城市／末吉／末吉

　『古事記』に「天の金山」とある霊山で、古くは金の御岳、金御嶽といわれ、三種の神器「八咫鏡」はこの山で材料を掘り出し鋳造されたとの伝説からの山名という。平成16年（2004）8月、夜景100選事務局より、「日本の夜景100選」に延岡の愛宕山と共に選定された。

　雲海と史跡の里「中郷邑」のシンボルの山で、「きりしまんぢだ」と呼ばれる都城盆地を包む雲海と、島のように浮かんでみえる霧島連峰の眺望は見ものである。都城盆地はジェット気流が安定し、航空管制の区域外にあり、障害物も少なく、スカイスポーツのメッカとして人気がある。【標高471.75m】の標柱のある山頂には昭和63年（1988）に市がハンググライダーの離陸台2基を設置、毎年11月上旬には都城市金御岳杯南九州ハンググライダー大会が開催され、〈日本一のハンググライダー基地〉の案内がある。

　例年10月10日をピークに、夏鳥サシバ（差羽・猛禽類・タカ目タカ科）の渡りの観測地として、長野県白樺峠、愛知県伊良湖岬、鹿児島県佐多岬と並び全国的にも知られ、山頂へ8分の案内のある九合目のサシバの広場（標高420m、WCP）やサシバの館周辺は九州各県はもとより関西や東京からの愛好家で賑わう。春に数羽から数十羽の群れで東南アジアから日本に飛来したサシバは、国内各地で繁殖を終え、この時季・時には大きな群れ（鷹柱）となって南下する。

　広場を中心に変則的な十字路は、南へ普通林道・天ケ峯線（一部国道222号鼻切峠へのサシバ林道《ふるさと林道》と併用、4.418m）、北へ荒松線（3.017m）、上記林道と交錯する中郷～安久を結ぶキャンプ場経由の金御岳林道～国道222号金御岳登山口バス停に連結する西の浦林道沿いは、金御岳公園紅葉の森づくり実行委員会により「中郷のみんなでつくろう紅葉の森」をスローガンに植栽や手入れが行われている。金御岳キャンプ場からのハイキングコース沿いの石清水「金命水」湧水もひそかな人気がある。

　東方には鳶ケ岡（古くは鳥見廟、551m、独標）、仙歩（424m、独標）、子隠山（446m、独標）、日平（鳶ケ岡・雨量観測所、655.9m、三等、点名同じ）などの山々が見渡せ、野鳥観測の目標の山になっている。地元では「金御岳から霧島山の方（東南東の風）に雲

が早いときは台風が近い」と言い伝えられている。

【鷹渡り山々彫りを深めけり　神野青鬼灯】（サシバ広場の歌碑より）

　平成28年（2016）5月、サシバ館すぐ上の野鳥観測展望台に「天の金山の鐘」が完成、鐘を吊るすハート形の支柱に霧島連山がすっぽり収まり、恋愛の成就や幸福のパワースポットとして新名所になっている。時節にはホタルが乱舞する東麓の安久温泉郷の奥には、かつて都北地方唯一の山伏の修行場だった湯屋谷の滝（2m～2m～10mと三段の落差、幅12m）がある。

※明治22年（1889）に梅北・安久・豊満村が合併して中郷村になり、昭和42年（1967）に都城市に編入、旧3村は町名で残るが、中郷は地名にない。

鹿 納 山 ［カノウザン］1567m／独標／日之影町～延岡市北川町／見立／三田井

　古くは協山「かなうやま」とあり、『北川村史』には「協ノ山は鹿納山とも書かれる」とある。北峰、中の峰、本峰（南峰）からなる三つの岩峰は見る場所により異なり、鹿川方面からは三つ鹿納、日之影からは鋸の別称があり、その最大岩峯の南峰は鹿納坊主と呼ばれ、山頂からの展望もその山容も申し分ない、スリル満点の魅力の山である。かつて猟師が山頂で、年頭に仕留めた鹿を山神にささげ、豊猟を祈ったことが山名という。

　お姫山（1550m・等高）～お化粧山（1450m・等高）～ブナ三叉路（1571m・独標）を経由、幕営可能な鹿納の野を経て三つ鹿納全体で鹿納山という。鹿川方面からは地蔵岳や大崩山宇土内谷登山口のある鹿納林道を詰めて大崩山との稜線を伝う登山コースもある。

鹿 納 の 野 ［カノウノヤ］1548m／独標／日之影町～延岡市北川町／見立／三田井

　日陰林道からお化粧山を経由しブナの三叉路（1571m・独標）を右折、岩ずくま（巨岩のかたまり）の西を巻いて約600m、鹿納山へ約900mの位置にあり、南西へ大きく延びる日隠山主尾根と北東は祝子川支流金山谷の分岐点の鈍頂が、かつて猟師や山師たちが、小屋掛けなど野営の場としたことからの山名という。

神 陰 山 ［カミカゲヤマ］1271.9m／三等／神蔭／日向市東郷町～都農町／尾鈴山／尾鈴山

　尾鈴蔭山・尾陰山とも呼ばれ、かつては万吉山と共に飯盛尾根と総称されていた一山で、東の西林山との鞍部に、旧暦1月16日山ノ神に無事を祈る習わしがあった神陰の石塔が祀られ神陰峠となり、のちに神陰山の山名となった。

　歌人・若山牧水生家（旧若山医院邸）のある坪谷より、牧水公園や双耳の岩峯・権現山（305m、独標）の西を伝う九州自然歩道は、素朴な石積みの道が山を基盤とする生活に根差した面影を今に残している。神陰峠より尾鈴に向かって石並川に

下れば三分界で、藩政時代は高鍋藩の都農、延岡藩の寺迫、天領の坪谷が接しており、通行人は厳しい検問を受けたという。

　神陰山へは尾鈴キヤンプ場のある九重頭(くえんとう)から矢研の滝を巻く神陰林道終点が登山口で、さらに万吉山から尾鈴山への稜線歩きは尾根が広く迷いやすいので読図の能力が問われる。尾鈴山の小藤分(おふじわけ)登山口から北へ藪漕ぎする直登のコースもある。

上逆瀬山 ［カミサカセヤマ］931.1m ／三等／上坂瀬／都農町〜日向市東郷町／尾鈴山／尾鈴山

　尾鈴山塊の山で、古くは上坂瀬(かみぎゃくせ)の表記があり、畑倉山の後峯として御前稜(ごぜんりょう)の記載もある。畑倉山との間を流れる石並川源流丸木谷は、平成7年（1995）林野庁選定・日本水源の森百選の「庭田水源の森」で、面積450ha・標高300〜930mの水源かん養保安林で日向市東郷町の水源「長谷水源地」になっている。石並川小牧谷は遡行距離が短いが滝の数が多く、シャワークライミング（沢登り愛好者）に人気がある。

冠 岳 ［カムレダケ］828m ／独標／五ケ瀬町／鞍岡／鞍岡

　鞍岡盆地のシンボル。旧鞍岡村社・祇園神社の境内からの西望は、枝ぶりの良い赤松と三つの冠状の尾根からなる冠嶽で、一幅の山水画を思わせる。冠八面(かむれやつおもて)大明神を祭祀する古我無礼神社(こがむれ)のご神体山で、山頂には秋葉大明神社奥宮の石祠が祀られている。安政年間（1854〜59）鞍岡に疫病が流行り四国から弘法大師の木造仏を勧請し鎮静したことからの始まりという、冠嶽八十八ケ所霊場の野仏が安置される巨石信仰の山でもある。

　〈森林郷冠嶽八十八ケ所〉の看板より南へ冠橋を渡り小川集落への別れ道に登山口の標識があり、九州電力の送電線巡視路より入山、祇園山や揺岳を東望しながら幽玄とした雰囲気の中の石仏巡りと岩峰登山を楽しむことができる。

掃 部 岳 ［カモンダケ］ 1223.8m ／三等／小河内／西都市～西米良村／掃部岳／須木

　『日向地誌』には深年村（国富町）の項に冠嶽とあり、南東の尾根伝いは式部岳、南は茶臼岳（別称大股山・大保山、1043.0m、三等、点名・大保）を経て釈迦ケ岳へ続く。昭和50年（1975）３月指定の掃部岳学術参考保護林は、平成２年（1990）３月31日には掃部岳北部自然環境保全地域として東方の急斜面はモミ、アカマツ、シラカシなどの保存と学術研究のため掃部岳林木遺伝資源保存林にも指定された。平成24年（2012）７月11日、国連教育科学文化機関（ユネスコ）により登録された「綾ユネスコ・エコパーク」の最高峰である。建久９年（1198）「日向の国図田帳写」によると、荘園時代・新納院（宮崎、児湯、臼杵郡）120町の地頭（最高位）が掃部頭殿（鎌倉幕府の御家人で源頼朝の側近・中原親能）だったことから宮崎平野のすぐ西に広がる山々の盟主の山名となった。

　平成８年（1996）、西都山開き実行委員会により「Come on DAKE」と銘打って前川林道登山口経由の第一回山開きが開催された。平成元年集団移転し廃村になった、前川と蛇籠川合流点の山間部・旧寒川村には、上方に天満天神社を祀る天神山（461.3m、三等、点名・長尾）があり、山峡を通して海を眺望できる。平成12年３月26日より、西都市三財商工会主催で、四百年前に米良山から尾根伝いに移住してきた先達の偉業の棚田跡や天満天神社を巡る「三財天神山ふれあい市民ウォーキング大会」が催されている。

萱 原 山 ［カヤハラヤマ］ 1364m ／独標／椎葉村／日向大河内／椎葉村

　国土地理院呼称・かやはらざん。古くは萱場山とある。この山域も花崗岩の崩壊が進んでおり、北は九州大学農学部附属宮崎演習林で、大谷川沿いの観察兼作業路がある。矢立高原キャンプ場と湯山峠（国道388号）付近、熊本県水上村～宮崎県椎葉村の県境、萱原山より西へ直線距離3470ｍを基点とする点名・舟石（1012.3m、三等、点名同じ）を経由する1.7kmは、明治４年（1871）の廃藩置県以来、未確定だったが、平成22年（2010）９月30日に総務省により確定が告示、ようやく線引きされ、椎葉村は面積1.15ha 増えて総面積は537.35ha となった。面積は地方交付税の積算基準となっており、本県が80万円、椎葉村は57万円増額の見通しで、熊本県と水上村はその分が減額となった。

　元和５年（1619）、「椎葉十三人衆の乱」により幕府領となった奈須（椎葉山とも）

は、明暦２年（1656）阿蘇大宮司の辞退により人吉藩への預かり地となり、その後紆余曲折を経て椎葉村として宮崎県に帰属、ほとんどが国有林であったことも県境が未確定となった原因の一つであった。

韓 国 岳 ［カラクニダケ］ 1700.1m／一等／西霧島山／えびの市～小林市～〔霧島町〕／韓国岳／霧島山

『古事記』にある虚国岳をはじめ、空国岳、唐紅岳、西霧島山、西岳、笥野岳、雪岳、複の山、御天井嶽、甑岳などの別称を数え、高千穂二上峰の一峰とも記される。眺望に優れ九州本土では一番早い初日の出のスポットであり、噴火で山頂が吹き飛ぶ前は韓の国まで見渡せたという「韓国の見岳」の略称も山名由来の一つである。他に養老４年（720）３月に始まった隼人の反乱の後、新羅系渡来人の宇佐の地域の人々が移住させられたからとの説もある。

霧島連山の最高峰で一等三角点補点が埋設されており、地番はえびの市大字末永字白鳥1470番地と点の記にある。県内４番目の標高で直径800mの爆裂火口は大雨の際に火口湖になるときがあり、平成11年（1999）８月には直径300m水深３mを記録した。

四方を火山に囲まれた山間盆地は標高1200mの「えびの高原」で、かつては天然スケート場だった白紫池（古くは薬師池、直径250m、水深２m、湖面標高1270m）、霧島48池で一番美しいとされる六観音御池（直径400m、水深14m、古くは白鳥池）、コバルトブルー（青藍色）の不動池（直径200m、水深９m）があり、えびの高原池めぐりコースタイム2.5時間（白鳥山を経由しないと4.3km約２時間）は昭和61年（1986）に林野庁と緑の文明学会、地球環境団体が共同で制定した「全国森林浴の森百選」に選定、平成16年（2004）には〈自然とふれあうみち〉として「歩きたくなるみち五百選」にも選ばれている。同25年７月20日リニューアルオープンした「エコミュージアムセンター」や「足湯の駅・えびの高原」などの商業施設がある。

六観音御池と不動池の間のピークは天狗ケ鼻（1305.4m、四等、点名・不動池）という。平成８年、環境省（当時環境庁）選定の「残したい日本の音風景百選」に、えびの野生鹿と小林市三ノ宮峡の櫓の轟（落差８m）が選定されている。

「綌々は木立のなかにうづまりて鳥が音とほし韓国の嶽　斉藤茂吉」。

『花の百名山』の田中澄江は、夏の早朝に登頂、朱に染まる高千穂峰と荒涼地に咲くマイヅルソウ（舞鶴草・キジカクシ科）を記している。『花の百名山登山ガイ

ド』にはキリシマミズキが紹介。因みに日本百名山の安達太良山（福島県）と同じ標高である。

烏　岳 ［カラスダケ］671.7m／三等／烏岳／五ヶ瀬町／馬見原／高森

　桑野内神楽で知られる桑野内神社の背戸の山で、平成16年（2004）上組小学校へ統合により廃校となった桑野内小学校跡地が登山口。舗装されたスロープ状の道を散歩気分で１km、「大阿蘇観望の里・夕日の里」の独立峰で、360度の山岳風景を堪能できる。桝形山と樺木岳（城山、922m、山頂標式）とで桑野内三山とも呼ばれている。

　「烏岳とツツジの里」土生地区は、県北フォレストピア構想・森林郷の指定を受け、「自然の美　我がふる里」をスローガンに「烏岳郷づくり」が進められ、その一環として毎年５月５日に山開きとツツジ祭りが催されている。

烏　岳 ［カラスダケ］514.8m／三等／烏岳／高千穂町／三田井／三田井

　九州自然歩道の下野の辻から梅の木谷を結ぶ小坂越（小坂峠・尾阪嶺）と七曲峠越（葛原越・折原越）の間に位置し、五ヶ瀬川峡谷を挟んで国見ケ丘の東に相対する山で、簡易舗装の登山道を、下野の折原と塩市を結ぶ烏岳峠へ。山頂には展望方位盤が設置され、宮地嶽神社（筑前国宮地嶽三柱大神、明治28年分霊、昭和８年勧請）が鎮座している。

　西麓の折原地区は「女性を大切にする村」をスローガンにしている集落で、どこか懐かしいのどかな風景が広がる。南麓の国道218号と325号が交差する高千穂総合公園は、武道館、野球場、テニスコート、総合競技場の他に展望広場、野草園、歴史民俗資料館と施設が充実している。

　西南戦跡の小坂峠は、明治10年（1877）５月25日、三田井総攻撃の日と定めた官軍が薩軍と激しい攻防戦の末大勝したところで、官軍の戦死者１名、薩軍死者17名を数えた。南の中腹には「薩州さん」と呼ばれる薩軍の墓があり、高千穂駅

近くの高台には42基の官軍兵士の墓地がある。この烏岳から七曲峠越にかけては薩軍の延岡隊が勇戦死守していたが、小坂峠が破れたために、自主的に一時城山（372m、独標、高千穂高校裏山、国道218号バイパスで開削）へ退却し、戦局は日之影の楠原から大楠へと転回していった。

唐 松 山 ［カラマツヤマ］428.3m ／二等／唐松山／門川町／上井野／日向

　　古くは荒谷山とあり、北に天狗塚（398.1m、四等、点名・二子山）がある。国道388号の小松バス停より林道終点から地形図の破線伝いで門川湾から日向灘へのパノラマが広がる電波塔のある山頂へ。大内原への下りはブッシュ化しているので復路は往路を戻る。国道10号より鳴子川の右岸を遡行すれば、吉祥山永願寺奥の院のある受地区へ、長峰より分岐左へは普通林道・本山線が本山（260.1m、四等、点名・受）を経て唐松山頂近くまで延びている。

　永願寺奥の院から明治10年（1877）建立の宝篋印塔がある本山山頂にかけてミニ四国八十八ケ所霊場の野仏を巡る爽やかな歩きの参道がある。山岳真言宗密教だった永願寺奥の院は、嘉祥元年（848）開山で、明治28年5月現在地の加草へ移転、九州八十八ケ所霊場の三十三番札所である。（注）唐松は落葉松とも書き、普通の赤松、黒松とは違い、葉はずっと細く短く柔らかく、晩秋には一斉に黄葉して、音もなく静かに落葉する。

川 平 山 ［カワヒラヤマ］429.5m ／二等／伊良原／延岡市北川町／熊田／熊田

　別称・かわびらやま。「九州最後の清流」として注目を浴びている北川（総延長51km）と支流小川川が合流する蛍の里・延岡市北川町の中心地熊田を象徴する延岡市北川支所（旧北川役場）の背後の山で、所在地は大字川内名字川平山。山頂へはサイレン山（108.1m、四等、点名同じ）より尾根伝いのささやかな踏み分けを辿る。

　豊後口の扇の要の位置にあり、北川橋南詰より国道10号（宗太郎峠）のバイパス的な役割を果たしている国道326号が西へ分岐している。北西の八戸（村）は、かつて日向五街道豊後への最後の宿場で、日向の梓峠（梓山越、581m）は、越後の親不知・四国の大歩危小歩危と共に、江戸の三大難所の一つであった。

　南麓の北川町総合運動公園内には、平成10年（1998）6月オープンの宿泊研修施設「夕府村ホタルの宿」の他に学習施設「ホタルの館」「川舟の館」などもあり、同10月「第7回全国川サミット in 北川」の主会場となった。国道10号の伊

原バス停より小径が尾根を越えて白石へ続いている。

　北川支所は明治10年（1877）6月22日、西南戦争で薩軍の豊後口奇兵隊本営が設置されたところで、「飫肥西郷」こと小倉処平（32）は軍監兼事務掛となり、8月15日和田越の戦いで負傷、8月18日高畑山で自刃した。

岩骨山 ［ガンコツヤマ］372.0m／三等／四家／都城市高城町／有水／野尻

　別称・がんこつさん、いわぼねやま。昔「朝日に影なし　夕日に影なし　並べて七つの朱の宝あり」と刻字された石が見つかり、この地方一帯の宝探しで、この山も岩骨状の裸山になったことからの山名という。朱とは硫化水銀で顔料や朱墨、釉薬、銅鏡磨き、水銀製造などに貴重なものであったが、朱が塗られた財宝の壺であったともいわれている。

　北の4名（黒木、井上、永峯、二見）の平家落人伝説の地「四家」より尾根伝いの小径があり、結局は分からずじまいだった一攫千金の雰囲気のある山に相応しく、『日向地誌』には厳骨山と記されている。山頂からは国見山、ケラガツカ、青井岳など東部のみ展望がある。

　東山腹の「四家鉱山」は、安政年間（1854〜59）に島津藩が開発し、一時は200名の鉱夫を数え昭和初期まで採掘された。その後昭和27年（1952）から大分の五十川鉱業が再び開鉱しアンチモンを採掘したが、経営不振となり昭和35年に閉鉱した。国道10号の宮崎交通《四家鉱山》バス停が唯一繁栄した当時の名残りをとどめている。

勘の十小屋 ［カンノジュゴヤ］665.8m／三等／黒谷／美郷町南郷区／神門／神門

　かつて焼畑や炭焼を生業にしていた気骨ある老人の作小屋があったことからの山名という。上渡川の渡川地区運動公園入り口のヒタカズ大橋より林構林道・ヒタカズ線や支線が八合目近くまで延びている。全体的に二次林化が進んでおり、明るい山域で目立たない山頂ではあるが、わずかに開けている南の空野山や高塚山、裏尾鈴山系の展望は捨て難い魅力がある。

　北の鬼神野と上渡川を結ぶ茶屋越は西南戦争での西郷軍退路で、平成19年（2007）7月13日、茶屋越トンネルが竣工し約20分短縮された。

冠 岳 [カンムリダケ] 438m ／独標／日向市東郷町／山陰／日向

　真下を巡るように流れる美々川（耳川）や集落に追い被さる如く「かんむっている」ことから冠山（かんむりさん）、冠嶽と崇められた王冠状の山容からの山名で、日影になることから山麓の山陰（やまかげ）の地名となった。宝永元年（1704）創建の冠嶽三所大権現（冠岳神社）は、一度麓の羽坂神社に合祀されていたが、大変な荒神さまで山での災難が相次ぎ、火の玉、風の神、雨の神ともいわれ高く険しい山岳に多く祀られることから、平成7年（1995）12月、元の山腹に再換座された。

　東ルートなど三つの整備された一般登山道の他に健脚コースが幾つもあり、日の丸掲揚展望所（点名・冠山、375.5m、四等）、権現山（405m、案内板）、中岳（436m、案内板）、宮ケ原山（456.6m、三等、点名・宮ケ原）、樋口滝、二段滝を巡るバラエティに富んだ山歩きが楽しめる。南の熊山との中間が黒仁田山（492m、独標）で、東部を熊山林道、西部を滝下林道が走る。

　昭和60年（1985）3月31日、東郷町文化財指定の山桜は一目千本といわれ、平成13年（2001）4月に町有林（北側斜面130ha）を条例で「冠岳ふるさと千年の森」に指定し、千年先まで保護されることになっており、自然林が急峻な崖を山稜まで彩っている。メインの東ルート登山口の北・林道沿いには上の水流（113.5m、四等、点名同じ）があり三角点ハンターにお勧めしたい。国道327号（奥日向路）と446号分岐点の西麓には「道の駅とうごう」がある。昭和50年代、旧東郷町にて、酒席（だれやみ）の延長から設置された日の丸は大事に守られ、令和2年（2020）4月、テレビ朝日「ナニコレ珍百景」に登録された。

キ

木 浦 山 [キウラヤマ] 1441m ／独標／五ヶ瀬町〜椎葉村／胡摩山／鞍岡

　古書には「木浦山一名オトドロ山」とある。北に小仁田山（こにたやま）（1305m、独標）があり、西の霧立山地の白岩山と東の椎葉往還・国見峠（古くは胡桃坂・久留美嶺とも）の中間に位置する。木浦（木裏）はこの付近一帯の名称で、「日本百名峠」の一つ・

国見峠の椎葉側に同名の集落があり、鞍岡からは胡摩山越ともいわれる。

　寿永４年（1185）壇ノ浦合戦後、源頼朝から平家追討の命を受けた那須与一宗高の弟・大三郎宗久も、鞍岡から北の玄関口・国見峠を越えて椎葉山に入り、本陣を構えた跡が十根川神社（旧・八村大明神）といわれる。境内には那須大八が植えたとされる八村杉（県内最大）があり、大久保・大ヒノキと共に樹齢800年・昭和10年（1935）国指定天然記念物である。

　水飲の頭（白岩山）を源としている木浦山南面の十根川支流木浦谷は、九州本土の谷の中で十指に加わる谷として、一部の沢登り愛好家にしか知られていなかったが（『九州の沢と源流』吉川満著）、落差75mの三層の大滝が「幻の滝」として、「霧立越の歴史と自然を考える会」（秋本治会長）により、平成13年（2001）から木浦林道終点を基点に遊歩道の整備が進められ、同15年７月19日に一般に初公開された。別称にオトドロ（雄轟）とあることから地元では古くから知られていたようだ。

祇園山 ［ギオンヤマ］ 1307.3m／二等／鞍岡／五ヶ瀬町／鞍岡／鞍岡

　古くは戸川山とある。九州発祥の山といわれ、【祇園山・山名の由来】の看板のある大石越（1023m・独標）・【西南役薩軍塹壕趾】（1031.1m、四等・点名一本木）からの登山道以外は五ヶ瀬町役場の入山許可が必要。町のほぼ中心に位置し、この山に「三度降雪すれば鞍岡地方に雪が降る」といわれる県下一の豪雪地である。

　コースタイムは登山口（40分）天狗岩（10分）山頂。北東に笠部山（1081m・独標）があり、尾根には「十五ダキ」や山東に位置する大石の村人が険しい峠越をした「おもん越」があった。鞍岡と三ケ所を結ぶ広域基幹林道・大石越線の他に作業道・一本木線、林道・大石の内線が通っている。

　祇園山系の山は、秩父古生層に属し、本邦最古のシルリア紀（シルル紀・４億３千万年前）のサンゴ、カイ類が含まれているということである（『五ヶ瀬町史』より）。昭和27年（1952）、当時の通産省の地質調査官により、山頂付近の岩石からクサリサンゴ、ハチノスサンゴ、三葉虫、腕足類など、海中にあったかつての生物の化石が発見され、これが４億３千万年前のシルル・デボン紀のものと判明、地軸の変動で隆起して生じた九州最古の山岳として注目を集めた。

　山麓に鎮座する「おぎおんさん」と親しまれている貞観11年（869）勧請・祇園神社（旧称祇園大明神）からの山名で、祇園大ヒノキや神社の大ケヤキの巨樹があ

り、近くには環境省選定（平成20年）「平成の名水百選」の「４億年の雫」として販売されている妙見神社の湧水「妙見神水」（毎分10立方メートル）があり、「日本棚田百選」の日陰棚田を潤している。「九州島発祥の地山開き」と銘打って平成11年（1999）より毎年４月29日に開催されている。

※昭和７年（1932）完工の県庁本館玄関階段の手すりには、祇園山から採取した大理石が使用され、ハチノスサンゴやウミユリの化石を見ることができる。

木曽山 ［キソヤマ］771.2m ／四等／木曽山／日南市北郷町／坂元／日向青島

　別称・きそざん。古くは高松山とあり、梅乃木山の北へ連なる山で、自然林や巨樹の残る尾根にはかすかな踏み跡道が続いており、展望はないが奥山にいる雰囲気がある（参考コースタイム２時間）。西裾まで北河内割岩林道が延びているが既に廃道化している。

鬼付女峰 ［キヅクメホウ］57.3m ／三等／鬼付女／新富町／日向日置／高鍋

　別称・きづくめみね、きづくめのみね。また観音山とも。現在、観音山公園。県内低山第４位、地形図記載の三角点峰では城山（延岡城址）に次ぐ低山でありながら新富町最高峰である。東山腹に室町時代建立の岩観音（十一面観音像を安置）があり観音山が一般で、古くは鬼築女山（「佐土原藩領図」）、鬼付女山、木着目山とも記されている。

　平安末期の武将で射術の豪勇・鎮西八郎源為朝（1139～1170）の雌雄の鬼退治伝説からの山名で、鬼の窟古墳（西都原古墳群）の石室の材料である岩石を、11km隔てたこの山より鬼が中間の新田原で休んだだけで担いで運んだ話や、新富の海岸を埋めようとした『空つくどん』と呼ばれた大鬼が、あまりの重さに片方の畚の土をこぼしてできたのが日向市の比良山で、もう片方をひっくり返してできたのが鬼付女峰になったとの民話や伝説の豊富な山である。

　山頂公園には現新富町大字富田・三納代・日置の住民が願主で（他に八幡町・妻町・広瀬田ノ上が三基）、大正11年（1922）旧８月21日勧請の、四国八十八ケ所や西国三十三ケ所の分霊場の野仏が安置されている。

　「くしけずる　かみとそみゆる　あきのきて　いなばのかぜぞ　すずしかりける」（櫛削る髪とぞ見ゆる秋のきて稲葉の風ぞ涼しかりける）。寛政の三奇人・髙山彦九郎が寛政４年（1792）７月４日、座論梅などを巡った後この山に登り詠んだ歌碑がある。藩政時代には佐土原藩の遠見番所が置かれたところで、海上保安庁の富田灯

台（昭和30年〈1955〉4月6日点灯）が設置されている。

　眼下には、春になると町花・ルピナスが咲き誇るレクリエーションゾーンの富田浜公園が広がり、一ッ瀬川の入り江は「レガッタの町」新富町自慢の県内唯一の漕艇場で、毎年6、7月にレガッタ大会が開催されている。富田浜の名物だった広大な松林（30ha超）は、松くい虫の猛烈な被害に荒らされ防潮機能を失いかけている。西の国道10号沿いには、日本一のヨウ素含有の「新富サンルピナス温泉」がある。

木山内岳 [キヤマウチダケ] 1401.2m ／三等／木山ケ内／日之影町～《佐伯市宇目町》／木浦鉱山／熊田

　祝子川を挟んで大崩山と対峙し、かつて上祝子と大分県藤河内を結ぶ県境越だった喜平越の東に位置する山で、南山腹には大小・多数の花崗岩峯や岩塊があり（大ナメラ岩・本ダキなど）、大崩山花崗岩複合岩体に属す。宮崎県側からは大崩山登山口より三里河原口の喜平越谷を急登する健脚コースがある。大分県側の藤河内渓谷コースの立松谷には観音滝（75m）が落下している。喜平越万次越経由で東に連なる桑原山とセット登山ができるが、読図の知識と健脚が必要となる。桑原山の別名・八本木は、この木山内岳も含めて呼ばれていたらしい。

霧子山 [キリコヤマ] 461m ／独標／延岡市北方町／行縢山／延岡

　霧深く、木炭材などの伐採人夫・伐子（きりこ）からの山名で、霧子山林道が山頂部を越えており、途中に三等三角点（460.6m、点名：霧子山）が埋設されている。医者・国学者・歌人の武石道生（号・霧岡散人　1748～1831）がこよなく愛した山で、麓の北片町曽木門の内で晩年を過ごしただけに、西には朝な夕な陽に映える速日の峰を仰ぎ、なじみ深い生物たちが息づく谷津田が残る山里である。

　熊本小国出身の道生は、延岡で医者を開業していたが、相次いで妻や長男に死別する不幸に遭遇。50歳代に、この地に移り住み、その居を南畝舎と称し、家の周囲に薬草を栽培しながら、名利を求めぬ脱俗の医者として、好きな和歌などつくり静穏の余生を送り、84歳の高齢でその生涯を終えた（案内板要約）。「うきたけやふもとの里はきりこめて朝日ににほふ峰のもみじ葉　道生」「あかねさす速日の峰の岩が根に千年をまつの二葉生いにけり　道生」（松田仙峡編『武石道生』より）

霧島山 [キリシマヤマ] えびの市～小林市～高原町～都城市～〔霧島町〕／日向小林～高千穂峰　韓国岳～霧島温泉／霧島山

「火山の博物館」と称される大小27を数える火山の総称で、古くは霧島三ツ山とあり、霧嶋山とも記され、昔から修験者が集う霊峰として、「おたこさあ」（御嶽山）と畏敬をもって呼称される信仰の山である。昭和２年（1927）に日本百景（山岳の部18の一つ）に選定。昭和９年（1934）３月、雲仙（天草）、瀬戸内海と共に、わが国最初の国立公園に指定され、一番最初に挙げられたのが霧島国立公園である。昭和39年３月には、桜島・佐多岬・指宿などの錦江湾地域と屋久島地域を加え、霧島屋久国立公園（総面積54.012ha）となったが、平成23年（2011）屋久島が独立、姶良カルデラを編入し、同24年３月16日に、霧島錦江湾国立公園として官報に告示された。

宮崎・鹿児島両県に跨る霧島（面積21.560ha）は、最高峰の韓国岳と天孫降臨伝説の高千穂峰を中心に、大小22座の単式火山と１座の複式火山（大幡山）からなる複合火山体で、四十八池といわれる火口湖から構成された火山の博物館であり、平成13年４月１日、霧島山森林生物遺伝資源保存林に設定（6360.25ha）されている。平成22年９月、日本ジオパークにも認定された（全国14地域で山や川の成立やそこに棲む生物について学べる場所を「ジオパーク」という）。深田久弥の『日本百名山』の一つ。

『三国名勝図会』には「当邑（都城）の地は雲霧常に深く、朝夕山麓を擁し、その平田沃野あたかも海のごとし、よって霧海と号す。霧島の名も、これより出ずといえり」とあり、霧深き諸県地方は「霧の海」と呼ばれ、霧で何も見えず「虚の国」ともいわれ、霧の中に聳える山々が浮島のように見えるので霧島と呼ばれるようになった。ちなみに高千穂峰は高原町と都城市に所属し、盟主の韓国岳の三角点も宮崎県内に埋設されている。江戸期の画家・谷文晁は、臼状の鈍円錐形の西霧島山（韓国嶽）と尖頭の円錐形の東霧島山（高千穂峰）を正確に描き、「在日向州那珂郡」と記入している（『江戸百名山図譜』）。

【朝まだきすずしくわたる橋の上に霧島ひくく沈みたり見ゆ　長塚節】（歌碑：橘橋北詰橘公園、大正３年〈1914〉当地に20日余逗留し25首の短歌を詠う）。【霧島は霧にかくれて赤とんぼ　種田山頭火】（歌碑：JR吉都線高崎新田駅前）。【明方の月は冴えつつ霧島の山の谷間に霧たちわたる　若山牧水】（歌碑・えびの市文化の杜、歌集『黒松』、大正14年12月23日、有明をのちに明方に推敲）。「秋の風立ちや霧島山も雲の行き来でままならぬ」（日向音頭）野口雨情。霧島山は県内小中学校の校歌に一番数多く歌われている。

平成25年（2013）７月21日には、ピクニック広場を発着に第一回「霧島・えび

の高原エクストリームトレイル実行委員会」主催で山岳地帯を駆ける60kmと30kmの「トレイルランニング」が開催され、県内外から400人の参加があった。
※ちなみに霧島山系には霧島山はないが、日南市南郷町最高峰（369.6m、三等、点名・三本松）と宮崎市田野町の天神ダムの右岸、九州自動車道天神トンネル上（449.7m、三等、点名・霧島）にある。

ク

九左衛門 ［クザエモン］1100.6m／二等／九左衛門／諸塚村～美郷町北郷区／宇納間／諸塚山

　　　古称・九左衛門嶺。六峰街道沿いの六峰の一つ、五十鈴川源流で美郷町北郷区最高峰。村人を苦しめる山犬と戦い、千匹目に殺された九左衛門伝説からの山名で、昔の猟師は、獣百匹捕獲するごとに山の神碑を祀り、千匹狩りをしない掟があったことにも由来する。

　　　「肥後に行こうか　延岡に越そうか　どちら向いても山ばかり」諸塚村に伝わる民謡「駄賃つけ唄」の一節。九左衛門峠（旧松ケ下林道）の「延岡運搬駄賃道之碑」（九左衛門峠往還・尾立の往還とも）からが取付点で、馬も馬方も牛も牛方も一息入れた分岐路には、歴史の重みを感じる享保17年（1732）の地蔵三体と庚申の山石が見守り、厳しかった山の暮らしの名残りを留めている。

　　　南の柳の越との中間に位置する山を槍柄木山（槍の柄とも・1004.0m・三等、点名：乙野尾）という。三田井親武家臣・肥後矢部の庄・戸土呂城主・甲斐兵庫守秋政が、三田井氏滅亡のときに加藤清正や高橋元種に追われ、文禄2年（1593）3月25日、家代峠で自決したが、愛馬の「白」は傷つきながら走り続け九左衛門峠で倒れ息絶えたことから、この一帯は「白毛の熊（駒の転訛）」とも呼ばれている。

櫛ノ山 ［クシノヤマ］95.9m／三等／櫛ノ山／日向市／平岩／日向

　　　古くは樓（楼の旧字）の山・櫛の野とあり、県内低山第8位。米ノ山と共に神武天皇東征の先鋒を務めた天櫛津大久米命に因む伝説からと、弧を描いた山容と柱状節理の景観が櫛に似ることからの山名ともいう。細島半島を形成する米の山、牧山（120m）と共に沖水川の沖積作用により陸地化した陸繋島で、山頂の仏舎利塔（高さ30m）が建つ櫛の山公園へ車道が続いている。

海岸線には伊勢ケ浜海浜公園、探索路のある県内を代表する岬城・日知屋城跡（別名・船岡城、伊東氏四十八城、門川城・塩見城と共に日向三城の一つ。40m、等高）、「日向のお伊勢さま」と呼ばれ・平成15年（2003）境内西側の拡張工事で坊主山（77m、独標）の直下に最大級の「さざれ石」神座（かみくら）が発見された・大御神社（おおみじんじゃ）（平成11年文化庁より本殿・幣殿・拝殿が有形文化財に登録）が鎮座しており、龍神信仰の象徴である「龍の卵」、奥ノ院の昇り龍（龍宮）などパワースポットとして注目を集めている。伊勢ケ浜海水浴場は、平成13年環境庁より「日本の水浴88選」に水質、設備、景観共に五つ星として、県内では青島海水浴場、延岡市須美江海水浴場と共に選定された。

伊勢ケ浜と塩見川口南の小倉ケ浜は、宮崎市一ツ葉の住吉海岸と共に、昭和62年（1987）、社団法人日本の松の緑を守る会により「日本の白浜青松百選」に選定。昭和59年開通の海岸線・日知屋～財光寺間の「小倉ケ浜有料道路」は平成25年（2013）5月10日より無料化された。

楠森塚 ［クスモリヅカ］416.9m／三等／楠森塚／日向市東郷町／坪谷／神門

歌人・若山牧水生家近くの独立峰で、牧水が海に「あくがれ」登ったといわれ、牧水は追想録「おもひでの記」の「海」の項に「私の家から半道ほどのところに何とかいう草山がある。其処の頂上から海が見えた。（略）……或日偶然にも海を発見したのであったが、それからわざわざとそれを見るために這い登った」と著している。

かつて牧水母校の坪谷小学校や山陰小学校の遠足スポットで、坪谷中学校のお別れ遠足の山でもあった。古くは原野で茅切り山（かや）として利用され、地元では「豆とび山」と呼ばれ親しまれている。山頂から立山と冠岳の山峡を通してきらめく美々津の海は、牧水ならずとも心ときめくものがある。朝には東の楠ケ田尾から男大楠が、夕べには西の平田から女大楠が、日の影に託してこの山越に愛を交換したという、直線距離にして約10㎞、スケールの大きい民話からの山名である。

山頂三角点脇の敷石は、現在麓の仲瀬神社（元宮大明神）入り口脇に祀られているお大師堂の跡である。「道の駅とうごう」から国道446号の田野神社を過ぎて右

折し、稲葉野地区多目的集会施設より林道・楠森塚線が山頂へ延びており、近年携帯電話の基地局の電波塔が建設された。

国 見 ケ 丘 ［クニミガオカ］ 513m ／独標／高千穂町／三田井／三田井

神武天皇の御孫・建磐龍命（タケイワタツノミコト）（阿蘇氏の始祖、阿蘇神社・健軍神社主祭神）が筑紫（九州）征伐の途中に、神霊を祀り朝夕国見をされたという伝説地で、古くは地蔵原（じぞうばる）とか岳（だけ）ともいわれていたが、大正14年（1925）3月1日・秩父宮殿下行啓をきっかけに国見ケ丘公園として整備された。昭和51年（1976）発行の地形図には「国見が岳」とある。

盆地状の高千穂台地を一望できる丘陵は、秋には雲海の名所として、神々の棲む高千穂の墨絵ぼかしの山里は誠に幻想的である。遠く北西に涅槃仏のように見えることから阿蘇連山は「臥し仏」の別称で呼ばれ、北に祖母連山を望む。西麓の建磐龍命を祀る中畑神社は、老杉が立ち並び参道の趣を引き立たせている。

民謡「刈干切唄」は、古くは屋根葺の萱刈り作業中に、あるいは刈り取った雑草を冬備（とうび）と呼ぶ独特の形に積み上げ乾燥させ冬場の飼料として保存するときの、山々にこだまする情景が浮かんでくる旋律を帯びた労働歌で、この付近が中心地である。

高千穂町歌（作詞・小野田順子）の作曲をした中山晋平は、昭和7年（1932）秋、詩人の西條八十と共にこの山に立った。「南二上　大阿蘇西に　ここは高千穂国見丘」（野口雨情作詞・高千穂民謡より）。「はるかなる神代はここに創りぬ高千穂村の山青くして　川田順」（歌碑・三田井高天原）。

※神武天皇→神八井耳（カムヤイミミ）→建磐龍命→速瓶玉命（ハヤミカタマノミコト）（阿蘇国造・阿蘇氏のルーツ）。建磐龍命は宮崎神宮を創建したとも伝わる。

国 見 岳 ［クニミダケ］ 1738.8m ／一等／国見岳／椎葉村〜〈八代市泉村〉／国見岳／鞍岡

九州山地の盟主・向霧立山地の主峰で、南に接する小国見（こぐるみとも。1708m・独標）に対して、大国見（おおぐるみ）が一般で、両峰合わせて二上（神）峯（ふたがみのみね）といわれる天孫降臨の霊山である。古くは国見山とあり、一等三角点本点に恥じない景色が広がり、九州脊梁山地の最高峰、熊本県最高峰、宮崎県第2位の標高の山である。深田久弥クラブ選定の「日本三百名山」の一つである。

宮崎県側からは九州横断林道（村道・椎葉〜矢部線）・

椎葉門割林道分岐点（椎矢峠手前2.5km）より、シャクナゲ峠（1513.1m・三等）を経て山池登山口（山池湿原・神々の庭経由山頂へ90分）と長谷登山口へ（横断林道分岐より10.5km・山頂へ80分）、周回は15分プラス。林道からの紅葉も素晴らしく、うたかたの光景が広がる。山頂には、天から降臨する神を迎える祭祀を営んだといわれる神籬・古代祭場の巨石信仰（自然崇拝）遺跡がある。「神籬」とは神社が建てられるずっと以前に巨石で築かれた神域の磐座のこと。

　南東の耳川支流上の小屋谷は、『日本百名谷』（白山書房刊）に取り上げられ、市房山東面の一ツ瀬川支流峡谷と共に、全国に紹介された。古道の那須往還は、椎葉尾前より雷坂を登り山地湿原～高岳～椎矢峠（1462m）～切剥（1578m）～久保の息（よこい憩、1434m）～遠見山～矢部の汗見に至る、椎葉と矢部・清和（山都町）を結ぶ交易路であった。

国 見 岳 ［クニミダケ］1087.9m／二等／国見山／高千穂町～〈高森町〉／祖母山／三田井

　高千穂町南側河内方面からは鳴滝とも呼ばれ、「くんみん坊主」の愛称で親しまれている。明治29（1896）年９月17日、三角点を造標（標石を埋設）したとき三角測量ができずに北峰（1270m、等高）を削り取ったとのことで、三角点より20mほど北へ編心点が設けられていた。車では町道牟田国見線終点より水兼農道を利用して登山口へ。東の赤川浦岳との鞍部が旧往還・崩野峠で、主要地方道（熊本・大分・宮崎県道）６号竹田五ヶ瀬線の崩野隧道付近の狭小区間の回避や凍結・積雪の交通規制のため、平成10年（1998）新五ヶ所高原トンネル（長さ450m・幅8.5m）が開通し、五ヶ所高原の三秀台や祖母山登山口の五ヶ所地区への交通が緩和された。

　南の高千穂町河内は、島津との勢力争いに敗れた伊東三位入道（義祐）主従一行が、天正５年（1577）12月９日未明、佐土原城から義祐・祐兵（飫肥伊東藩主初代）父子以下57名と、都於郡城からは大友宗麟の姪・伊東義益の未亡人阿喜多殿以下65名と、名前の知られている者だけで122名（従者、下僕を入れると実数はその３倍以上）が脱出。12月25日に河内下原に到着したのは100名足らず、土豪・小崎将監の好意で13日間滞在し、翌年１月７日崩野峠を越え大友宗麟を頼って豊後落ちした（『高千穂太平記』より）。その一行には義祐の孫・虎千代麿８歳（後の天正遣欧少年使節の正使・伊東満所）、その侍臣で後の名刀工・田中信濃守国廣も含まれていた。

国 見 岳 [クニミダケ] 746.1m／三等／国見山／小林市須木村／田代ケ八重／須木

　須木村の北西にある国有林で、中心街より登山口まで30分以上も分け入るので奥深い感じのする山。八重尾からあまり踏まれていない小径があり、すぐに林相が一変し、色彩豊かな自然林に包まれた快適な尾根道になる。

　東麓の下九瀬には西南戦争西郷軍退路の【西郷隆盛宿陣の碑】がある。明治10年（1877）8月27日午後、西郷一隊は堂屋敷より本庄川沿いに下り、夏木中藪の川添源左衛門邸と周辺一帯に宿営、翌28日小妻木を越えて小林へ向かった。少しでも官軍の追跡を遅らせるために、ぬかるみでは後ろ向きの足跡を残した話が伝えられている。

　「国見」とは国の形勢を高所から望み見ること（『広辞苑』）とあり、予祝行事として春に山に登って秋の豊作を願う農耕儀礼が始まりで、国を見渡せることからの山名である。

国 見 山 [クニミヤマ] 407.1m／四等／国見山／都城市高城町／有水／野尻

　薩摩街道の二大幹線の一つ・東目筋（東目街道・高岡筋とも称す）で、往時を留める高城町岩屋野から高岡町去川間（12km）はこの国見嶺が七曲坂と呼ばれる一番の難所で、ユニークな山名のケラガツカ（塚）から青井岳への間道の分岐であり、また四家の蓑野へ下る枝道もあった。明応4年（1495）三股院千町を手中にした都於郡時代の伊東氏が開通させたものが始まりといわれる。

　薩摩藩主通行の際には休憩所（御立場）が設けられ、嘉永元年（1848）2月島津斉興の巡視でも特別の建物や酒肴、温かい吸物付きの重箱が用意されたとある。薩摩藩主の参勤交代や幕末の志士たちが駆け抜けた歴史のロマンを味わえ、高岡と高城両町では、辺路番所があった岩屋野から和石地区の田園の景観を守る会により再生した「奇跡の里山：和石」まで（約10km、3時間）、「薩摩街道を歩く会」や「薩摩街道歩こう会」が催されている。

　薩摩街道（去川往還『日向地誌』）は一旦東和石に出るが、すぐに古道の小径（2km）となり、昭和10年（1935）12月24日、国指定天然記念物・「みやざき巨樹100選」の去川の大イチョウ（樹齢800年）のある去川公園へと続く。この一帯は明治時代に国有林化を免れた去川山林が広がる。去川の関所は薩摩藩の境目番所九カ所の一つで、一番厳しい「去川の関」（1577年設置）が置かれ、代々の御定番役だった二見家住宅が保存され一般公開されている。

　薩摩藩で「日向送り」とはこの関所を出たら「即殺害せよ」との暗黙の命令のことで、安政4年（1857）11月16日、西郷隆盛が安政の大獄で匿おうと奔走した尊皇攘夷の僧・月照と錦江湾に入水を図ったのは「法華岳送り」と命令されての

ことで、奇跡的に蘇生した西郷は奄美大島へ３年間の潜居となった。文久２年
(1862) 生麦事件を起こし、当時世界最強の英国相手に一戦を覚悟した島津久光公
が飛ぶようにして帰った道もこの街道である。（岩屋野公民館の案内）

※西目筋は現在の国道３号（鹿児島〜熊本）、東目筋は国道10号に重なる道筋で、鹿
　児島を起点に加治木〜牧の原〜都城〜高城〜本庄〜佐土原〜高鍋藩内を経て細
　島より海路を取り上方に至った。

国 見 山 ［クニミヤマ］1391.5m ／三等／国見山／延岡市北方町／祝子川／熊田

　岩峰の鉾岳と共に鬼の目山系の国有林で尾根は南の黒岩山へ続く。昭和59年
(1984) に発見されたスギ群落はスギ天然林と確認され、平成12年 (2000)、林野庁
の「森の巨人たち100選」に「鬼の目スギ」として選定された。
　鬼の目山林道 (9.6km) が鉾岳を西から北へ巻いて鬼の目山との分岐に延びてき
ているが崩落が進んでいる。登山は鉾岳や鬼の目山と同じく鹿川キャンプ場を基
地に、鉾岳との鞍部を落下する花崗岩壁の大滝のある鉾岳谷の滝見新道を登り詰
め、鬼の目林道を経由し（水量がないときは沢コースもあり）作業路を辿り、ダキ山へ
の分岐を経て最後のアップダウンを喘いで山頂へ。

国 見 山 ［クニミヤマ］1036.3m ／二等／吹山／西都市／三納／妻

　古くは国見嶺で、米良街道（国道219号）・
西米良村横野の稲荷橋のたもとから、児原
稲荷神社参宿所（収容人数25名）のある児原
稲荷神社の登山口まで車道があり、登山道
は起伏も少なく明瞭になっており、神社の
初代ガイド犬「ララ」は全国に紹介され
た。
　児原稲荷には、同社の神職で幕末の尊王
攘夷運動家・米良17代主膳則忠家臣《甲斐右膳・大蔵父子の墓》（昭和９年・県有形
文化財指定）がある。文久３ (1863) 年、薩摩会津藩中心の公武合体派が、長州藩を
主とした尊王攘夷派を追放した「八月十八日の政変」の後、幕命により人吉藩に
捕縛され、維新の夜明けを見ず獄死した。
　西米良村の出入り口である銀鏡トンネルから横谷トンネルまでの米良街道沿
線の約32kmは、平成元年 (1989) 西米良村制施行百周年の記念事業に「桜ロード」
として整備し、山桜1989本が植栽され、途中の稲荷橋上流の一ツ瀬ダム湖畔には
食事休憩所「湖の駅」がある。東の尾根伝いのピークは吹の水山（蕗水山・904.8m・
三等、楠八重）と、都於郡城跡の案内板に記載がある。三納の長谷観音緑地環境保

全地域・泊瀬山（初瀬山・97.5m・三等）沿いの森林基幹道長谷～児原線には、林野庁の「森の巨人たち百選」のコウヤマキ（樹高19m・樹齢推定200年）が見物できる吹山（854.1m、三等、杉之本）があり、登山道が整備されている。

国 見 山 [クニミヤマ] 796m／独標／えびの市／肥後大畑／加久藤

　旧加久藤越・国見嶺。百貫山や矢岳山と共に加久藤カルデラの北に縁取る加久藤火山外輪山で、現在山頂一帯は自衛隊レーダー基地。旧道・肥後街道（球磨越）が、牧之原の榎田関跡（薩摩藩の三大関所の一つ・九筋の一つで正式には球磨口藩所）より、東方の三角点（860.9m、二等、点名：東川北）附近の茶園平を通り、相良藩の人吉へ通じていた。

　東の鉄山との中間の球磨陣（758.3m、四等、点名同じ）跡は、元亀３年（1572）、南九州の関ヶ原といわれる木崎原合戦で、伊東に味方した人吉藩18代・相良義陽が500の兵で参戦したが、島津の飯野一帯にたなびく白旗を大軍と思い引き上げた布陣跡で、『三国名勝図会』には加久藤彦山とあり、西南戦争では薩軍の防衛拠点にもなり石塁の跡が残存している。

　西の加久藤～大畑間は明治21年（1888）に堀切峠（通称：加久藤峠、698m）が開通、ルート名は加久藤越と呼ばれた。戦後二級国道人吉都城線と改名、昭和52年（1977）に新国道221号が開通、東洋一の人吉ループ橋が完成した。翌53年、えびのループトンネル（雲海と観望トンネル）と霧の大橋が完成、中央の四阿屋のあるピークは南の丸岡（飯盛山）に対して北の丸岡（丸岡公園、511.1m、四等、点名：黒原）と呼ばれ、えびの市街地はもとより霧島山系への展望が雄大で、雲海のスポットでもある。

　山麓の原田の亀城公園は飯野城跡で、永暦元年（1160）に当時の領主日下部氏が築城。永禄７年（1564）から島津義弘が居城、８年後が南西４km地点の木崎原の合戦であった。

熊 山 [クマヤマ] 621.7m／三等／熊山峠／日向市東郷町／山陰／日向

　西林山と黒仁田山（492m、独標）との中間に位置し、西峰（600m、等高線）の電波塔の灯りは夜間でも川南や都農町からも容易にこの山を確認できる。

　坪谷と都農を結ぶ旧往還・七曲阪（現七曲越）は、元禄３年（1690）９月、山陰騒動といわれる百姓一揆（総勢1442人）では、坪屋（坪谷）中瀬方面より約70戸約300人が領

外（現在の都農町又猪野）へ逃亡した山道で〈百姓逃散の道〉の別称がある。都農に嫁いでいた若山牧水の長姉が土産を手に里帰りしたのもこの七曲越で、現在都農側は森林基幹林道・熊山線で、連結している林構林道・松尾線沿いの鵜戸木川には鵜戸大滝、瀬戸二段滝、八紘の滝などがある。

熊　山 [クマヤマ] 1119.9m ／三等／又江／美郷町南郷区／清水岳／神門

　　　西（左）の貝野との稜線は南郷区中心地の神門や西の正倉院の借景の山域で、中央の万寿峠は笹の峠越に続く椎葉山（椎葉の荘）への往還であった。平成16年（2004）森林基幹道・笹の峠線開通で数分で山頂三角点へ立てる。

※熊に関する山地名は東郷町や南郷町の熊山の他に、熊の神楽、市熊山（角崎山）、親父山、障子岳山頂の熊の供養塚。斛鉢山曽山寺からの登山口の月の輪はツキノワグマのことといわれるなど、かつて県内各地に相当数が生息していたことの証である。

熊 の 神 楽 [クマンカクラ] 306.1m ／三等／田代／美郷町西郷区／田代／神門

　この山域の林相が混在していて、西麓の森の科学館のある宮崎県林業技術センター（平成4年〈1992〉開所・宮崎市の林業試験場閉所）の研究林、見本林、体験の森になっており、山頂まで遊歩道が整備されて味わい深い穴場的な山である。熊（隈・遠隔の地の意）の狩倉（猟場・狩りのなわばりのこと、神楽の語源で鹿倉・神倉・狩座とも記す）からの山名で、熊穴に迷い込んで助かった狩人の民話が伝わっている。

　北の216m峰は二間城といわれ、東の城山（百丈山・大雄寺跡ともいわれる。199m、独標）の葉桜ふれあい公園には、鐘の鳴る丘と呼ばれる4階建ての農耕伝承館があり、尖山・日陰山への落陽や、暮れなずむ西郷区中心地田代の山里の情景が感動的である。※所によっては小径の行き止まりの岩や巨木の根方などに祀られた山の神の小祠をカクラ「鹿倉」と呼んでおり、また熊鹿倉とも称し、熊襲の狩倉の土地の意もある。

鞍 掛 山 [クラカケヤマ] 742m ／独標／高千穂町／三田井／三田井

　馬の背に鞍を掛けたような山容からの双耳峰で、山頂の石祠より西へ160m地点に四等三角点（701.4m、点名・丸山）が平成20年（2008）7月に埋設された。

　読売新聞社主催の新日本観光地100選（1987選定）「高千穂峡」の南西の山で、北

麓の向山中山には、三田井氏（高千穂）四十八塁（城）の本城・仲山城跡（御内の御所ともいわれた）や【高千穂太郎の墓】【三田井越前守親武の墓】があり、隣の椎屋谷は武家屋敷があったところで、遠い歴史に思いを馳せるには神話の里ならではの雰囲気のある山である。

　高千穂四十八城ともいうが、三田井親武、親長の時代の天正10年（1582）頃のことで、当時の城は山城や砦、つまり戦用の保塁であり、領主が常住しない山城を天険に数多く築き、重臣らに管理させていた。天正19年9月・延岡城主・高橋元種に攻め落とされ、三田井氏（親武）は滅亡した。初代高千穂太郎政次は豊後大野郡領主・大神大太惟基の長子で、天慶年間（938～46）神武天皇の三君・三毛入野命（高千穂神社祭神）を始祖とする名門・三田井氏が途絶え、養子に入り代々高千穂太郎を名乗ったもので、最後の城主・三田井親武はその子孫である。高千穂峡近くの高千穂神社は、かつて三田井氏の氏神であるとともに高千穂八十八社の宗社であった。烏帽子岳との鞍部・山懐の茶園の広がる丸小野集落は、第8回美しい村景観のコンテストで「むらづくり対策推進本部長賞」を受賞した。

　北東の向山北小学校から続く稜線に、三田井親武が再建したと伝わる向山神社（旧称熊野十二社大権現・丸小野権現・向山権現とも。490m、等高）が鎮座。大鳥居～天保15年（1844）造立で廃仏毀釈や風化による破損もなく原型を留める石造仁王像～20基の石灯篭が並ぶ尾根伝いの参道（500m）は古道然とした趣きがあり「高千穂の熊野古道」とも称される。

　阿蘇火砕流を侵食してできた高千穂峡谷には、下から石造りの「神橋」（大正年代建設、長さ31.5m）、鋼鉄の「高千穂大橋」（昭和30年〈1955〉架設、高さ75m、長さ98m）、PCコンクリート造りの「神都高千穂大橋」（平成15年〈2003〉竣工、高さ115m、長さ300m）と、日本でも珍しい三重橋は大正・昭和・平成にかけて架橋されたので三代橋とも呼ばれている。向山440-1標高280mに仲山城址キャンプ場がある。

黒 岩 山 ［クロイワヤマ］1070.4m ／三等／黒岩／延岡市北方町／祝子川／熊田

　鬼の目山系の国見山の南に位置し、東の桧山との谷間で、鬼の目山源流の五ヶ瀬川支流細見川上流西谷の花崗岩渓床は、夏は水遊び、秋は紅葉を楽しむ人たちでにぎわう。二股二段の滝（落差30m、幅20m）はじめ無数の滝が連続し、「御手洗渓谷」と呼ばれている。一度は売却により上流200mの自然石の移動で渓谷が壊され、原型復帰を求める住民の要望を、延岡営林署が受け入れ元通りに復元した

という騒ぎがあった。

　南麓は棚田百選に勝るとも劣らない石垣のむら「石上」で、腕の確かな石工が自然石を巧みに積み上げ、草抜きなど手入れされた石垣は、南北朝宮方の将・肥後の菊池氏の家来が土着したという歴史的集落と農地を守り続けている。曽木川を遡行してきた県道215号大保下曽木停車場線は、雄轟・雌轟の滝がある大保下谷との合流点より曽木川源流・杉の内谷に沿って、林道渡瀬線（4496m）へと分岐している。

黒 岩 山 ［クロイワヤマ］548m／独標／延岡市北川町～《佐伯市直川村》／重岡／熊田

　国道10号と県道43号が分岐する北川支流鐙川と小川川合流点と、北の宗太郎越（北川町矢ケ内・松葉と宗太郎を結ぶ）の中間に位置し、南峰を岩窓山（446.8m、三等、点名に同じ）という。大分県最南端のJR宗太郎駅は一日３往復しかなく、特急列車は擦れ違いで停車するだけでドアは開閉せず遠来も難しいからこそ、鉄道ファンの心をくすぐる九州有数の秘境の駅で、「牛山隆信の全国秘境駅ランキング」では全国46位となっている。

　この宗太郎駅と市棚駅の間の完成により日豊本線が全線開通したのは大正12年（1923）12月15日であった。平家の末裔・元禄時代に岡藩（豊後竹田）の番人を命じられた洲本宗太郎に因む名で、国道10号は宗太郎峠と呼ばれている。西には、古来よりの日豊の要路であった梓峠が明治６年（1873）11月に廃止され本道にすると布告された赤松峠（400m、等高）があり、鐙川と切込川の合流点は国道10号とJR線の交錯する山あいの空間で、延々と続く旅路にホッとする景色を提供してくれる。

　明治10年の西南戦争では、６月23～24日にかけて「切込谷・赤松谷の戦い」の激戦地で、官軍130名に対し薩軍では百余名の死傷者だったので、「赤松峠の勝利」と喧伝した。交通の難所宗太郎峠の上り下り口である北の玄関口・市棚駅は南麓にあり、宮崎近郊の学生は、延岡市を訪れるときは100㎞未満なので学割を効かすため市棚までの往復切符を買い求めた。東流する小川川は６月上旬にゲンジボタルの乱舞するところとして知られている。

九 郎 山 ［クロウヤマ］936.4m／三等／九郎山／諸塚村／諸塚／諸塚山

　地番も字九郎山で、平成13年（2001）、山頂三角点石の側にNTTドコモ九州九郎山基地局の無線塔が建てられ、展望台や散策路が整備された。昭和52年（1977）、尾根筋林道として全国第一号の幹線林道・九郎山線は完成し、「宮日新聞新観光地百景」投票第４位に入選。現在は「諸塚山スカイライン」と呼ばれ、塚原～猿越公園～九郎山～星の久保展望所を経て、諸塚山から六峰街道を東に伝

い、九左衛門峠より池の窪グリーンパークまでの諸塚村中心部を半周する約56kmのコースの周回道路をいう。

東麓の矢村稲荷神社（681.7m、四等、点名：矢村）は矢村スギ、アスナロ、ツガなどの巨樹の社で知られる。東流する耳川支流柳原川の諸塚ダムは下部の柳原ダムと共に昭和36年（1961）完成の九州初の揚水発電所である。

黒園山 [クロソンヤマ] 636m／独標／えびの市〜〈湧水町・旧吉松町〉〜〈伊佐市菱刈町〉／吉松／大口

宮崎県最西端に位置（東経130度42分11秒）する山で、国見山脈の南部の支峰、加久藤カルデラを縁取る加久藤火山外輪山の一つ。古くは黒尊山（くろそんざん）、黒園嶽（クロソノダケ）（『三国名勝図会』）とあり、熊襲または球磨の転訛したものとして「くまそんざん」とも呼ばれており、北に聳えるメンヒルの天狗岩が狗留孫信仰とあいまっての山名ともいわれている。

えびの市と鹿児島県伊佐市菱刈町・吉松町（栗野町と合併して湧水町）との間は県境線引きがされてない唯一の区間で、かつて吉松町が筒羽野村といって明治4年（1871）は都城県に属していたことにも由来する。翌5年5月15日、都城県だった始良郡、菱刈郡および桑原郡のうち、栗野郷と横川郷は鹿児島県へ移管された。鹿児島県側にも般若寺温泉をはじめ数多くの温泉が湧出しており、日本有数の金山・菱刈鉱山はこの山の南端にある。

えびの市街地からこの山を確認することは難しいが、真幸の人たちには湧水町魚野越へ至る稜線は、日がな一日を無事になし終えた幸せをしみじみ感じさせてくれる入日山である。

黒岳 [クロダケ] 1578m／独標／高千穂町／祖母山／三田井

古くは黒石・黒嶽とあり、南の三尖、東の親父山へとの三峰ルートは、野趣豊かな藪漕ぎコースで人気があった。祖母山北谷登山口手前からあわせ谷経由のコースもあるが、どちらも健脚を要する。明治17年（1884）の『日向地誌』の親父山の項に「五ヶ所村にては黒嶽と呼ぶ」とあり、昔は五ヶ所方面からは親父山と同じ山と思われていた。

黒　岳 [クロダケ] 1455.2m ／二等／七ツ山／諸塚村〜椎葉村／胡摩山／鞍岡

　諸塚山最高峰で原生樹林が黒々としていたダケ（急崖）の山としてクロダケから黒岳に転訛した山名。九州山地の支脈、五ヶ瀬川と耳川支流十根川との間に位置する1300m前後の準平原地形の山々の一つで、南東から北西に真弓岳〜諸塚山〜大仁田山〜黒岳に連なる。古くは七つ山と呼ばれた地域で、三角点名も「七つ山」とあり、三つ山太郎と四つ山太郎の豪傑が争ったという民話による地名である。

　普通林道・紋原万ケ原線を経由、最標高地（750m）集落の紋原は、シコクフクジュソウ（福寿草）自生地の名所で、途中には黒ダキ湧水もある。大山祇神を祀る黒岳神社（黒ダキさま・1300m）の岩棚に立ち寄りブナの巨樹分岐から諸塚村最高峰へ、下山はブナ分岐からニクダキ、カゴダキ（1390m）の岩峰を周回するコースがメインで、平成11年（1999）から小原井地区の黒岳もみじまつり実行委員会主催により「もみじまつり」が開催されており、「黒岳重要生息地」として平成21年度に県より指定されている。ニクはカモシカ、ダキは岩峰のことで、ニクダキとはカモシカが生息する岩場のこと。

黒　原　山 [クロバルヤマ] 880.8m ／二等／黒原峠／延岡市北川町／祝子川／熊田

　別称・くろはらやま。南西の黒原集落からの山名で、黒原峠ともいう。昭和30年代までは下赤から上祝子、下祝子に至る生活歩道で、現在の一部は林道・下祝子線になっている。北東の北川左岸の梓峠（古くは梓嶺越、725.1m、四等、点名・梓峠、『九州の峠』には579mと記載）は、日向八戸から豊後へのメインルート豊後街道で、古代（延喜式）には日向長井駅と豊後小野駅を結ぶ官道であった。越後の親不知・四国の大歩危小歩危と共に、江戸の三大難所の一つで、明治6年（1873）11月、北東の赤松峠を本道とすると布告され、次第に廃れてしまった。

　現在は、北川町下赤大向より宇目町重岡水ケ谷へのコースが、地区の人により保存整備されている。明治10年の西南戦争では、薩軍の日向農兵隊により、黒土峠〜梓峠〜赤松峠一帯に、木柵や鹿砦（逆茂木）が築造され、7月末まで1カ月近く官軍は攻めあぐねた。

黒　原　山 [クロバルヤマ] 1217m ／独標／木城町〜都農町／尾鈴山／尾鈴山

　別称・くろはらやま。古くは黒岳とあり、尾鈴山塊の中でも黒々とした自然豊

富な山域で、矢筈岳との間の尾根にはコウヤマキの群生があることで知られている。矢筈林道を利用して春山とセットで登られている。

黒　峰 ［クロミネ］1283.2m ／三等／黒峰／五ヶ瀬町～〈矢部町〉／緑川／鞍岡

　　阿蘇の噴火で全山黒焦げになったことからの山名で、『高千穂太平記』には黒峯山とあり、鞍部の一の瀬越（1100m）は、西南戦争で西郷隆盛が、明治10年（1877）4月23日矢部の沢津を発し、ここで一息入れて鞍岡に下り、浄土真宗金光寺に宿営した。
　　山麓の旧古賀村落（五ヶ瀬町大字鞍岡字古賀）は、神武天皇の孫・健磐龍命（タテイワタツノミコト）を祖とする阿蘇氏と、南北朝時代より宮方の将を貫いた菊池氏が、幾度となく隠遁し勢力を挽回、甲斐氏の居館「阿蘇殿屋敷跡（あそどの）」があり、一帯は古来より「鞍岡山」と呼ばれ、太古から神孫と称する高知尾一族（高千穂郷民・庄民）への絶大な援助や陰の力があった。

　　五ヶ瀬富士の愛称で呼ばれるトンギリ山（トンギッタ山、1252m、案内板）と共に、平成14年（2002）5月が第一回山開きで、その後毎年5月3日に開催されている。登山口への途中には黒峰の大ガシ（アカガシ）の巨樹があり、駐車場からの新黒峰登山道はツツジの群生地・中岳（1230m、等高）～黒峰～ヒナマメ山（1160m、等高）～一の瀬越～トンギリ山への周回が山開きコースである。扇山へ続く霧立山地の起点の山で、小川岳への水平距離4.8kmの県境尾根歩きは健脚のハイカーに人気がある。

※古来より黒峰越は、矢部の浜町（現在の山都町中心地）方面より椎葉に入る三筋の一つで、馬見原から迂回した通路と鞍岡で合し、本屋敷から霧立越か国見越に分岐し椎葉山へと入った。

黒　山 ［クロヤマ］691.1m ／三等／花草山／日南市・北郷町／坂元／日向青島

　古くは平鈴山とあり、鞍部の黒山越は、飫肥から北山腹の黒山を経て都城へ至る往還で、明治4年（1871）11月13日設置され同6年1月15日廃止された（1年2ヵ月）。都城置県の頃には、都城街道と呼ばれた主官道として、所々に松並木があったことが記されている。小松山への尾根道があったが黒山からの小径はブッシ

ュ化している。東の尾根は舞の山近くまで車道が延びており、幾何学的に手入れされた飫肥スギ林を展望することができる。

桑 原 山（八本木）［クワバルヤマ］1408.0m ／三等／八本木／延岡市北川町～《佐伯市宇目町》／木浦鉱山／熊田

　大分県佐伯市宇目町との県境に位置し、桑の原集落や桑原川からの山名で、延岡市北川町からは、山頂に八本の巨木があったことから、通称：八本木または八本木山とも呼ばれている。山頂の一角には山麓の黒内集落から分霊した、明治13年（1880）5月寄進の荒神の石祠・雨乞地蔵があり、「延命10句観音経」のお札がまつられている。上人の磐屋（岩屋）という中腹の洞窟には、黒内地区九戸の願主により上人（廻国僧）が彫ったとされる九体の石仏が安置され、一体には「文化十酉年」(1813) の刻字がある〈案内板要約〉。

　アケボノツツジの名所としてゴールデンウィークに、北川町まちづくり活動をしている市民団体「やっちみろ会」により、平成21年（2009）から、ふれあい登山が催されており、林道・黒内線伝いで登山口へ。南面の祝子川支流クロスケオテ谷には左岸は広ダキ、右岸は硯岩の峡谷がある。

斟 鉢 山［クンパチヤマ］500.5m ／三等／斟鉢山／宮崎市／日向青島／日向青島

　双石山の東3.3kmに位置し、花切山・岩壺山と共に徳蘇連山の一つで、くんぱちさま、くんぱちさんとも呼称。古書には「久牟鉢山、供鉢とも作る」とある。記紀にある天津日高彦火々出見尊（山幸彦）の御陵・高屋山上陵の伝説地である。

　東峰の霊山（霊山嶽・霊峰とも。440m、等高線）はニニギノミコトの御陵伝説の可愛之山陵御陵墓伝説地で、斟八神社が鎮座。文政9年（1826）創建で斟八山王宮と呼ばれていたが廃仏毀釈により斟八神社と改められた。日光東照宮の三猿を模した像が祀られており、「見ざる、言わざる、聞かざる」は、世渡りの教訓で、陰陽五行の思想による火伏の呪いともいわれている。鉢に水を酌んでお供えし雨乞いしたことからの山名で、この山に雲がかかると雨になり「加江田の私雨」と呼ばれた。加江は可愛の訛ったものという。

　曽山寺の日向七堂伽藍・霊鷲山円南寺より深田林道を月の輪（鳥居）登山口～ひょっこら坂～かねぞう小屋跡～霊山（斟八神社）～斟鉢山の往復コースが一般だが、思い切って北斟鉢山（471m、別名・ブタンサコ）を経由し、ジガ屋敷跡～かねぞ

う小屋跡～月の輪（鳥居）登山口への藪漕ぎ周回路もある。他には曽山寺休養林から知福川を遡行する加江田林道を、茜ケ久保集落跡分岐を右折し、尠鉢と霊山間の尾根へ登る「穴元登山口」からのコースもある。花切山へ続く尾根へ1.7㎞の独標、514m峰は赤松展望所（赤松山・矢筈とも）で、加江田渓谷を経由すると家一郷の平成登山道から1.8㎞・90分のコースタイムである。登山口の月の輪はツキノワグマが棲息していたことからの地名といわれている。

ケ

ケラガツカ ［ケラガツカ］448.5m／三等／遅霧／都城市高城町～宮崎市高岡町／有水／野尻

　江戸時代の中期、岩川の郷士・笹原弥右衛門を頭目とする馬盗人が跳梁（ちょうりょう）した青井岳山系で、その家来たちを処刑した塚（墓）から「ケライの塚」家来ケ塚や「虫ケラの塚」から転訛した山名と伝えられる。一帯には馬泥棒を捕まえるために68カ所の堀切や伐りふさぎが造られ逃亡を防いだといわれ、国見山（峠）から薩摩街道本筋と分かれ、約200m地点に唯一堀切（縦溝で幅2.5m、深さ2ｍ）が現存する。
　その行動範囲は飫肥藩・田野町の疎々松（386.9m、三等、点名・疎々松）や田野城跡のある現在の宮崎大学演習林まで駆け巡っており、その馬を調教し売り払ったという「盗人ん馬場」などの地名も残っている。「夜中に口笛を吹くな」といわれるのは、その夜盗が仲間内の合図に使ったことからの戒めである（塩水流忠夫著『史実と伝説－馬盗人笹原弥右衛門について－』を参照）。
　薩摩街道の間道（枝道）に位置し、青井岳（山之口）狩倉といわれた島津の殿様の猟場で、カモシカも狩猟の対象だった記録があり、高城町最高峰である。ケラガツカから青井岳へは地図とコンパスは必携の健脚コースである。
※因みに西南戦争ではマタギ出身の官軍狙撃兵が都城地方にも進軍しており青井岳には西郷坂が現存する。マタギは羚羊皮（れいしか）を「ケラソツカ」と呼び、独特の体毛が温かく水気を含まず軽いことから山人や筏師（いかだし）などにも垂涎の愛用品であった。ちなみにケラとはカモシカの山詞（山言葉）で、猟師など山人には「山に入ってはけがれ多い里の言葉を使ってはならない」という厳しい掟があった（戸川幸夫著『山嶽巨人伝』冬樹社刊より）

玄武山 ［ゲンブザン］974.3m／四等／玄武山／高千穂町／祖母山／三田井

　別称・くろたけやま。地元では城山（じょうやま）が一般。山頂部は三田井氏48塁の一つ・玄武城（はるたけじょう）跡である。天正６年（1578）３月、耳川の戦いの前哨戦で、大友宗麟別働隊の兵（１万とあるがその実は1000名。『高千穂太平記』）に攻められ（守兵100

名）落城、城主・吉村惣右衛門種供は城を脱したが、同3月28日、上野村滝下にて落命した。山頂を本丸とし、その下方に二の丸、三の丸を構築、三角点真下には、その吉村氏と玄武城の由来を漢文で記したとされる巨大な岩石碑（縦6m×横5m）があるが、古い時代のもので既に落剥して原文は記録されていない。

　玄武とは青龍（東）白虎（西）朱雀（南）と共に中国方位の守護神四神の一つで、亀に蛇の巻きついたものを形とし北方に配するもので、三田井氏の北の守りに備えた城として玄武城と名付けられたと推考される。

　旧コースの西峰の網掛山の大きな岩屋（740m）には熊野神社より約1㎞上流に懸造（かけづく）りの上宮があり、霧状の滝がかかり幽玄の世界を醸し出している。11月から奉納されてきた高千穂の夜神楽は、建国記念日前の土日、旧登山口の上田原神楽（昭和51年復活、別称・春告神楽）をもって幕を閉じる。

　南東麓には「宮崎巨樹100選」のマツが聳え、寒巌禅師が彫刻し玄武城落城に焼け残った防火鎮火の神の地蔵尊で知られる集雲山龍泉寺がある。ここからが新登山道になっており、滑落死亡事故を受け地元の「上野の山と自然を守る会」によりロープ新設などの整備が行われ、平成26年（2014）3月に山開きが開催された。

コ

郷谷山 ［ゴウタニヤマ］ 649.3m ／三等／郷谷／日南市北郷町／郷の原／日向青島

　別称・ごうやさん。日南山地の山で、北に岩壺山、南に谷之城山との中間に位置し、『日向地誌』には伊比井村の項に廣野（ひろの）とあり、西面は郷の原村に属し、当時は満山樹木がなく草茅が生ずるを以てこの名ありと記されている。

　西流する広渡川支流猪八重川は、「服部植物研究所」を設立した昔の世界的な研究者・服部新佐（しんすけ）博士により発表された国内有数のコケ自生地・猪八重渓谷で、国の風景・保護保安林に指定されている。平成20年（2008）4月、森林セラピー基地の認定を受けた北郷町を代表するセラピーロード猪八重渓谷遊歩道は、大荷

田国有林内に属し、昭和30年代の小規模水力発電跡もあるトロッコ軌道跡で、片道3㎞（五重の滝まで2.6㎞）。近くには天然温泉の足湯もあり、県道429号猪八重線を詰めた「猪八重渓谷蘚苔林の碑」のある渓谷入り口より「チップ広場」などが整備されて、郷谷、流合、五重の滝、岩つぼの滝、はまぐり岩屋と連なり、苔の名園を行く観があり、しっとりとした風情は特に味わい深い。本太郎駐車場東の猪八重風景林には、幻の滝といわれる「石見の滝」（落差15m）があり渓谷はまだ奥深い。

　平成25年（2013）11月9〜10日、「森林セラピー基地全国サミット in 北郷」の一環として北郷森林ガイド「いつつの木」のメンバーと参加者による猪八重渓谷の散策が行われた。

高平山 [コビラヤマ] 406.7m ／四等／高平山／延岡市／延岡北部／延岡

　　　　　　　別称・こうびらやま、こびらさん。高い平坦地という地形からの山名で、河平山、小平山の記述もある。昭和53年（1978）1月〜55年3月までの工事で草地31ha、付属道路7776m、飲料水供給施設や畜舎等が完備、高平山牧場として開発された。牧歌的な雰囲気のある山頂で、行縢山や可愛岳をはじめ360度の展望が広がる。平成2年（1990）9月・高平山牧場開発10周年記念の大理石の台座は、風景指示盤も兼ねており、四周の名だたる山々を見渡しながら山座同定が容易である。

　天正6年（1578）4月10日、豊後の大友宗麟・義統による、文安3年（1446）築城され土持氏の居城だった松尾城（松山町・標高55m丘陵）攻めには、この山から「国崩し」と呼ばれた大砲で攻撃したといわれている。

虚空蔵山 [コクゾウサン] 49m ／独標／日南市南郷町／油津／飫肥

　古称・児島山。宮崎県最低山、日本低山200山では141位（『日本山名総覧』）。目井津子守舟歌で知られる遠洋航海の基地・目井津港北に位置し、大正10年（1921）の防波堤造成により70mが埋め立てられた陸繋島（周囲約1㎞・面積1036㎡）で、積み上げられた292の石段や、中腹には石造丸彫仁王像一対が安置する朱塗りの仁王門など歴史の重みを感じる。

　昭和26年（1951）亜熱帯作物自然林天然記念物として青島亜熱帯植物群落と共に、国の天然記念物に文部省より指定された。寛永16年（1639）、飫肥2代藩主・伊東祐慶（1589〜1636）公の生母・松寿院が施主となり山頂に堂宇を建立し虚空蔵

菩薩を安置したのが始まりで、地理的条件に宗教的条件が重なり、亜熱帯植物群が保護されたと考えられる。限りない知恵をもつという虚空蔵菩薩の他にも法雲山西明寺の奥ノ院、弁財天、八大明神、金比羅大権現、三宝荒神社、役行者なども祀られている神仏混淆の山。毎年６月12、13日に虚空蔵様の大祭が催される。

　休日は行列のできる魚介や海鮮料理店「港の駅めいつ」があり一日４往復の大島への定期船発着の目井津港内は、南郷漁協や地元住民でつくる目井津漁港環境整備運営協議会により、平成21年（2009）から毎日清掃が続けられ、ごみ一つない港を目指している。

　犬山（124m、独標）と連なる南郷城跡（城山、122.4m、二等、点名：本丸）からは、細田川（古くは大堂川）とJR日南線の鉄橋を走るリゾート特急「海幸山幸」、虚空蔵山から大島へ続く点と線、言葉を失うほどの絶景である。

小手ケ山 ［コテガヤマ］ 272.3m ／三等／小手／都城市山田町／庄内／都城

　　　　　　　　稲妻山系の南東端に位置し、四方面山に接する山。昭和58年（1983）に山田町民の憩いの場として整備された一堂ケ丘公園が隣接、九州最大規模の「かかしの里パークゴルフ場」（６コース、54ホール）や展望台・流れるプール・ローラースライダーなど遊具施設が整っている。隣接する「かかしと温泉の町」山田町のシンボル「かかしのモニュメント」は、高さ8.8m、幅6.1m、胴回り6.7mのFRP（ガラス繊維強化プラスチック製）で、平成５年（1993）３月、「かかし館」入り口に建立され、山麓の山田小学校のお別れ遠足の地である。

　平成18年度より実施されている宮崎県の「企業森林づくりコンベンション」の一環として、「霧島くつろぎの森」の名称で、㈱霧島酒造により、多様な生態系を持つ森林の再生を目的に、平成22年９月より10年間を目標に、伐採や多種の植栽をはじめ、遊歩道や展望所の整備が行われている。〈どんぐり千年の森、16号地、2012年３月18日植樹〉の標式が登り口である。

甑　岳 ［コシキダケ］ 1301.4m ／三等／甑岳／えびの市／韓国岳／霧島山

　霧島山系でコニーデ型の山容。山頂の浅い火口は直径500m、火口底標高1274mの低層湿原（池塘）を形成し貴重な湿地性植物の宝庫となっている。炊（蒸し器）や蒸籠に似た山容からの山名で、韓国岳の腰の高さであることから腰岳ともいわれた。東南斜面に広がるモミ、ツガを主としアカマツを交えた甑岳針葉樹

林26haは、昭和44年（1969）8月22日、国の天然記念物に指定されている。

　白鳥温泉下湯（710m）を起点に、甑岳と六観音御池の鞍部を通り、旧市営露天風呂（1210m・休業中）を結ぶ「アバダント（豊富な）しらとり郷土の森」（85ha）のウォーキングコースがある。イスノキ、タブノキ、スダジイ、アカガシの巨木620本（幹周280cm）を有する森林を巡るコースで、方向感覚が鈍りやすく歩道区域外の入山は控えたい。

　平成22年（1910）1月26日から28日にかけての新燃岳の噴火に始まる韓国岳の登山規制を機会に、火口縁（1.4km）を周回するトレッキングコースが、えびの市の委託を受けた自然公園財団えびの支部により、平成24年8月12日オープン。加久藤カルデラ（真幸盆地）や小林カルデラの絶景ポイントが点在し、韓国岳、白鳥山などえびの高原の雄大な景色も堪能できる。なお火口内は希少な植生の保護のため、池塘（湿原の泥炭層にできる池沼）周辺は立入り禁止となった。参考コースタイム：最高点1315mの山頂標識まで50分、火口の対岸北に三角点が埋設、周回は40分の中級コースである。

木 場 城 ［コバンジョウ］263.6m／三等／木場／都城市高崎町／高崎新田／野尻

　古くは木葉城、木場砦、木葉の砦、別記に木場城岡とあり、地元では「とんじゃが丘」。「江平の山」と呼称され親しまれている。元亀2年（1571）9月、伊東義祐が築き、一族の将弟・伊東加賀守祐安を配した中世期の山城跡である。翌年、加賀守は伊東勢総大将として、島津氏との木崎原合戦の敗北で死した。東流する大淀川の観音湍（現観音瀬。岩盤が川幅90m 長さ200mにわたって覆いつくす高低差10mの急流。寛政3年〈1791〉に第22代都城領主島津久倫が水路溝を開削）を見張る要所でもあった。

　平成2年（1990）、旧高崎町において課外学習の場で利用されることからの名称スタディヒルズ（学びの丘）木場城跡公園（南北350m、東西300m）として遊歩道などが整備された。人為か自然かは不明だが鳳凰に似た文様のある大岩と小岩からなる木場城跡神祠（木場城神社）が祀られ、展望所のある山頂には椎の大樹が聳えている。その後管理が行き届かず荒れていたが、平成

20年（2008）からは、鵜戸・轟・小牧の３集落の地元有志でつくる木場城活性化委員会により年４回の美化活動が実施され、途絶えていた「木場城祭り」も同22年より４月第一日曜日に再開されている。

　林野庁は平成15年（2003）３月、観音瀬右岸の田辺国有林41haを、子供の環境学習の場として開放する「遊々の森」として指定。九州では熊本県の金峰山に続いて二カ所目で、名称は「元気がいいね観音瀬の森」に決まり、「水辺の楽校」として整備計画が進められている。また、貴重な産物を運べるように河川に水路が設けられた観音瀬は、県指定史跡になっている。

駒 瀬 山 [コマゼヤマ] 652.0m ／三等／仁久士／門川町／上井野／日向

　駒は馬のことで、昔から馬は神の乗物として崇められており、山頂付近の尾根筋の形が馬の背に似ていることからの山名である。林道からすぐの三角点名は「仁久士」で、尾平峠を挟んで仁久志山や珍名山さるまつこ（595.5m・三等、点名：猿松子、轟山ともいう）の北東に位置する。南にニクシ谷があり、「ニクシ」とは、いかにもいわくがありそうな山名で、294を数える大小さまざまのピークがあるからともいわれるが定かではない。東部の台地は五輪ケ平と呼ばれ、かつて初日の出の遥拝で賑わった。

小 松 山 [コマツヤマ] 988.8m ／二等／小松山／日南市北郷町／坂元／日向青島

　花の房に似た穏やかな山容から雅名を英山、別称に小松の峰とある。かつては日南市最高峰（北郷町との平成の大合併で現鰐塚山）で、宮崎交通の「小松山登山口」バス停があった国道222号日南ダム入り口近くの石原地区への三叉路の【小松山登山案内板】には、６コースの登山道が記載。主ルートの石原コースは市道と小松山林道を約4.5kmの登山口（565m）から参考タイム70分、７合目付近（696m、独標）にはハート形のケヤキ林展望所があり、新緑や紅葉を一望できる。新たに「日南山の会」により、ケヤキ林コースが平成23年（2011）に整備された。他にも坂元棚田（200m）からの坂元（稜線）コース、板床林道利用の板床コース、緑の滝群コースと変化に富んだ日南岳人のホームグラウンドである。

　山頂近くには林業者や猟師、山麓住民の信仰を集めていた大正４年（1915）彫字の〈小松大山神〉石碑があり、平成25年に祠も再建された。展望満開を誇り「日向の小京都」飫肥城下町から油津港への日南市街地を俯瞰でき、顧みれば鰐塚山はもちろん、遠くは霧島まで一望される。

　昭和３年（1928）より５年の歳月を費やして造られた坂元棚田は、なだらかな南西斜面（標高250〜300m）に里山が育んだ美しい風景が広がり、「日本棚田百選」に農水省より選定され（平成11年７月26日）、平成18年（2006）８月８日には農業土木

会「上野賞」を受賞、同年10月６～７日には第12回全国棚田（千枚田）サミットが開催され、駐車場や一望できる展望台も設置されている。

　酒谷川の日南ダム湖周辺は、茅葺き屋根の「道の駅酒谷」を基点に階段式木道や浮き桟橋を巡り一周１時間のウォーキングコースとなっており、右岸には林齢を追ってスギの成長を知ることができる林齢別参考林遊歩道もあり、家族連れで一日中楽しむことができる。平成27年（2015）１月24日、坂元棚田をシンボルとした酒谷地区むらおこし推進協議会は、地方新聞45社と共同通信社が設けた「第５回地域再生大賞」の準大賞を受賞した。

米ノ山 [コメノヤマ] 191.6m ／一等／米山／日向市／平岩／日向

　　　　古述に久米の山とあり、櫛ノ山と共に、神武天皇東征の先鋒を務めた天櫛津大久米命（アメクシツノオオクメノミコト）に因む山名で、『日向地誌』には米野（こめの）とある。延岡藩時代は幡浦御牧山（牧島山）が手狭になり細島新牧と呼ばれた放牧場であったが、有馬氏改易後の元禄２年（1689）に天領となり廃せられた。パラグライダー滑走場の山頂展望台脇に一等三角点補点石と三角測量図のブック型石碑、海の神様・〈元治２年（1865）八大龍王〉と刻字された柱状岩（高さ２m）を中心にした巨石遺跡、歌碑【日向の国むら立つ山のひと山に住む母恋し秋晴の日や　若山牧水】がある。

　日向岬には日本一の柱状節理・馬ケ背（70m、奥行き200m、幅10m）の絶壁、明治43年（1910）点灯の細島灯台（103m・四等、戎の上）への遊歩道、十字峡（クルスの海）や三方展望所など圧巻の海景色、パラグライダー着地点の日向岬グリーンパーク、文久２年（1862）２月京都伏見の寺田屋騒動で捕らえられ薩摩送りの途中惨殺された勤皇三志士の墓「黒田の家臣」（陸繋島）、御鉾ケ浦（みほこがうら）、朝日公園などがある。

　細島地区には、北麓の県唯一の昭和８年（1933）４月国指定名勝庭園の興福山妙国寺がある。南北朝時代の康永元年（1342）日向の生んだ名僧・日叡上人の開山で、米の山の自然環境を巧みに表現した「池泉鑑賞式」庭園である。

　県唯一の検潮所、県内に２カ所しかない基準水準点（4.8m、鉾島神社の鳥居横）、妙国寺の裏山の常夜灯（県北では他に延岡市東海町の北川左岸に現存）、細島みなとの駅、大正10年（1921）築木造三階建「旧高鍋藩御用の高鍋屋旅館」（現日向市細島みなと資料館）、西南戦争戦跡では官軍墓地・明治10年（1877）７月14日～８月20日まで官軍本営・有栖川征討総督宮（熾仁親王）殿下御本営跡（老舗「旧摂津屋」）があり、歩く・見る・食べる・懐かしむに事欠かないまちである。詩人の野口雨情と北原白

秋が山麓の日向市立小学校の校歌を作詞している日向市シンボルの山である。

五勇山 [ゴユウザン] 1662m ／独標／五勇／椎葉村～〈八代市泉村〉／国見岳／鞍岡

　三方界国有林に属し、東の尾根伝いの肩に三等三角点（1644.2m、点名・五勇）が埋設され、点の記に「俗称・ゴユウ」とあり、平家落人追討の源氏の豪勇5人が、延々と続くスズタケの大藪の凄さに、終には諦めて引き返したことに由来する山名という。九州山地の主部、向霧立越の山で、古くは五湯山とも記されている。

　登山は尾手納（追手納）から尾手納林道の終点が萱野登山口で、石堂屋分岐を経て山頂へ、南側の石灰岩の露頭からの展望は雄大で、西へ1654mの展望岩より、ツクシシャクナゲの群生地をへてコースタイム1時間で烏帽子岳である。宮崎県標高第8位。

五葉岳 [ゴヨウダケ] 1569.6m ／三等／五様岳／日之影町～延岡市北川町／見立／三田井

　五様岳とも記され、洞岳の東にあり、南にお姫山（1550m）、お化粧山（1450m）、鹿納山、日隠山に連なり、日陰林道の寛永8年（1631）開鉱～昭和44年（1969）廃鉱の大吹鉱山跡の広場が主登山口で、兜巾岳（頭巾岳）や夏木山への尾根歩き、アケボノツツジとヤマシャクヤクの群生や常緑広葉樹とともに、山人を引きつけて離さない魅力がある。

　かつて山頂から尾根にかけての五葉松の植生に由来する山名で、山体は潅木に覆われた俊しい岩峰で、遠くからはこの山を確定するのは難しいが、展望は超一級である。

ごろ山 [ゴロヤマ] 351.5m ／三等／江子／門川町／上井野／日向

　市の原の集落を包むように駒瀬山の南方に対峙する山で、西に広域基幹林道・塩見谷土々呂内線（22.996m）の猪の内トンネルが貫けている。えびの岳・ジョウゴ岳・たかつごう山・だき山・たかはた山・とやんたき・オサレ山・ケラガツカと共に宮崎かな文字九山の一つである。

権現尾 [ゴンゲンオ] 974.6m ／三等／権現尾／都農町／尾鈴山／尾鈴山

　尾鈴山系の中央に位置しながら縦走路とはかけ離れており、一部の愛好家しか

訪れない山で、古くは水無谷とあり、尾鈴山瀑布群で数段になって流れ落ちている最大落差（100m）の簾滝はこの山が源流で、白滝へ続く軌道路跡の遊歩道から望見することができる。

権現山 [ゴンゲンヤマ] 52m ／独標／日向市／山陰／日向

　県内第2位の低山。日豊海岸国定公園の南端に位置し、日向市美々津の対岸・耳川河口左岸の権現崎公園である。国道10号沿いの身近な場所にこれほどの自然が残っている所は他になく、貴重な照葉樹林（7ha）の群落として、平成12年（2000）2月、森林では初の県天然記念物に指定されている。山名の由来である石垣や台座が残る山頂の愛宕権現社を合祀した港柱神社の神域であったことから自然が守られ、ほぼ原生林に近い姿を保っているといわれる。

　若山牧水が大正2年（1913）3月、美々津にいた西郷村出身の歌人・小野葉桜を訪ねて遊び、ここで詠んだ【海よかげれ水平線の黝みより雲よ出で来て海わたれかし】の歌碑は、文学散歩路を抜けて、神武天皇お舟出の航路・一つ神（帰らざるの瀬）七つバエの岩礁が一望される展望地にある。

　この神武東征では、幸脇峠の遠見山（80m、等高線）に凧を上げ、風向きが良いからと一日繰り上げ、早朝お舟出が決まり、皆を起こして回ったことが立磐神社の「起きよ祭り」（旧暦八朔・8月1日）となり、急ぎ米の粉と小豆と塩とで搗き入れ餅にして献上したのが「お船出だんご」の由来となった。

　北の日向サンパーク（「道の駅日向」、「温泉館お舟出の湯」）を起点に「日本の歩きたくなるみち500選」〈美々津海岸遊歩道〉（3.2km・70分）、平岩探勝遊歩道（金ケ浜海岸〜平岩港、御名崎ケ鼻遊歩道、全長1.7km）があり、「潮吹き岩」、毎年7月クサフグが波打ち際で産卵する「フクトが浦」など、柱状節理や変化に富んだリアス式海岸と自然な海岸林の快適空間に心癒される。

サ

迫 の 岳 [サコノダケ] 498m ／独標／高千穂町／三田井／三田井

　古くは岳山とある。東部の笛原集落側が迫りくる急斜面で、北部に狭い場所をいう迫の地名があることからの山名で、北へ柚木野の城岳（566.7m、四等、点名柚木野）を経て四恩岳に至る。山頂には火伏地蔵の御堂があり、四恩岳の山腹にある金龍山今山寺に合祀されている。

　西麓の鬼切畑には、二上山の乳ケ岩屋に棲んで高千穂郷を中心に荒らしまわった荒ぶる神・鬼八を三毛入野命が退治したとき、勢い余って切りつけたという神石「鬼切石」がある。使われた刀「鬼切丸」は高千穂神社のご神宝として大切に保管され、社殿にはその鬼八退治を描写した彫刻があしらわれている。

　高千穂民謡・刈干切歌②「も早や日暮れだ　迫々かげるよ　駒よいぬるぞ　まぐさ負えよ」の迫々は、谷の行き詰まり、または谷、くぼ地のことをいう。

笹 の 峠 [ササノトウゲ] 1340.1m ／一等／笹ノ峠／椎葉村〜美郷町南郷区／清水岳／神門

　古くは笹嶺・笹ケ峠・笹峠、笹尾峠ともあり、往還路以外は人を寄せ付けない笹竹（鈴竹）の豪生地である。南郷区神門・鬼神野と椎葉村上松尾・下松尾を結ぶ笹嶺往還（椎葉からは神門往還）は古く、記録では延享3年（1746）には荷駄の往来があったことが『御巡検使応対並万覚』に記されている。幕府御用・伊能忠敬測量隊の坂部貞

兵衛別働隊は文化9年（1812）6月19日（22日まで）、国学者・柳田國男は明治41年（1908）7月13日（18日まで滞在）に、鬼神野（南郷区）からは陸路となるこの峠を越えて椎葉山（村）へ入った。

　椎葉往還は、明治36年（1903）に再開通された富高（日向市）～神門（南郷区）間（現国道388号・旧細島街道）であったが、昭和8年（1933）、住友財閥より寄贈された耳川沿いの百万円道路（椎葉細島線・現国道327号）が主幹線となる。

　主登山道は松尾の湾地より塩の道を伝う。たくさんの思い出が刻まれてきた落葉の樹下道、2本の林道をカットして1時間30分のコースタイムだったが、平成16年度森林基幹道開設事業により開通した、鬼神野からの笹の峠線が東の尾根を乗っ越しており、役目を終えた笹の茂る溝状の交易道をひと汗かけば、わずか10分で山頂へ。東へ尾根続きの荒落山（1101m・独標）～清水岳～小麦の越～高峠への展望が広がる。

　北麓の下松尾の棚田は近年、椎葉のマチュピチュ「仙人の棚田」と名付けられ、絶景のスポットとして注目を集めている。

佐土川内山 ［サドコウチヤマ］ 496.0m ／三等／中河原／延岡市北浦町／三川内／蒲江

　かつて歌糸にあった曹洞宗光久寺が梅木への移転で観音仏が越えるときに涙したという仏の越の東に位置し、山頂にテレビの共同アンテナが設置され、梅木より林道が八合目まで延びている。北麓の小川・市尾内川・歌糸川の三本川の合流点は、初夏にはゲンジボタルの乱舞が、晩秋には三川内の雲海を見ることができる。南麓の歌糸川の土々呂の観音滝（7m）には、滝見の歩道が設けられている。

猿越 ［サルゴエ］ 791.0m ／三等／石原／諸塚村／諸塚／諸塚山

　諸塚山（中央）スカイライン（正式名・幹線林道九郎山線）沿いの山で、途中に平成11年（1999）諸塚村寿会連合会建立の「出愛の森」（諸塚役場より1.6km）がある。諸塚村ではその土地、土壌、地形によって樹種を選択して植林した結果、スギ針葉樹7割、クヌギなどの広葉樹3割の森林となり、モザイク模様の立体感ある林相が形成された。針葉広葉樹混交林の織りなす新緑と紅葉の景観が圧巻の「モザイク林相展望所」のある猿越公園には、好梅林、柿園、いこいの広場や散策路200mがある。その原点は明治40年（1907）、今の長期総合計画に当たる村是運動で宣言した林業立村にある。

昭和60年（1985）7月、第3回朝日森林文化賞の森づくり部門で、市町村では全国で初めて優秀賞を受賞。平成6年（1994）4月29日、地方自治体の受賞は諸塚村が全国初の社団法人国土緑化推進機構主管【第三回森林文化賞】受賞の碑がある。天然林の常緑広葉樹・椎茸のホタギにするクヌギ果樹などの人が森を生かす落葉広葉樹・人工林の針葉樹の森から成るパッチワーク模様の「モザイク林相」は、第6回美しいむら景観コンテスト」の生産部門として、平成9年度農林水産大臣賞も受賞している。

　猿越公園より南へ0.7㎞、スカイラインと平田組集落に通じる三叉路に【明治40年記念指導標】には「右は釜の前を経てつかばる道、左は平田組を経て村役場に通ず」とあり、延岡統制無線中継所跡より桧林を伝い15分で山頂へ。

※諸塚山（中央）スカイラインは諸塚村中心部を半周する道路で、塚原から猿越公園、九郎山を経て星の久保展望台へ、さらに諸塚山近くから日之影町境の六峰街道を南東に下り、池の久保グリーンパークへの約56㎞のコース。前半の幹線林道九郎山線は昭和52年（1977）尾根筋林道の全国第一号として完成した。

猿　岳 ［サルタケ］847m／独標／高千穂町〜日之影町／三田井／三田井

　古くは山猿嶽とあり、俵形の立岩のある俵石越（山）の西、高岳（740m、等高）の北に位置し、岩峯や岸壁が林立する尾根で、語源によると「サル」は古語の「ザレ」（崖）「ズレル」の転訛で、山の崩れた地形や崖状の地形をいう。北西麓の岩戸方面から見る角度によって猿の横顔に似ていることからの山名ともいわれる。また北の城山の東麓には大猿渡、西の天香山の麓には荒立神社のご祭神・猿田彦命が居住されたところと伝えられる猿伏の地名がある。

　荒い丸鋸状の猿岳とは対照的な南峰の際立って聳える高岳は山頂に祠があり、上野岳と共に野方野より登路がある。四周の山々の指示標のある山腹の竹脇城さくら公園（金毘羅農村公園・詰の尾羽根陣跡、442.2m、四等・野方野）からは、天香山の山麓の第9回「美しい日本のむら景観コンテスト」で「むらづくり対策推進本部長賞」を受賞した尾谷や伝説の里・岩戸の集落など、人と自然の共生した日本人の心象風景を望むことができる。

　天正14年（1586）、高橋元種に滅ぼされた三田井氏四十八塁大野原亀山城主・重富弥十郎長義は、甲斐兵庫守秋政と共に家代峠（九左衛門峠とも）で自決、一族も殺害されたが、唯一次弟の源太郎重家のみが猿岳の険に隠れ、危うく一命を取り

留めた。その後、嫡子・重次は初代の岩戸村庄屋となり、子孫は代々高千穂村十八ケ村の大庄屋などの要職を務め、明治を迎えたという。「俵石山から霧が越えると雨」と山麓の永の内ではいわれている。

三秀台 [サンシュウダイ] 800m／等高線／高千穂町／祖母山／三田井

　祖母山の登山基地で五ヶ所高原の西・崩野峠よりにある小高い丘をいい、阿蘇、くじゅう、祖母と九州を代表する三山を見事に一望にできることから名付けられた。明治23年（1890）11月6日、祖母山に登った（『谷津田日記』より）日本山岳会の育ての親・ウォルター・ウェストン卿の碑がある。昭和41年（1966）建立され、毎年11月2～3日にウェストン祭が開催される。

　平成23年（2011）より高千穂町は、熊本県阿蘇地方8市町村と大分県竹田市からなる国の平成20年施行の「観光圏整備法」に基づく「阿蘇くじゅう観光圏」に参画し、県境を越え誘客に連携することになった。

三方山 [サンポウザン] 1577.9m／三等／三方／椎葉村〜〈山都町・旧矢部町〉／緑川／鞍岡

　別称・さんぽうやま。古くは矢部嶺、江戸時代の古地図には「三国山」とある。登山は、九州横断林道（宮崎県側・椎葉林道〜熊本県側・内大臣林道）椎矢峠から荒廃の三方山林道を経由（1km）、そのまま北への天主山（1494.4m、二等、点名菅山）分岐（三方山北登山口あり）の切剝（1578m、独標）〜久保の息（憩よこい、1434m）〜遠見山〜矢部の汗見に至る古道で、那須往還と呼ばれた椎葉と矢部・清和（山都町）を結ぶ交易路であった。

　三方山より東へ天女ケ岩（1529m、独標）を経て霧立越の道と出会う向坂山への分県尾根（直線距離約5.2km）は、かつては九州山脈屈指の険路で、三国峠とも呼ばれた。平成14年（2002）10月28日「日向の自然を守る会」により、美々津に注ぐ清流・耳川（美々津川、二級河川、延長102km）源流の碑が、三方谷の1500m地点に設置された。この山に発し熊本県宇土市より有明海の島原湾に注ぐ緑川（一級河川）の源流でもある。北へ熊本県山都町（旧清和村）の矢筈岳（113.1m、三等、点名・矢挾岳）、西へ高岳、東へ向坂山へと三方向に大尾根が延びていることからの山名である。

※昭和42年（1967）12月に完成した椎矢峠（標高1434m）は、九州一の車道高所であ

ったが、昭和61年に５年の歳月をかけて完成した峰越連絡林道椎葉五家荘線の「新・ぼんさん越」（標高1479m）にその座を譲った。

三方岳 [サンポウダケ] 1479m ／独標／椎葉村〜南郷区／日向大河内／椎葉村

古くは白水山・三方山とあり、小丸川（一級河川、幹川流路延長75km）源流域の山である。九州大学宮崎演習林（農学部附属演習林）・三方岳自然林保護区（総面積2900ha）の「九大原生林」が広がる。御巣鷹山という幕府の御立山の一つで、現在も学術研究以外は入山規制になっている。

正式名称は国立大学法人九州大学農学部附属演習林宮崎演習林で、県内３カ所のうちで唯一許可の要らない開放されているコース。尾崎山と共に大河内越（国道388号）登山口より、西の九大演習林との境界に沿った尾根道を伝う。途中の1366.5m峰（三等、点名野々首）は古くはフクラン峠と呼ばれていた。平成28（2016）年山頂近くに四等三角点（1473.6m、点名三方岳）が埋設された

三文字山 [サンモンジヤマ] 519.1m ／三等／和当地／日南市北郷町／築地原／日向青島

中流域は加江田渓谷で知られる二級河川・加江田川水系（流路延長17.5km）の源流の山である。別記に山文字山とあり、踏み跡のある谷筋と尾根沿いには自然林が残っており、かつて南西に三文字という集落があったことからの山名である。

東部の山仮屋から元仮屋を経て花立山へ至る飫肥街道（殿様街道・志布志街道）は、今もなお一部は山仕事や生活道として現役で、山仮屋関所跡なども保存され、飫肥街道と併用する市道本太郎山仮屋線には知られざる巨樹の山桜並木もある。平成14年（2002）文化庁の「歴史の道百選」や「日本街道百選」に選定されている。地元北郷史談会やシーニックバイウェイ道守会議により案内板設置や保守活動が行われている。北東の旧県道宮崎北郷線には明治25年（1892）建立の県内最古のレンガ造りの山仮屋隧道（長さ57m、幅3.5m）がある。

シ

四恩岳 [シオンダケ] 675.9m ／三等／四恩岳／高千穂町／三田井／三田井

通称・今山。八合目にある高千穂地方で最古の寺院といわれる天台宗・金龍山

今山寺は、大宝元年（701）に僧会天が開山
し、養老元年（717）に寺堂を建てたと伝え
られる古刹で、境内から真正面に国見ケ丘
を望み、雲海展望の寺でもある。

　尾根筋に龍伝説の名気須ケ池（池の窪）、
お大師堂跡など、昔から仏性の宿る山で、
森は深く神秘的で霊気が漂っているよう
だ。西端を地蔵嶽山（550m、等高線）とい
い、寛政8年（1789）建立の火伏将軍地蔵尊が祀られており、南へ城岳（566.6m、
四等、点名：柚木野）を経て、迫の岳に至る。

　「四恩とは仏教語で衆生（総ての生き物、生きてるもの総て、多くの人々）が現世で受け
る四種の恩のことで、天地・国王・父母・衆生の恩の総称からの山名である」（川
名興海〈1923〜2004〉前住職より）。「箸取らば天地衆生の御恵み、君と親との恩を味わ
え」戦前の小学校では食前に感謝を込めて合唱した。

式 部 岳 ［シキブダケ］1218.9m ／二等／八代南俣／国富町／掃部岳／須木

　平成8年（1996）発行の地形図に新登場した宮崎平野と国富町最高峰で、前年
に日本三大薬師寺・眞金山法華嶽薬師寺の和泉式部伝説にちなんで命名された。
法華岳公園展望台から北西の釈迦ケ岳の右奥に展望され、掃部岳より南東の尾根
続きに位置し、『三国名勝図会』の日向国諸縣郡高岡の項には鈴嶽とあり、釈迦
嶽・掃部嶽・茶臼嶽とを総称して北山と号すとある。平成13年から国富町山岳会
により毎年2月第4日曜日に山開きが開催されている。

時 雨 岳 ［シグレダケ］1546m ／独標／椎葉村／不土野／椎葉村

　九州山地脊梁の白鳥山より東の稜線にあり、日向椎葉湖の上流へ山裾を引く石
灰岩の山で、その名のとおり山麓の人々の日和見山だった。峰越林道（林道椎葉五
家荘線）の時雨岳登山口から直登するか、椎葉唐谷登山口（御池登山口）の唐谷コー
スから、ヤマシャクヤクの群生を求めて、白鳥山と周回のセットで登られてい
る。

　石堂屋との中間の谷間、向山地区日添の公民館「峰越乃館」には《焼畑継承の
地》の碑があり、北方の点名：向山（1357.2m、三等）と点名：谷又（1264.3m、三等）
一帯は向山と総称されている。

獅 子 戸 岳 ［シシコダケ］1429m ／独標／小林市〜〔霧島町〕／日向小林／霧島山

　霧島縦走路・韓国岳から爆裂火口湖の琵琶湖の縁を通り新燃岳へ向かう小峰

で、新湯林道～大幡山～丸岡山～夷守岳への分岐点に位置し、赤褐色の山肌で崩壊しやすい砂礫地のため赤崩（あかくえ）ともいわれ、浸食が進んでいる。獅子戸岳、大幡山、矢岳、新燃岳との間に囲まれた草原は、昔島津氏がイノシシやキジなどの動物を追い込ませて猟をした所と伝えられ、「殿様まぶし（間伏・待ち伏せとも）」と呼ばれる。東の大幡山との中間のピークは築山（1381m、独標）とある。

　南西の烏帽子岳（987.9m、三等、点名同じ）登山口近くの新湯温泉から、新湯渓谷の両滝（向かい合った落差25mと5mの滝）を木の間に、大浪橋や新燃橋を渡り、霧島一の紅葉地といわれる霧島川の源流域を渡渉、獅子戸岳との鞍部より新燃岳を経て、中岳との鞍部を下る周回コースがあった。

地 蔵 岳 ［ジゾウダケ］1388.1m ／三等／地蔵岳／延岡市北方町／大菅／三田井

　大崩山の鹿川コース宇土内谷登山口や鹿納谷を詰めた鹿納山（ししがわ）への登山口がある鹿納林道が、北方町今村〈分岐点案内板〉より西裾を通っている。南西陵の岸壁・地蔵ダキからの山名で、南面へ障子ダキが連なっており、終始急登でロープ・はしご連続の健脚コースだが、立ちはだかる岩峰は見事の一言に尽きる。

　山麓には日本硅石㈱の貯鉱・選鉱場があった所で、かつて「日本石英選鉱所」跡の朽ちかけた木柱の看板があった。主に綱の瀬川支流・宇土内谷の奥や、さらに林道を600m北の小谷を詰めた鉱山跡から、ケーブルで運ばれた原石から選別された石英が主要鉱石で、不純物の電気石や煙水晶の欠片を散見することができる。かつて鉱石運搬牛馬の中継地であった鹿川から大吹鉱山への二十丁峠越えは『西南戦争延岡隊戦記』の明治10年（1877）7月31日、鹿川戦記略図には「百曲り」の記載がある。

地 蔵 岳 ［ジゾウダケ］1089m ／独標／西都市／尾八重／尾鈴山

　古くは地蔵嶽、古述には虚空蔵嶽とあり、天狗ダキの断崖下には牛地蔵や仏像が祀られ、龍房山への峰続きは山岳信仰の道であった。山頂に地蔵を祀ることからの山名で、かつて登山口に、〈昔元服修業の山、毎年11月3日尾八重小学校の登山日〉の標柱があった。平成9年（1997）より山開きが開催されている。一ツ瀬川支流尾八重川を渡渉（迂回路あり）～コウヤマキの群生地・高野槇の背～高野槇の肩を登り地蔵の舞台（大岩）を経て山頂へ。

　南麓の椿の里公園には、県指定天然記念物・日本最大級の「樅木尾有楽椿（もみきおウラクツバキ）」（巨樹百選）がある。尾八重（雄八重）は、古くから東米良の中心をなす大きな集落で、棲息環境に翻弄され棲まじい樹形となった尾八重の一本杉が聳える。「みやざきの巨樹百選」で、標高22.5m、根回り9.5m、樹齢600年、昭和64年（1989）に西都市天然記念物にも指定されている。天正5年（1577）12月12日、領主・米良兵庫

頭の館に一泊した伊東義祐主従の豊後落ちに由来する地名の日暮れ谷、弓流れ谷、朝日谷がある。尾八重神社の鳥居は旧尾八重小学校（明治8年〈1875〉12月開校～昭和57年〈1982〉4月1日閉校）の正門でもあった。

七郎山 ［シチロウヤマ］500.9m／三等／七郎山／小林市野尻町・須木村／紙屋／野尻

　国土地理院呼称・しちろうさん。山頂近くに屈強の山師が住んでいたことからの山名と伝わり、南東の山腹に大平山県有林展示林がある。かつて勝負（旧名：庄府）地区より須木村内山開拓への電線の保安路を利用しての破線路は既に電柱もなくブッシュ化しており、土然ケ丘より大岩（571m、独標）から崩内（544m、独標）を経る尾根伝いのピストン歩きは健脚コースである。

　西南戦記書には髙山と記載されており、薩軍は土然ケ丘から南東に派生する長い尾根の通称：土然ケ南峯（434m、独標）～勝負台場（277.6m、四等、点名：外木場）～阿弥陀ケ丘（264.1m、三等、高松城跡）にかけて100基以上の土塁と数百人の守備を置いたが、七熊山から竜王山（845m、独標）にかけての敗戦で、官軍の攻撃が余りにも素早く、明治10年（1877）7月22日、高山（七郎山）を奇襲され紙屋へと退いた。その後の遺跡調査では銃弾や砲弾などの遺物は出土されておらず、戦闘は行われなかったと推測されている。勝負隧道上の勝負台場遺跡は、平成12年2月～15年1月にかけて、九州電力宮崎幹線鉄塔建設に伴う林道で寸断されているが、自然林の尾根には小さな土塁らしき跡も散見され、また違った山歩きもできる。トンネル南西には「野尻町あすなろ運動公園」があり、ウォーキングしながら北の七郎山や土然ケ丘、振り返る霧島山系の展望を楽しむことができる。

四方面山 ［シホメヤマ］325.7m／四等／四方面／都城市山田町／高崎新田／野尻

　その名のとおり四方パノラマの稲妻山系の山で、北西に高尾山、南東の小手ケ山に接し、昭和初頭から42年（1967）頃まで遠足地として親しまれ、山頂にはヤマザクラも植栽されており、地元では四方面、四方面の丘が一般である。案山子と温泉のまち・山田町のシンボルの山として、平成26年（2014）刊行の「山田の昔を語る会」会誌は『四方面』と命名されている。

　西麓には平成23年12月20日～27年2月28日にかけて、全連続燃焼式ストーカ炉方式のごみ焼却により発生する熱エネルギーの有効活用を図る施設「都城市クリーンセンター」が建設され、一帯は様変わりした。山田町のシンボル・かかし

モニュメントは高さ8.8m、幅6.1m、胴回り6.7mのFRP（ガラス繊維強化プラスチック製）で、平成5年3月かかし館入り口に建立された。

清水岳（山神） ［シミズダケ］1204.5m／三等／山神峠／美郷町南郷区・西郷区〜椎葉村／清水岳／神門

別名・山神、国土地理院呼称・やまがみで、地形図に括弧書きされており、俗称・山神越（さんじんごえ）という。国際観光賞を受賞した「百済の里」、百済王伝説の「師走祭り」で知られる神門神社のご神体山であり、大山祇神（オオヤマツミノカミ）を祀る。西郷区最高峰で、山頂には電波塔が設置され、近くまで林道清水岳線が通じ、明治43（1910）年の石祠と昭和43年（1968）建立の清水岳社があり、椎葉村と南郷区の境に位置する。

高峠との吊尾根は、古くからの往還・小麦の越（神門越とも）で、天正5年（1577）12月16日、三位入道伊東義祐主従が北へ敗走し、明治10年（1877）8月24日、西南戦争西郷軍退路で西郷隆盛が南へ敗走するという、ちょうど三百年の時を超えて両雄が擦れ違った因縁の峠道である。厳寒の冬と猛暑の夏、敗軍の将はどんな思いで越えたのだろうか。

6つの小径が交差する六方ケ辻には、旅人が安全を祈願するシバ神が祀られている。東の笹の峠との中間のピークは、荒落山（1101m、独標）という。

「師走祭り」とは、神門神社の祭神・百済の禎嘉王と比木神社の王子・福智王が、年に一度の交歓神事（旧暦12月18日から20日まで）で、比木神社を出発したご神体は、王が漂着した日向市金ケ浜で禊の後、神門へ向かい、年に一度の対面をし、神楽や野焼きで祝う奇祭である。創建が養老2年（718）と伝えられる神門神社は、県内屈指の古社で、平成12年（2000）に国の重要文化財に指定されている。

霜打山 ［シモウテヤマ］974.7m／三等／新野／椎葉村／上椎葉／椎葉村

椎葉村役場、鶴富屋敷、椎葉民俗芸能博物館や商業施設のある椎葉村観光の中心地・上椎葉の東部の村有林で、古くは宮山、また新野（しんの）とある。椎葉中心地では霜が早く降りることからの山名といわれている。国道265号尾田の針金橋から通称「ツチノコ林道」が山頂近くへ延びている。藩政時代幕府の御鷹之巣山に指定

された7カ所の一つに下福良之内の辻山とある。

下 葛 山 ［シモツヅラヤマ］569m／独標／延岡市北川町・北浦町／三川内／蒲江

　古くは下葛籠嶽と記され、鉾山・東山峰山の北に位置する岩峰の山で、さらに北へ阿藤山（あとうやま）（538m、独標、鳥平山とも）を経て尾根は県境の勘掛ケ山（かんかけやま）（伽の平山とも。634m、独標）で分岐し、右は枯樅山（かれもみやま）（664.9m、三等、点名：枯樅）へ、左は須の内山（599m、独標）へ連なる。東裾に林道・下塚大井線が通っている。

釈 迦 ケ 岳 ［シャカガダケ］830.6m／二等／釈迦岳／国富町／大森岳／須木

　　　　　　法華嶽公園より九州自然歩道を兼ねる県道法華岳本庄線の八丁坂「和泉式部の伝説に出会うみち」を身投嶽展望台（270.0m、三等、点名：法華岳）や行水の滝入り口を経て、越後（新潟県）米山薬師・三河（愛知県）鳳来寺山峯薬師と共に日本三大薬師寺・眞金山法華嶽薬師寺（まかねさん）へ。薩摩藩時代は坊の津の龍厳寺・川内の大平寺と共に三大古刹の一つであったが、神仏分離の動きにより慶応3年（1867）に破却され、後に復興された歴史を持つ。展望台のある日本庭園が釈迦ケ岳への登山口（標高280m）で、山頂への登山道（3.6km）もよく整備されている。

　養老2年（718）山頂に伝教大師最澄が金峯山長喜院（寺）を建立し、お釈迦仏、薬師如来の尊像を安置したのに始まると伝えられ、山頂は水に乏しく現在の法華岳に移し、釈迦像のみ小さな堂宇に残したことからの山名である。

　山頂よりさらに尾根は矢筈岳分岐〜鬼玄丹の岩屋（おにげんたん）〜茶臼岳（1043.0m、三等、点名：大保）〜掃部岳へと続いており、一帯は国富山岳会の尽力によりルート整備が進められている。「鬼玄丹の岩屋」とは、寛永6年（1629）、武者修行中の荒木又右衛門に敗れた荒法師・竹内玄丹が自然を相手に剣の修行をした洞窟との伝承地で、5年後の寛永11年、又右衛門が義弟・渡辺数馬の助太刀をした、日本三大敵討「鍵屋の辻の決闘」で、玄丹は敵方の河合又五郎に味方し落命した。

　南の矢筈岳とセットで登られるが、低山なれど意外に手強い山域である。北に対峙する盤木山との中間の深年川に沿って茶臼岳林道（ゲートあり）が延びている。

　日本一の510mのゲレンデのあるグラススキー場や観光リフトのある法華嶽公園を中心に、平成24年（2012）3月11日、6km・12kmコースで、第一回法華岳健脚ウォーキング大会が開催された。同公園にはマウンテンバイクで全長約735

m、高低差110mを駆け降りる急斜面のコース（一般立入禁止）が整備されており、平成28年２月７日には「ダウンヒルシリーズ2015」第９戦が開催された。

十文字山 ［ジュウモンジヤマ］701m／独標／日之影町／大菅／三田井

　尾根が十文字に交差していることからの山名で、北への稜線約900mに四等三角点（701.4m、点名：菅野）が埋設され、さらに690m（独標）の尖峯を経て、岩峰の戸川岳へ続いている。南の国道218号（高千穂バイパス）には水面からの高さ137mの東洋一を誇る青雲橋（橋長410m）、その袂には「道の駅青雲橋」がある。

　内藤藩時代には臼杵・宮崎郡をはじめ県外にも豊後大分・国東・速見三郡内と飛地があり、ここ日之影町七折の宮水地区も遠隔地にあるために、宮水代官所が置かれていた。山頂に平成２年（1990）２月完成の宮水地区天文観測施設「星の家てんもんくん」がある天神山（303.4m、四等、崎野原）つつじ公園は、クルメツツジ・ヒラドツヅシ・サツキなど１万８千本が植栽されており、四周の山々を眺めての散策が満喫できる。

　青雲橋からは、日之影温泉駅のある中心地・新日之影の背後に、山頂に金毘羅社のある金毘羅山（395.1m、四等・点名同じ）、西南戦争薩軍陣地跡の大楠台場（368m、独標）や遥かに高城山を南望することができる。日之影中心地を見下ろす大楠台場は、薩軍延岡隊（188人）を中心に明治10年（1877）５月25日～６月25日にかけて構築した堅塁で、官軍の幾度もの攻撃の末に、官軍の死傷者28名、薩軍は十数人を出し、（７月２日）舟尾の高塚山に退却した。

ジョウゴ岳 ［ジョウゴダケ］980.0m／三等／木浦木／小林市／白髪岳／加久藤

　漏斗をうつ伏せにした山容からの山名で、南の陰陽石や三ノ宮峡へ経由する境谷林道からの眺めはまさに円錐形の美しい山容である。古くは木浦木山林とあり、木浦木国有林に属し、木浦木林道～九々瀬林道を経て作業林道・荒木谷線が八合目まで延びており、天然記念物のヤマネや特別天然記念物のカモシカが生息する、奥深く野生が残され静けさがなによりの頂である。

　南麓の木浦木集落跡や昭和51年（1976）４月１日閉校した木浦木小中学校跡の木浦木キャンプ場は、小林市、えびの市、高原町など西諸地域の農業用水を供給する目的で、大淀川水系岩瀬川に浜の瀬ダム（平成20年〈2008〉３月～29年３月、堤高62.5m、堤頂長183m、重力式コンクートダム）建設のため水底に沈むこととなった。

焼山寺山 ［ショウサンジサン］796.1m／二等／賞山寺／高千穂町／三田井／三田井

　別称・しょうさんじやま。天保６年（1835）、村人５名が四国八十八ケ所の巡礼にでかけかの地の土を持ち帰り、２年がかりで勧請した。浅ケ部八十八ケ所霊場

で、野仏は西の浅ケ部越を鞍部とする観音岳（655m、独標）、南の稲荷山（442m、独標）や髙山（別・愛宕山、492m、四等、点名：栃股）から天香山（655m、独標）にかけて周囲5㎞・行程13㎞に及ぶ。虚空蔵菩薩が祀られた山頂は12番札所で、四国八十八ケ所の中でも「遍路ころがし」の難所がある摩廬山焼山寺からの山名である。

　石仏は四国を模して配置されており、1番から88番へ順番に巡ると二日はたっぷりかかるといわれる。ご本尊は、延岡舞野出身の石工「利吉」の制作で、同一寸法に建立されている。巡拝は1月21日・3月21日・7月21日。近年山頂への作業道が建設された。山頂から尾根続きの北の岩戸越（寺尾越）の近くには巨石三岩の遺構があり、観音岳との鞍部の浅ケ部越（下野の堂園と浅ケ部を結ぶ）と共に、今も利用されている。

　昭和53年（1978）、国の重要無形民俗文化財指定の「高千穂の夜神楽」を伝承している地区の一つで「三田井浅ケ部神楽」は特に有名である。この土地に暮らした人々の思いや願いが込められた庚申塚などの野仏も点在する「野仏の里」浅ケ部（古称・浅壁）、歴史に彩られた生活信仰の息吹と山里の風景、天の岩戸温泉と同じ源泉を持つ高千穂温泉に旅の心が癒される。

障子岳 ［ショウジダケ］1709m／独標／高千穂町～《豊後大野市緒方町》／祖母山／三田井

　祖母傾縦走路の山で、親父山・三尖・黒岳への分岐点に位置し県内標高第4位。山頂には明治14年（1881）に射殺されたクマの供養碑【熊の社】があり、クマの山詞である「オヤジ」からも、古くは相当数のツキノワグマがいたことを伺わせるロマンの山である。東部が障子（屏風・幕）のように聳え立った岸壁からの山名で、烏帽子岩（烏帽子岳）、らくだ岩の岩棚を持ち、1.5㎞北の天狗岩は大分県側の尾平鉱山跡からの黒金山尾根（天狗岩屋）コースである。

　古くは五ヶ所からはこの山も古祖母と呼ばれていた。かつては岩戸から土呂久（林道）を経て土呂久谷を詰め古祖母山との中間を結ぶ急登の登山道があった。

城ノ岡 ［ジョウノオカ］365.4m／三等／城山／小林市野尻町／高原／野尻

　戦国時代、真幸院を中心に一大勢力を築いた北原氏の火立城（狼煙城）だった高牟礼城跡で、高瀬城、枕ケ浦城、樺山陣の別称があり、地元では城平丘、城丘、城ケ岡ともいわれている。天正の初めには伊東氏が西諸の最前線としていた野尻

町には野尻城、戸崎城、紙屋城があり、高牟礼城はその繋城の役目を担っており、城址遺構も現存している。

「うなぎの寝床」と表される野尻町を、国道221号（花街道）を西行すると真正面に見える山で、左手に霧島山系がオーバラップし、古くから交通の要路であったことが窺い知れる。

天正15年（1587）豊臣秀吉の島津征伐で弟・羽柴秀長の将兵25万が、大塚台公園（道の駅ゆーばるのじり、県総合農業試験場薬草・地域作物センター）東南の陣原に本陣を敷いたとき、ここに先鋒の見張りを置いた。西南戦争では明治10年（1877）7月14～19日にかけて激戦があった山で、陣跡山とも呼ばれている。

明治43年発行の地形図（五万図・野尻）には「城岡」と記載があり、元旦には野尻や小林両面より初日の出や霧島山遥拝のために登られている。西流の大淀川水系岩瀬川の旧岩瀬橋と新岩瀬橋間は、希少植物オオヨドカワゴロモ（カワゴケソウ科）の自生地で、環境省が平成13年（2001）に発表した「重要湿地500」の一つである。大正14年（1925）架設の県内では最も古い鋼鉄製トラス橋で、平成26年4月25日、国登録有形文化財に指定された旧岩瀬橋の西詰には、これもまた県内で最も古い石碑の一つ「永仁の碑」（小林市指定有形文化財）と共に案内板がある。

上面木山 ［ジョウメギヤマ］897m／独標／川南町～木城町／石河内／尾鈴山

国土地理院呼称・じょうめんぎざん。古くは上免木山・大戸嶽ともいわれ、戦前は山麓の小中学生の格好の登山地であった。東麓の九州自然歩道沿いには天長2年（825）創建で高鍋藩主秋月家代々の崇敬社・白髭神社や御池公園や青鹿溜池があり、納税を免じられたところという意味の山名である。

かつて石河内側の黒谷林道は九州自然歩道の一環で、小屋町峠（314.0m、四等、点名同じ）から白木八重牧場（464.2m、三等、点名：丸塚）へと続いている。川南町白髭から切原川に建設の切原ダムより大内藪林道が769.5m峰（三等、上面木）を通り大戸越を経由し797.0m峰（二等、点名：夏木）へ通じており、途中に昭和37年（1962）11月14日新田原基地所属の自衛隊戦闘機「旭光」墜落の【遭難の碑】がある。北へは鞍部の大戸越より七年山（1039m、独標）～春山～矢筈岳～長崎尾～尾鈴山への稜線が続き、南へは797.0m峰より夏木山（568m、独標）と裾引き、標高290mのお日子山（御茶園というところ）にある彦権現（日子神社）は、かつて上面木の裾（500m）にあり、船人たちの目標となる大松の森があった。

黒谷林道沿いには、鵜懐を拠点に尾鈴山系を暗躍し、全員打ち首になった平家

の残党矢櫃次郎左衛門・美女あまづら（甘只）夫婦と二男一女の山賊一味が、バクチに使った十畳石がある。県道19号石河内木城高鍋線をはさんで南の赤城山（376.3m、三等、点名：天狗岳）は、常若峰天狗の民話の山である。

城　山 [ジョウヤマ] 731m／独標／高千穂町／三田井／三田井

　高千穂庄十八郷領主・三田井氏四十八塁の一つ・左右殿城跡（最後の城主は左右殿弾正）。天正19年（1591）9月、延岡の高橋元種に攻め落とされ、三田井氏（三田井親武）は滅亡した。高千穂四十八城ともいうが、当時の城は山城や砦、つまり戦用の保塁で、平時は麓に住んで急あるときに、砦に立て籠もったもので、城の形になるのは安土桃山時代以降のことになり、「じょう・じょん」と発音する。

　県道7号（主要地方道7号緒方高千穂線）より山頂のテレビ中継無線塔近くまで城山林道が延びており一部丸太階段の点検路を伝う。北の793.2m峰はハバ山（三等、点名：赤岳）と呼ばれている。さらに県道を岩戸川に沿って北上すると日向集落生活改善センターの先に、紅葉で知られる常光寺の滝（白糸の滝とも。落差37m）があり、この地にあった常光寺の住職がこの滝の水を飲んで長生きしたことから長寿の滝とも呼ばれている。ちなみに国土地理院発行の二万五千図で最も多い山の名は「城山」で全国276座（県内5座）を数える。

城　山 [ジョウヤマ] 335.2m／四等／城山／都城市山之口町／高城／都城

　地元では「しろやま」が一般、大門の別称もある。慶長4年（1599）、父忠棟が京都伏見で誅せられ、島津宗家（忠恒・後の家久）に叛旗を翻した庄内の乱で、伊集院忠真が拠った都城十二外城の一つ・山之口城跡（城主・倉野七兵衛）、別称・亀鶴三石城の背後の秀峰である。城の後方の東尾根を亀の尾、西尾根を鶴の尾と呼び、山頂は狼煙台跡である。南北朝時代の建武3年（1336）、武家方・畠山直顕の重臣・土肥平三郎実重が宮方・肝付兼重の三股院高城（月山日和城）と対峙するために築城、西麓の野上集落には伊豆国より勧請創建した走場神社がある。天文8年（1539）北郷忠相が取ってこれを領した。

　鶴の尾を経て山頂へ。帰路は南東へ野上地区への小径があり、途中に城ケ迫と呼ばれる地名も残っている。野上より古大内川左岸に沿って鹿倉林道が走っており、1.8km分岐を左折すると、JR日豊線の楠ケ丘信号場下に桂ケ谷上（かつらがだにかみ）鉄道水路橋「楠ケ丘トンネル」がある。水路兼用道路で明治期のレンガ

造り、渓流が中央部の水路を流れ、隧道を抜けて古大内川に注ぐ不思議な構造と、トンネル西口には役目を終えたサイフォーン式の桂ケ谷水路石橋とのマッチしたレトロな風景、それぞれ一見の価値がある。

楠ケ丘信号場は、青井岳駅と山之口駅間 (9.8km) が長すぎて、擦れ違いだけで造られた秘境の駅で、青井岳〜田野駅間 (11.3km) の田野町七野の門石信号場と共に、昭和40年 (1965) 10月1日に開設された。国道269号を麓より古大内へ入り、淡島神社〜古大内水路石橋〜桂ケ谷鉄道橋を通り、妙寺ケ谷番所跡を経て青井岳駅へ。旧往還の鹿児島街道の一部が「薩摩古道」(約14km、高低差約200m) としてウォーキングコースが道開きされている。

山之口城は伊東義祐の最大勢力時代には、伊東四十八城とは別に所持した伊東八外城の一つで、元和元年 (1615) 一国一城の令により廃城。薩摩藩に102あった外城制度の集落・麓 (府下) の武家屋敷には、平成7年 (1995) 12月26日国指定重要無形文化財の「麓文弥節人形浄瑠璃」が受け継がれており、平成4年4月完成の上演場付資料館「人形の館」(℡0986-57-5296) がある。北のJR日豊線近くには、江戸中期の強盗団の首領・笹原弥右衛門の供養墓の安食神社がある。

城 山 ［ジョウヤマ］197m／独標／都城市／庄内／都城

別称・しろやま。日向・安永城跡で、『庄内地理誌』によれば別名鶴翼城といい、応仁2年 (1468) 都城島津6代領主・北郷讃岐守敏久が北の守りとして安永勢田ケ辻 (現庄内町) に築き居城とした。本丸 (内城)・二の丸 (新城)・金石 (金石城)・取添 (今城) の四曲輪から成っており、安永麓には外城の最高職を務めた家臣たちの屋敷が並んでいた。文禄4年 (1595) 北郷氏は郭答院 (薩摩川内市) に所領換えになり、伊集院氏が入ったが、庄内の乱後、再び北郷氏のものになった。元和元年 (1615) 一国一城の令により廃城、昭和49年 (1974) 5月1日都城市史跡に指定された。

庄内の乱 (1599〜1600年) のときは、島津宗家 (初代薩摩藩主・忠恒・後の家久) と戦った伊集院忠真の都城十二外城 (砦) の一つで、本丸は伊集院如松、二の丸は伊集院五兵衛が守り、金石城は紀州根来寺の僧だった客将・白石永仙が守り、島津勢を大いに悩ませた。城外では島津の16歳の美少年・富山次十郎の落命悲話もある。都城十二外城とは忠真の都城 (鶴丸城) を牙城に、大隈財部城・隈州恒吉城・梅北・末吉城・梶山城・勝岡城・山之口城・志和地城・野々美谷城・高城・山田城、そしてこの安永城をいう。

西南戦争50周年の昭和2年 (1927) に、鹿児島の南洲神社に分霊を誓願し、昭和4年建立の南州神社が鎮座、庄内郷薩軍兵士56名の霊を祀る庄内町西区の鎮守で、同社は他に鹿児島県永良部島、山形県酒田市と全国に4カ所しかない。麓に

は明治初頭、都城地頭を務めた三島通庸遺徳碑や都城市立庄内小学校があり、本
丸跡は庄内児童公園になっている。

城　山 ［ジョウヤマ］62m ／独標／宮崎市／日向青島／日向青島

　別称・しろやま。伊東氏全盛時代の永禄年間（1558～70）の伊東氏四十八城の一
つ・紫波洲崎（城主：川崎上総守）城跡で、既に応永年間（1394～1428）には存在して
いたことが史料上確認されており、戦国時代を通じ伊東氏島津氏の争奪戦が繰り
広げられた。天正5年（1577）以降島津氏領となり宮崎城主・地頭・上井覚兼の
父薫兼が在城、天正15年豊臣秀吉の九州平定後は再び伊東氏領となり、元和元年
（1615）一国一城の令により廃城。
　山頂には昭和47年（1972）建立の宮崎仏舎利塔を中心に展望広場、展望台やデ
ッキがあり、白浜ビーチ（宮崎白浜オートキャンプ場）と青い海、山幸海幸の伝説地・
昭和9年（1934）5月1日国の天然物指定の青島（1.5km）とのコントラストが素晴
らしい。城山公園として城下バス停を起点に、宮崎軽便鉄道の開業に合わせて設
置された八十八体の大師像のある遊歩道を再整備、白浜からの車道の駐車場には
トイレも設置された。
　大正2年（1913）営業開始の宮崎軽便鉄道は、昭和18年（1943）それを受け継い
だ宮崎交通鉄道部時代には青島駅より城山の裾を通っていた。昭和37年に国鉄に
売却され日南線となり、折生迫駅から白浜駅を経て堀切峠下の海岸線を走り終着
駅の内海駅間は廃線となり、青島4～5丁目にレンガ積の鉄路跡がわずかに残存
している。その線路跡は「道の駅フェニックス」を基点にウォーキングコースと
して利用されている。かつては日向七伽藍の日之御崎観音入り口付近の白浜駅か
ら灯台のある七浦七峠の峠の一つ・戸崎鼻（日之御崎・81.2m・三等、点名：五丁坂）へ
のハイキングコースがあり人気があった。

白 鳥 山 ［シラトリヤマ］1639.2m ／二等／不土野／椎葉村～〈八代市〉～〈水上村〉／不土
野／椎葉村

　古称・はくちょうさん。地元では「お御池さん」と呼ばれていた聖地で、雨乞
いの祈禱の地でもあった。平成12年（2000）発行の地形図から新登場した。平安
末期の平家一門の残党が、霧の晴れ間のコブシや山桜（エドヒガンザクラ）を、源氏
の大軍の白旗と見間違え自刃、あるものは五家荘や各地に分散したという。御池
の湿地帯とカルスト地形のドリーネの神秘的な山で、峰越林道の新椎葉越登山口
（WC・P）より平重盛三男・清経住居跡、御池を巡り、銚子笠とセットで登られて
いる。また椎葉唐谷登山口（御池登山口）からは時雨岳とセットの隠れた名山コー
スの一つである。

平清盛の孫で横笛の名手の左中将平清経は、寿永２年（1183）都落ちした平家一門が祖母嶽大明神の神裔・緒方三郎椎栄に追われ、大宰府から四国讃岐へ逃れる途中の豊前柳ケ浦（福岡県）で入水（享年21歳）。そして、平家一門は源義経と一の谷で戦い、八島や壇ノ浦でも連敗し、寿永４年３月安徳帝ともども滅亡した。しかし、清経は、椎葉山に逃れ生き延びたと伝えられており、ここにも非業の死を遂げた義経ら英雄について回る「英雄不死伝説」が存在している。一方、緒方三郎椎栄は兄頼朝に追われた義経に味方し、竹田に砦を築いたのが「荒城の月」で知られる後の岡城で、迎え入れようとした義経の舟は大物浦（兵庫市）で難破し、のちに行方不明となったとされている。

平家の残党の霊を白鳥の名で祀ったのが不土野の向山神社（旧称白鳥権現）で、小松内大臣平重盛が所持していた白鳥毛之鎗を、左中将平清経（緒方市郎清国と改名）が受け継ぎ持参して、この山中に72年間、孫の代まで住みついた謂れからの山名ともいう。

峰越林道は正式名称は峰越連絡林道椎葉五家荘線で「新ぼんさん越」として知られる。日添の浄土真宗「弥専坊」のお寺の坊さんが寺のない五家荘椎木へ通った峠越の道で、昭和61年（1986）に５年の歳月をかけて完成した【秘境ルート開通の碑】がある。峠の標高1479mはそれまで九州一の車道高所であった椎矢峠（1472m）を追い越した。

白鳥山 [シラトリヤマ] 1363.0m ／三等／六観音／えびの市／韓国岳／霧島山

別称・しらとりざん。古称・白鳥嶽。天徳３年（959）頃、性空上人が六観音池で修業中に、日本武尊の霊が白鳥に変じて姿を表し、白鳥権現（のちの白鳥神社）を創建した伝承からの山名。昭和61年（1986）林野庁・緑の文明学会より「えびの高原池めぐりの森」として全国森林浴百選に選定。

白紫池（古くは白鳥池で、杓子池・ビャクチ池・白子池・緑池の別称あり。冬場は水深50cmの浅瀬で昭和40年代までは天然のスケート場であった）〜六観音御池〜不動池のコースは、観峯道の白鳥山を経由しなければ、全長4.3km、約２時間の行程。池巡りコースからはどちらをとっても0.9kmで方位盤のある白鳥山頂へ。途中には白紫池・六観音御池を一望する二湖パノラマ展望台、白鳥山展望台、白鳥山北展望台がある。六観音御池展望台から韓国岳を借景に、天狗ケ鼻（不動岳とも。1305.4m、四等、点名：不動池）の紅葉は、川面に写る虚実の対比、波の静まる凪の一瞬のシャッターチャンスを求めて、カメラマニア垂涎の場所で

ある。

　昭和28年（1953）５月開通の、飯野とえびの高原を結ぶ県道30号「霧島バード
ライン」沿いには、白鳥神社が鎮座し、白鳥温泉（上湯・下湯）がある。白鳥温泉
郷と甑岳との間の白鳥川周辺の原生林85.14haは、620本を数える巨木が林立し、
「アバダント郷土の森」として、えびの市では2031年３月31日まで、九州森林管
理局と保存協定を締結しており、白鳥温泉下湯（690m）を起点とする一周コース
と、旧市営露天風呂（1214m、独標）から白鳥温泉下湯への直線コース、共に約３
時間（5.4km）のコースタイムの遊歩道がある。

　明治６年（1873）10月、征韓論に敗れた陸軍大将正三位参議近衛都督・西郷隆
盛は、官を辞し野に下り、白鳥温泉上湯（標高830m）には西南戦争の３年前の明
治７年７月中旬〜10月中旬まで逗留。犬を連れ猟をし時には民家に仮宿したり露
営したりして過ごし、その間従弟で後の元老・大山巌も尋ねてきており、８月11
日の篠原国幹（陸軍少将・薩軍一番隊大隊長として吉次峠で戦死）への書簡には、「実に此
地は霊境にて、気候秋の央を過ぎ候位に御座候。今暫くは入湯の賦に御座候……
最早世間広く相成囲いを解かれ、多幸の仕合はせに御座候」と認めている。

　世界最大の木造建築で世界文化遺産の奈良大仏殿の屋根（3020t）を支える梁材
の紅梁は、再建に取り組んだ公慶上人により、元禄16年（1703）に白鳥神社境内
にあった赤松の巨木（直径1.4m・高さ54m）２本を選出、山出しは翌年の宝永元年１
月17日より開始。白鳥神社（陸路）〜国分の浜（海路）〜淀川口（陸路）〜大仏殿普請
場へ９月５日到着と、実に８カ月近くに及ぶ運搬劇が繰り広げられた。赤松にひ
びが入らぬよう掘り倒され、切株跡は現存せず【奈良東大寺大仏殿紅梁赤松跡地
記念碑】が建てられている。

　【霧島の白鳥の山しら雲をつばさとすれど地を捨てぬかな　与謝野晶子】【きり
しまのしら鳥の山青空を木間に置きてしづくするかな　与謝野鉄幹】白鳥温泉下
湯の歌碑。

白岩山　［シロイワヤマ］1646.7m／三等／白水口／五ヶ瀬町〜椎葉村／国見岳／鞍岡

　水呑の頭が一般。霧立越駄賃つけの道（五ヶ瀬町波帰から椎葉の滝にいたる約20kmの縦
走路をいう）の山で古くは白岩嶽とあり、市山槙嶽大明神を祀る古くからの畏敬の
山であった。

　基底約200m・高さ70〜80mの屹立した石灰岩峰の白岩（1620m、独標）は高山植
物の宝庫で希少種も多く、昭和17年（1942）「白岩山石灰岩峰植物群落」として宮
崎県天然記念物の指定を受けている。一般に白岩とは石灰岩盤の岩山のことで、
県内標高第10位の水呑の頭と区別してこちらを白岩山ともいう。平成11年（1999）
霧立山地固有の新種のサクラが発見され「キリタチヤマザクラ」と命名された。

4月下旬から5月上旬に開花、全体に赤っぽい色で他のヤマザクラとは全く異なる姿をしている。

城　山 [シロヤマ] 53.6m ／三等／城山／延岡市／延岡／延岡

　慶長6（1601）～8年、初代藩主の高橋元種により築城され、「千人殺し」の通称で知られる高石垣のある延岡城址（七万石、元縣城、別名亀井城）がある。県内に残る近世城郭の中で最大規模を誇り、「最後の藩主・内藤政挙公銅像」「空の勇者・上原勇吉の顕彰碑」などもあり、県内低山第3位である。

　天正6年（1578）、土持氏が大友氏（宗麟）に滅ぼされてより、高橋元種（外様）の同15年5万石で入封に始まり、有馬直純（外様）慶長19年（1614）肥前島原より5万3千石～三浦明敬（譜代）元禄5年（1692）下野国壬生より2万3千石～牧野成央（譜代）正徳2年（1712）三河国吉田より8万石、そして内藤政樹（譜代）延亨4年（1747）陸奥の磐城国より7万石で入封と4氏が相襲し、幕末は南九州唯一の譜代大名で、8代すべてが養子と珍しい記録を持つ内藤が迎えた。

　三階櫓は天和3年（1683）2月24日、大火により炎上し再建されず、本丸は小亭と鐘楼一宇が置かれていた。天守の火の見櫓は、西南戦争の明治10年（1877）8月14日官軍延岡突入の際に烽火代わりに焼かれ、翌年立て替えられて「城山の鐘」として鐘守（平成29年で8代目）が在住し市民に時を知らせている（1日6回、午前6時・8時・10時・正午・午後3時・5時）。

　千葉県いすみ市の伊能滝、島根県松江市の松江城址と共に日本三大ヤブツバキ群生地で、108種3300本が自生。「延岡」「内藤」「牧水」「亀井」などの独自種もあり、2月下旬、城山ヤブツバキを楽しむ会会員の案内により観椿会が催される。

　昭和10年（1935）全国3番目に建立の牧水歌碑【なつかしき城山の鐘鳴り出でぬ幼かりし日ききしごとくに　若山牧水】。昭和2年7月24日、牧水の叔父が住職をしていた今山麓の萬歳山台雲寺の2階にて鐘の音を聞きこの歌を詠んだ。「ふるさとに帰り来りてまづ聞くはかの城山の時告ぐる鐘」（牧水歌碑・延岡駅前）、旧制延岡中学で学び、祖父と父を継いで医者になるべきと期待されながら歌人の道を選んだ延岡は、牧水の揺籃の地である。

　平成9年（1997）より毎年10月の第2日曜日、二の丸広場で「のべおか天下一薪能」が開催されている。内藤家より寄贈された屋敷跡の「内藤記念博物館」には、石段、門、日本庭園が昔のままに残されている。

※昭和32（1957）年建立の日本一のお大師像（17m）のある、北の今山（60m、等高線）は、徐福が秦の始皇帝の命により不老長寿の仙薬を探し求めた日本に20近くもある蓬莱山伝説地の一つである。

陣ケ岡山 [ジンガオカヤマ] 387.1m／三等／陣ノ岡／都城市／高野／国分

　都城市高野町前谷にあり、地元では陣ケ丘、タコラン丘と「山」をつけて呼ばない。天正時代、人吉の相良氏が島津氏に対抗して球磨の陣を布いたことからの山名である。その後、島津義久は天正2年（1574）に大隅の肝付氏を、同6年に耳川合戦で大友宗麟を撃破し、同9年には相良義陽も島津氏の軍門に下った。明治10年（1877）の西南戦争では薩軍の辺見十郎太が雷撃大隊を率いて、7月9日より10日間立て籠もったところである。山頂は戦場の要地に築かれた臨時的な陣の城といわれる砦跡で、空堀や土塁、廓（曲輪とも）の跡が現存しており、かつては西岳小中学校の遠足で登られていた。

　山麓の千足川は赤池渓谷と呼ばれ、傾斜した岩盤を幾筋にも白い縦じま模様に落ちる滑滝の「ごろが轟」は、恋人に逢いたさに渡る途中で転倒し、男性の大事な急所を割り、悶絶死した若者の悲話がある。2km先の県道31号都城霧島公園線沿いにはスッコンタン（谷）というユニークな名称の渓谷もある。西の美川町宮島にはカナワン城（288m、独標）と呼ばれる難攻の石ケ峰城があった。

陣ケ峰 [ジンガミネ] 431.0m／三等／下直海／延岡市北浦町〜《佐伯市蒲江町》／古江／蒲江

　古くは陣ケ嶺（『日向地誌』）・陣峠。西南戦争関係書には陣ケ峯・陣ケ岳ともある。津島畑山の南、宮崎最東端の遠見山の西、佐伯市蒲江町との大分県境尾根に位置する。

　地下から茶山展望台・払川展望台を経て約4km、車道尾根伝いに接する三峰の尾高智山（尾高智千山・御鷹地山とも。392m、独標）は、豊後守護職・大友義鑑（義鎮〈宗麟〉の父）の追討令を受けた臼杵城主の臼杵長景の計略にかかり追われた、第10代栂牟礼城主（佐伯市弥生町）佐伯次郎惟治主従21名が立て籠もったが、長景に内通した新名治郎太夫一党と郷民一団の襲撃に、大永7年（1527）11月25日、32歳の若さで自刃した地である。国道388号（日豊リアスライン）の古江トンネル北口鳥居より3.4kmの山腹に、旧古江村の人々により大正7年（1918）に尾高智神社が創建（旧暦1月15日例祭）された。車道の上の鳥居より数分の尾高智神社の本宮（390m、等高）

は、血路を開いて辿り着き切腹し腸を打ち捨て壮絶な最期を遂げたことから「腸打場」とも呼ばれている。佐伯家は、祖母嶽大明神の化身の大神一族の名門であり、悲運の惟治の怨霊を鎮める神社は北浦と北川合わせて6社、佐伯市に14社を数え、今なお根強い御霊信仰を集めている。

　西南戦争陣跡で、山頂脇に石川県人の官軍兵士供養碑があり、コンクリート造りの白亜の四阿はヒビが入り危険なため解体された。北へ県境尾根の津島畑山には、官軍陣地「津島の台」があり、明治10年 (1877) 7月25日、薩軍が襲撃し政府軍は戦死40余人に及び一旦撤退した後に奪還、一時は十数名の戦死者であった薩軍の間では「三川内の大勝利」と大評判であった。陣ケ峰には薩軍の農兵隊兵士として北浦地域の古江村 (当時) の12名が警備していた。

　南には、「第11回美しいむら景観コンテスト」の生産部門として、平成14年 (2002) 度農林水産大臣賞を受賞した「北浦茶の里」(11ha、地下茶園) を見下ろす地下の茶山展望所 (払川展望台、322.2m、四等、点名：地下Ⅱ、北浦のマチュピチュ) や、南東の直海の岬の突端には横島展望台 (187.3m、四等、点名：展望台) があり、どこからも日豊リアスラインと大分県最南端の深島 (周囲4km、面積1.1k㎡) が俯瞰される。東九州自動車道の陣ケ峰トンネル (2751m) が直下を貫通しており、中央に大分と宮崎の県境がある。

新 百 姓 山 [シンビャクショウヤマ] 1272.4m ／三等／新百姓山／日之影町〜《佐伯市宇目町》／木浦鉱山／熊田

　別称・しんひゃくしょうやま。国土地理院呼称・しんひゃくしょうさん。東麓の藤河内に平家の落人が入りこんで新しくこの地で百姓を始めたということからの山名で、「新百姓山に霧がかかると天気が変わる」といわれる。

　県道6号日之影宇目線・杉ケ越 (大明神越・杉田大明神・現奥村神社) は、傾山や新百姓山への登山口で、明治の初め天岩戸神社に合祀されていた奥村神社の境内にスギの大木があったことから杉ケ越大明神として崇拝された。天正6年 (1578)、大友宗麟軍が「耳川の戦い」に臨むために願をかけたといわれている。

　南北の両肩にヒメシャラの美林があり、展望を楽しむなら南峰の桧山 (1297m、独標) まで足を延ばそう。30分のコースタイムで県境の桑原山、木山内岳が間近に迫り、たおやかな山姿の夏木山が樹間に顔をのぞかせている。

新 燃 岳 [シンモエダケ] 1420.8m ／三等／新燃／小林市〜〔霧島市〕／高千穂峰／霧島山

　霧島連山縦走路の中間に位置するホマーテ (臼状) 型と呼ばれる活火山で、古くは両部嶽。享保2年 (1717) 正月3日から始まった大燃 (大噴火) から「新燃」と呼ばれるようになった。なお別称として鴨鳴山、西岳の記述もある。南の火口

壁の屹立した二つの岩峰は兎の耳と呼ばれ、火口直径750m、コバルトブルーの火口湖（新燃池）があり、いつも噴気が観察され、昭和42年（1967）公開の英国映画007シリーズ第5作「007は二度死ぬ」に巨大な地下ロケット基地として登場した。北山麓の高千穂峰と矢岳との広大な谷間（殿様まぶしや坊主ケ原の地名）には炭化木が出現する。

　「新燃は二つの耳に聞きぬべし白くいみじく雲動く音　与謝野晶子」「真向かいの新燃岳の黄のもみぢおぼろになりて狭霧はわたる　斉藤茂吉」昭和14年（1939）10月10日、高千穂河原より高千穂峰に登山して詠んだ。

　平成22年（2010）1月26日、昭和34年（1959）2月の噴火を超えた警戒レベル3（入山規制など）の噴火を起こし、1月28日には文政5年（1822）年以来189年ぶりに「マグマ噴火」を記録し、溶岩ドームや火砕流跡が確認され、半径3km以内は立入禁止となった。爆発的な噴火は13回記録し、同年9月7日を最後に小康状態が続き、平成24年7月15日、一部登山規制は半径2kmに解除された。翌25年10月22日、気象庁はレベル3からレベル2（火口周辺規制）に引き下げ、警戒範囲を火口の2kmから1kmに縮小した。平成29年10月14日より6年ぶりに噴火が始まった。降灰により常緑樹のアカマツの巨木が枯れ死の被害を受ける。

セ

西 林 山 ［セイリンザン］785.9m／三等／西林／日向市東郷町／坪谷／神門

　別称・さいりんざん。歌人・若山牧水生家の南東に聳える尾鈴山系の岩峰で、青林岳とも記されている。耳川の一級支川・坪谷川（流路延長18.6km）に谷を刻まれた、西から東へ神陰山〜西林山〜熊山〜冠岳へ続く裏尾鈴連山の主峰で、山腹を林道西林・神陰線が通っている。

　若山牧水は『おもいでの記』に「この尾鈴山の北面には、晴れた日でもよく雲を宿しているが、一朝雨降ると山全体が、いやその峡谷全体が、真白な雲で閉ざされてしまふ。そしてその雲の徂徠によって到るところ襞の多いその嶮山が恰も霊魂を帯びたかの様に躍動して見えるのである……この山と渓谷を愛して、雅号・牧水は母の名・まきと渓と雨から水を取ったものである」と記している。

　国道446号久居原より坪谷川対岸の下水流の〈百姓逃散の道〉〈西林山登山口〉より、中腹北斜面の西林観音滝（30m）経由や七曲越（七曲阪）のバヤン越しからの登路があり、大観の頂に立てる。「涸棚の西林ダ

キの氷が解けて三度音を立てて落ちると春になる」と古くから麓の人に言い伝えられているも、近年はこの山系も水量が減り暖冬で氷結しなくなったが、梅雨時や大雨後には落水の容姿を見ることができる。「西林の滝の氷の三度解けぬとき春になりにけるかも　越智渓水」(1898〜1978　坪谷出身の歌人、牧水門下生)

千 本 山 [センボンヤマ] 906.0m ／三等／袴越／西米良村〜〈多良木町〉／槻木／村所

　別称・千本木山。一目で千本のモミやツガが見られることからの山名で「千本口」ともいう。西南戦争で西郷軍は明治10年 (1877) 8月27日早朝、村所を出発、板谷川に沿って遡り、鶴瀬より西南に曲がり、上板谷より山道をよじ登り、千本山を経て熊本県多良木町下槻木のお大師に達した。国道265号「紅葉街道」の米良三山が一望できた尾股峠は、周囲の木々が育って不可能になり、西へ分岐する千本山途中の横立尾根からが圧巻である。

ソ

造 次 郎 山 [ゾウジロウヤマ] 733.2m ／二等／漆原／美郷町北郷区〜諸塚村／田代／神門

　昭和42年 (1967) 山頂にテレビ中継塔が建設され、普通林道・坂元諸塚線と重なる九州自然歩道は、この地で非業の死を遂げた小太の墓標 (大正9年) がある小太ケ墓峠 (670m・等高) で分岐し、遠望すると象の背に似ているという長い尾根を伝う。一般に山地名には事故や災難に遭遇した山人の名を冠したものが多いが、山の持主からの山名ともいわれており、地番は大字宇納間字造次郎。かつては坂元より造次郎越をして狼ケ岩屋、豆品、天狗岩を過ぎて西郷村への駄賃道が通っていた。造次郎山公園と呼ばれ、平成19年 (2007) よりパラグライダー造次郎大会が催されている。

　小太ケ墓峠を鞍部とする北のオナコ山 (739m、独標) 〜点名：黒原 (833.0m、四等) を源流とする雄滝 (50m) は、滝壺は岩石が多く狭く浅いので、小原から清川谷沿いの山道を遡り、イオンたっぷりの飛瀑を体感することができる。

相 見 山 [ソウミヤマ] 640.3m ／三等／総見／都農町〜木城町／尾鈴山／尾鈴山

　別称・そみやま。古くは総見山 (点名に同じ) とある。「ソーミ」とは谷奥のことで、峰の突端からの眺望が良かったことから相見るの山名となる。矢研の滝の上流に、天の磐船で降臨のニギハヤヒト (饒速日命) 主祭神で、代々の秋月高鍋藩主が祭主を務めた尾鈴神社が鎮座。上宮への古道を北へ伝えば右は石塚 (石塚山、783m、独標) を経て木和田林道へ、左は矢研谷を渡り尾鈴キャンプ場へと続いて

いる。

　尾鈴山頂から万吉山よりに少し行った尾鈴神社の上宮祠には、ご神体として鉾が奉納されており地名を鉾の峯という。またこの付近は篠竹が生い茂っていて容易に近づけなかったことから尾鈴山の別称の一つに日篠岳がある。

祖母山 [ソボサン] 1756.4m ／一等／祖母山／高千穂町～《豊後大野市緒方町》～《竹田市》／祖母山／三田井

　宮崎県最高峰（大分県標高ベスト６位、九州標高ベスト14位）。一等三角点本点の山頂には方位盤と、山名の由来の一つ、神武天皇の祖母・豊玉姫を祀る祖母嶽大明神の石祠があり、山麓に換座された祖母嶽神社のご神体山である。古称の襲尾（襲は険しく高い峰々をさし、尾は長く裾引く尾根のこと）が祖母に転じ、この山群を祖母連山と呼ぶようになったともいわれる。他に「姥ケ岳・鵜羽嶽・嫗岳」、添山峯・添利岳、高千穂明神の別称を有する名山である。千間平コースの大分・熊本との三県境は、古いガイドブックには御茶屋場（1488m、独標）とあり、延岡藩主の登山のとき茶屋が設けられたと紹介されている。

　国観峠（1486m、独標）は緊急時ヘリポート基地となり、お地蔵様は片隅に移動された。九州自然歩道を兼ねる普通林道・祖母山線を詰めた大谷川支流の北谷登山口には水場、トイレが設置され、一般向きの千間平（1446.0m、四等、点名同じ）コースを上り、山頂へ5.3km、530ｍごとに合目の標識があり、下りは健脚向きの天然の氷室・風穴コースをとる周回がメインルートである。

　蛇婿入り苧環伝説（神婚伝説とも）があり、山神の化身の大蛇と山麓の姫との間に生まれた男子が、11～12世紀にかけて豊後と高千穂郷を制した大神一族の始祖・大神大太惟基で、五男の一人・高千穂太郎政次の子孫が三田井氏を継いだ。大分県の中央部を流れ別府湾に注ぐ大野川（延長107km、一級河川）の源流である。

　高山彦九郎は「筑紫日記」に、寛政４年（1792）７月19日、高千穂より五ケ所を通過し、７月21日、霧雨の中を神原（竹田市）より国見（国観峠）経由で登山したと記している（『髙山彦九郎全集第四巻』）。わが国のスポーツ登山の父・英国人宣教師ウォルター・ウェストンは、富士山に次いで、明治23年（1890）11月６日、当時九州最高峰と思われていた祖母山に登った。毎年11月３日、三秀台のウェストン碑前でウェストン祭が開催されている。

　県内では霧島山と共に深田久弥の『日本百名山』の一つで、久弥は大分県側の

神原から登り東の尾平に下った。『一等三角点百名山』（一等三角点研究会著、川崎吉光発行、山と渓谷社刊）に県内では大崩山と共に記載されている。『花の百名山登山ガイド』にはアケボノツツジが紹介。高千穂町歌③「祖母岳はるか　雲はれて　自治の旗かぜ　高らかに　躍進やまぬ　この繁華　高千穂町に　栄光あれ」（作詞・小野田順子／作曲・中山晋平）

※ウエストンの九州登頂峰は祖母山を始め、霧島山では韓国岳、高千穂峰の他、桜島や阿蘇山、金峰山（熊本）に登った。

空野山 [ソランノヤマ] 1126.6m／三等／落ケ谷／西都市〜木城町〜美郷町南郷区／尾八重／尾鈴山

　別称・そらのやま。古くは空野嶽（そらのだけ）。南郷・東米良・木城の三界に位置し、空に聳える野山からの山名で、かつて大松の疎林があったが、松食い虫の被害で森林化した。銀鏡七山では烏帽子岳に次ぐ高山である。

　天正5年（1577）12月13日、島津に敗れた伊東義祐主従一行は、尾八重（雄八重）を発ち、南の山の神（920m、等高）から東のフナ石（850m、等高）を通り、北山腹の落ケ谷に一泊しはるか豊後へと落ちのびていった。ふるさと林道・渡川尾八重線（古くは渡川道で後に空野林道）に平成15年（2003）5月空野トンネル（476m）が開通し「ふるさと神話街道」の一翼を担っている。山の神祠からの作業路（車両通行不能）が、空野山稜線の南東腹を通り、オサレ山や地蔵岳分岐近くまで延びており、登山に利用されている。

タ

鯛 取 山 [タイトリヤマ] 366.7m／二等／烏山／日南市南郷町〜串間市／榎原／飫肥

　別称・たいとりさん。榎原参りで知られる榎原神社のある JR 日南線・榎原駅の背後に聳え、以前の町歌に歌われる日南市南郷町シンボルの山である。榎原と串間市鯛取を結ぶ古い峠道で、古くは「鯛取峠」と呼ばれており、地番は南郷町大字榎原字鯛取。かつて外浦港などから鯛の一本釣にでかけた漁師が、この山を目標に自分の位置や漁場を確認するヤマアテ（山当て）の山であった。山頂近くに慶応４年（1868）、明治44年（1911）、大正４年（1915）刻字の馬頭観音がある。

　鯛取山国土保全路網機能強化事業により、平成８〜11年にかけて942m の車道が舗装整備された。山麓には、竹の内湧水公園、隠れたスポットの鯛取ふれあい公園があり、鯛取川ふれあいプール（長さ37m）や遊歩道が設けられ、有料でバーベキューやキャンプもできる（日南市観光・スポーツ課℡0987-31-1175）。日南市立榎原小学校と串間市立秋山小学校校歌に讃えられている。

　榎原神社は、万治元年（1658）、飫肥３代藩主・伊東祐久が神女として崇められていた内田万寿女の勧めにより建立したのが起源と伝えられ、本殿・鐘楼・県内最古の楼門は県有形文化財に指定されている。

高 尾 山 [タカオザン] 366.0m／三等／田辺高塚／都城市高城町／有水／野尻

　別称・たかおやま。古くは高尾丸峯・高雄丸山とあり、山頂近くに【奉寄進高尾御山神】「文化11年（1814）９月16日、紀州（和歌山）と日州（日向）二人の願主」の刻銘のある石塔からの山名で、西側には鬼山越の古道があった。山腹の九州電

力宮崎線の送電線巡視路を利用して登ることができる。低山だが独立峰で鉄塔が目印になり遠くからでも確認される山である。登山者数世界一の東京都の高尾山（599.3m、二等）に鎮座する高尾山薬王院有喜寺（天平16年〈744〉開山）烏天狗を本尊に、古くから修験道の山として知られる。

高尾山 [タカオヤマ] 296m／独標／都城市山田町／高崎新田／野尻

稲妻山系の星ケ尾山の東に位置し、東麓の倉平からの眺めは秀麗な杉山で、近年都城山岳会により、作業道入り口を登山口に、終点を下山口に標識とテープも設置され、2度の急登を経て15分、南面皆伐植林地より四方面山方面が開け、高千穂峰も樹々の間に展望される。東流の木の内川上流の紫目谷（しのめだに）に木之川内ダム（ロックフイル、堤高64.3m、九州農政局、1983〜2009）が国営都城盆地農業水利事業の一環として建設された。運が良ければダム湖の水面が静止したときに、稲妻山や高千穂峰をはじめ霧島山系が上下反転して映り、幾何学的な景観が見られる。

高隈山 [タカクマヤマ] 956.6m／二等／高隈山／諸塚村／諸塚／諸塚山

諸塚村の南隈の西北方に聳え、古くは高熊山とも記す。国道503号弓木三差路から下合鴫（しもごうしぎ）を経るか、八重集落からの作業林道が山頂近くへ延びている。西南戦争の明治10年（1877）8月23日、飯干峠を越えた西郷隆盛は輿に揺られ、昔から交易の要所であった高隈山東裾の耳川支流七ツ山川沿いに長谷〜穂白尾〜合鴫〜八重を通り、南麓の集落松の平・藤本槌三郎宅に宿陣し、翌24日は耳川を渡り恵後の崎から小麦の越〜神門〜渡川〜米良〜鹿児島城山（9月1日着）へと退軍していった。

高砂城山 [タカサジョウヤマ] 202.0m／三等／高沙城／日南市／鵜戸／飫肥

地元ではたかさじょうが一般。古くは高佐山（たかさやま）、点の記には俗称・高沙城とあり、中世には城はなく当時は山城や砦だけで「じょう」とか「じょん」と発音し、後に高砂城山となる。【その昔、景行天皇（12代）が熊襲征伐の時御駐輦された蹟と云われ、益安生まれの髪長姫が天皇に奉仕したと伝わる。また天文14年（1545）2月24日、伊東義祐が飫肥城を攻め攻落ならず高佐に陣を取ったと云われ、天文18年4月2日に

は中の尾砦を守っていた島津軍に攻め取られ、この高佐砦に退き、山東へと落ちたとある】（日南観光協会の案内板より）。

　山頂の伊東軍の狼煙台跡には、タブの木と三体の石仏が安置、その脇にあった三角点石は眺望のある一角に移設されており、この山を巡るミニ八十八ケ所の一番札所の野仏は南麓に安置されている。日南市消防団東郷分団第３部格納庫前に【高佐砦跡登山入口】の石碑があり、この山から杉の若葉を焼いてのろしが上がり、急を告げる鎧姿の男女の早馬が飫肥城大手門を駆け抜けると、飫肥城下祭はますます佳境となる。

　蛇行する広渡川を眼下に、歩道のある山では大正９年（1920）県内初の水道施設があった油津水道史跡公園の木山（51.7m、四等、点名同じ）、日南市役所のある中心地・吾田の鼓ケ岳（275.1m、三等、点名：鼓岳）、油津港の日和見山の津の峯（94m、独標）、広渡川口右岸の洞窟のある祇園山（40m、等高）などへの展望があり、歴史・登山道・どれも申し分ない隠れた名低山である。東南の日向しゃんしゃん馬発祥地の駒宮神社のある長田山（51m、独標）は、神武天皇が鉾を納めたと伝わる大岩「御鉾の窟」がある。

高城山 ［タカジョウサン］ 900.8m ／三等／高城山／日之影町／諸塚山／諸塚山

　古述に神崎の塚とある。西臼杵地方の豪族・三田井氏四十八塁の一つ・石山城（城主・有藤玄番頭信久）はこの山頂にあったと伝えられ、戦国時代の山城としては高山に選地されている。県無形民俗文化財指定の大人歌舞伎で知られる大人から、九州自然歩道を兼ねる車道（8.5㎞）が直下の広場へ延びており、300mで山頂へ。尾根は西の百舌鳥山（815.1m、四等、点名同じ）へ続く。

　丹助岳と隔年で山開きが開催され、ほとんどが樹木におおわれている日之影町では珍しい草原の山で、遠くは阿蘇連山をはじめ雄大な景色を提供してくる。昼寝をしたくなるような山頂には昭和51年（1976）４月25日建立の方向指示盤石が設置されており、高城山自然キャンプ場になっている。

高城山 ［タカジョウヤマ］ 617m ／独標／高千穂町～〈高森町〉／祖母山／三田井

　西臼杵地方の豪族・三田井氏四十八塁の一つ、高千穂町奥津留の亀頭山城（城主甲斐将監推房）の出城・高城跡で、桑野内や肥後方面に対する守備陣の重要地点として、江戸時代には夕塩番所が置かれていた。

　山麓の下河内、高岩地区では平成３年（1991）５月、高城山整備促進期成会を結成

し進入路整備を進め、県道８号竹田五ヶ瀬線の夕塩から車道1.4km。山頂（WC・P）には慶応３年（1867）・明治33年（1900）・平成３年の牛馬安全祈願の馬頭観音が祀られ、毎年５月４日馬頭観音祭が催される。祖母傾連山や阿蘇山、遠く雲仙普賢岳も望めるパノラマが広がる。

　亀頭山城は亀甲形をした中世の山城で、文禄３（1594）年三田井氏滅亡のときに、延岡城主の高橋元種が攻めあぐねた末、ようやく落城したといわれ、国道325号に面しており公園化され散策ができる。

高　岳 ［タカダケ］1563.6m／三等／高嶽／椎葉村〜〈山都町泉村〉／国見岳／鞍岡

　古くは矢部嶺。九州横断林道（村道椎葉矢部線、椎矢林道とも呼ばれ、県道142号へ接続）椎矢峠（1430m、椎葉中心地へ35km、椎葉と矢部の頭文字から命名）を鞍部に三方山と対峙する向霧立山地に属する山である。広く緩やかな鈍頂で登頂記念のプレートのある露岩の山頂と三角点の場所は異なっている。九州山地の盟主・大国見（国見岳）へは神々の庭と呼ばれる山池湿原を経ての広い尾根歩きとなり読図などの経験と健脚を要する。

　古くは矢部・清和（現山都町）から、三方山より尾根伝いに高岳と国見岳の中間の1575m（独標）を東に折れてシャクナゲ峠（1513.1m、三等、点名：雷）を経て雷坂を下り尾前を結ぶ往還は「雷越」と呼ばれ、矢部から椎葉山への三大幹線の一つであった。古道の那須往還は、椎葉尾前より雷坂を登り山地湿原〜高岳〜椎矢峠（1462m）〜切剥（1578m）〜久保の息（よこい憩、1434m）〜遠見山〜矢部の汗見に至る椎葉と矢部・清和（山都町）を結ぶ交易路の中で一番の高所だったことからの山名とある。

高千穂峰 ［タカチホノミネ］1573.6m／二等／高千穂峰／高原町〜都城市／高千穂峰／霧島山

　別称に鉾嶽、東嶽、霧島矛峰、霧島禪定嶽、オタコ（御岳様・御高丘）、御天井様、御天上嶽、二上峰、東霧島山、釈迦ケ嶽とあり、御山・高千穂さん（山）の尊称を持つ。火常峰（御鉢）とで二上の峰と称する天孫降臨伝説地。『古事記』にある竺紫の日向の久士布流多気で、ニニギノミコトが降臨に際して突き立てたという「天の逆鉾」が山頂に立つ。長さ138cm・周囲26cm。霧島東神社の社宝である。

　古くから人々の祈りを集めてきた霧島連山第２位の高峰で、標高1100m付近が森林界限である。一般に霧島と称するときは秀麗無比の高千穂峰を差すことが

多く、「霧島参り（めいり）は山（峰）を見て
けば迷わん」と伝わり、本嶽と呼ぶに相応
しい、御鉢と二子石の側火山を持ち小林の
旧名三つ山の由来といわれる。

　日本二百名山（深田久弥クラブ選定）で、主
な登山道は、高千穂河原〜御鉢経由の背門
丘（1408m）コース、霧島東神社〜二子石
経由の九州自然歩道コース、夢ケ丘（668.9
m、四等、点名頭下）コース、天孫降臨（旧龍駒道）コースがあり、北面の直登コース
は廃道化している。天孫降臨コースは、11月第一日曜日に、「全国屈指の過酷な
コース」と銘打って「競争じやなく挑戦、順位じゃなく達成感」をキャチフレー
ズに、皇子原公園を起点に第５砂防ダム経由の霧島登山マラソン（ロード５㎞・登
山道４㎞、標高差1220m）が、平成13年（2001）より開催されている。

　背門丘にあった霧島六所権現（霧島神宮元宮）は天暦年間（950年頃）高千穂河原へ
移転し、文暦元年（1234）に大噴火で全焼、霧島神宮高千穂河原古宮は文明16年
（1484）現在地へ換座された。石橋国次（1897〜1971）〜利幸〜春雄と親子３代にわ
たり受け継がれた山頂の山小屋「霊夢庵」は、平成12年１月、山を愛した岳人た
ちに惜しまれながら、78年の歴史を閉じた。

　「高千穂の嶽に降りし皇祖の神の御代より梔弓を手握り持たし　大伴家持」（『万
葉集』）。寛政の三奇人・高山彦九郎は、寛政４年（1792）６月26日、御鉢経由で登
り「皇の始を開らく高千穂に登りて仰ぐ天のさか鉾」と詠み、「御岳と称し荒岳
と号す」と『筑紫日記』に記している。慶応２年（1866）４月、坂本龍馬は妻お
龍と登り天の逆鉾を引き抜いたことを姉の乙女への手紙で述べている。「高千穂
の山のいただきに息づくや大きかも寒きかも天の高山　斉藤茂吉」【大きなるこ
のしずけさや高千穂の峰の統べたるあまつゆうぐれ　斉藤茂吉】（昭和14年10月登
山・同18年発行・第十三歌集『のぼり路』の「高千穂峰」より。歌碑・霧島神宮広場）。「高千穂
は空に望めば心さえほのぼのとして明かりゆくかな　与謝野寛（鉄幹）」。

　徳富蘆花は、「大正２年（1993）９月23日、姫木城址（現姫城山児童公園、178.1m、四
等、点名姫城）に登り……薩摩方面から見る霧島は、南高千穂から北韓国まで横に
列ねて見るが、都城からは縦に観るので、韓国以下は背に隠れ、高千穂のみ弧峰
独立南面して神威堂々と仰がれるのである。……朝夕に眺むる都の城人士を余は
羨ましく思ふ」と記し「見れど飽かず仰げど足らず日向なる高千穂の峰はとわの
神山」と詠んでいる（『死の陰に』より）。

　紀元節の歌①「雲に聳ゆる高千穂の　高根嵐しに草も木も　靡き伏しけん大御
世を　仰ぐきょうこそ楽しけれ」（高崎正風作詞／伊澤修二作曲）。祝日大祭日、戦前は

２月11日（現・建国記念日）の式典で合唱した。

高千穂峰の標高は、明治28年（1895）の測量で1574mと発表され、一個梨（イッコナシ）と覚えられていたが、平成17年（2005）の調査で１m低く見直された経歴がある。国土地理院は全国1003の主要山岳の標高を最新の測量技術で測量し、平成26年４月１日付で、元の標高に戻った。都城地方のことわざには「おたこががぶれりゃ雨じゃ」（山頂に「笠雲」がかかれば雨が降る）と語り継がれている。

高 塚 ［タカツカ］302m／独標／高塚／都城市高崎町／高崎新田／野尻

高塚とは一般に高く土盛りされた塚状（古墳状）の山をいう。「日本一星空の美しい街」に７回も選ばれている高崎町のシンボル・たちばな天文台（星の燈台）のある星見岡（256m、案内板）の北に位置する三つの塚状の地味な山で、尾根の踏み跡は西の中山へと続いている。霧島連山の眺望でも知られる星見岡から見下す高崎総合運動公園には、温泉施設「ラスパ高崎」を中心に、野球場、テニスコート、陸上競技場、パークゴルフ場や体育館などの運動施設、遊具やログハウス等の幅広い施設、多様な林間遊歩道や展望台が整備されており、朝から晩までたっぷり遊び楽しむことができる。

高 束 山 ［タカツカヤマ］423.4m／三等／高塚／都城市／高野／国分

別称・高塚山。古くは権現狩倉雑樹林で権現山ともある。山頂に馬頭観音があり、西南戦争塹壕跡が現存。北麓の田野川と千足川の合流点は田野渓谷で、すぐ下流の県道31号沿いにスッコンタン（谷）の渓谷がある。田野川対岸、北の折田代地区の連山は西から飯盛山（571.8m、四等、点名：折田代）〜弥太郎山（556.2m、三等、点名：田ノ平）〜ヒンデ山（480m、等高線）という（発行者・西岳地区元気づくり委員会『西岳風土記』より）

高 塚 山 ［タカツカヤマ］1289.8m／二等／鷹塚山／椎葉村／日向大河内／椎葉村

古称・鷹塚山。藩政時代の人吉藩主・相良頼喬（三代）のときに山頂より、幕府からの預かり地・椎葉山の景況を観閲したが、それを前例として一代に一度はこの山に登り同様の見分をするのを習わしとした。享保８年（1723）３月19日、相良長在（６代）の見分では、供揃いは総勢200人を超えたとある。国道265号の飯干峠（1050m）を鞍部に、飯干山や鷹の巣山（1154.4m、三等、点名豆坂）と相対する。古名から察せられるように、この一帯は幕府指定の鷹取の御立山であった。

高 塚 山 ［タカツカヤマ］987.1m／三等／日蔭／木城町／尾八重／尾鈴山

古くは高塚嶽・土井の口嶽とあり、板屋国有林に属す。弓木・板屋・箟木・屋

敷原・隝所の小集落からなる中の又地区の中央に聳え、麓の中野には神楽で知られる中の又神社が鎮座。「ひむか神話街道」（ふるさと林道・渡川尾八重線）から尾根続きで登られている。北東の木城町弓木集落にそば立つ弓木嶽（900m、等高）があり、修験道の修業の場だった岩壁上の尾根には、杓子の形をした石神が祀られている。

北の板谷川には鈎掛滝、椎尾滝、祇園滝（旧観音滝・78m）がある。この祇園滝はかつて観音滝と呼ばれており、その上流にあった祇園滝は幻の滝と呼ばれるようになった（『九州の滝・渓谷・湖』足利武三・井上優共著　西日本新聞社・1955年発行　著者撮影の写真掲載）。

たかつごう山 [タカツゴウヤマ] 1406m／独標／椎葉村／上椎葉／椎葉村

　古くは佐礼山とあり、扇山の東に位置し、松株山との連山で、同じ山として三方とも記されている。林道・利根川三方界線（松木林道）の松木峠から作業路がこの山を経て松株山へ通じている。

　山麓が哀切きわまる民謡「ひえつき節」の里・鶴富屋敷のある椎葉村中心地であり、寿永4年（1185）壇ノ浦の合戦より800年後の昭和60年（1985）に椎葉平家八百年祭が開催される。台風災害による中断もあったが、毎年11月第2金曜から日曜日にかけ「椎葉平家祭り」として受け継がれ、歴史絵巻に彩られた人口3千人余の山あいの村も数万人の観光客で賑わう。

高　峠 [タカトウゲ] 1106.7m／二等／高峠／美郷町南郷区・西郷区／清水岳／神門

　古くは高嶺と記し、南郷区中心地の北方に聳え、三角点峰は「蚕子の戸山」とある（『日向地誌』より）。南郷区又江の原から東麓の西郷区鼓原を結び、また北の清水岳との長い吊尾根の中間に位置する小麦越（こむぎの越、山三ケ越・神門越とも。850m、等高）は、南麓の又江の原と北麓の山瀬を結ぶ往還路で、六つの小径が交差する六方ケ辻にも、旅人が安全祈願に葉のついた枝を供える柴神が祀られており、この道をたどった昔日の人々が偲ばれる。天正5年（1577）12月16日、三位入道伊東義祐主従は北へ敗走し、明治10年（1877）8月24日、西南戦争西郷軍退路とし

て西郷隆盛は南へ敗走するという、ちょうど三百年の時を超えて、激寒の冬と猛暑の夏、敗軍の両雄が擦れ違った因縁の峠道である。

「西の正倉院」「百済の館」「神門神社」南郷温泉「山霧」のある百済の里には、初夏や秋の雨上がりの朝夕に「神門霧・大雲海」が覆う。地面と湿った空気の温度差によって発生する気象現象で、山草森林公園の恋人の丘からの眺めは高峠を借景にして夢幻的な風景を見せてくれる。

鷹 取 山 ［タカトリヤマ］375.7m ／三等／鷹取／都城市／高野／国分

地元では鷹取の岡と呼ばれる。鷹狩りは古代から伝わる猟の一つで、鷹取山は全国にも多く、この地でも鷹取り用の鷹が捕らえられ、営巣されていたことが推考され、『日向地誌』にも西嶽村の項に権現狩倉や上床狩倉雑樹林の記載がある。登り口近くにバクド（蛙）岩の奇岩があり、山頂は無線塔中継基地局がある。

たかはた山 ［タカハタヤマ］1207.1m ／三等／高畑／日之影町／見立／三田井

傾山や笠松山への九折登山口の東部、九折越から傾山への途中のピーク千間（1378m、独標）から南へ派生する尾根の中間に位置する山で、三角点名は「高畑」とあり、国有林（旧高千穂営林署・現宮崎北部森林管理署高千穂森林事務所）に属す。九折登山口に至る奥村林道・見立谷と笠松谷の合流点近くが取付き地点で、マイナーな山だが自然広葉樹林が広がる。えびの岳・ごろ山・ジョウゴ岳・たかつごう山・だき山・とやんたき・オサレ山・ケラガツカと共に宮崎かな文字九山の一つである。

高 畑 山 ［タカハタヤマ］517.7m ／一等／扇山／串間市／本城／都井岬

猟師の目印だった山で、地形図記載の山では県内最南端（北緯31度26分43秒）に位置し、高旗山と呼ばれた。一等三角点補点が埋設されている。県道440号高畑山本城線が延びている山頂部付近は、航空自衛隊第13警戒群が配置されている春日基地（福岡県春日市）の高畑山分屯基地で、一般立入禁止のため入山許可を要する。例年秋には観月会が催され、当日は一般に開放し無料シャトルバスも運行され、志布志湾への落陽を目にすることができる。

東は大納村と市来村を結ぶ古い峠の滝山越（たきぎんこえ）（399m、独標）で、平家落人伝説のある大納側の名谷の大鳥居から、名谷川に沿って40分の源流には、古式然とした雲

囲気の滝山神社や滝さんと呼ばれる名谷の滝があり、一帯は滝山植物群保護林である。

　串間市に高畑山はもう一つあり、そちらは勿体森運動公園の西北に位置する第二高畑山（374.9m、四等、点名・高畑山）で、平成７年（1995）に市民の森として整備され、山頂（WCP）まで車道2.3km・徒歩50分、串間市街はもとより志布志湾まで見渡せ、スカイスポーツの基地としても人気がある。

高畑山 ［タカハタヤマ］193m ／独標／日南市南郷町～串間市／榎原／飫肥

　古くは高旗山と記され、大平の別称がある。西の谷之口には伊東義祐僑墓（仮の墓とか分骨した墓のこと）のある烏帽子岳（55m、等高）があり、南西の陣の城・別名岡の城は、天正４年（1576）６月、島津伊東争奪戦で偽の戦いに悲運の死を遂げた、肝付藩出城の薬丸湖雲砦跡（197.3m、三等、点名・陣）で、湖雲ケ城とも呼ばれ、堀切や切岸（人工的な崖）だけの曲輪が悲話を秘める往時の姿を伝えている。

　東麓に脇本八幡神社、山腹には霧島様（社、164m）が祀られている。北麓は日南市立南郷中学校で、国道220号を挟んで南郷中央公園があり、野球場（愛称南郷スタジアム）と南郷くろしおドームを中心に、プロ野球の埼玉西武ライオンズのキャンプ地として利用されている。

高平山 ［タカヒラヤマ］719.6m ／三等／高平山／小林市須木村／大森岳／須木

　地元では高塚山が一般で、八社大明神を祀る内山集落の北東に位置する国有林で、桑俣川沿いの県道401号奈佐木高岡線を分岐の内山林道桑俣支線より、三つ石山とセットで登られている。「ヒラ」は傾斜地や地すべりの危険地帯をいう。

高平山 ［タカヒラヤマ］524m ／独標／高平／美郷町北郷区／宇納間／諸塚山

　入下秋元から南山腹を巻くように通過している普通林道・小黒木桃野尾線が九州自然歩道の一環で、かつて北側の椿越の古道があった。南峰の高松山と共に、昔は茅場（地元ではオダチという）の山で、作業路入り口すぐに三等三角点石

（466.8m、点名：高平）が埋設されている。

高松山 ［タカマツヤマ］313.2m ／三等／高松山／美郷町北郷区／宇納間／諸塚山

通称「タカツブロ」と呼ばれ、秋元から高松山の南山腹を通り、中山谷～小野の口（医者切り）～鹿猪谷への九州自然歩道は健在で、往還だった旧道の名残をとどめており、快適な山歩きができる。村道・秋元小黒木線の入下秋元地区は、13等級の厳しい品質基準の中で最高級が宿命とされる宇納間備長炭「日向備長炭」の産地で【炭焼の郷】の看板があり、東麓に秋元多目的研修集会施設「木炭の館」がある。日向備長炭は紀州備長炭や土佐備長炭と共に日本三大備長炭の一つである。

上秋元橋北詰の不動明王・地蔵4体・自然石碑が安置されている4差路を秋元川に沿って林道入り口へ、〈水源涵養保安林〉看板よりコースタイム35分で尖山や日陰山への展望のある山頂へ立てる。

高森山 ［タカモリヤマ］341.6m ／三等／高森／日向市／山陰／日向

平成の合併前は地形図記載では日向市最高峰で、昔から結構登られており、かつて国道10号の美砂踏切（バイパスができて現在通行止）に〈高森山登山口〉の標識もあった。昭和62年（1987）2月3日、煙草の不始末による山火事が発生したが、獅子場林道が防火帯の役目をし、北部への延焼は免れた。

4000回以上も登山した松葉眞治氏（1933～2018）により、平成6年（1994）元旦から7年余をかけて、山頂にケルン（石塚、6m）を建設、運んだ石材や粘土は65tにも及んだが、登ると危険ということになり上部を解体し展望台として改造、結局は足掛け10年の歳月を費やした。「天気の良いときは、四国の足摺岬や熊本の阿蘇山まで展望された」松葉氏談。

平成29年（2017）9月23日～10月1日、アジア初の世界ジュニアサーフィン選手権が開催された、国道10号のお倉ケ浜海水浴場分岐交差点を西へ、獅子場林道の美々津開拓完工碑のある高森公園起点のコース（コースタイム20分）と、林道・平

尾上赤木線からの石材を運搬した石塚ルートの健脚コースがある。北東には秋留山（空山、276.4m、四等、点名・平岩）や日向工業高校裏山の岩峰・竹平山（179.7m、四等、点名・岩淵）、南西の峰続きの赤木山（310.6m、四等、点名・上赤木）がある。

※【美々津開拓完工碑】昭和46～60年、国営事業により日向市・都農町・東郷町の山地原野を開拓、参加農家416戸、造成面積652ha、幹線道路39㎞、支線道路64㎞（以上要約）。

高 屋 山 ［タカヤサン］640m ／等高／高千穂町／三田井／三田井

　国土地理院呼称・こうやさん。古くは神塚山とあり、天津日高彦火々出見尊（山幸彦）の御陵・高屋山陵伝説の山で、霊峰・二上山の北北東に位置する（『日向古蹟誌』より）。南麓の山附小谷内には、古来二上山にあった二上大明神を東と西（三ケ所神社）の山麓に下して祀り、昌泰6年（898）に創建されたと伝える二上神社（イザナギ・イザナミの二神が祭神）の里宮がある。尾根の南西に、平成16年（2004）8月、四等三角点（730.4m、点名：高屋山）が埋設された。東麓の跡取川支流山附川の対岸は日本棚田百選「徳別当の棚田」がある。

滝 ケ 平 山 ［タキガヒラヤマ］319.8m ／三等／滝ケ平／日南市南郷町／榎原／飫肥

　通称・たっかひら。古くは滝ケ平嶽とあり、北面に堂地の滝、竹田の滝（通称ヤカンタギリの滝）などの滝があることからの山名で、現在11カ所が数えられている。

　西麓の下津屋野より南郷町林道（延長2,496m、幅員3.6m）が、途中三等三角点（229.1m、点名：津屋野）を経て、尾根北の〈展望の地滝ケ平・南郷町〉の木柱まで延びており、ここから「南郷配電無線局」「日南細田テレビ中継所」の鉄塔を経て、三角点石までの尾根沿いの歩きは起伏はないが初歩的な藪漕ぎも体験できる。西には滝ケ平林道がかつての同名の集落跡へ続いており、地形図での滝ケ平山記載地点の標高は276m（独標）となっている。

滝 下 山 ［タキシタヤマ］785.0m ／四等／瀧下山／えびの市／吉松／大口

　JR肥薩線宮崎県唯一の真幸駅の北に聳える急崖・テーブルマウンテン状の山で、古くは瀑下岳（『三国名勝図会』）瀧下嶽（『日向地誌』）とあり、地元では「たきたやま」とか「たきだん」とも呼称される。語源では一般にタキは岩、ダキは崖をいい、名立たる滝はないが、いったん大雨になると滝のようになる岸壁を意味す

る「タキ」（後世はダキ）からの山名である。真幸は平安時代の「延喜式」に記載の日向16駅の一つで真狭きからきた言葉の真䛅に由来する旧郷名である。

　JR肥薩線の矢岳～真幸駅間の矢岳第一トンネル（2096m）と矢岳第2トンネルの間は、根室本線新内駅付近（狩勝峠、三大車窓区間は1966年廃線）、篠ノ井線姥捨駅（善光寺平）と共に、日本三大車窓の一つに数えられている。縁起の良い「真の幸せ」という駅名を慕って旅客が訪れる真幸駅（標高380m）は、JR肥薩線（熊本県・八代駅～鹿児島県・隼人駅）開通2年後の明治44年（1911）5月11日に開業の宮崎県内最古の駅で、当時のままの駅舎は「南九州近代化産業遺産群」に選ばれており、「牛山隆信の全国秘境駅ランキング」では29位、平成23年（2011）5月11日に開業100周年を迎えた。

　鉄道唱歌（作詞・大和田建樹）九州線唱歌の51番には、「肥後と日向の境なる　矢嶽トンネル出て来れば　雲井に望む霧島の　嶺は神代のままにして」と歌われている。土日祝日に運行される観光列車「いさぶろう」と「しんぺい」号が、通称「山線」人吉駅～吉松駅を一日2往復し、西内堅地区の「真幸駅友の会」により真幸駅の美化や物産市が開かれていた。

　昭和47年（1972）7月6日、二度の山津波が発生、高さ380m、幅80m、土石流約30万立方メートル、民家28戸を押し流し、1.4kmの下流まで山あいを埋め、落下した重さ8tの大岩が「幸せの鐘」のある駅のホームにそのまま記念として居座り、見上げると幾重もの砂防ダム、覆い被さる断崖のメサ状の山はドキドキする迫力がある。

　真幸矢岳駅区間は「矢岳越」と呼ばれ、急勾配を登降するための折り返し形式・逆Z字形スイッチバック線路の上部には「日本棚田百選」の真幸棚田（西内堅棚田）がある。矢岳山との中間に後平から野崎への野崎越と、西には西内堅からの桑木津留へ通じる桑木津留越の旧道があった。県境近くの熊本県矢岳駅から矢岳林道が矢岳山～高尾岳（637m、独標）～滝下山の北西を三県境へ抜けている。

　吉松から真幸駅間の第二山神トンネル内で、終戦直後の昭和20年（1945）8月22日、主に復員兵を乗せた汽車の立ち往生と退行により53名の犠牲者を出し、北口に慰霊碑が建てられている。

だ　き　山　［ダキヤマ］1420.3m ／三等／中ノ藪／延岡市北方町／大菅／三田井

　奇岩峯の人形岳の南方に聳え、特に北東部が花崗班岩の崖からの山名で、語源では一般にタキは岩、ダキは崖のことで、竹の畑山との中間はヤケガレ（1252m、独標）という。

　平成21年（2009）、北麓の上鹿川地区グループにより、旧上鹿川小学校から林道や作業路を利用し、一年がかりで道開きされた県内屈指に躍り出た健脚コース

で、「上級、中級車向きのコース、初心者及び体力のない人はご遠慮ください」
と登山口に表示がある。全行程6時間以上を要す難コースである。

竹の畑山 [タケノハタヤマ] 1278m／独標／延岡市北方町／大菅／三田井

　古くは天塔野で、山頂より北西（直線距離420m）地点に同名の三角点（1191.5m、
三等）が埋設されている。綱の瀬川を挟んで相対する西の中山から長薮や楠原に
至る山師峠（クラガ峠とも。770m、等高線）、南峰の堂前野（ドゼンノウ、800m、等高線）、
北の釣鐘山など、この一帯は西南戦争の明治10年（1877）7月4日〜8月1日に
かけて、長雨や台風による豪雨の影響もあり膠着状態だった綱の瀬川の戦いで、
地元の地理に詳しい薩軍の延岡隊が、竹の畑山の西麓に堡塁を築き、大いに奮戦
し被害も甚大だったところで、7月31日の鹿川戦に敗退を余儀なくされた。だき
山との中間はヤケガレ（1252m、独標）で、上鹿川よりだき山林道がある。平成21
年（2009）、だき山登山の道開きで、竹の畑山コースも新設された。

岳　　山 [タケヤマ] 613.8m／三等／飯塚／延岡市・北方町・北浦町／古江／蒲江

　別称・だけやま。岳と山と双山の言葉が重なり合う珍しい山名で、古くは大嶽
とあり、東の飯塚山と尾根続きの広大な山域で、大分県境方面からも確認するこ
とができる。延岡市の北川町と北浦町の境界点に位置し、南面は険しい山容で、
東腹を鏡山から古江へ至る幹線林道・森山線（全長15,026m）が通過している。
※ちなみに日南市北郷町北河内には「山岳」という集落があった。

立　　山 [タチヤマ] 354m／独標／日向市東郷町／山陰／日向

　耳川を挟んで冠岳の北に位置し、山名のとおり姿形の良い山容で、送電線巡視
路（九州電カーツ瀬幹線・昭和54年〈1979〉6月完成）を利用し、散策することができる。
日当たりの関係で、東路と西路では山の様相が随分異なり、かつて山陰小学校の
遠足の山で、生まれてはじめて海を見た児童もあったといわれる。
　東南裾の小峰（180m、等高線）は、伊東氏全盛時代の永禄年間（1560年代）の伊東
四十八城の一つ・山陰城跡（城主米良喜内）で、稜線には城を監視した城見場とい
う地名が残っている。西方1.5kmには、山陰城の出城だった西城（俗名にしんか城、
現西城公園）があり、「山陰一揆の碑」や一揆ゆかりの曹洞宗成願寺がある。
　西の鶴野内の277.0m峰（三等、立山）は茅立野、迫野内の335.2m峰（三等、上鹿
瀬）はイフ山という。東流の大谷観音滝（25m）がある大谷川対岸には、南から北
へ通称いもご（296.1m、三等、下大谷）〜登尾（259.7m、四等）〜そして東郷町との合
併前は日向市最高地だった大谷山（481.2m、三等、荒平）へと尾根が続き、西の旭嶽
（380m、独標）の岸壁には旭嶽神社の小祠が張り付いている。

※山陰村坪屋（谷）村百姓逃散は山陰一揆（山陰騒動）ともいわれ、「元禄３年（1690）９月19日、延岡藩有馬清純の頃、郡代の重政に抗して、300戸総勢1422人が大挙して領外へ逃散した。この事件は徳川幕府にて解決を煩わせて争うこと10ケ月、要求貫徹は成功したが、禁制を犯した罪は免れず21名が極刑に処せられた。領主もまた施政の罪に問われ、無城の地・越後の糸魚川に移された。

龍岩山 ［タツイワヤマ］1318m／独標／椎葉村／上椎葉／椎葉村

　山頂部が竜がトグロを巻いたような大岩であることから、地元では龍岩平（デーラ）と呼ばれる。南東側に小丸川支流オロチ谷が突き上がっており、山麓の人々の生活や信仰、精神文化と深く関わってきた山域で、国指定重要無形文化財・栂尾神楽では、４年に一度の大蛇の舞が披露される。

　村道・間柏原尾崎線が山頂近くを越えており、西の尾崎山との鞍部が尾崎峠、東には新装版『日本百名峠』（編者・井出孫六／発行者・鈴木昌太郎）に紹介されている中山峠があり、重量な椎葉の山々を展望するにはもってこいの峠である。しかしここも林道や交通網の開発によって一部しか古道の名残を留めていない。

　平成15年（2003）６月８日、椎葉村〜美郷町南郷区を結ぶ中山トンネル（延長2452m）が真下を開通し、車の離合も困難で１時間以上もかかった龍岩越は半分に短縮され、高千穂町から高原町までをつなぐ「ひむか神話街道」はほぼ完成した。

館山 ［タテヤマ］196m／独標／都城市高崎町／高崎新田／野尻

　館とは動詞タツ「立」の連用形で、台地などの高くなったところをいう山名で、「やまねこのもり」として親しまれ、山麓の縄瀬地区活性化センターのある縄瀬農村広場（WC）より車道が山頂の招魂社、戦没慰霊碑が建つ館山公園へ通じている。短時間で往復でき、どんぐりロード（霧島南部広域農道・都城盆地朝霧ロード）をはさんで対峙する北西の一等三角点補点の徳岡山より展望も勝り、ちょっと寄り道するには最適地である。高崎フィットパス・縄瀬べぶん郷コース（3.7km、１時間30分）は、館山を周回するウォーキングコースである。

谷之城山 ［タニノジョウヤマ］573.5m／三等／野口／日南市北郷町／郷の原／日向青島

　古くは高嶽とあり、北郷側からは東嶽とも呼ばれ、地番の北郷町大字郷之原字谷之城からの山名。尾根筋には大木の切り株が多数あり、鞍部は林間の展望が素

晴らしく、山頂は眺望がなくても静かなのがいい。山頂東部を通る車道・富士郷之原線は日南市富士の国道220号と北郷町郷之原の県道28号日南高岡線をつなぐ、総延長18.9km、市道と林道からなり、海岸線が被災し通行止のときに迂回路として利用される。南面の梅壇側の車道沿いには飫肥杉展示林がある。

　県内最長（3670m）のJR日南線・谷之城トンネル（伊比井～北郷駅間）が真下を通る。昭和38年（1963）５月８日開業した日南線では最大の難工事で、工費５億円、５人の犠牲者を出し昭和34年１月に貫通した。正月に咲く桜「日南寒咲１号」20本が咲き乱れる北郷駅から北望する尖峯がこの山である。

丹 助 岳 ［タンスケダケ］815m／独標／日之影町／日之影／諸塚山

　丹助山ともいう。九州自然歩道沿いの山で、八合目に丹助岳山小屋やキャンプ場があり、国道218号の上下顔（かみしもつら）から普通林道・丹助岳が丹助岳～藤ケ峠～矢筈岳を巡り八戸を結んでいる。矢筈岳と共に全く自然に形成されたアカマツ林の花崗斑岩峰で、両山をセットした山歩き（４km）で人気があり、日之影町主催で高城山と１年ごとに輪番制で山開きが開かれている。

　直下の天狗の岩屋の洞窟に伊佐ケ嶽大明神を祀る。天狗になろうと山頂部の一角を成す天狗岩で修業した丹助の民譚からの山名で、西の平底に天狗山（454.4m、三等、点名同じ）がある。月刊誌『山と渓谷』平成18年（2006）11月号「日本全国トンガリ山ガイド」編集部が選んだ31山（九州５山）で紹介された。

　かつては昭和52年（1977）７月の山小屋の建設当初より町の委嘱を受けて西村仁三郎夫妻が管理しており、昭和63年１月号『山と渓谷』には、「ひとり、ひっそりと山小屋を守る、だれからも親しまれ、慕われる丹助の西村房子ばあちゃん」（当時69歳）として、誌上５面の写真入りで全国に紹介された（現在無人。問合せ先・日之影町観光協会℡0982-78-1021）。

　北の藤ケ峠（607m～509m、独標）から矢筈岳にかけては西南戦争激戦地であり、綱の瀬川の右岸・「矢筈岳トロッコ道ウォーキングコース」（7.5km）と合流する谷底の小盆地がヒハラウド（ヒハロウ）で、対岸の八幡森（荒神森）に唯一渡渉できたところという。国道沿い七折尾藪には、UMKテレビ番組の１周年を記念して、平成８年（1996）植栽された「じゃが天の森」登山口（コースタイム10分）がある。

茶臼ケ陣山 ［チャウスガジンヤマ］ 195.5m ／三等／天神原／都城市／庄内／都城

地元呼称・ちゃすがじん。古くは茶臼ケ砦・茶臼山とあり、天文の初め飯野城主の北原氏が構えた狼煙山であり山砦でもあった。飯野八幡山（八幡丘）～6.5km～竜ケ峯（標高302m、独標）～7.8km～城ノ岡～9.7km～中山～6.2km～徳の岡～2.6km～茶臼陣山が連絡網である。天文10年（1541）伊東氏が北原氏とここに布陣し、島津氏（北郷忠相）との争奪戦を繰り広げた。伊東の将8代長門守が高城の城主のときに築いたのではともいわれている。葉茶を抹茶にする石臼の茶臼に似ていることからの山名で、大淀川が東流する都城市下水流天神原にあり、山麓に天神神社、西南に庄内の乱（1599～1600年）のときの都城十二外城の一つ志和地城跡がある。

茶 臼 山 ［チャウスヤマ］ 714m ／独標／延岡市北方町／行縢山／延岡

西の比叡山より東へ犬帰山（860.0m、三等、点名：犬返山）から茶臼山にかけて百間ダキ、日平ダキ、観音ダキなどの名が付けられた全山断崖絶壁が続く。北方町猪の内～半小屋～上中尾への九州自然歩道は県内屈指の難路であった。北麓の石垣のむら・石上からの山容が茶の湯のてん茶を抹茶に挽く茶臼に似ていることからの山名で、一般に石臼とは奇岩をいう。石神神社近くから普通林道・石上線が通じており、中腹の崖には今にも落下しそうな奇岩・石上大岩（長さ約3m、高さ約1.5m）があり、「鬼が茶を挽いた」との伝説から茶臼石とも呼ばれている。

県道215号大保下曽木停車場線を、三椪小学校のある尾形原から下中尾を経由するか、大原～小中尾を経て上中尾集落上の合流点が普通林道・上中尾線の起点で、どの集落も天空の郷と呼ぶに相応しい趣がある。前者は九州自然歩道を併用し、石橋山から百間ダキへの展望があり、途中には「カタツムリ」などの指導標が見られ、林道が迂回する西の774m峰（独標）より尾根伝いの茶臼山山頂は60m低く南面は伐採されている。石垣が巧みに張り巡らされた、石上の集落と棚田は一見の価値があり、杉の内谷と大保下谷の合流点直下の曽木川には、雄轟（おほげ）・雌轟（めとどろ）の滝音が響いている。

中 登 岳 ［チュウノボリダケ］ 949.5m ／三等／下日向／五ヶ瀬町／鞍岡／鞍岡

国土地理院呼称・なかとだけ。古くは千穂上り岳（ちうのぼだけ）・中野ケ嶽（ちゅうのがだけ）とあり、尾根は北

東へ二上山の雄岳に連なっている。因みに（廻渕）鏡山・（室野）明神山（948.2m、三等、点名・下長野）と共に鏡石大明神を祀り、五ヶ瀬町三ヶ所の地名の由来でもあり、かつて西峰の山頂にあった中登神社は、一度三ヶ所神社に合祀され、明治44年（1911）に麓の坂狩に再換座された。鳥居の神額には「中登嶽鏡石大神」とあり、太古以来、国家有事の際に山頂からサーチライトのように四方を照らす「神光り」があるなど、幾多の伝説を持ち、古くから八合目より上は伐採すると祟りがあるといわれ、頭頂部は今もわずかに風姿自然の状態を保ち続けている。

　国の重要無形民俗文化財に指定の天正年間（1573〜92）より伝わる「荒踊」（令和４年ユネスコ無形遺産に登録）は、三ヶ所神社例大祭と中登神社例祭（９月末日曜日）に、行列隊形の勇壮な踊りと円形隊列の静かな踊りを組み合わせた往時の舞踊が奉納される。中登岳の懐に抱かれた山里の坂狩、その背後にある深山幽谷の霊気を感じさせる山である。

銚子笠 ［チョウシガサ］1489.2m ／三等／銚須笠／椎葉村〜〈水上村〉／不土野／椎葉村

　古称・ちょうしのかさ。熊本県を代表する一級河川・球磨川は、富士川、最上川と共に日本三大急流に数えられ、源を銚子笠に発し、川辺川、万江川を合わせ人吉温泉郷や城下町を東西に貫流して、八代海へと注いでいる。不土野峠（1081m）から西尾根を経て球磨川源流近くまで梅の木鶴林道がある。九州山地の山で、白鳥山（1639.2m、二等、不土野）の南に延びる県界尾根にあり、その鞍部に峠道・県分越があった。峰越林道（坊さん越）の唐谷登山口や新椎葉越登山口（WC・P）より平清経住居跡・御池を巡り白鳥山を経由してセットで登られている。お銚子を伏せたような笠状からの山名で、三角形の山容が印象的な山である。

ツ

杖木山 ［ツエキヤマ］1010.2m ／四等／杖木山／木城町〜西都市／尾八重／尾鈴山

　古くは杖木嶽とあり、東の1011m峰（独標）と一対の山で、大瀬内山・稗畑山と共に鹿遊連山と呼ばれる。小丸川に沿う東面が衝立のような急崖の山に山林が広がった山名で、潰えるなどと関連した崩壊地名でもある。北麓が中之又の中心地塊所で、登山は屋敷原林道を経由し九州電力の送電線・一ツ瀬幹線の巡視路を利用する。平成16年（2004）４月西都山岳会により山開きが開催された。

かつて松尾ダムを見下ろす北中腹の松尾山（632.7m、三等、中ノ又）で操業していた松尾鉱山は、大正４年（1915）頃発見され、本格的な亜ヒ酸製造が昭和９年（1933）から同33年の閉山まで続けられた。鉱山公害が社会問題となった昭和47年（1972）に、松尾鉱毒事件として表面化し「第二の土呂久」と呼ばれた哀しい歴史がある。

津 島 畑 山 [ツシマバタヤマ] 506.3m ／二等／津島畑／延岡市北浦町〜《佐伯市蒲江町》／三川内／蒲江

　別称・津島畠山。大分県佐伯市蒲江町との県境に位置し、陣ケ峰より北へ尾根続きの西南戦争激戦地の山で「津島の台」の官軍陣地があった。明治10年（1877）７月25日午前４時、薩軍が襲撃し政府軍は戦死40余人に及び一旦は敗走、十数名の戦死者であった薩軍の間では「三川内の大勝利」と大評判だった（『西南戦争延岡隊戦記』）。なお砦の跡や宿営地の窪みは蒲江町の史跡になっている。
　古くは漁村の波当津が島のように孤立していて「津島」と称し、この山の斜面に畑が開かれこのような山名となった（『日本山岳ルーツ大辞典』）。陣ケ峰から県境の尾根を伝い、「日本の白砂青松百選」の波当津海岸のある波当津浦からの小径に合流して山頂へ。宮崎県側はヒノキが植林され、鹿食害除けのネットが張りめぐらされている。

筒 ケ 岳 [ツツガダケ] 1292.9m ／四等／筒ケ岳／高千穂町〜〈高森町〉／祖母山／三田井

　五ヶ所の三秀台から北望すると、くじゅう連山を借景にして、一際特異にそそり立つ筒状の岩峯の山である。梯子も取り付けられており、胸のすくような360度の展望とスリルを味わえる孤高の山として、祖母山登山道の千間平からの尾根歩きも、登山愛好家により近年道開きされている。

角崎山 [ツノサキヤマ] 1070.9m ／三等／角崎山／都農町／尾鈴山／尾鈴山

　尾鈴山塊の神陰林道沿いの山で、古くは市熊山とあり、安政6年（1859）に尾鈴山系でツキノワグマが捕獲された記録もあり、ロマンを駆り立てる旧称は、後世に残しておきたい山名である。都農（吐濃）の先（はし・末端・先端のこと）にあり、角のように突き出た山容からの山名（三角点名と同じ）で、小字名は角崎滝山とある。

椿 山 [ツバキヤマ] 395m ／独標／宮崎市／築地原／日向青島

　昔から野生ツバキの群生があり、九平（上高平、内平、櫛平、児屋之平、収平、柳平、山之神平の総称）の地名の一つ・小平は、通称椿山と呼ばれていた。現在は、ツバキ600種7万本を植栽の「宮崎市椿山森林公園」（面積約41.3ha）で、市制60年を記念して、平成2年（1990）に開園。「世界ツバキサミット」も開催され、平成15年国内初の国際ツバキ会議優秀庭園（国際ツバキ協会）に認定された。

　天正から慶長年間（1573〜1614）に削開されたと伝えられる飫肥街道は、飫肥藩伊東氏の参勤交代に利用され殿様街道とも呼ばれており、うまんこね（馬の脛）、籠立場の地がある。椿山峠は2カ所あったが、県道27号の公園入り口の椿山集落跡（椿山キャンプ場）への南の道は遊歩道になっており、北1kmの椿山峠からの加江田渓谷沿いの家一郷に下る古道は廃道になっている。

　平成10年（1998）環境庁の星空観測調査で宮崎市が全国第2位に選ばれたときの観測場所がこの椿山の2代目展望塔（初代は台風で倒壊。平成18年12月完成）であった。若山牧水歌碑【椿の花わがこころもひと本の樹のごとくなれひとすじとなれ】、野口雨情歌碑【日向灘から　朝日がのぼりゃ　千里奥山　夜があける】（宮崎民謡）昭和17年（1942）3月27日、雨情一行が椿山峠の炭焼きの状況を見学の折に詠んだ詩である。

釣鐘山 [ツリガネヤマ] 1395.7m ／三等／鐘山／日之影町／大菅／三田井

　東麓から見上げると釣り鐘に似た山容で、南北からの展望は東部の岩峰・烏帽子岳との双峰である。かつて延岡藩時代この地方に8カ所あった銅山（釣鐘、土呂久、尾八重、尾野平、鞍岡、市之瀬、長峰、島之瀬）の一つで、この山から鉱石を釣り鐘状の山駕籠で運んだことに由来する山名である。

西南戦争の明治10年（1877）８月20日朝、上祝子川の小野熊冶宅を出た西郷軍は、大崩山と鬼の目山の鞍部の「鹿川越」で上鹿川へ、さらに日之影に向かい釣鐘山の北の「鹿川峠（山浦越とも）」を越えて八合目付近に露営、官軍の食牛７～８頭を大鍋で水煮し刀で削り食うときに、西郷隆盛がいつも携帯していた竹筒から薩兵に焼塩を与えたところという。現在は森林管理道・釣鐘線に連結している。南には堂前野（ドゼンノウ、800m、等高線）との中間に中川から奥集落に至る山師峠（770m、等高線）がある。

テ

鉄　山 ［テツヤマ］715.6m ／三等／鉄山／えびの市／白髪岳／加久藤

九州山地の最西端に位置する大河平（おこびら）国有林の山で、鉄山川に沿って鉄山林道（ゲートあり）が天狗山の西の万年平（おもとんでら）へ延びており、古くは鉄山越と呼ばれた。昭和15年（1940）「鉄山官行砥伐所（かんこうしゃくばっしょ）」として出発し、戦後加久藤営林署鉄山製品事業所（作業所）となった。南麓の鉄山の集落には、昭和22年開校の飯野小学校鉄山分校や、同29年開校の飯野中学校鉄山分校があったが、作業所の閉鎖に伴い、昭和38年（1963）４月１日に廃校となった。事業所跡付近には、砂鉄を採取した穴や製鉄の残滓が残っており、かつて薩摩藩の鉄山だったことからの山名で、柊野（ふきの）には辺路番所が置かれていた。

東麓の鉄山川支流内山川の毘沙門の滝（落差20m）は、上流に１㎞の「毘沙門天遊歩道」があり、毘沙門岩や夫婦岩などの奇岩もある景勝地で、ミニ高千穂峡として、下大河平地区で整備が行われている。

川内川の支流有馬川には、平成10年（1998）９月25日登録・国の有形文化財「月の木川橋」（月乃木川拱橋）があり、通称眼鏡橋（太鼓橋とも）と呼ばれている。川内川の最上流部にある大平山（1120m、独標）南麓の大平官行砥伐所（戦後の大平製品事業所）から吉都線飯野駅まで、約30㎞の森林鉄道トロッコ軌道の３連アーチ石橋で（橋長58.2m、高さ17.2m、全幅４m、利用幅2.4m）、熊本営林署が主に木材搬出用として昭和３年（1928）２月竣工、軌道は昭和37年に廃止された。

天ケ峯 ［テンガミネ］354m ／独標／都城市／末吉／末吉

古くは天下峰（てんがたけ）とあり、金御岳山系の山で、その高いこと星を摘（つま）むようであることから名付けられた山名といわれる峻峯。南北朝時代の康暦元年（1379）３月１～３日にわたる、蓑原（みのばる）合戦（都城合戦とも）で、日向の伊東、真幸の北原、人吉の相良、北薩摩の渋谷を率いる九州探題勢の今川満範軍に包囲された都の城（鶴丸城、第２代領主北郷義久）や樺山音久（野々三谷城主）を援護すべく、島津陸奥守氏久

（6代・奥州家・大隅国守護職）は、志布志城を出陣（8百余騎）。この天下峰に布陣し、今川軍を下財部方面（現鹿児島県曽於市財部町）へ撃退した（『庄内古跡由来記』要約）。

普通林道・天ケ峯線（延長4,418m、一部鼻切峠からのサシバ林道と併用）が、金御岳のサシバの広場より、西山腹を走っている。東方の中岳ダム左岸上流で、国道222号鼻切峠と天ケ峯とのほぼ中間の中岳山腹が、一級河川・大淀川（幹川流路延長107㎞、九州ベスト4、流域面積2230㎢・九州ベスト2）の源流点（標高452m）である。中岳林道を3.5㎞地点より徒歩8分で大淀川源流点へ、一帯は市林国有林（鹿児島県曽於市）に属す。

天 狗 山 [テングヤマ] 940.7m ／三等／天狗尾／えびの市／白髪岳／加久藤

『日向地誌』『三国名勝図会』には、狗留孫山の記載がある。山腹を右回りすれば祈願が叶うという巨岩（650m）の上に狗留孫神社（狗留孫権現。えびの市史跡）が鎮座。建久2年（1191）2月、栄西禅師が宗（中国の王朝）の新しい文化を持って狗留孫山多宝院端山寺創建に始まり、現在は羽山積神社と改称、春秋の彼岸の参拝は「オクロソンメイ」（お狗留孫参り）と称される。

東流の川内川上流部（古くは狗留孫川）は、クルソン渓谷（約10㎞）と呼ばれる名勝で、キャンプ場も賑わい、渓流釣りのメッカでもある。登山口から渓谷を渡渉し、修験場だった洞窟を潜り抜け、急傾斜の参道を喘いで神社へ半時間。途中の狗留孫石（22m）は、日隠山の東山腹にある黒尊石（40m）と共に県内二大メンヒル（立石信仰の石卒塔婆）といわれ、人工でなく風化作用により一大石柱となったもので、天然自然の成せる見事な技である。振り返ると、日陰と日向の陰陽がはっきりした狗留孫石と狗留孫渓谷は、やはり独特の気配が漂う。かつて山岳修業の峰入りの山で、岩場を駆け巡る行者を天狗の姿に重ねた山名で、神社の上方には、「天狗の宮」の地名があり、古来より夕刻に参詣する者はいなかったという。

オフロードの白髪狗留孫林道（大川筋榎木田林道）が、川内川の源流・白髪岳（1416.7m、一等、点名同じ）の登山口・温迫峠を越え、林道榎田線に接続し、熊本県あさぎり町上村へ抜けている。川内川（古くは千台川）の幹川流路延長137㎞は筑後

川に続き九州第２位の一級河川で、流域面積1600㎢は九州ベスト５。えびの市の流域を潤し、途中には名勝曽木の滝や鶴田ダムがあり、薩摩川内市の川口より東シナ海へと注いでいる。

天 神 山 [テンジンヤマ] 911m／独標／都城市山之口町〜三股町／高城／都城

鰐塚山と東岳の中間に位置し、かつて境川（古くは天神川）の畔にあった天神社からの山名で、天神社は慶長年間（1596〜1616）に、肥後の国から派遣された武将・菊池家の氏神様が始まりと伝えられ、往時は参詣客で賑わったという。現在は、昭和53年（1978）〜平成13年（2001）にかけての天神ダム建設で、平成２年に右岸に換座された。

　地名にも青井岳天神と田野天神があり、昭和48年３月閉校の青井岳小学校は、同45年まで天神小学校と呼ばれていた。伊東島津で覇を競った鎌倉時代の頃より、青井嶽と天神山を基準として、以西を山西、以東を山東と称し、「青井岳を制する者は日向を制する」とまでいわれていた。

　標高837.2mの三等三角点石（点名・天神）は、山頂より藪漕ぎの北へ二つ目のピークに埋設されており、林道青井岳線を主線に杉の平線、杉の谷線、まむし谷線、天狗岳線、黒木谷線などの支線があるが、一般車両進入禁止となっている。東面470m地点は、ロックフィル式天神ダムの岩石を掘り出したところで、原石山と呼ばれている。北麓の無頭子には、冷泉だった頃の青井岳温泉の源泉が今も湧水している。平成17年（2005）９月、台風14号により、境川に接する東部が大崩壊し土石流が発生したが、天神ダムでくい止められ、下流への被害は免れた。

ト

洞 岳 [ドウダケ] 1242m／独標／日之影町／見立／三田井

　別称・ほらがたけ。見立の東部に位置し、山頂近くは岩峰で、200mにも及ぶ石灰岩の露出した断崖には、固有種のミヤマゼキショウはじめ貴重種の自生地であるが、絶滅寸前にさらされている。その西山腹には、寛永３年（1626）〜昭和44年（1969）廃鉱の洞岳鉱山や洞岳神社跡があり、五葉岳との鞍部は日隠林道の大吹鉱山跡広場で兜巾岳や化粧山〜お姫山への登山口。大吹谷に沿ってかつては千人規模の大吹鉱山遺跡や女郎墓がある（渡部智倶人著『日之影の無縁墓は語る』海鳥社刊に詳しい）。東への兜巾岳五葉岳への尾根続きの独標・1356m峰は奥州屋の尾と

いい、南西に三等三角点（1218.1m、点名・窓ノ口）がある。

遠 見 山 ［トオミヤマ］ 317.2m ／三等／遠見／延岡市北浦町〜《佐伯市蒲江町》／蒲江／蒲江

海岸線最北端の大分県境にありながら、地形図記載では宮崎県最東端（東経131度52分21秒）の山で、一般に遠見（東海）とは「遠くを見る山」「遠くから見える山」として、見張りや目標となることからの山名である。県境Ｔ字路から途中まで作業道があり、三角点までのコースタイム45分。釣り人たちの踏跡が遠見半島の突端、海食洞となっている宇土崎へ続いている。この日豊の国境が陣ケ峰〜波瀬川原宇都崎（宇土崎）と確定したのは明治６年（1873）であった。

平成10年（1998）５月15日、県内初のふるさと林道・古江直海線（3.9km）が開通、北浦町中心地の古江側から、八郎（465m）・土嶽（435m）・直海（140m）トンネルが山間部を貫き、従来より３km約15分が短縮された。

遠 見 山 ［トオミヤマ］ 307.9m ／二等／遠見山／門川町／日向／日向

旧名は大山で、文久元年（1861）頃から海防や魚群の発見のために、見張り所を置いたので、遠見山と呼ばれ、別称に「とんばん」（遠見場）とあり、南の烏帽子岳と共に、延岡藩の放牧場時代は、庵川牧と呼ばれていた。遠見半島に位置し、遠見山森林公園として、日本ウオーキング協会認定コースの遊歩道や展望所も設置され、桜の名所としても知られている。県道224号遠見半島線の湯の浦峠より普通林道・遠見谷ノ山林道（0.9km）が山頂近くまで延びており、峠から500m・標高160mには私設庭園の桃源郷岬へ、海岸洞窟（海食洞）には、岬権現が鎮座し、往来する船舶の安全を見守っている。

門川湾に浮かぶ枇榔島（美女ケ島、周囲1.5km、75.3m、三等、点名同じ）は、洋上生活を送るカンムリウミスズメ（冠海雀・門川町鳥）の世界最大の繁殖地であり、約４分の１のつがい1200〜1800組が３月から５月にかけて飛来。絶滅危惧種の天然記念物であり、平成23年（2011）から日本海鳥グループ（本拠地北海道）により調査も行

われており、保護が必要な海域である。遠見半島の東端の鞍掛岬（250.9m、四等、点名・谷ノ山）には、ブリの定置網を考案し鰤大尽といわれた日高亀市が、ブリの回遊を指示するために設けた【ブリ見山】の記念碑がある。

遠見山 [トオミヤマ] 245.2m ／三等／畑ケ平／延岡市北浦町／古江／蒲江

地元では「みやんだ」と呼ばれる宮野浦八十八ケ所の霊場で、文化３年（1806）〜文政２年（1819）、時の商人・中野忠之丞と村人が願主で、四国八十八ケ所の土と石像を搬入し建立。宮野浦神社や古江小学校宮野浦分校を経て、行程12km、八十八番札所の庵寺を目指す。そのスケールは高千穂町の焼山寺山と双肩である。

一番札所には、平成７年（1995）８月に白御影石の弘法大師像（高さ５m、重さ10ｔ）が建立され、港町特有の入り組んだ路地を抜けて切り開かれた参道へ。最高地（175m）の５番札所より約15分、右上にトラバースし鉄条網伝いに遠見山牧場跡の三角点へ。かつて藩政時代は狼煙の山で、ブリ大敷網の魚群の観察をする色見場でもあった。

77番札所は、宮之浦港灯台より1.3km沖合いの、昭和５年（1930）２月に文部省より「高島ビロウ自生地」として国の天然記念物に指定された高島（周囲４km、77.2m、三等、点名同じ）にあり、76番札所より遥拝する。さらに日向松原ともいわれ「さざれ石」がある大間海岸を巡るコースもあって変化に飛んだ霊場である。

山頂の北に広がる茶畑は、昭和44年（1969）団体営開拓パイロット事業により、標高300mの高地を掘削し整備された地下茶園（11ha）で、平成14年（2002）度、第11回美しいむら景観コンテストの生産部門で「北浦茶の里」として農林水産大臣賞を受賞した。地下の茶山展望所からの眺めは北浦のマチュピチュと呼ばれている。

尖山 [トガリヤマ] 716.3m ／四等／尖山／美郷町西郷区／坪谷／神門

安政５年（1858）から翌年にかけて、当時大雄寺住職の石苗と石叟作の三十三観音仏が安置されている尖山観音滝（25m）があり、日陰山と共に御田祭で知られる西郷区の中心地・田代を代表する山である。

ピラミッド状にひと際天を突くとんがった山容からの山名で、観音滝から山頂への登り口があり、尖り山ともいう。

戸 川 岳 [トガワダケ] 954.8m ／二等／戸川岳／日之影町／大菅／三田井

「戸川岳の割れ目に靄が入るときは雨になる」。戸川山とも記した石灰岩峰で、東斜面の標高260m地点に戸川鍾乳洞が開口し、五百羅漢を祀り、中腹に野生のユズの木の群生地がある。山麓の阿蘇溶結凝灰岩石により造られた「石垣の村」日之影町七折の戸川地区は、農林水産省により、平成3年（1991）「美しい日本のむら景観百選」（農村景観百選）、平成11年7月農水省より「日本棚田百選」に選定された。古いものは嘉永から安政年間（1848〜59）に築かれ、江戸城石垣修理に戸川から2人の石工が呼ばれたと伝えられる。

　平成18年4月、全国初の九州唯一の森林セラピー認定を受けた日之影町は、約92%を森林が占めている。日之影温泉駅を基点に日之影川左岸を散策する〈石垣の村トロッコ道ウォーキングコース〉は「日本遊歩百選」に選ばれており、新畑洞穴〜男淵橋・男淵水神社〜戸川の吊橋を経て石垣茶屋まで7kmの行程で、毎年4月29日之影温泉駅祭りと棚田祭りが同時に開催され、森林ウォークも実地される。また日之影キャンプ村から石垣の村を往復するウォーキングコース2.5kmは、日之影川の清流や史跡を散策できる、往復60分のコースタイムである。

　棚田百選「石垣の村」の104枚の幾何学模様には四周の織り成す四季折々の景色と演出効果がある。南西に一つ岳（487m、独標）、大きな岩が棚のように折り重なっている「戸川の石棚」がある日之影川渓谷の対岸には、明神岳（666m、独標）と、金の字の山容・金岳（権現山、991m、独標）がある。

尖　野 [トギリノ] 878.7m ／三等／尾茂内／美郷町西郷区／清水岳／神門

緩傾斜の原野（標高800m）の中央に突出した山容からの山名である。かつて広大な広場で、地区の運動会も開かれたことがある峠のざっしょどこ（雑所床）には、安政2年（1855）の道祖神と明治45年（1912）の大師堂建設記念碑が草に埋れている。ざっしょどこより北へ3.2km六差路の六道ケ辻には、旅人たちの安全を見守った地蔵堂があり、近くの中八重集落は天正5年（1577）12月16日、豊後落ちの伊東義祐主従一行が一泊したところである。東麓の耳川支流増谷川には谷内渓谷（約6km）がある。

徳 岡 山 [トクノオカヤマ] 221.0m ／一等／徳ノ岡／高崎町／高崎新田／野尻

地元呼称・とつのおか。古くは徳の岡。戦国時代、真幸院（現在のえびの市・小林市・高原町の総称）を中心に一大勢力を築いた北原氏が都城進出の頃にもよく使われた狼煙（烽）の山で「烽火の岡」がなまって徳の岡となった。飯野八幡山（八幡丘）〜6.5km〜竜ケ峯（標高302m、独標）〜7.8km〜岩牟礼城（城ノ岡）〜9.7km〜田平の岡（中山）〜6.2km〜烽の岡（徳の岡）〜2.6km〜茶臼山（茶臼陣山）が連絡網である。都城盆地朝霧ロード（霧島南部広域農道。どんぐりロードの愛称もある）を境に館山と対峙する。一等三角点補点の山だが、展望は館山（公園）の方が勝っている。

土 然 ケ 丘 [ドゼンガオカ] 589.7m ／二等／庄府／小林市須木村・野尻町／高原／野尻

別称・土然ケ岳。西の峠が起点の緑資源幹線林道（山の国道・大規模林道）・宇目須木線（137.1km）に連結する、「ふるさと林道（フォレストロード）」野尻内山線（全長3069.9m、幅員7ｍ）の平成19年（2007）3月28日開通に伴い、昔の峠道を主体に登山口や遊歩道が整備された。霧島連山への落陽は見飽きることがなく、いつまでも山頂に留まっていたい山である。尾根続きの〈九州電力・宮崎幹線144号〉鉄塔より送電線巡視路を利用しての周回路があり、健脚向きには思い切ってそのまま東へ尾根を伝い、大岩（571m、独標）〜崩内（544m、独標）を経る七郎山とのセット登山は、読図の経験と健脚を要する。

「どぜん」（椎葉地方ではとぜん）は山菜のウド（独活）の方言で、南麓の野尻側に鵜戸原の地名があるが、こちらは「うとばる」と読む。林道の峠より尾根の北側に庄府林道（1500m）が平成24年（2012）に建設された。野尻町角内地区の真北に位置する632m峰が野尻町最高峰の栗須北山（地形図未記載、独標）で、西から北へ城の岡〜栗須北山〜土然ケ丘〜七郎山と続く須木との町境尾根を、野尻町では北山連山と総称している。

戸 高 山 [トダカヤマ] 346.8m ／四等／水無／日向市〜門川町／上井野／日向

かつて地形図では、日向市山口と門川町大池を結ぶ大池越（または越が谷）の古い峠道のある尾根の、東端の源五郎山（163.4m、四等、点名：下払）を戸高山として記載されていた。門川町立五十鈴小学校校歌②「山の端まるき戸高山　若い樹々の葉燃え立つ緑　空を仰いでひとすじに　究めしゆかむ真理の道を」（作詞・平屋尚

俊／作曲・江川和光）。

　戸高山とは戸を立てたような高い山をいうが、こじんまりとした源五郎山は北麓の小松集落や門川尾末の五十鈴小学校からはこの山を視認することはできず、その名にはそぐわなかったが、平成12年（2000）発行の地形図から変更された。中間の300m峰（等高線）は芋子の辻（いもごんつじ）と呼ばれている。

兜 巾 岳 ［トッキンダケ］1488m ／独標／日之影町／見立／三田井

　かつて頭巾岳と記されていたが、平成12年（2000）発行の地形図から古名の兜巾岳に戻った。強風に変形した山地風衝低木林の山頂部が、兜巾（修験道の行者・山伏が被る黒色の布製の小頭巾）に似ている山容からの山名で、結袈裟に金剛杖を突き、ほら貝を吹き鳴らす山伏の山駆け姿が想像される山で、突巾とだけ記された古書もある。

　日之影中心地の青雲橋より、日之影川に沿う県道6号を北上（17km）、仲村橋（21km）、英国館（22.5km）、見立川小谷入り口（上見立登山口、標高540m）より、昭和44年（1969）最後の会社・ラサ工業が休山、閉鉱した見立鉱山跡を経て、アケボノツツジ・シャクナゲの群落地の兜巾岳に登り五葉岳まで足を伸ばすか、仲村橋より右折し日影林道の大吹鉱山跡経由で五葉岳とセットするコースが主流である。

戸 矢 山 ［トヤヤマ］548.2m ／三等／戸矢／都農町／都農／都農

　通称・鳥屋とも呼ばれ、一般に鳥を獲ったり鷹などを訓練した小屋のことをいう。山頂には1kmに及ぶ猪垣（しがき）が現存しており、その規模は南峰の皿ケ峯（460m、等高）へと続いている。この山だけに限らず、猪害に一睡もせず農作物を守った悲哀の歴史は、深山を追われた鹿や猿も加わり、現在も県下至るところで被害は増大している。尾鈴サンロード（日向灘沿岸北部広域農道）より平山集落の菅原神社前を通り平山林道が心見川に沿って西裾まで、畑倉林道と木和田林道が畑倉山へ向かって北から西へ通じている。

とやんたき ［トヤンタキ］929m ／独標／日之影町／見立／三田井

　（鳥屋ダキ）県道6号日之影宇目線・杉ケ越（大明神越・杉囲大明神）から傾山ルートより南に分岐する尾根の突端に位置し、奥村集落の北にある岩峰で、平成12年（2000）発行の地形図から新登場した。県道日之影側からは尖鋭の独峰として夕日

に映える山である。岩峯や岸壁をダキまたはタキと呼ぶことからの山名。

鳥 の 霧 山 ［トリノキリヤマ］ 1152.5m ／三等／下福良／椎葉村／胡摩山／鞍岡

　古地図には現在の三重山集落の古名「三十山」とある。鳥の頂点（限りないのキリ）は鷹で、かつて幕府の鷹取の御鷹之巣山７カ所の一山であったことからの山名である。町道・仲塔奥村線と横行線が九合目まで延びており、山頂へは送電線巡視路を利用する。

　西流する国道265号沿いの耳川支流十根川の仲塔渓谷（なかんとう）は、春はイワツツジ・秋は紅葉の名所として知られている。東山腹には珍しい名の集落・四吾七畑（しもしちばた）がある。ちなみに椎葉地方で「キリ」とは焼畑が森林状になったところをいうこともある。

ナ

長尾山 [ナガオヤマ]426.8m／二等／長尾山／都城市高崎町・山田町／高崎新田／野尻

地元呼称・ながおんやま。古くは長橋山とあり、記紀にある天の浮橋の伝説地で、高崎町最高峰。御池から陣の端（陣ケ丘ともいわれ、庄内の乱での島津宗家の陣鼻砦跡・東霧島神社上宮、255.7m、四等、点名・東）まで続く尾根の長さは約10km、7つの三角点がある県内最長を誇り、長尾岡、長尾連山とも呼ばれ、尾根伝いに長尾山林道が走っている。

山麓には庄内の乱で島津宗家（初代薩摩藩主忠恒・後の家久）の本営だった霧島六所権現の一つ・東霧島神社が鎮座。イザナギノミコトが石と化したカグツチ（火の神）を神宝「十握の剣」で切ったという伝承の神石裂磐が境内の故有谷池にあり、霊験あらたかな雨乞いの聖地で、春分の日が例大祭である。

一夜にて鬼が創りし鬼磐階段（別名振り向かずの坂、自然石166段、150m）を登り、「宮崎巨樹百選」の大クス（樹齢千年、樹高30m、幹周り9.1m）や、古来より祭祀の対象となった「ガラン石」と呼ばれるご神体の盤座のある東霧島神社へ参拝し、長尾山展望台から陣の端を巡る一周1時間の親子ハイキングコースがあった。長尾連山の最高三角点は438.8m峰（四等、点名：野平）で、点名：長尾山は426.8m となっている（『宮崎県の地名』参照）。

※「東霧島」とは、霧島山より東方へ延びる長尾山の東のつま（端、へり、きわ、のこと。妻とも記す）に位置することから、その呼び名が起こったといわれている。

かつて稲丸宮司ら有志により、平成27年（2015）まで25年間、「長尾の山を歩こう会」（15km）が催されていた。創建は5代考昭天皇のときと伝えられ、応和3年（963）に性空上人が東霧島権現社の本殿を再興、明治初年（1868）に長尾神

社に、同30年に東霧島神社に改称された。

長尾山 ［ナガオヤマ］382.2m／四等／長尾山／延岡市／延岡北部／延岡

　別称・ながおざん。明治10年（1877）8月15日、西南戦争で西郷隆盛が初めて戦場に立ったのが薩軍最後の決戦地・和田越（70m、等高線、平成4年〈1992〉5月17日石碑建立）の戦いで、薩軍3500の寡兵対官軍5万の軍勢、薩軍陣地は長尾山頂から東へ小梓峠、和田越、神楽田嶺（91.8m、三等、点名：妙見山）を経て、無鹿山、友内山へと続いた。
長尾山のもう一つの尾根は南へ和田越の丘陵に相対し扇森稲荷神社のある夏田山（252m、独標）に連なり、樫山（60m、等高線）の小岡に裾引いている。官軍参軍・山県有朋中将は和田越より南西へ直線距離1.2kmの樫山山頂より全軍を指揮していた（標柱【西南の役・山県有朋中将陣頭指揮の地】あり）。飫肥奇兵隊の総監だった「飫肥西郷」こと小倉処平は、無鹿山にて砲弾が太ももに命中し負傷、8月18日未明の西郷軍の可愛岳突破に合流できず、高畑山（297.7m、三等、点名小橋山）の中腹で自刃した。
　南の谷の祝子川支流蛇谷川には修験道の行場であった扇山龍泉寺の龍王山蛇谷霊場がある。雄滝・雌滝近くの奥ノ院（修業本殿）周辺は八大龍王、地蔵菩薩、弘法大師などの石仏が点在し、そのたたずまいは霊気の漂う雰囲気がある聖域で、また北の北川支流大峡谷川には巻闇滝がある。
　現在のJR日豊本線と国道10号トンネルの真上が和田越で、西南戦争当時は豊後街道はこの峠を越えていた。和田越トンネルの北200m、北川の畔に【逢ひはせなんだか　あの和田越で　薩摩なまりの落人に】昭和11年（1936）と17年に延岡を訪れた野口雨情の歌碑がある。天正6年（1578）、大友宗麟が西洋音楽の美しさに影響を受けラテン語の「ムジカ」（ミュージック）から命名した無鹿（務志賀・牟志賀）は、宗麟が島津との耳川決戦で、将来理想郷を築こうとして本陣を置き、結果敗れた地である。遠藤周作は珠玉の遺稿『無鹿』（文芸春秋社刊）に「大友宗麟と西郷隆盛……それぞれん夢賭けて、そん夢破れたのが無鹿」と締めくくっている。無鹿山の妻耶神社（大将軍神社）入り口には【大友宗麟陣屋跡地】の標柱がある。
　平成22年（2010）4月、東腹に蛇谷トンネル（延長890m）が貫通、小野町と大峡町を結ぶ広域農道「沿海北部地区（愛称日豊グリーンライン）」30kmが開通した。かつて延喜式（729年完成）による最古の豊後街道・小梓峠は、長井駅（北川町長井）と川

辺駅（延岡市大貫・川辺、現西階運動公園）を結んでおり、大峡より可愛トンネルを抜けて0.7km地点から徒歩で数分、今も往時をしのぶ素掘りのトンネルと「文化10年（1813）10月吉日」と刻んだ苔むす２体の石仏が、廃れゆく峠の風情を物語っている。

中小屋山 [ナカコヤヤマ] 902.0m／四等／中小屋／日之影町〜美郷町北郷区／宇納間／諸塚山

　国土地理院呼称・なかごややま。六峰街道に位置するも六峰には属していない。近くの中小屋天文台・昴ドームは星空ウォッチングで全国一になったこともある六峰街道の観光ポイントの一つで、九州でも最大級のレンズ口径60㎝で透明度抜群の日本で初のリッチー・クレチアン式反射望遠鏡を備えている。

　旧延岡駄賃道は九左衛門峠往還・尾立の往還とも呼ばれ、駅逓の宿場があった中小屋中継所は、駄賃つけ唄①にも「登りゃ　中小屋　下れば　家代　登りかけたぞ　この道を」と歌われたところで、産物や生活物資を搬送する駄馬や牛馬で絶えず賑わった。延岡往還の駄賃つけ道は、川水流〜高畑〜清水観音〜速日の峰〜宗玄窪〜長山〜石峠〜中小屋〜九左衛門〜秋政公坂〜柳の越〜家代（屋代）の重要な交通路をいう。

　東の論出山との中間には、六峰街道を交差して県道210号宇納間日之影線（28km）が越えており椎野と岩井川を結んでいる。東の崘出山側に県道210号宇納間日之影線が南北に乗っ越している。

長崎尾 [ナガサキオ] 1373.4m／三等／長崎尾／都農町〜木城町／尾鈴山／尾鈴山

　尾鈴山の南へ尾根伝いで、かつて矢筈岳と呼ばれた双耳峰の北峰。長い尾根の突端先（とっぱなさき）の意で、三角点名と同じ山名となる。標高1250m付近の南東尾根のコウヤマキ群落は200本以上と推定され、国内でも最大規模と、平成元年（1989）に確認された。

中岳 [ナカダケ] 1332.4m／四等／中嶽／小林市〜〔霧島市〕／高千穂峰／霧島山

　古くは笈掛山・折掛山とあり、新燃岳寄りの北山腹に水源がある。霧島縦走路の新燃岳と高千穂峰の中間に位置し、高千穂河原から「中岳中腹探勝路」が整備されており容易に散策できる山で、特にミヤマキリシマの開花の頃には人気があ

る。平成23年（2010）１月26〜28日の新燃岳の噴火に伴い、火山礫に覆われ一時は全滅も危ぶまれたミヤマキリシマも再生し、入山規制されていた探勝路が２年３カ月ぶりに同25年ゴールデンウィークの初日（４月27日）に一般開放された。

永田山 [ナガタヤマ] 257.0m ／三等／長田／日向市／山陰／日向

古くは迫山、別称に遠見山とあり、山頂近くに永田大師が祀られ、海岸線への展望がある。山名は、「橘ひょっとこ踊り」の発祥地である北麓の永田地区に由来する。尾鈴サンロード（日向灘沿岸北部広域農道）のループ公園北の赤岩川に架かる赤岩４号橋南詰より、車両進入禁止の林道伝いに、４つの枝道をやり過ごし、ミツバツツジ群落の山頂へ。

中ノ嶺 [ナカノミネ] 548.6m ／二等／中之嶺／延岡市北川町〜《佐伯市直川村》／重岡／熊田

北川町と大分県直川村大字仁田原を結ぶ峠で、南西１kmの大原越と北東２kmの陸地峠との中間に位置し、山尾根が東西に延び、その中央で一段と高くなっている峰の意。陸地峠と共に西南戦争戦跡である。国道10号の佐伯市重岡杭の内より林道高森線（4.3km）が山頂近くまで延びている。西の480m峰（等高）は旗越山、東の499m（独標）は宮返山とある（『西南戦争、戦跡を訪ねて』北川戦跡マップより）。

【西南戦争慰霊碑】があり、台場跡の残る陸地峠は、明治10年（1877）５月下旬より７月中旬にかけ、連日風雨の中で繰り広げられた県境戦で、７月17日午前４時官軍は奇襲攻撃で手負い戦士17名を出し、ここ薩軍の守口台場を占拠した。大分県直川村（現佐伯市）最後の激戦地で、戦況は宮崎県の北川村へと展開していった。【文化７年（1810）刻字の延命地蔵尊】が祀られている往還で、徒歩にて陸行するのに遠隔の地であるという意味から名付けられた陸地より峠まで4.5km、町道北川直川線が林道宇目蒲江線に連結している。

長鼻 [ナガハナ] 637.6m ／三等／長鼻／宮崎市清武町・田野町／築地原／日向青島

別称・ながばな。長い鼻の形をした尾根の山容からの山名で、地元では高平と呼ばれ、双石山の九平権現（びらごんげんと尊称される姥ケ嶽神社）の地名・九平（上高平、内平、櫛平、小平、児屋之平、収平、柳平、山之神平の総称）の一つである。南山腹に国内でも有数のツバキの群生林があり、東には普段宮崎方面から見慣れている双石

山が冠状の違った景観を見せる。南西の県道28号日南高岡線側に「焼肉のタレ」で有名な戸村牧場がある。

中 山 [ナカヤマ] 347.0m／四等／田平／都城市高崎町／高崎新田／野尻

戦国時代、北原氏の「田平の岡」狼煙台があったところで、地元では西郷山とも呼ばれている。北の杉倉温泉（休業中）近くから東南へ、尾根続きの高塚の北西へ通じている平成6年（1994）建設の中山林道と、山頂を南北へ越えている九州電力送電線鉄塔（宮崎線）の巡視路を利用して、周回の山歩きが可能であり、ワイドな展望が得られる。

※一般に中山とは、端山（連山の端、里に近い山）と奥山（深山）の中間に位置する山をいう。

夏 木 山 [ナツキヤマ] 1386.0m／三等／奈月山／日之影町～《佐伯市宇目町》／木浦鉱山／熊田

別称・なつぎやま。大分県佐伯市宇目町の国道326号唄げんか大橋の真弓から藤河内へ、北川支流桑原川上流で無数の甌穴や観音滝（73.5m）のほか大小多数の滝を有する藤河内（ふじがわちとも）渓谷を起点に、夏木新道登山口（アケボノ平～船石コース）がメインルートで、新道より分岐する犬流れ越口からのルートは、犬流れ越から鋸切尾根（小鋸・大鋸）を乗っ越す、鋸歯状の起伏に富んだスリルのある岩場で緊張の連続となる。宮崎県側からは、五葉岳と兜巾岳分岐より鹿の子山（1402m、独標）を経由する尾根歩きで人気があり、要山（夏木南峰とも。1360m、等高線）より東西に千丈覘の急崖を喘ぎ登れば夏木山頂である。

七 熊 山 [ナナクマヤマ] 929.1m／三等／坂元／小林市須木村／須木／須木

山名の由来には、源平合戦の局地戦・軍谷の戦いで7頭の熊が出現したという伝説と、かつての交易ルート・魚塩の道の七くねり（曲・くまがり）が七熊に転訛した、との諸説がある。五葉松の自生地として知られ、山頂近くに宮崎気象台七熊山雨量ロボット観測所が設置されている。

須木とはるか遠く高岡を結ぶソルトルートには、穆佐の島津蔵屋敷までお蔵米を運ぶ中継点の俵置き場、花掛けなどの地があり、湧水があった一向宗弾圧ゆかりの隠れ念仏の坊主屋敷跡には薄命の美少女が通っていた話も語り継がれているロマンの山でもある。

県道401号奈佐木高岡線と緑資源幹線林道（山の国道・大規模林道）「宇目須木線」緑資源幹線林道「須木須志原線」区間の交差点・奈佐木峠から４kmの七熊山登山口と、さらに1.9km地点の法面に削られたステップの塩の道登山口の２カ所のルートがある（コースタイム１時間）。南に西南戦争激戦地の竜王山（他に龍尾山・立野山・龍の越・建の越・駒帰山の別記あり。845m、独標）がある。

並松山 [ナラビマツヤマ] 789.6m ／三等／越路／日南市北郷町／築地原／日向青島

　　　国土地理院呼称・なみまつやま。古くは越路峠とあり、北郷町宿野と田野町持田を結ぶ。現在は板谷林道が通っており、後に朝陣野南腹に大戸野越が開削されそちらが幹線となる（県道28号日南高岡線）。白雉14年（663）、油津に上陸した百済王が小姓と越えた伝説の往還で、西麓の持田には「百済王雨宿りの岩」〈田野大宮大明神の碑〉があったが、平成17年（2005）９月台風14号で、深層崩壊による土石流被害に遭い、大山神の石柱とともに近くの小さな堂宇に並置されている。

　　　なお、白馬もろとも井戸に落ちて絶命した百済王を祭神とする田野大宮大明神は、明治４年（1871）に現在地の宮崎市田野支所隣の田野神社に合祀、大正３年（1914）７月20日には楠原の天建神社を合祀し田野天建神社と改められ、毎年７月20日が夏祭りの始まりだったが、現在は日曜日に変更され郷土まつりとして受け継がれている。

二

仁久志山 [ニクシヤマ] 705m ／独標／美郷町北郷区～門川町／上井野／日向

　門川町最高峰。ゆるやかな稜線の山で、西にしおり越、東は珍名山さるまつこ（轟山、595.5m、三等、点名：猿松子）と駒瀬山との鞍部に尾平越がある。南西の二等三角点峰は躑躅山（うつじやま）（726.5m、点名同じ）といい、『門川町史』にはこの山が仁久志山で、現在の仁久志山は昭和22年（1947）発行の五万図〔富高〕にはニクシ山とあり、いかにもいわくがありそうな山名で、294を数える大小さまざまのピークがあるからともいわれるが定かではない。

　この持田一帯はかつて延岡藩所有林で内藤藩山と呼ばれていた。北東を広域基幹林道・塩見谷土々呂内線（全長4774m）が北郷区入下と日向市塩見を結び、西に森林基幹道・山之口五郎太線が走っており、五十鈴川支流土々呂内谷渓谷は入下

地区の水源地になっている。

西 俣 山 [ニシノマタヤマ] 917.4m ／三等／上袋／小林市須木村／田代ケ八重／須木

　別称・にしまたやま。国道265号の輝嶺峠を挟んで、レジャー施設「すきむらんど」の左岸の東俣谷バンガローや宿泊研修施設のある東俣山（950.9m、三等、点名麓）に対峙する山で、西の俣状の尾根からの山名である。輝嶺峠の近くより大森北林道（施錠）が通っている。北の熊本県多良木町との県境には市ノ俣山（881.0m、四等、点名市俣山）がある。

猪 田 山 [ニタヤマ] 740.5m ／二等／中尾／西都市／瓢箪淵／尾鈴山

　別称・「いのたさん・いのたやま・いしにたやま」とあり、地元では「いしにた」とだけで呼ばれている。九州一の貯水量を持つアーチ式の一ツ瀬ダム左岸（北）に聳え、古くは蹈田山・泥田山とも記され、山中には猪の原の地名もあり、猪の仁田場があったことからの山名である。

　昭和９年（1934）、一ツ瀬川沿いの県道米良線（西都市杉安～西米良村村所間・現米良街道・国道219号）の開通で、旧東米良村（現西都市銀鏡・上揚・八重・中尾・尾八重、現木城町中之又）役場が打越より移転してから中心地として発展した瓢箪淵から、かつて猪田山頂の西から北へ尾泊越の古道があり、米良街道の鳥の巣からの作業林道と接している。明治22年（1889）村政を敷いた東米良村は、木城町に合併した中之又を除いて、昭和37年（1962）に西都市に編入された。

人 形 岳 [ニンギョウダケ] 887m ／独標／延岡市北方町／大菅／三田井

　竹の畑山と共に通称・だき山山系といわれる岩峰の山で、北に渡瀬林道がある。人形に似たダキ（岩）からの山名と言われており、山名とは裏腹に容易には踏み込めない山域であったが、平成21年（2009）、地元の上鹿川地区グループの尽力で、だき山登山道が開設され、登山上級者によりアタックされるようになった。

ハ

八 重 山 ［ハエヤマ］ 524.8m ／三等／八重／美郷町北郷区／宇納間／諸塚山

　地元呼称・八重オダチ（オダチとは焼畑のこと）。山頂には八重山雨量中継観測局の無線塔がある。「山地災害の発生を予知するための〈山崩れ発生予知テレメーター施設〉で、平成7年（1995）度地域生活基盤総合治山事業として、宮崎県が設置した」と案内がある。椛木から「八重ん坂道」と呼ばれる椎茸作業道・八重線が通じ、八重山の北に小八重オダチ（527.8m、四等、点名・小八重）がある。

　山腹の養老元年（717）開基の市木地蔵は、火切地蔵として有名な全長寺の宇納間地蔵尊の奥の院である。奈良時代の高僧で東大寺「四聖」の一人・行基が彫ったとされる地蔵は365段の石段を登り切った鉄城山（270m、等高）山頂の地蔵堂に安置されており、宇納間地蔵尊大祭の平成26年（2014）2月22〜24日に、60年に一度の本尊が御開帳され、初日の夕刻には奥ノ院に一時里帰りした。この市木地区には宮崎百樹に選定された「市木のチカラシバ」（マキ科ナギ、幹周り370㎝、樹高20ｍ、樹齢300年）がある。

馬 口 岳 ［バクチダケ］ 1436m ／独標／椎葉村／古屋敷／椎葉村

　展望抜群の博打石（岩）で山師や博労（馬喰）たちがバクチをしたことからの山名で、ばくちを打つときに縁起をかついで口にしたニラが生い茂っていたことから、韮草越（1250m、等高）と呼ばれるようになった峠道は、椎葉村川の口から小崎川を遡り水上村朴の木原を結んでいる。

　平成11年（1999）10月19日、福岡在住で川の口出身者の遺贈がきっかけで、地区民により登山道が開設され、寄進者の刻銘のある【馬口岳山頂】の石柱も建て

られた。平成25年５月には新ルートも開設され、アセビ、ヒメシャラ、ブナの大木が目立つ尾根道を伝う、「新緑の山道を歩く馬口岳登山」が開催された。

　北東の飯干山と尾根続きの椎葉山地の山で、九大演習林に隣接し、中間のピークは鷹ノ巣山（1154.4m、三等、点名坂）といい幕府の鷹取の御立山の一つである。平成25年（2013）１月号『山と渓谷』に、午年の特集として「全国馬にちなんだ山リスト」から登山ルートが全国に紹介された７座の一山である。旧登山口標高1080m、新登山口標高813m。

畑 倉 山 ［ハタクラヤマ］849.2m ／三等／畑倉／都農町～日向市／尾鈴山／尾鈴山

　古くは畠干山、畠倉谷山とある。尾鈴サンロード庭田より県道301号山陰都農線から【畑倉山無線中継所】の標識より左折し畑倉林道へ、電波塔のある560mピーク（等高線）を経て、山頂直下まで8.2km。山頂三角点近くには［九州電力マイクロ無線畑倉反射板］２基が設置されている。

　上逆瀬山との中間の石並川源流丸木谷は、かつて薪炭林施業で荒廃していたが、昭和41年か（1966）ら治山治水を目的の植林により回復し、現在は東郷町の水源になっており、平成７年（1995）林野庁選定「庭田水源の森」として「日本水源の森百選」に選ばれている。

　「畑」は焼畑のことで「倉」とは削られた地形を意味する峻峯をいう。山頂部一帯には古代遺跡や磐座（いわくら）を想像させる露岩や巨石群が見られ、平成23年（2011）10月25日、国際森林年・水源林造成50周年を記念しサクラが植樹され、鹿食害防止のネットが張られている。相見山の尾鈴神社との中間に石塚（石塚山、783m、独標）がある。

　全長10.7kmの都農川は南面を源流とし芋子川、上野川を合流。全長11.3kmの心見川は東面を源流とし、戸矢山の南麓を経て平山の観音滝となり、前田川、征矢川を合流し海へ注ぎ、都農町の肥沃な農業地帯の耕地を形成している。南西には木和田林道が通じている。ちなみに「倉」とは岩の古語で、「嵓」と書いて倉は当て字である。

鉢 ケ 峰 ［ハチガミネ］265.2m ／三等／田中／都城市高崎町／高崎新田／野尻

　別称・ハツガミネ。平成２年（1990）、旧高崎町において木場城と共に課外学習で利用されることからの名称「スタディヒルズ（学びの丘）鉢ケ峯ふれあいの丘」として整備。

　台座が方向指示板を兼ねる山頂展望台の中央には、三角点標石が大事に固定され、眺望は実に申し分ない。鉢を伏せたように盛り上がった山容からの山名で、昭和59年（1984）、農村地域定住対策事業により駐車場・トイレもある「東霧島農

村広場」を起点に、狭路で離合不可の車道を1㎞で山頂へ。県道42号都城野尻線の松ケ水流地区からのかつての登山道は既に廃道化している。

八幡丘 ［ハチマンガオカ］ 423m ／独標／えびの市～小林市／日向大久保／加久藤

『三国名勝図会』には横尾八幡山・一名横峯とあり、加久藤カルデラ東縁を形成する加久藤火山外輪山である。戦国時代の北原氏の狼煙山で、北から南へ兜卒山、岡添山、奥の院山（最高峰）、権現山、牧神山、公園丘（三角点峰、396.2m、二等、点名：原田）、上竹山、横峯の8つの峯丘がたおやかに裾を落としている霊場である（宮原祐勝著『八幡山物語』より）。

島津藩時代から家畜の放牧場として栄え牧神（馬頭観音菩薩）を奉安、明治の廃仏毀釈に遭ったが、大正12年（1923）に成松玄融和尚により牧神山に弘泉寺馬頭観音堂を開山。西麓に鎮座する八幡神社（横峯八幡祠）が山名の由来である。永享2年（1430）この地で馬より落ちて絶命した島津分家・総洲家最後の5代川内碇山城主の島津犬太郎久林を祭る。

飯野平野を潤す享保用水路に沿って、西の九州八十八ケ所42番札所・えびの八幡山恵光院弘泉寺を起点に奥の院へ、四国八十八ケ所のお砂を一体一体に埋め込んだ八十八体の石仏を巡るコースがある。

昭和43年（1968）12月、明治百年記念に開園の「えびの八幡丘公園」は、えびの市民の憩いの場として親しまれ、園内にはサクラ2千本、ツツジ5万本、梅1千本、レンギョウ5万本の他、山茶花、山吹などか植栽され、ハルリンドウの群生地としても知られている（『ふるさとの散歩道』より）。

平成5年（1993）度の「森のふれあいの道」事業により国道219号から尾根道

（1.7km）に連結する林道藤坂線（延長1440m、幅員4ｍ）が整備された。憩いの広場、こども広場、木の体験広場、ピクニック広場のある公園には、酒と旅に生きた自由律俳人・種田山頭火（1882～1940）が、昭和5年（1930）9月17日、人吉から肥薩線で京町温泉に入り、翌日加久藤から雨に濡れての托鉢行をしながら飯野駅前の旅館に泊り「ぬれてすずしくはだしであるく」と詠んだ歌碑がある。【戦傷病者之碑】の脇に二等三角点が埋設されており、西端には34万年前にできた加久藤カルデラを一望できる舞台式展望台が設置されている。

場 照 山 ［バテルヤマ］660.8m／二等／場照／延岡市北浦町～《佐伯市蒲江町》／三川内／蒲江

　別称・ばてりさん。国土地理院呼称・ばしょうさん。大分県佐伯市との境に位置する北浦町最高峰で、豊後のキリシタン大名・大友宗麟ゆかりのバテレン（宣教師・伴天連）からの山名ともいわれ、大分百山（㈱日本山岳会東九州支部発行）の一つである。九州山地の東北端の山地で、佐伯市の天測点の元越山（581.5m、一等、点名同じ）より神楽山（541.5m、三等、点名：神楽）さらに南に轟峠からこの場照山、石神越を結ぶ山塊は場照山地と呼ばれている。青山国有林に属し、東の東場照山（640m、等高線）、南の塩見山（554.5m、四等、点名：森崎）の東部は数多くの滝を有する塩見谷や滝内渓谷がある。

　「バテル」とは疲労、疲弊する最上の形容詞である。三川内の梅木（10.4km）県境の豊後往還・石神越（標高466m）を越えて播磨谷林道（2.5km）を右折し鳴水谷林道（1.9km）を経て登山口へ。宮崎市からは一番遠方に感じられる山である。宮崎県側は伐採されて人工林化が進んでおり、林道塩見石神越線が通っている。石神越より県境西へは石神山（602m、独標）から枯槙山（664.9m、三等、点名・枯槙）へ続く。

　豊後守護職・大友義鑑（義鎮〈宗麟〉の父）の追討令を受けた臼杵城主・臼杵長景の計略にかかり追われた第10代栂牟礼城主・佐伯次郎惟治は、堅田川を遡って石神峠を越え、北浦町三川内に一旦は落ち延びたが、結局は大永7年（1527）11月25日に尾高智（千）山で自刃した。

花 切 山 ［ハナキリヤマ］669.2m／三等／楠ノ元／宮崎市／日向青島／日向青島

　『日向地誌』にはトクソ山とあり、斟鉢山・岩壺山と合わせて徳蘇連山の三角点峰をいい、下徳蘇山の別称もあり、他に砥屎山とも記される。トクソ（砥糞）とは刃物を研ぐときに出る粒子の細かいドロドロしたカス汁をいい、仕上げ砥石で磨き上げるときに必要なもので、山麓には日本刀を造る砂鉄の製錬カスの鉄滓の捨場が2カ所あり、元禄時代には飫肥藩の家一郷鉄山があった。

　ハナキリ山とは隣接する双石山の古名
「鼻截山」で、「宮崎辺りより望めばその西
頭が截然として絶えている」（西端が切立ち落
ち込んでいる）と『日向地誌』に記載されて
いるが、著者の平部嶠南は18歳で清武を離
郷、幼い頃より眺め育った故郷の山々、安
井息軒に随行して双石山系へも登ってお
り、花切山はその山容からしても鼻截山か
らの誤記と思われる。

　椿山森林公園キャンプ場からの〈尾根コース〉と〈椿山（鏡洲万葉の滝）コース〉
のルートは、加江田渓谷の〈あかご渕コース〉と合流し花切展望所を経て山頂
へ。東の尾根伝いに蛇の河内山（388.5m、三等、点名：蛇の河内）を経て曽山寺自然休
養村の梅園・好隣梅への縦走コースが、平成9年（1997）1月、宮崎山楽会（森本
辰雄初代会長）によって道開きされた。家一郷山の北、花切山の西の内平山（406m、
独標）には大分からの有志が設置したという観音像が祀られている。

※「好隣梅」は、宮崎市により昭和53（1978）年から整備され、健脚コース458段
　の階段で展望台（340m）へ、復路は梅林を巡るなど幾つもの遊歩道が設置され
　ており、建国記念日には梅まつりも開催される。かつては曽山寺から知福川に
　添って荒れた加江田林道を詰め源流を直答するコースもあった。

花立山 [ハナタテヤマ] 489.3m ／三等／余里／日南市北郷町／坂元／日向青島

　平成18年（1996）文化庁の「歴史の道百
選」や、「日本街道百選」に選定された
〈飫肥街道〉は、天正・慶長年間（1573〜
1614）に開かれ、最大難所の花立山（花立峠
とも）を越えていた。飫肥藩主も越えた参
勤交代のお籠立場（休憩所）であり、花立と
は中世から盛んになった霧島権現信仰に基
づくもので各地にその名を残し、ここも高
千穂峰遥拝所としての山名であり、ところによっては華立とも記され、防災無線
アンテナのある車道の最高地点からくっきりと夕映えの秀峰を望むことができ
る。ちなみに日南市南郷町最高峰（369.5m、三等、三本松）は霧島山と呼ばれている。

　北郷町史談会の案内板には〈畜魂碑（291m）防災無線（77m）花立峠（326m）市
道本太郎山仮屋線〉とある。東部を林道・花立〜猪の八重線（延長1336m）が通
り、日南山地の岩壺山から郷谷山〜谷之城山への稜線、日南平野を蛇行する広渡

川と日向灘、南の寝姿観音山脈が一望できる。

　ここ花立高原は、北郷町畜産公社が運営する花立牧場があったが、昭和61年 (1986) に閉鎖、採草地の千本のサクラが始まりで、今や九州随一といわれる１万本を数え、チェリータウン北郷町の名所花立公園 (後に花立桜公園と変更) となり、平成11年 (1999) ４月４〜５日「第11回全国さくらサミット in 北郷」の主会場となった。遊歩道は桜公園入り口から、標高490ｍの畜魂碑や「花立の鐘」のある展望所まで、「彼岸花散歩道」(1130m)「ツツジ散歩道」(860m)「紫陽花散歩道」(350m) が敷設されている。

　昭和39年 (1964) オープンの蜂の巣キャンプ場も、その後「かじかの里」や「わんぱくとりで」などの施設が充実し、みどりの丘展望台 (標高283m) への遊歩道や風の峠遊歩道 (頂上まで400m・終点まで900m) など整備された。平成20年 (2008) に森林セラピー基地に認定され、同24年３月11日「癒しの森北郷ノルディックスポーツパーク」としてグランドオープン。2.5kmの癒しの森フィトンチッドコース、3.5kmの癒しのロード・リラックスコース、10kmの絶景コースが再整備された。

　平成24年９月30日「UF 北郷トレイルラン (オフロードの山道を走るランニングスポーツ) ＆ノルディックウォーキングプレ大会」が本大会に備えて催され (NPO 法人ごんはる・癒しの森スポーツクラブ主催)、翌年３月30日、第１回北郷セラピートレイルランニング大会が、岩壺山を経由する23kmのコースで開催された。平成26年２月23日の第２回大会には、蜂の巣公園から花立山展望台を往復する約10km (未舗装路5.5km・舗装路4.5km) のトレイルラン・ショートコースも新設された。

速日の峰 [ハヤヒノミネ] 868.0m ／一等／速日岳／延岡市北方町／宇納間／諸塚山

　別称・双子山、古称・二子塚。早日の峰とあり、地番は全国唯一の干支の町・北方町巳字速日の峰で、鐃速日命が天降りしたという伝承の由来と、四方に高い山がなく朝日が早く差すことからの山名ともいわれ、雲海と初日の出のスポットである。

昔から延岡三山といわれ、六峰街道の山の一つで、山頂東端には平成８年
(1996) ７月７日全面開業のレジャー施設「エトランド速日の峰」(21ha) があり、
メインの人工芝スキー場 (330mの直線コース、218mの曲線コース)、宿泊施設の農業
体験実習館やバンガロー、多目的広場には国内最大規模の風力発電 (750kW) の
オランダ・ラガウェイ社製の風車 (高さ50m) が遠くからでもこの山を確認でき
た。しかし相次ぐ落雷などの被害で、多額の修繕費がかさむことから、平成27年
(2015) に発電所を廃止。「えとの町北方」のシンボルとして16年間親しまれてき
た白い風車も、亀裂倒壊の恐れがあり解体された。
　九州自然歩道沿いには縁結びや厄除けとしてご利益があるといわれる清水観音
があり、速日連峰を縦走し中小屋を経由する旧延岡家代往還には、駄賃道の休憩
地「馬立」の地があり馬方が休む様子を想像すると絵になる。山腹には布引の
滝 (落差50m、幅９m、滝壺300㎡) があり、北東麓には和銅３年 (710) 創建と伝えら
れ、応和元年 (961) に山頂より遷座された早日渡神社が祀られ、雨乞いに霊験あ
る神社として知られている。【赤根さす速日の峯のもみづるを　たなきる上に見
らくしよしも　武石道生】(医師・国学者・歌人、号・霧岡散人／歌碑・北川町荒平公園)

腹 巻 山 [ハラマキヤマ] 577.0m ／三等／腹巻／美郷町北郷区／田代／神門

　五十鈴川支流板谷川の源流の山で、地元では３つのピークを「はらまき」と総
称し、東の579m峰 (独標) は腹巻の奥と呼ばれている。東部に八峡から入下を結
ぶ往還・石越があり、普通林道・田谷板谷線と接続している。胴着に似た山容で
堆積岩が腹に巻いているように見えることからの山名で、かつて延岡藩の所有で
あり内藤藩山林ともいわれていた。北の五十鈴川支流土々呂内谷沿いの463.7m
峰は天狗岳 (四等、点名に同じ) という。

春 山 [ハルヤマ] 1162.3m ／三等／春山／木城町〜都農町／尾鈴山／尾鈴山

　尾鈴山系の山で、黒原山と上面木山との中間に位置し、古くは「黒岳」と呼
称。袋谷林道より電波反射板巡視路を経由するが、かつて山頂にあった九州電力
の「尾鈴山反射板」は撤去されている。西には春山林道34支線が八合目近くまで
延びている。平成26年 (2014) ４月に西麓の木城町春山地区から矢筈岳を経由す
る尾鈴山への登山道が地区民により45年ぶりに整備された。

盤 木 山 [バンギヤマ] 711.2m ／三等／鹿森岳／国富町／大森岳／須木

　深年川を挟んで釈迦ケ岳の北東、鹿森岳 (389.9m、三等、点名同じ) の西に位置
し、尾根は北へ式部岳から掃部岳へと続く。「バンギ」とは木馬道で枕木状の横
木のことで、その上に木ん馬を滑らせて材木や木炭を運んだ、林業華やかなりし

ころの山名である。国富町馬渡（深年入口バス停）から八重尾林道を、優良モデル展示林の杉の美林や竹炭の里を経て3.6km先より、一般車両進入禁止を詰めた処が登山口で、尾根筋には木馬道名残の小径が続いているが、新林道により寸断されている。

　ゲート手前を横切る九州自然歩道〈法華岳～籾木池〉の一環には、草に埋れた摸木柵や巣掘りのトンネルが名残を留めている。林道を右折して0.6kmの深年川支流後川には〈福須谷、百間滝入口、国富ライオンズクラブ〉の案内があるが、谷沿いの小径15分先が崖崩れしており遡行は注意を要する。南に対峙する釈迦ケ岳との中間の深年川に沿う茶臼岳林道（ゲートあり）より直登する破線はほとんど踏まれていない。

ヒ

比　叡　山　[ヒエイザン] 760m／独標／延岡市北方町／日之影／諸塚山

　古名の稗の山（『西南戦争延岡隊戦記』には774mとあり）から転訛した山名で、比叡之山と記され（ひえのやま）と括弧書きされた文献もある。前峰、本峰、後峰の三峰からなり、全山が急峻かつ複雑な花崗斑岩の環状岩脈（リングダイク）は、地形上貴重な存在であり、垂直の岸壁はロッククライミングのメッカとして県外にも知られている。最澄が開いた天台宗の総本山・延暦寺のある東山三十六峰の代表挌、京都の北東・滋賀県境に位置する「母なる山」比叡山とは関係はない。

　綱の瀬川の峡谷を隔てて拮抗する矢筈岳と共に、昭和14年（1939）国の名勝地に指定されており、岩の鎧をまとって屹立する山容は山水画そのものである。花崗岩の展望台・千畳敷登山口と南登山口があり、カランコロン岩（864m）の難所や、千畳敷コースの寄り道に、神楽面を創った岩窟との言い伝えのあるヤカタガ岩屋がある。近年は760m峰を比叡山、三等三角点峰を稗の山（918.1m、点名に同じ）と区別して呼ばれており、平成21年（2009）４月５日、地元下鹿川や菅原地区民や登山愛好家の実行委員により山開きが開催されている。

　南の地区の槇峰は、九州一の銅山・槇峰鉱山があったところで、明暦３年（1657）発見され、明治22年（1889）に三菱の経営となり、銅精鉱と硫化鉄精鉱とを

生産出鉱し、わが国屈指の銅鉱山だった。約300年にわたり採掘と休山を繰り返し、最盛期の昭和18年（1943）には従業員1043名、住民5000〜6000名を数え、三菱の礎の一端を担った一大鉱山かなやまの町だったが、昭和42年に閉山した。その後も鉱害を防ぐための残務処理は行われており、わずかに残る精錬所や事務所、社宅跡の石垣などに当時を偲ぶことができる（『槇峰鉱山史』より）。鉱山跡周辺には美々地の段々畑（棚田）が広がっている。

稗 畑 山 ［ヒエハタヤマ］853.2m／三等／稗畑／西都市／瓢箪淵／尾鈴山

　別称・ひえばたやま。杖木山・大瀬内山と共に鹿遊連峰と呼ばれている。古くは稗畑峠ともいわれ西都市南方から尾八重や銀鏡への間道であった。かつては焼畑（火田・こば）農耕の山で、元々は救荒食だったソバを75日で収穫し、最初の年にヒエ（稗）を作ったことに由来する山名で、その後、粟（アワ）、3年目に大豆、小豆、所によってはまたヒエを栽培し、約20年の周期で自然に回帰した。古くは焼畑農耕は畑（コバ）、水稲農耕は畠（ハク）と区別した。

日 隠 山 ［ヒガクレヤマ］1544.1m／二等／高鷹／日之影町／大菅／三田井

　別称・ひのかげやま。日之影町中部に位置する九州山地の山で、南へ千軒平（1358.7m、四等、百曲とも）〜鹿川峠〜釣鐘山との稜線付近には、夏緑広葉樹林が残されている。2つの岩峰から成り、展望ある北日隠山（1580m、等高線）との双峰で、北への稜線は二十丁峠（1330m）へ落ち、鹿納野へ連なる。山頂へは県道6号日之影宇目線の赤川仲村橋より日隠林道を経由し5.7km、水場のある3号橋先に駐車し日隠谷が登山口。二十丁峠は元禄時代（1688〜1704）、洞岳との鞍部・大吹谷にあった大吹鉱から鹿納谷〜鹿川へ鉱石を搬出したルートにある峠をいう。

　東面は急峻な岩稜帯で、県道上祝川綱の瀬線の鹿川集落より徒歩で30分、中腹の標高940m地点に黒尊様と呼ばれる鹿川神社のご神体「黒尊石」（高さ約25m、周囲約20mの花崗岩石で黒尊神石とも）の独立した岩峯があり、山ノ神の祭礼日・旧暦1月16日例祭の伝統が受け継がれており、えびの市の天狗山の狗留孫仏石（22m）と共に、県内二大メンヒルといわれる。明治12年発行『日向地誌』には黒尊石は「膝の上」とも呼ばれていると記している。

　「日之影」とは、神武天皇の三兄君・高千穂神社の祭神・三毛沼（入）野命（ミケイノミコトとも）の鬼八退治のときに、大雨続きを天の神に祈られ日の影（光）が

差してきた古事からの伝承地名となったものである。日之影町中心地は新日之影、他にも七折に影待、岩井川には神影などの地名がある。

日 陰 山（権現山）[ヒカゲヤマ] 897.8m ／三等／千本／美郷町西郷区／田代／神門

　　　　　　　　　古くは日ノ陰山とあり、平成３年（1991）「美しい日本のむら景観100選」（農村景観百選）の御田祭（県指定無形民俗文化財）で知られる田代神社本宮が中腹（533.4m、四等、点名坊の平）に鎮座する（年の神神社は遥拝所）。犬の遠吠えが七日七夜も続いて、山頂に不思議な光が輝き、掘り出した「霧島六所大権現」と刻んだ鋤の先をご神体とする。近くに本殿と拝殿を建て遷宮したが、日向の浜を白馬で通ると権現様ににらみ落とされる噂が広まり、長元５年（1032）現在地に遷座、彦火火出見命ほか３神を祀り、当時より地元では権現山が一般である。

　平安時代から続く御田祭は、毎年７月第一日曜日、中腹の神社より上円野神社の神輿に神霊が降臨し、宮田への御神幸、人馬一体になって駆け回る「牛馬入れ」、早乙女姿の田植えなど彩りを添える。豊作と無病息災を祈願する勇壮で艶やかな祭りに、静かな山村も大いに賑わう。東部の林道・幸地線と坊の平線は九州自然歩道を兼ね、終点から小径を登り詰めると、四等三角点（533.4m、点名：坊の平）の傍らに、清らかな田代神社がひそんでいる。ここから尾根へはロープのある急登を強いられ権現山の霊威のほどが感じられる。

　北の尾迫川には若山牧水が酒を注ぐ柄杓を意味する「斗」に、養老の滝（岐阜県養老町、日本の滝百選、30m）より大きいと、大斗の字をあてたといわれる大斗の滝（上迫、中迫、尾迫の三段の滝で落差70m）を中心に約１kmの遊歩道があり、大斗滝緑地環境保全地域として指定を受けている。龍神伝説、姉妹伝説や木地師に由来する椀貸し伝承など幾多の伝説や民話のある滝で、「おせりの滝民話伝承館」が平成18年（2006）７月オープンした。近くには拝水の滝や河川プールもある。

東 山 峰 山 [ヒガシサンボウザン] 640.8m ／三等／三方／延岡市北川町・北浦町／三川内／蒲江

　別称・ひがしやまみねやま。古くは三方山とあり、北川町と北浦町境に位置する、鉾山と下葛山との連山で、『北川町史』には東峰山とある。東裾を普通林道・下塚大井線が、国道43号北川北浦線から石神峠南まで開通し、原生林は伐採され植林が進んでいる。矢ケ内川支流門ケ内川の源流部と、小川の支流の源流部

との分水嶺である。

東　岳 [ヒガシダケ] 898m／独標／都城市山之口町〜三股町／高城／都城

　昔から島津の荘（都城地方）では、霧島山系を西岳、鰐塚山系を東岳と呼んでおり、鰐塚山と東岳は同山だったが、のちに区別し命名された。古くは堅石山、都城方面からは蝗の頭の三角にも似ていることから「イナゴんびんた」とも呼ばれている。「青井岳渓谷ライン」の愛称で呼ばれるドライブロード国道269号「道の駅山之口」の南に聳え、五反田より佐渡ノ元林道が六合目まで延びている。

　南麓三股町の約６万本のクルメツツジや50本の八重桜が咲き誇る椎八重公園（つつじヶ丘、4.6ha）のある椎八重川沿いには、崩ん袖、三匹落し、小倉落しの崩落地がある。西の三等三角点峰（833.8m、点名鳥野）と東南の821m峰（独標）とで二子塚と呼ばれ、「東岳ん二子塚に雲がかかったときにゃ天気は下り坂」といわれる。

　藩政時代、一向宗弾圧下の田島隠れ念仏洞へは、藩外の清武から東岳を命がけで越えてきた伝道僧がいたことや、山之口町麓（府下）の「麓文弥節人形浄瑠璃」の間狂言に「東岳猪狩り」が上演されるように、古くから山麓の人々に深いつながりのある山であった。

　元亀・天正の頃（1570〜91）には、大八重の野牧（雪ヶ峰）と共に都城島津家の野牧（牧場）が置かれており、馬盗人の笹原弥右衛門が良馬を東岳の「馬駆け場」で調教し、伊東氏領に売りさばいていたと伝えられている。

久　峰 [ヒサミネ] 88.7m／二等／久峰／宮崎市佐土原町／佐土原／妻

　佐土原中心地に近く、国道10号佐土原バイパスの西側に立地。スポーツ施設も充実し、子供から大人まで楽しめる都市型の「久峰総合公園」（総面積24ha）で、平成７年（1995）に展望台２基と散策園路（全長1400m）が完成、平成10年５月には久峰野球場が完成しグランドオープン。遊歩道は外周で2.3km、830本のサクラ満開の４月第一土曜、日曜には桜祭りが開催され、佐土原町民の憩いの場所である。

　佐土原町最高峰で、久峯山・久峰山ともあり、かつて尾根西のNTT佐土原無線中継局鉄塔脇高台の三角点（91.7m、点名・久峰）は、中央広場から325段の階段を上った展望台北下に平成15年（2003）移設され標高は３m低くなった（平成31年３月５日国土地理院問合せ）。

　尾根の東に位置する日向七伽藍の久峰観音は、第30代敏達天皇（572〜585）の勅命により、高僧日羅上人の創建、真言宗都於郡黒貫寺の末寺で、明治になって廃寺になったが、明治８年（1875）に再建され、久峰うずら車の民芸品でも知られている。

※日向七伽藍（七観音）は他に浅倉観音（倉岡）・黒坂観音（清武）・日之御崎観音（青島）・霊鷲山円南寺（加江田）・松崎観音（赤江）・伊満福寺（古城）をいう。

美三ケ辻 ［ビサンガッジ］ 156m ／独標／日向市／山陰／日向

　天正６年（1578）大友島津の戦い、同15年豊臣秀吉の九州征伐、明治10年（1877）西南戦争と、俗にいう「耳川（美々川）合戦」の舞台となった古戦場で、美山ケ辻ともある。北麓の美々津小学校下の耳川汽水域の右岸は、巨樹林立の鬱蒼とした魚付林で、魚介類などの繁殖・産卵・保育と安息の場であり、樹々の間に鏡のような川面がきらめいている。

　耳川対岸の霧の陣（164.4m、四等、点名同じ、志田牧場跡）から西の飯谷山（170.2m、四等、点名：飯谷）にかけて、天正６年11月９〜13日は大友の陣地であり、明治10年の西南戦争では薩軍陣地になり総司令官の桐野利秋から「桐の陣」とも記されている。百町原の北・川並川キャンプ場近くに、新納院高城（木城町）へ進軍する大友軍総大将・義統（宗麟長男）の陣跡「浅付山」がある。高城川（小丸川）合戦に破れ敗走する大友軍は耳川に追い詰められ、大友軍は４千人余、島津軍も3000人余の死者を数えた。

　大師石仏がある白山（碧山・武士ケ迫とも）を経て、〈官軍砲台陣地跡〉が現存する山頂へ、尾根は西へ鹿場山（鹿場高原とも。191.0m、四等、点名：桃無）、神武東征の船材を切り出したという神立山（神楯山とも。256.8m、四等、点名：余瀬）へと続き、軍船を建造した匠ケ河原は、耳川左岸の西南戦争碑のある飯谷ともいわれる。

　東麓に位置する神武天皇お船出の地・美々津は、昭和61年（1986）「国の重要伝統的建造物保存地域」に指定。平成16年（2004）には日本ウオーキング協会より〈美々津の町並みと太平洋のパノラマ〉として「美しい日本の歩きたくなるみち500選」に選定、翌17年には国土交通省の「手づくり郷土賞」の大賞部門にも表彰されている。神武東征ゆかりの立磐神社と腰掛の岩、海軍発祥之地記念碑、美々津県庁跡、昭和32年（1957）県の文化財に指定された名勝「橋口氏庭園」、安政２年（1855）に建てられた旧回船問屋河内屋の日向市歴史民俗資料館、跳ね上げ式の縁台「バンコ」が息づく古い家並みと石畳……かつて木材、木炭、椎茸など耳川や尾鈴経済圏の山産物の集積地として繁栄を誇った「美々津千軒」、古き時代の記憶と古から伝わる伝統と文化を守る人々の暮らしが受け継がれ、かえって新鮮な懐かしさを覚える港町である。

夷守岳 ［ヒナモリダケ］ 1344.1m ／三等／夷守岳／小林市／日向小林／霧島山

　古くは雛守嶽とも記され、その美しい端正な山容から「生駒富士」と、全国で300を数えるという富士の名を県内では唯一冠している霧島山系の山である。春

は菜の花、アイスランドポピー、夏はサルビアやヒマワリ、秋にはコスモスで一面を彩る「花の駅生駒高原」のシンボルの山で、登山ルートは巣の浦林道から思案坂を直登する生駒登山口コース（585m、路程3.3km直登1.2km）、元巣之浦官行コース、夷守三号橋コースがある。「夷守」とは、古くは都から遠隔の国防上重要な辺境の地を守る役目の人や場所をいい、延喜式にある日向国駅馬の名称の一つで、小林地方の古名である。

　健全レクリエーションの場である夷守台は、昭和48年（1973）４月、第28回全国植樹祭が開催された会場で、大幡山や丸岡山への登山口でもある。夷守岳の山体崩壊により高速で崩れ落ちた岩屑なだれ堆積物の間から湧き出る「出の山公園」の湧水群は、昭和60年３月に環境省の「全国名水百選」に選定され、その豊富な湧水で世界の珍味キャビアのチョウザメやマスの養殖が行われている。昭和55年には「山が動く」と表現されるほどゲンジホタル数万匹の群棲が確認され、平成元年（1989）４月環境庁自然保護局より「ふるさと生きものの里」に認定されている。出の山池は延宝２年（1674）薩摩藩が灌漑用として難工事により造成した溜池（４ha、水深４m）で、堰堤から四阿屋のある展望所（301m、独標）を巡る遊歩道（コースタイム45分）も設けられている。

　夷守台地は放牧場となっていて畜産改良センター宮崎牧場やコスモス牧場（1995開園～2015閉園）、明治41年（1908）に植栽され全国でも有数の桜の名所だった「まきばの桜」（約千本・市道３kmの桜並木）などの牧歌的な風景が広がる。「宮崎巨樹百選」のイチイガシが聳える霧島六所権現の一つ・霧島岑神社（夷守神社合祀）が鎮座。源泉かけ流し45℃の「コスモス温泉」や毎分２tのお湯が沸く温泉など、さまざまな施設がある広大な裾野で、霧島北麓を通過するコース・みやまきりしまロード（霧島北部広域農道、全長30km）が国道223号と県道403号を結んでいる。

※巣之浦官行砥伐所（後の巣の浦製品事業所）は、国有林伐採と製材などの森林経営事業所で、大正７年（1918）10月22日に設置され平成２年（1990）３月末日閉設した。近年は隠れた名所として巣之浦川大滝（56m）へのトレッキングコース（生駒より林道４km～遡行30分）が開設された。

桧　山 [ヒノキヤマ] 1123m ／独標／延岡市北方町／祝子川／熊田

　平成の大合併までは延岡市最高峰であった。鬼の目山系の東に位置する榎峠との連山で、東に宮ケ谷山（793.3m、三等、点名・宮ケ谷）がある。オリンピアロード（県道207号・祝子川路）の祝子川発電所近くのヒノキ山バス停が桧山林道起点で、桧山谷に沿って北方町二股林道へ通じており、五ヶ瀬川支流細見川上流の御手洗渓谷には二股二段の滝（30m、幅20m）など美渓が続く。

樋 口 山 [ヒノクチヤマ] 1434.3m ／三等／大藪／西都市〜椎葉村／石堂山／村所

別称・ひぐちやま、ひくちやま。西都市最高峰。古くは三条山、俗称にツカキノコシ、別称に樋の口越とあり、北東の2.4kmに位置する1367m峰（独標）を上樋口山に対して下樋口山とも呼ばれており、北の椎葉村大河内方面からは烏帽子塚とも呼ばれていた。大河内大藪からの国体コースはブッシュ化しており、最近は西都市銀鏡河の口からの上揚林道を利用して登られている。石堂山からの眺望尾根歩きは、熟達者向きで、水平距離3km・2時間半のコースタイム。

百 貫 山 [ヒャクカンヤマ] 693.0m ／三等／西川北／えびの市／加久藤／加久藤

藩政時代から相良藩への七筋の一つ・人吉街道間道の吉田（真幸）越は、真幸の風戸から西川北の上にあるこの百貫山の西側を越えており、一部は現存し、四ツ谷を経て球磨郡七地村（現人吉市）にて、球磨越（徳満越、堀切越）や矢岳高原東部の長坂越に合流していた。途中に百貫（3.75t）はあろうかと思われる巨岩の頭に笠状の平岩が重なる「笠石」といわれる古代人の祭祀遺跡があることからの山名で、別名「とげいし」とも呼ばれ、火を焚いて雨乞いの神事が行われていた。三角点近くにもメンヒル（立石）が見られる。かつては焼畑の山で、川内川支流天神川と関川の源流をなし、九州電力の送電線人吉大霧線が越えておりすぐこの山と確認され、その巡視路を利用して山歩きができる。

山麓の菅原神社は、4百年以上続く「牛越祭」（保存会主催）で知られる。直径25cm・長さ4m・地上50cmの高さに設置された丸太の上を、背中に御幣、頭に「カンコビ」と呼ばれる5色の飾りを付けた牛が、引き手に引っ張られ勢子に追い立てられ跳躍する姿を奉納し無病息災と畜産業の発展を祈る（平成4年3月県指定無形民俗文化財・例祭7月27日）。「威徳天神祭りの日には　牛も化粧していそいそと　野口雨情」。平成27年（2015）には「日本の祭り」（ダイドードリンコ選定）34選にも選ばれた。この牛越の里の西川北消防団格納庫の火の見櫓より「もーきんぐコース」看板を北へ1.5kmの地点が矢岳高原登山道（駒返し本線）の入り口である。

比 良 山 [ヒラヤマ] 135m／独標／日向市／山陰／日向

　宮崎県立日向高校の背戸の山で、比知利庵や「大道」の石碑からすぐに四等三角点（104.3m、点名・権現原）がある。「青島から北には島がないので新富の海岸に造ろうと、空つくどんが奥山から天秤棒で畚を担いできたが、あまりの重さに片方の土をこぼしてできたのが比良山で、もう片方のが鬼付女峰（新富町観音山）になった」との民潭がある。平野部に突出した岩山で、この一帯の地名の比良は傾斜地・平と同義語であり、県内低山第10位。日向市立財光寺小学校や財光寺中学校の校歌に歌われている。

　北には熊野神社が鎮座する権現山公園（塩見城の出城だった権現原砦跡、20m、等高）があり、潮見川対岸には伊東氏四十八城の一つで、門川城・日知屋城と共に日向三城の塩見城跡（塩見城山公園）や、地元民で津波の避難道を整備した石櫃山（66m、独標）がある。この岩崎地区の丘陵一帯は、天正10年（1582）豊臣秀吉が天正大判小判の鋳造のため、大和から金山代官を派遣し開発したと伝えられる「冨髙金山」があったところである。

広 野 山 [ヒロノヤマ] 1272m／独標／椎葉村／日向大河内／椎葉村

　三方岳と同じに、九州大学宮崎演習林に属する山で原生林や展望所がある（一般の入山禁止）。平成18年（2006）「大河内癒しの森」として、地元の大河内地区で「大河内森林ガイドの会」が結成され、御神滝（落差30m）コースが整備された。他に同地区のガイドルートでは、三方山系の槙鼻コース、矢立〜合戦原コースがある。大河内大藪から槙鼻峠（古くは白水嶺）へ、九州大学演習林沿いの峰越林道・渡川大藪線が通じており、大藪川の橋下に水量豊富な御神滝がかかっている。

フ

二 上 山 [フタカミサン] 1082m／独標／高千穂町〜五ヶ瀬町／三田井／三田井

　ふたかみやまが一般。別称・ふたがみやま。『日本書紀』や『日向国風土記』にみえる二上（神）峯で、他に臼杵二上峯、別称に二神山・二神嶽・穂日二上峯とある。霧島連山には二上（神）峯はなく「高千穂」を決定づける重要な山とあり、男岳（雄岳とも。山頂より３分で東峰へ）と女岳（雌岳、989.2m、三等、点名二神山）一対の際立ったピークは仰ぎ見る場所によって姿形を変えるが神霊の山としての威風は損なわない。

　六峰街道の山の一つで、往古より天孫瓊瓊杵尊降臨神話と乳ケ岩屋に棲んでた鬼八（先住者）伝説とが同居するご神体山で、里宮に二上神社と三ケ所神社があ

り、中間の小ピークは孫岳と愛称される。神楽歌の「日向なる　二上嶽の麓には
　乳が岩屋に　子種まします」は、水神神に対する山岳信仰でもある。
　祭祀に不便なために昌泰3年（900）に東宮・二上神社を高千穂小谷内に、西
宮・三ケ所神社を五ヶ瀬宮之原へ換座。両社はそれぞれ高千穂本町宮之原の嶽宮
神社と五ヶ瀬宮原の二上神社の外宮（別所）がある。男岳には昭和62年（1987）昭
和天皇座位60年記念に三ケ所神社奥宮を建立、他に山神社、二上山稲荷神社も祀
られている。アケボノツツジ群生で知られる女岳（989.2m、三等、点名：二神山）に
は展望台があり、明治32年（1899）の三角点埋設のときに、修験道に関する石塔・
経筒・古鏡などが発掘された。
　東の六峰街道と交差している杉ケ越（二上山越とも。930m、等高）は、戦国時代か
らの筑紫九州（九州全体）の真中に当たる交通の要路であったとの案内があり、西
南の役で明治10年（1877）8月21日、西郷隆盛も高千穂町三田井から五ヶ瀬町三
ケ所坂本へ越えた西郷軍退路である。

二子石 ［フタゴイシ］1321m／独標／高原町～都城市／高千穂峰／霧島山

　別称・二つ石・双子石。高千穂峰東部の
側火山で、高千穂峰の肩の部分に当たり、
山頂には三つの岩頭があるが、どこから見
上げても高千穂峰から眺めても2つしか見
えないことからの山名で、峰寄りのビバー
ク可能な空洞のある岩峯は高岳と呼ばれて
いる。
　中腹（470m・等高線）の祓川神楽で知られ
御池や稲妻山を俯瞰できる霧島東神社（霧島神宮西御在所に対して東御在所権現）の奥の
院から二子石を経て高千穂峰への九州自然歩道は、0mからスタートし500mご
とに標式がある。霧島東神社（4.3km・2時間30分）から二子石（1.5km・1時間）へと高
千穂峰への参考コースタイムで、古くは二つ石路ともいわれた展望全開の岩稜
漫歩を味わうことができたが、近年は境内を経由せず下方の標高500m地点に新
登山口が設置されている。天孫降臨にちなむ伝説の高千穂峰山頂の「天の逆鉾」
は、長さ138cm・周囲26cm、霧島東神社の社宝である。
　東麓の霧島48池の中で最大の火口湖・御池（340m・等高）は周囲3.9km・水深93.5
mとわが国の火口湖としては最も深いといわれる。湖畔には施設の充実した「御
池キャンプ村」や御池少年自然の家があり、昭和47年（1972）、環境庁指定の「野
鳥の森」（115ha）として全国に先がけてオープンした。祓川からの神社への参道
のバイパスとして昭和47年3月車道が開通、御池キャンプ場入り口には、「野鳥

の森へ1.3km、小池へ3.1km」の案内がある。平成12年（2000）４月、全国の国有林から次世代への遺産として残すべき代表的な巨樹・巨木「森の巨人たち100選」に御池野鳥の森の巨木「イチイガシ」が選定された。暗い条件下では成長できない夥（おびただ）しい数の陽樹が木漏れ日の中で生存競争を繰り広げている。

　御池から西方１kmの直系370mの火山湖・小池（370m・等高）にいたる一帯は（社）国土緑化推進機構の「巨樹・巨木保護基金」を通じ、野鳥の森とともに、保全と保護が行われている。観察路から林内に入るマナー違反者もあり、絶滅危惧種のヤイロチョウ（八色鳥）の繁殖期（５月末～８月末）には森の一部区域に通行規制が行われる。小池三日月湖とも呼ぶ、その昔は雄池、御池を雌池と言った。

　山麓の「祓川神楽」と「狭野神楽」は「高原の神舞（かんめ）」として、平成22年（2010）３月11日、国重要無形民俗文化財の指定を受けた。

二つ岳 ［フタツダケ］ 1257.0m ／三等／二ツ岳／高千穂町～日之影町／見立／三田井

　古くは筈岳とあり、「二つ岳に霧がかかると雨が降る」といわれる。北の勘掛越（かんかけごえ）（1158m）と乙野山との中間の小林峠（1090m）は、昭和31年（1956）までかつて岩戸村だった岩戸（現高千穂町）と見立（旧裏山裏・現日之影町）を結ぶ主道路であった。平成24年（2012）11月に25年の歳月をかけて開通した森林基幹道・黒原煤市線（21km）を利用し、正治元年（1199）建立の二つ岳八幡宮上宮の石祠を経て山頂へ。

　三角点峰の北峰と南峰（1260m、等高線）の特徴ある双峰は各所から眺められ、高千穂を代表する風景として親しまれている。上岩戸では「雲が二つ嶽から出ると雨」といわれ、ヒカゲツツジの群生地としても人気がある。

　南への尾根続きは小焼岳（香焼岳とも。1168m、独標）で、湾洞越との中間に高千穂町大猿渡（おお・そ・たり）と日之影町川中を結ぶ渡内越（わとうちごえ）がある。二つ岳八幡宮祠は高千穂町下野の下野八幡神社の上宮で、建久３年（1192）二つ岳の正八幡（二つ岳八幡大菩薩）を大神惟元公が換座。高千穂太郎政信公の時代に境内を整え、社殿を建立したとある（下野八幡神社案内板より）。

不動冴山 ［フドウザエヤマ］ 1259.9m ／三等／胡麻山／椎葉村／胡摩山／鞍岡

　別称・ふどさえ。古くは幕府指定の御立山（12カ所の一つで禁足地）の項に、不動石山との記載がある。扇山の東、鳥の霧山の南西に位置する椎葉山地の山で、「サエ」とは山の中腹以上のことで、「サエ山」は里から離れた標高の高い山のこ

とをいう。七合目（八合目とも）から上は自由にロクロを使ってお椀やお盆などの素材を伐るお墨付きを持った木地師たちが活動していたことが推測される山である。現在は住友林業社有林で、見の木より林道・十根川三方界線〜胡摩山林道が八合目へ通じている。

西麓の十根川集落の石垣石段を土台にした傾斜地の住宅は国の文化財保護審議会により、平成10年（1998）10月、「十根川重要伝統的建造物群保存地区」に選定されている。十根川神社（旧八村大明神）境内には那須大八が植えたとされる八村杉（県内最大）があり、大久保の日本一の大ヒノキと共に樹齢800年。昭和10年（1935）国指定天然記念物で、厳しい自然を生き抜いた緑滴る山里の景観がそこにある。

古祖母山 [フルソボサン] 1633.1m／三等／古祖母山／高千穂町～《豊後大野市緒方町》／祖母山／三田井

古くは祖母嶽とあり、地元では古祖母が一般。平成11年（1999）上野の民家で発見された『日向襲高千穂神代図』には「土ケ嶽」との表示があったとある。祖母傾縦走路にあり、三角点のある南峯と北峯の双峰で、祖母山神の古い在所であったが低いのでより高い祖母山へ飛び移ってしまった伝説からの山名という。

尾平越隧道（標高977.8m、主要地方道7号緒方高千穂線、全長578m、幅員6.6m、昭和42年2月竣工）宮崎県側が日向登山口で、所在地は上岩戸字常光寺坂。真上が旧尾平越（1214m、独標、三本松越・大分側からは高千穂越・岩戸越とも）で、途中に1230.5m峰（四等、点名：コシキ岩）がある。南の尾根伝いに石金山（アンチン山、1491m、独標）があり、岩戸からは土呂久（林道）を経て土呂久谷を詰め障子岳との中間を結ぶ急登の登山道はあまり踏まれていない。

岳人を魅了して止まない崇高の古祖母とは裏腹に、大正9年（1920）に始まり昭和36年（1961）に閉山、毒性が強く害虫やネズミ駆除などの防虫剤や毒薬に使われた亜砒酸（砒素）生産の亜砒焼きによる鉱毒公害を起こした「土呂久鉱山」は南山腹にあった。延宝8年（1680）頃、夢を買った豊後府内（大分市）の森田三弥（夢買い山弥）により発見されたと伝えられ、嘉永3年（1850）頃に最盛期を迎え、数々の民譚を残した日本では有数の土呂久銀山。穏やかな歴史もあった山峡の土呂久むら（総見・畑中・南地区）、巨岩が点在する石垣などに、ありし日の山村生活の風景を見ることができる。

坊 主 山 ［ボウズヤマ］ 404.9m／三等／立山頭／日南市北郷町／坂元／日向青島

　舞之山～乱杭野～赤岩山へと連なる通称・寝姿観音山脈の最北に位置し、坊主頭を連想する形からの山名。唯一海幸彦を祀る宿野の潮嶽神社縁起によると「潮越山・越潮山」とある。南の城山（367m、独標）との間に古い峠道があり、油津に上陸した百済王はここを越え、疲れきった家来（小姓）が飲んで元気を取り戻したという、今もわずかに湧水のある小姓坂を経て宿野に泊ったとの伝説がある。後に北側を蜂の巣峠が開削されたが、真下に県道28号日南高岡線が開通した。

宝 塔 山 ［ホウトウザン］ 60.5m／三等／宝塔山／宮崎市佐土原町／佐土原／妻

　宮崎低山第５位の昭和26年（1951）開園の宝塔山公園は、平成11年（1999）より10年がかりで周辺の整備が行われ、平成21年５月にリニューアルオープンした。方位指示盤になっている山頂展望台を中心に「宝塔山ぐるぐるウォーキングコース」（50分）をはじめ遊歩道、休憩舎、駐車場、トイレなどが設置された。昭和31（1956）年から活動を始めた宝塔山公園愛護会は、平成25年に「みどりの愛護」功労者国土交通大臣賞を受賞した。緑の花を咲かせる桜の珍種「御衣黄」も植栽されている。

　山麓には国文や重文のある建武２年（1335）開山の佛日山大光寺（三十三観音）の他に、宝塔山稲荷神社、恵日山吉祥寺・鬼子母神、臨済宗・松巌寺、浄土真宗・崇稱寺、山頂の八十八ケ所の石仏を移設した真言宗・多楽院、宮崎市景観重要建造物第３号指定の商家資料館「旧阪本家」など寺社や史跡が点在する。養老２年（718）創建の愛宕神社のある愛宕山の参道入り口南側に佐土原往還（飫肥街道）の一部も残っており、真言宗別当寺・十輪寺跡や茶屋稲荷、茶屋村跡が往時の雰囲気を醸し出している。

　大光寺の開山和尚・嶽翁長甫は、貞和６年（1350）、彼の遺言とされる掟書に、「自分の死後は宝塔山に埋めるべき」と書き残しており、建武２年（1335）大光寺建立以前からこの山は宝塔山と呼ばれていたと推測される。宝塔とは寺の美称で、仏塔の一つ、円形平面で上に方形屋根をのせた単層塔のこと（『広辞苑』）。

　西には南北朝時代に築かれた山城で、平成16年（2004）９月30日国指定史跡の佐土原城跡（75m）や鶴松館（佐土原藩主屋敷跡、現佐土原城跡歴史資料館）、佐土原島津家の菩提寺・高月院、鎮守・佐土原神社、弁天山（双頭山、50m、等高線）、平成27年２月１日オープンの「城の駅佐土原いろは館」と、今と昔が交錯する町並みを時間をかけてゆっくり散策することができる。平成22年宮日出版文化賞・『たかの巣取り』（猪崎隆著、鉱脈社刊）の舞台の山でもある。例年桜祭りウォーキングが

催されており、平成24年９月22日には「佐土原古地図探検隊」と銘打ってウォークラリーが催された。

鉾　山 [ホコサン] 623m／独標／延岡市北川町・北浦町／三川内／蒲江

　古くは鉾ノ嶽・鎧平山とも記され、尾根伝いの東山峰山や少し北に位置する下葛山と連なる山群の中でも一際目立ち、かつて天狗が棲むと恐れられた奇岩峰で、『西南戦争延岡隊戦史』に「石神越の西方、天狗山より上塚方面に進撃」と記載の山である。明和９年 (1772) と刻字された【下塚庚申塚塔群】や一字一石塔 (仁王塚とも) のある県道43号北川北浦線下塚より、東裾に林道下塚大井線が県境の石神越南裾へ通じている。

鉾　岳 [ホコンダケ] 1277m／独標／延岡市北方町／祝子川／熊田

　古くは鉾ノ岳・鉾嶽とあり、国見山と共に鬼の目山系の山で、大崩山と同じに黒尊仏とも呼ばれた。雄鉾・雌鉾の岩峰で、高さ350mに達する全国的にも最大規模を誇る花崗岩の一枚岩 (スラブ) は、ロッククライミングのメッカとして知られる秘境で、そのスケールに圧倒される。

　鹿川キャンプ場を登山基地に、国見山との鞍部を落下する花崗岸壁の大滝、渓流による自然造形の鹿川渓谷は、春の新緑、秋の紅葉に映える渓床美で、長石・石英・雲母が混ざった真砂が砂金のようにキラキラ光り、川床の花崗岩の甌穴に沿う遊歩道歩きも捨て難い魅力がある。この山域でしか見られない貴重植物「ツチビノキ」(落葉低木・ジンチョウゲ科) は、６～７月頃に開花する。鬼の目山林道は、往還・鹿川越より鋒岳の西から北を迂回し、鬼の目山と国見山の近くまで延びていたが、崩壊が進み荒れている。

星ケ尾山 [ホシガオヤマ] 351m／独標／都城市山田町／高崎新田／野尻

　俗に稲妻山系の山で、長尾林道14支線 (通称稲妻林道) が真下を通り、送電線鉄塔33号が山頂にあり、巡視路を利用して稲妻山とセットで登られる。西麓に星ケ尾という高地があったことからの山名である。

　林道ができて、延亨22年と天明２年 (1782) 刻字の【山ノ神】と【松の神】石塔のあった稲妻山への尾根の小径はブッシュ化してしまった。麓の山田の銀杏 (樹齢700年) と共に宮崎百樹だったナギ (樹齢350年) は台風被害を受けたが、近くに同じ樹齢の樅の巨樹がある。ちなみに標高

351ｍは東京タワー（地上高333ｍ）の海抜の高さと同じである。

星 の 久 保 ［ホシノクボ］982.6m ／三等／星ノ久保／諸塚村／諸塚／諸塚山

　別称・星の久保展望所。猿越・九郎山と共に諸塚スカイライン（九郎山林道）沿いの山で、山頂に北諸塚テレビ中継所があり、村内各地を見渡せることから草木原作業路沿いに平成12年（2000）より10年かけてサクラの植栽が続けられ「山桜の里」として憩いの場となっている。自然豊かな諸塚の山々の暮れなずむ夜景は、まるで星屑の中にいるような錯覚がある。

双 石 山 ［ボロイシヤマ］509.4m ／三等／双石山／宮崎市／日向青島／日向青島

　宮崎市の中心街・橘通りを南下すると、真正面に聳える逆への字の双石山を確認できる。地質が水成礫岩でボロボロ崩れるゆえにボロ石嶽と呼ばれるようになり、古記録に山中に相対する「二ツ石（岩）」があることから、雙（双）石や衆石の字を当てたという。『日向地誌』には一名姥ケ嶽は鼻截山とも呼ぶとあり、他には石嶽との記載の文献もある。

　地形、地質、動植物に良質の自然があり、昭和44年（1969）８月22日に、国の特別天然保護区域（63.96ha）に指定された。宮崎自然休養林（面積約1430ha）にも指定されており、双石山・斟鉢山・花切山・家一郷山・椿山などとそれに囲まれた加江田渓谷（古称日向ライン）で構成されている。

　塩鶴登山口・小谷登山口（Ｐ）〜岩屋神社（磐窟大権現・お岩屋さま・第一展望所、240ｍ、等高）〜奇岩・天狗岩〜針の耳さま（祠、耳の難病の神様）〜空池〜大岩展望台〜第２展望所（380ｍ、等高）〜三叉路〜双石山小屋（標高490ｍ、20人収容、南西１ｋｍ）〜山頂三角点〜姥ケ嶽神社（古くは九平大権現・通称びらごんげん）〜九平登山口が一般の周回登山道である。他に象の墓場のダキ、小峰山コース、壁面に不動明王と蔵王権現の線刻がある九平権現奥の院を経る行者コース、加江田渓谷（日向ライン）へのひょうたん淵、硫黄谷、多目的広場（旧加江田野営場）コースなど、低山ながら登山の様相をコンパクトにまとめ、変化に富んだルートが多く、「ちょっとボロイシまで」思い立ったらすぐ行けて、昔も今も登山のすべてが学べる宮崎岳人の山の道場である。

　東端の294ｍ峰（独標）は通称石炭山で、戦後の燃料不足に天然ガスの発生する竹の内一帯まで県で探査されたが採算上調査だけに終わった。文政12年（1829）10月15日、安井息軒は、清武中野の明教堂門下生７人と連れ立って登攀、針の耳（耳孔との別記）入り口の独立した楼閣状の大岩（高さ６ｍ、周り15ｍ）を仙楼岩と名付け、九平に宿を取った。翌日は家一郷谷の落死者の名を冠したことを知り得た清之丞滝と団左衛門滝を幽討（探索）後、山中に信宿（野宿）し、後に「仙樓嵒記」

や「姥神洞記」(九平権現奥の院)を著述している。令和5年4月、俳人・吉田類の「にっぽん百低山」でNHKより全国放映された。

本 谷 山 ［ホンタニヤマ］1642.8m ／三等／本谷山／高千穂町～日之影町～《豊後大野市 緒方町》／見立／三田井

　国土地理院呼称・ほんたにさん。昭和60年（1985）発行の『新編九州の山と高原』には「山名は『ほんだに』と濁る」とあるも、現在は「ほんたに」が一般。日之影町最高峰で、祖母傾縦走路の古祖母山と笠松山の中間に位置し、戦前は登山には一番厄介な山と記されている。

　古祖母山との鞍部で、昭和42年（1967）2月竣工・尾平越隧道（おびらトンネル、標高977.7m、全長578m、幅6.6m、主要地方道7号緒方高千穂線）宮崎県側の日向登山口からブナ広場（尾根下に水場）～丸山（1334.2m、三等、点名・尾平越、縦走路より少し南の鈍頂）～三国岩（1475m・独標）の展望岩を経て本谷山頂へ。因みに尾平越は大分側からは高千穂越や岩戸越と呼ばれていた。

マ

舞 之 山 ［マイノヤマ］ 610m ／等高線／日南市北郷町／坂元／日向青島

　昔、赤岩山に隠棲した貴人を、地元民が舞台状の山頂で舞を踊って慰めたことからの山名といわれる。寝姿観音山脈の南峰で、西へ連なる黒山から小松山への一帯はオビスギ美林が続いている。ふるさと林道荒平線と鍋山線の合流する乱杭野の霧島神社から舞の山へは管理歩道4号（元宮への旧参道）が、赤岩山南峰へは管理歩道5号が設けられている。

　舞の山から赤岩山の東面・北郷町権現谷沿いに平成9（1996）〜14年にかけて「緑のダム」の山林整備事業により、「権現谷の水を守る会」の故・黒木国光会長所有の自然公園「はなぞの」を中心に、森林浴や散策できる管理歩道8号が完成した。歩道案内には611.8m峰（三等、点名：乱杭）が舞の山山頂とあるが、ここは霧島神社元宮跡（元霧島）で地形図にある舞台上の地点を標高とする。県道28号高岡日南線北郷町宿野と串間市を結ぶ広域農道（黒潮ロード）の舞の山トンネル（352m、平成14年〈2002〉4月竣工）が直下を貫いている。

前 平 山 ［マエビラヤマ］ 622.1m ／三等／前平／宮崎市田野町／築地原／日向青島

　戦前は田野小中学校の遠足の山で、尾根より青井岳を抱きかかえた霧島山系の重量の展望はこのコースのハイライトともいえよう。山名を記した板が樹木に結んであるだけの静寂な頂だが、山に遊ぶ至福の時間がここにはある。

　西山腹には、昭和60年（1985）の国際森林年を記念し、広く県民の森林や緑に対する認識を深めるため、翌年にはいこいの里山事業「前平森林公園」（2ha）が造成。「新ひむかの森」として植樹祭を開催、サクラ、ツツジ、サザンカ、アジ

サイ、ヤマモミジなどが植栽された。しかしその後荒れた状態にあったのを、平成21年（2009）から紅葉や野外コンサートの楽しめる公園として、「田野まちづくり協議会」により整備されている。

　眼下の広大な畑地の高台には、ハイテクランド尾脇工業団地（20.1ha）と前平工業団地（3.8ha）、前平団地が広がる。丸目山（荒平山）との鞍部の岡川支流桂谷（かずらたに）は、源流部の三町界（田野、清武、北郷）に楪（ユズリハ）という名実ともに美しい集落があったところで、渓谷に憩う近郊の車が絶えなかったが、今はその面影はない。かつて前平山にあつた石祠は、矢野産業田野砕石場北山腹の229.6m峯（四等、点名：瓜生野）に換座され「石久保の霧島さま」として祀られている。

牧内山 ［マキウチヤマ］ 201.0m ／二等／藤見山／都農町／都農／都農

　都農ワインで知られる「都農ワイナリー」の施設があり、広域農道が広大な台地を西の尾鈴サンロード（日向灘沿岸北部広域農道）へ連結している。藤見山とも呼ばれ、東麓に藤見公園（不動の滝公園・不動谷川砂防庭園）、瀧神社、白水滝のある九州八十八ケ所霊場35番札所・遍照山行真寺、ツツジの名所の牧神社がある。

　延喜式（えんぎしき）（平安時代中期に編纂された古代朝廷の運営手引書）にある都濃野馬牧を、慶長14年（1609）に高鍋秋月藩が岩山の牧として再興し軍馬数百頭を放牧し、多くの名馬を産出したことからの山名で、牧内とは字の如く牧場内の意である。しかし牧はいろいろな策を講じるも度々の山犬群の被害に遭遇し、幕末の安政6年（1859）廃絶した。この馬牧生まれの白馬が山奥に分け入り、山野を駆け巡る山ノ神の鈴を付けた神馬となり、「お鈴様」と呼ばれことから尾鈴山の山名由来となったという。

　【よりあひてますぐにたてるあを竹のやぶのふかみにうぐひすの啼く　若山牧水】ワイナリーの歌碑には、牧水が不動の滝や金毘羅浜を散策し、のちに案内した友人の渕勝一に贈った歌とある。歌碑近くのクヌギの人工林で構成された昆虫の森〜郷土の森、そして学びの森などへの散策路も設けられている。

　南東の国道10号沿いの、大己貴命（オオナムチノミコト）（大国主命・大穴持命（オオクニヌシノミコト））を祀る日向国一之宮・都農神社は、延喜式神名帳にある日向四座（都萬神社・江田神社・霧島神社）の一つ。創建は神武天皇が東征の途次（とじ）に国土平安、海上平穏、武運長久を祈念したのが始まりといわれ、千年以上の伝統を持つ荘厳な雰囲気が漂う神社森である。現在の御社殿は「平成の大造営」と銘打って5年がかりで平成19年（2007）7月に竣工

された。都農神社に隣接して「道の駅つの」が平成25年に完成した。

　都城金御岳で、秋の渡り鳥として知られるサシバが、春彼岸過ぎにこの山で観測されている。なお、平成９年（1997）７月27日、丸小野牧場があった頃、九州セルラー電話㈱都農無線局の下に駐車し、柵で大事に囲ってある三角点を確認させていただいたことがあった。

牧島山 [マキシマヤマ] 119m ／独標／日向市／日向／日向

　『日向地誌』には牧野とあり、延岡藩当初よりあったものが、有馬氏時代に整備された。牧山と呼ばれる馬の放牧場３カ所のうち一番古いのがこの旗（幡）浦御牧山で、変化に富んだ急峻な岩場が、足腰が強く風雨に耐える駿馬を育てたが、有馬氏改易後の元禄２年（1689）に天領となり、明治になって廃止された。細島方面からは一般に「ムカエ」（向江）と呼ばれ、北東に畑浦山（97.4m、三等、点名同じ）、西は八十八ケ所の野仏がある通称・牧島大師山（108.3m、四等、点名：幡浦）で、毎年旧暦３月21日が牧島山弘法大師祭である。

　巨大なクレーンがせわしく動く細島港白浜地区と、漁師町の風情を残す商業港とに挟まれ、リアス式の海岸線の潮騒は遠く、自然林に囲まれ深山にいるような錯覚すら覚える山域である。地元では「港の見える丘」公園の構想が持ち上がっている。平成２年（1990）９月27日、台風20号の影響で旭化成チャーターのヘリコプター墜落事故で乗客８名乗員２名全員が死亡した北面の採石場上の【昇魂の碑】は、縦走路より１分のところにある。縦走コースタイム：餘島（42m、独標）南の登り口（35分）〜畑浦山（37分）〜昇魂の碑（25分）〜牧島山頂（25分）〜牧島大師山（15分）〜石仏群登り口。海岸から登って海岸に下るだけに一山を越えた充実感がある。

　平成22年（2010）８月、国土交通省より重要港湾に指定された細島港、日向精錬所の西峰は海神社のある源氏山（120.5m、三等、点名同じ）、南の標高100mジャストの大王谷（独標）は、運動公園から山頂にかけていくつもの遊歩道が整備されている。

　幡浦浜（畑の浦）は寿永４年（1185）３月、壇ノ浦で遁れた平家追討のため源義経の命を受けて、弓の名手の那須与一宗高、工藤市郎祐経（のちの日向地頭・伊東氏の祖）を将とする源氏の船団が御印の白旗を翻して上陸した伝説地で、両将は草場山（古城山）に陣砦を築いた。戦場の詰まった地名の草場山は、現在若宮近隣公園となり、山頂に若宮神社（富高古墳一号・二号墳、昭和８年〈1933〉県指定史跡）が鎮座。

富高本谷の内社に智古神社（子どもの神さま・ちりがんさん）がある富高八幡神社は、平定後に鎌倉八幡宮を勧請し、武運長久を祈願し創建したと伝えられ、境内には那須与一鎧掛之石がある。

牧 良 山 ［マキラヤマ］990.6m／四等／牧良山／西米良村〜〈水上村〉〜〈湯前町〉／市房山／村所

　古くは猪狩倉山とあり、湯前町浅鹿野より球磨川支流牧良川に沿って林道・宮の谷線が山頂北側近くまで通じている。慶長8年（1603）より米良は人吉藩の支配下にあり、牧良山から県境南へ水平距離3.5kmの横谷越（峠、665.7m、水準点）は、古くは村所（西米良村）から一里山峠（1096.8m、三等、点名鋒ノ元）を通り、湯前町横谷を結ぶ往還で、米良道・日肥街道とも呼ばれた。国道219号の横谷トンネル（全長1608m）は8年の歳月をかけて昭和56年（1981）11月26日開通した。

桝 形 山 ［マスガタヤマ］982.3m／二等／桑野内／五ヶ瀬町／馬見原／高森

　一般に桝形とは築城にあたっての城廓の組み方の様式で、城の一の丸から二の丸へ続く桝（枡）の形をした一角をつくり、ここで進入してきた敵の兵士の勢いを止め四方より攻撃する。南北朝時代の宮方の将三田井氏一族・芝原又三郎入道性虎（芝原太夫将監大神政藤・興梠性虎とも）築城の高千穂随一の大規模な城塞・樺木岳城（城山とも。922m、山頂標式）の重要な砦であったことからの名称で、桝形城とも呼ばれる「兵士の集合場所」で、出陣する兵士の数を大きな桝形の切り堀りに入れて数えたとの故事による山名ともいわれる。

　「大阿蘇展望の里」の桑野内最高峰で、昭和42年（1967）NHKTV中継局開局、昭和54年九州電力無線中継所建設に伴い、横道と馬場地区の中間点より山頂の電波塔へ、水辺の森〜ヤマザクラの森〜紅葉の森へと続く林道桝形山線が開通（5.1km）した。この阿蘇五岳と夕日を望む絶景スポットは「夕日の里農村民宿」でも知られ、城山（樺木岳城跡、4月29日）、黒峰・トンギリ山（5月3日）、桝形山（5月4日）、烏岳（5月5日）の順に、五ヶ瀬町による山開きが開催されており、烏岳、樺木岳（城山）とで桑野内三山とも呼ばれている。

　五ヶ瀬ぶどう元年の平成8年（1996）3月、地元のブドウを使ってワインを製造する「五ヶ瀬ワイナリー」が山腹（660m）の丘陵地に完成した。平成22年7月より三ケ所の津花峠（676m、国道218号）を起点に、桝形山〜樺木岳（城山）〜古戸

野神社を経て五ヶ瀬ワイナリー（夕日の里フェスタ in 五ヶ瀬の主会場）を終点とする10km「一望千里の道」の山岳コースが道開きされている。

松ヶ鼻 ［マツガハナ］ 1165.3m／三等／松ヶ鼻／高千穂町／祖母山／三田井

　筒ケ岳より南下する尾根の突端に位置し、古くは鐙ケ鼻とある。鼻とは端、とっぱなさき（先端）のこと。東麓の一の鳥居は祖母山頂にあった添利岳神社（祖母岳神社）の遥拝所であった。後に一の鳥居登山口となり鳥居小屋もあったが、心見坂を急登し、わなばのダキ（罠場の崖）を経て千間平への険しい登りであり、2km先の北谷登山口からの九州自然歩道コース（普通林道祖母山線と併用）が主流となった。

松株山 ［マツカブヤマ］ 1292.5m／三等／高山／椎葉村／上椎葉／椎葉村

　たかつごう山との連山で、古くは同じ山として三方と記されていたが、後に区別して高山、三方山ともある。松の切り株に似た山容からの山名で、山頂部は椎葉村有林。松木から鹿野遊へ、林道・利根川三方界線（松木林道）が越えている。

真弓岳 ［マユミダケ］ 1073m／独標／諸塚村〜日之影町／諸塚／諸塚山

　六峰街道と諸塚スカイラインとの分岐Ｔ字路、九左衛門峠の北に位置する六峰の山の一つ。加子山・霧子山・神子山と共に「女性名の山」ということで、近年人気がある。平成22（2010）年４月18日、諸塚村の森林管理を森林保全団体「モア・トゥリーズ」（東京）が支援、両者で森林づくりパートナーシップ協定書に調印、音楽ユニットYMOのメンバーだった世界的な音楽家の坂本龍一（1952〜2023）代表がヤマザクラを記念植樹した。

丸岡山 ［マルオカヤマ］ 1327m／独標／小林市／日向小林／霧島山

　霧島縦走路とはまた違った人気のあるルートの大幡山と夷守岳の中間に位置し、いかにも柔らかな丸みを帯びた地味な山容。東には登山コースがある天然ヒノキ林もあり、霧島山系でも自然豊富な知られざる名山で、格好の休憩地である。大幡山と同じく「ひなもり台県民ふれあいの森」（標高500m）や「ひなもりオートキャンプ場」

が登山基地である。

「夷守岳と大幡山の中間にできた比高（山頂と登山口の標高差）1000mの火山体で、山頂部には浅い火口があり、夷守岳をとりまくように西側と東側に溶岩が流れ下っている。その溶岩流の地形がはっきりしており東側へ流れ下った溶岩は裾野に広い段丘状地形（階段状）を作っている」（夷守岳案内板より）。

丸笹山 [マルササヤマ] 1374.4m／二等／丸笹山／美郷町南郷区／日向大河内／椎葉村

別称・まるざさやま。自然林豊かな樫葉国有林の奥山で、林道樫葉線が南壁の屏風滝（急崖の涸ダキ）の下を通っている。一帯は笹竹（鈴竹）の豪生地だが、ここは小ぶりのミヤコザサ群生で展望のある丸みを帯びた山容からの山名である。一般にタキは岩、ダキは崖をいい、いったん大雨になると滝のようになる岸壁を意味する「タキ」（後世はダキ）から屏風タキが屏風滝と誤記されたと考えられる。

南東に派生する尾根を1216m峰（独標）を経て約1.2km地点に四等三角点（1124.3m、点名・樫葉）が平成26年（2014）に埋設された。南西部は樫葉自然環境保全地域に指定されており、ブナ大木が疎林する樫葉原生林に囲まれた神秘的で迫力のある銀水の滝（80m）や黒滝、幻の滝などがある峡谷だが、遊歩道入り口にあった樫葉オートキャンプ場は閉鎖されている。槇鼻峠（古くは白水嶺・槇鼻峠とも）から椎葉村大河内大藪へは、九州大学演習林沿いの峰越林道・渡川大藪線が通じており、下界と隔離された気分になれる原生林が続いている。

丸野山 [マルノヤマ] 584m／等高線／延岡市・北川町／古江／蒲江

古くは圓（円）野山とあり、『日向地誌』の熊野江村の項に「須奴江村川内名にてはその東北面を望み鏡山と呼ぶ」と記されている。『日向地誌』のまとまった明治17年（1884）には、ようやく陸軍参謀本部測量局（後の陸地測量部）にて全国的な三角測量が開始されたばかりで、地図払下規則により二万分の一地形図が市販されたのは明治20年（1887）からであり、北浦方面からは鏡山と同じ山と思われていた。かつて鏡山から丸野山への遊歩道があったが、現在は牧草地になっており、図根点が埋設されている。

万吉山 [マンキチヤマ] 1318m／独標／日向市東郷町〜都農町〜木城町／尾鈴山／尾鈴山

古くは万吉嶺とあり、尾鈴山の北に位置し、俗に飯盛尾根と呼ばれた神陰山へ

の広い尾根歩きは読図経験が必要である。昔、延岡藩と高鍋藩（勝訴）の長期にわたる境界争いで、「いかなることであろうと余計なことは一切口にしない」という山守の掟を破ったとして自刃した万吉からの山名で「万吉宮」ともいわれ、所によっては境界杭のことを万吉杭と呼ばれていた。北の東郷町大内と南郷区児洗から744m峰（独標）を経る万吉越コースもあるが、あまり踏まれていない。

　南東に万吉谷、南西に矢櫃谷と、原始に近い峡谷があり、この尾鈴山系を暗躍した平家残党の矢櫃次郎左衛門と美女あまづら（甘只）夫婦に二男一女の盗賊一味の話も伝わる伝説の山と渓谷である。「矢櫃」とは、矢を収めておく蓋のある箱のことで、矢櫃谷とは、矢尻のように上が狭く下方が広く、一度落ちたら這い上がってこれない峡谷のことをいう。北麓の東郷町坪谷の牧水生家からは、この山に隠れて尾鈴山頂は望めない。

ミ

神子山 ［ミコヤマ］359.1m／三等／古江／延岡市北浦町／古江／蒲江

　古くは鳶頭嶽、伽嶽とあり、山頂部は自然林が豊かな北浦町有林である。昭和60年（1985）２月古江トンネルの開通（全長845m）以前は、国道388号（日豊リアスライン）は、地下より山頂東の古江峠（三川内越）を越えて尾高智神社入口の鳥居がある北口への逍遥の小径で、今も地元の人に使用されている。

　古江の町を一望できる峠には、「安政２年（1855）古江村地下」と刻字の小さな地蔵祠が昔をしのんでおり、峠から西へ、普通林道古江峠竹の脇線（3067m）が通じている。北麓の末越には、平成５年（1993）度ふるさとづくり事業の一環として建設された「末越レジャーパーク」があり、ゴルフ練習場やパターゴルフなどの施設がある。

三つ石山 ［ミッツイシヤマ］814.0m／三等／三ツ石／小林市須木村／大森岳／須木

　古くは取木山とあり、山中に三つの鉾石があったことからの山名という。古くは魚塩の道で、西へ七熊山を経て須木へ、遠くは熊本県多良木町まで運ばれていた。登山は、七熊山から約１kmの竜王山分岐をへて三つ石山へ2.8kmをピストンするコースがあるが、読図能力と健脚を強いられる。北には県道26号宮崎須木線を分岐し切下川に沿って三つ石林道がある。

　三つ石山から南東への長い尾根道は、3.5kmの705mピーク（独標）で東南に別

れ、東は小屋谷山（509.1m、三等、点名・小屋谷）を経て、「森林セラピー基地・綾」のシンボル「照葉大吊橋」（高さ142m、長さ250m）へ裾引き、南の突端へは1.7kmの獅子額山（621.4m、二等、点名・大口）で、広沢集落に切れ落ちている。綾方面から眺める落陽の山並み、その南端の落ち込んだ独特の山容は、別称の獅子額の鼻からも山相が想像できる。

三　尖 ［ミットギリ］ 1474m ／独標／高千穂町／祖母山／三田井

　別称・みつとぎり、さんせん。国土地理院呼称・みつぎり。古くは南岳とも記されている。かつては黒岳・親父山とセットの藪漕ぎ登山の山で、全国難読山名ベスト15として、九州では大分県の一尺八寸と月出山岳、沖縄県の与那国岳と共に、全国に紹介された（月刊誌『山と渓谷』・平成13年5月号）。玄武山と共に高千穂町立上野小学校と上野中学校の校歌に讃えられる山である。

ム

行 滕 山 ［ムカバキサン］ 829.9m ／二等／行滕山／延岡市／行滕山／延岡

　九州霊山の一つに数えられ"やま"でなく"さん"が正しいが、現在は「むかばきやま」が一般。雅名に滕岳と詠まれる。昔武士が狩りや乗馬に脚の防具として着用した、毛皮製の行滕に似ていることからの山名という。主峰の雄峰と雌峰（809m、独標）の鞍部から落下する、日本の滝百選「行滕の滝」（落差80m、幅30m、平成2年〈1990〉第5位入選）は、一枚岩で形成される大屏風状で滝つぼがない滝であり、流水が布を掛けたように見えることから「布引の滝」、他に「矢筈の滝」と三つの名称を持つ珍しい滝である。

　熊野大権現を勧請祭祀し、養老2年（718）4月25日に創建した「行滕神社」のご神体山で、社頭入り口の守護に狛犬ではなく「狛猿」を置く（明治31年〈1898〉奉納）。谷克二著『老猿』（徳間書店刊）の舞台の山でもある。第12代景行天皇の皇子・日本武尊が熊襲征伐に来て「布引の矢筈の滝を射てみれば川上たけの落ちて流れる」と詠じ、勝利の舞を舞ったところが麓の舞野の地名となり、舞野神社の神楽歌になっている。平安末期の武将で射術の豪勇・鎮西八郎源為朝が、長寛2年（1164）に参籠し、行滕を奉納、武運長久を祈ったと言い伝え「為朝の腰掛岩」など、伝説にも事欠かない山である。

　天正6年（1578）大友宗麟の耳川の戦い前哨戦で、松尾城主・土持親成（第16代）はわずか50余騎を従え、行滕山の嶮に立て籠もったが、捕らえられ豊後にて切腹となり、縣の庄を制すること前後33代700余年に及ぶ日向の名族・土持氏本家は滅亡したが、その残党が隠れ住んだり、山伏の修業の場だった岩窟があるとのこ

と。熊野修験の影響を受けた中世延岡の修験道霊山だったこの行縢山塞の場所は特定されてないが、明応５年（1496）に伊東氏と土持氏の「行縢山の合戦」では、攻めた伊東氏が撃退されたほどの堅固なものだった。

参考コースタイムは、山頂コース３時間、環状コースと県民の森コースが共に１時間30分、滝コース30分。昭和58年（1983）オープンの宿泊野外研修施設「むかばき青少年自然の家」には、若山牧水の歌碑「けふもまたこころの鉦をうち鳴しうち鳴しつつあくがれて行く」（早大４年生〈明治40年〉での作）がある。明治百年を記念し昭和46年（1971）開設の「行縢山県民の森」は、行縢の滝の上流、海抜600～720mに位置し、面積74ha、延長１kmの渓流があり、森全体が天然林となっている。

平成12年（2000）４月、行縢町から鹿狩瀬町へ抜ける通称行縢スカイライン沿いに、「野鳥の森」「自然と日向灘展望」「紅葉狩り」など10コース延長10kmの遊歩道と植栽を施した、自然休養林「行縢山生活環境保安林」（90ha）が、県により３年がかりで造成、一般に開放された。平成25年10月26～27日、大分県日田市で「日本全国難読山名サミット」が開催されベスト20を発表、行縢山は19番目に選出された。令和５年10月、酒場詩人・吉田類の「にっぽん百低山」でNHKより全国に放映された。

向坂山［ムコウサカヤマ］1684.7m／三等／向坂／五ヶ瀬町～椎葉村～〈山都町清和村〉／国見岳／鞍岡

別称・むこうざかやま。五ヶ瀬川（一級河川、幹川流路延長103km）源流の山で、五ヶ瀬町最高峰、県内標高第７位。平成２年（1990）12月24日オープンの日本最南端の「五ヶ瀬ハイランドスキー場」があり、パーキングセンター（リフト乗り場）のカシバル峠（1350m）まで国道265号の本屋敷から７km、さらに白岩林道を１kmで向坂山や白岩峠（杉越・日肥峠、1558m、独標）へのごぼう畠登山口へ、ここから白岩峠へ約900m、スキー場へは約570mである。

山頂より三方山へ5.7km・椎矢峠へ6.7km（いずれも平行距離）。向坂山のハイランドスキー場北の登山口から黒岩（遠見岩、1582m、独標）～小川岳を経て天狗岩から林道に下りる約６kmは「小川ルート」として平成12年10月「霧立越の歴史と自然を考える会」により２年をかけて開設された。

モ

母智丘［モチオ］246m／独標／都城市／都城／都城

山頂標識245.4m。古くは石峯丘（いつみねのおか）、石牟礼、持尾、餅丘（餅に似た丘）とある。平

成2年（1990）「財団法人日本さくらの会」より「日本さくら名所100選」に選定されている。明治2（1869）〜4年、庄内地頭として数々の功績のある三島通庸（後の警視総監）によって開発されたところで、2㎞の桜並木を中心に、ソメイヨシノを主に、八重桜、山桜約2600本を数える。みやざき巨樹百選の「陰陽桜」のある母智丘公園から290段もの石段を登ると、山頂には母智丘神社（旧称石峯稲荷明神または保食稲荷）や馬頭観音を祀り、古くから巨石信仰された稲荷石と呼ばれる陰陽二石のイワクラ（盤座）があり、陽石は高さ2m・周囲17m、陰石は高さ1.7m・周囲20m、他にも神裂石、鰐石など巨石が多い。都城平野一望の展望台も設置され時節を問わず参拝客で賑わう。母智丘神社祭りは、三股町の早馬神社祭りと共に都城・北諸の二大大祭といわれる。

　神社より西へ1㎞で都城母智丘CC（ゴルフ場）のある丸山峠を経て、さらに1.5㎞の「くまそ広場」には、遊具広場やミーモの森の散策路があり、「ヴュー手フル展望台」から霧島連山が、こもれびの森の瀧見デッキより関之尾滝を一望することができる。

　昭和3年（1928）「母智丘・関之尾県立自然公園」に指定され、関之尾滝（幅40m、落差18m、大滝・男滝・女滝の三段から成る、庄内川）は平成2年（1990）「日本の滝百選」第3位に入選、平成16年日本ウオーキング協会により〈都城、桜と甌穴を訪ねるみち〉として「美しい日本の歩きたくなる道500選」に選定。滝上流の甌穴群（長さ600m・最大幅80m）は、その数と規模の大きさでは世界一といわれ、昭和3年2月18日・国の天然記念物に指定されている。

　やまさき十三作『釣りバカ日誌』（北見けんいち画／発行所・小学館）の主人公「ハマちゃん」こと浜崎伝助の故郷は都城市で、「第13集ヤマメの巻・第5章なまりなつかし」では、一家で数日帰郷、まず都井岬でヒラマサ釣りの翌日、両親はじめ愛妻みち子さんと一人息子鯉太郎くんと共に、山麓の一角にある先祖代々の墓参後、展望台から「おかえり」と言ってくれそうな景色を眺めながら懐旧にふけっている。

森　山 ［モリヤマ］467.6m／三等／森／延岡市北浦町／古江／蒲江

　高森の別称があり、西南戦争で西郷軍が山地一体に構築した塹壕跡が残っている山。幹線林道・森山線（古江〜全長15026m〜鏡山）古江より5km地点から支線がテレビ中継塔や携帯電話の基地局が設置されている山頂まで延びており、南に嵐

山、西に鏡山・丸野山、北に岳山・飯塚山・神子山、東に遠見山など四周の山々に、南北浦海岸の養殖イカダと調和した海洋美と、単独峯ならではの絶佳を独り占めすることができる。古江側にある〈アメニティルート公園〉は快適なルートとは名ばかりで道路も公園も荒廃している。

諸 塚 山 [モロツカサン] 1341.5m／二等／諸塚山／諸塚村～高千穂町／諸塚山／諸塚山

別称・もろつかやま。昔は諸塚太伯山とあり、神楽歌には「剣立つ諸羽の山にわけ登りあじろが浜に立つは白波」と唄われており、高千穂から望見すると宵の明星（大白星。金星のこと）が輝く方向にあり、冬には冠雪で真っ白に光り輝くことから大白山とも呼ばれていた。

二上峰（山）と共に天孫降臨伝説のご神体山で、赤土岸山近くのふれあいの丘（1180m、等高）がある飯干緑地広場（飯干峠自然公園）に遥拝所が設けられている。六峰街道の盟主で、山上には北斗七星を祀ったとみられる諸々の塚（高塚・桐の木塚・トヤ塚・花塚・飯塚・柏ノ木塚・諸塚）があることが山名の由来で、古くから英彦山系、阿蘇山系の修験道の「神の山」として崇敬された。

六峰街道の東の宮登山口（北登山口とも）からは、恒武天皇の御代（781～805）に創建されたと伝える由緒ある神社で、明治43年（1910）参拝に不便のため立岩に換座された諸塚神社本宮（諸塚大白太子大明神・七つ山神社）を経由する。メインの西登山口（1000m、等高）からは、特に春のアケボノツツジの群生、冬の樹氷と四季を通じ親しまれるポピュラーコースで、南登山口の飯干集落からの古道コースは健脚な岳人に好まれている。

樹齢150～200年のブナ・ミズナラの天然林30haが広がる山頂には展望案内盤が設置されており、95％が森林に覆われた「全村森林公園」を掲げる諸塚村の盟主でもある。六峰街道を挟んで北東の988m峰（独標）は背戸山という。「日本一早い山開き」として、昭和61年（1986）3月9日を第一回に第2日曜日に開催されていたが、平成15年（2003）より第1日曜日に変更された。問合せ先・諸塚村観光協会（水曜休館・しいたけの館21℡0982-65-0178）

ヤ

矢　岳　[ヤダケ] 1131.7m ／三等／矢岳／高原町／高千穂峰／霧島山

　　　　矢岳嶽ともあり、高千穂峰の北部に位
置し、ツクシミカエリソウ（シソ科の半低木）
の群生もあり、霧島連山では霧に育まれた
「花の名山」として知られている。赤崩（獅
子戸岳）と新燃岳、矢岳との間に挟まれた
草原は殿様間伏と呼ばれ、かつて島津氏が
ここに動物を追い込んで猟をした狩倉であ
り、高千穂峰との鞍部には、霧島六社権現
の本宮（中央宮）・「霧島岑神社跡」の標柱がある〈坊主ケ原〉や「鹿の原」の地
があり、せたお越と呼ばれた古道があった。

　　高崎川より赤松〜あかね〜ツツジ展望所を経て山頂へ、西峰の竜王岳（竜王ま
たは竜王山とも。1175m、独標）は、仏教でいう「八大龍王」のことで雨乞いの守護神
とされ、かつて高原地方の日和見の山であった。高崎川支流蒲牟田川の源流域に
は、正徳6年（享保元年〈1716〉）、新燃岳噴火の火砕流で、立ち木が炭になり埋もれ
た炭化木（溶岩樹形）が土砂に洗い流され出現している。

※昭和18年（1943）6月20日発行『霧島山』中村治四郎編には竜王岳と記載

矢　岳　山　[ヤタケヤマ] 739.2m ／三等／屋岳／えびの市／加久藤／加久藤

　　別称・矢岳嶽。古くは屋嶽で、「その峰形が屋脊に似たるを以て名を得たり」
とあり（『三国名勝図会』）、片屋根状の山容が山名の由来となったもので、因みに尾

根の一番高い箇所の棟を山の脊、山の末、山の司という。旧道は矢岳高原との中間の矢岳越と、矢岳高原の東を迂回する長坂越があり、矢岳（駅）で合流し大畑を経て、人吉へ至る往還であった。

熊本県境近くで、D51-170（蒸気機関車）が保存されているSL展示館併設の熊本県矢岳駅より、矢岳林道が矢岳山から高尾岳（637m、独標）や滝下山の北西を鹿児島・熊本・宮崎の三県境へ抜けている。JR肥薩線の矢岳～真幸駅間の矢岳第一トンネル（2096m）と矢岳第2トンネルの間は「日本三大車窓」の一つに数えられている。

それに勝るとも劣らぬ展望があり、巨石（イワクラ）信仰の聖地でもある矢岳高原県立自然公園（700m）は、パラグライダーの基地（710m、等高）や平成13年（2001）7月1日オープンのえびの市の姉妹都市・米国テキサス州ベルトン市にちなみ西部開拓時代のイメージの漂う「矢岳高原ベルトンオートキャンプ場」があり、県道408号西川北京町温泉停車場線（京町から約10㎞）が通じている。

昭和61年（1986）無人駅となった矢岳駅（標高536.9m、JR肥薩線最高所）から崩ケ尾国有林を経る矢岳高原への「駅長お勧めのハイキングコース」（2.2㎞）は、旧道長坂越の一部で、昭和6年（1931）植栽のヒノキの並木などが現存している。「この汽車の笛ももどかし早鐘の矢嶽霧嶋八重たたむ雲　安田尚義」。

【雨のしらせか霧島山に　雲がまたきてまたかかる】昭和10年（1935）2月14日、野口雨情はこの矢岳高原に訪れ、真幸盆地（加久藤盆地）と霧島連山を一望する絶景の思いを、この歌に託して詠んだ。歌碑のあるデッキ式の展望台（550m、等高）は、夜景や雲海のスポットとしても知られ、霧島連峰や遠く桜島や開聞岳、蛇行する川内川に沿うえびの市街、はるかに湧水町まで俯瞰される加久藤カルデラは、見事の一語に尽きる。

山麓には戦国時代に薩摩島津氏が開いたといわれる県内最古の吉田温泉（別名昌明寺温泉）があり、明治10年（1877）2月19日西南戦争での熊本への出陣のとき、薩軍は栗野から吉松を経て吉田温泉に宿し、翌20日積雪の中を矢岳越して人吉へ向かった。京町温泉駅の案内には【矢岳高原へ北へ5㎞徒歩2時間、東麓の吉田温泉へは3㎞40分】とあるが、田の神さあ（昌明寺）棚田やぎん水の水場を経由する矢岳高原への登山道は藪が深く廃道に近い状態になっている。山腹の絶壁には北原領主時代（1293）創建で吉田郷最初の神社・日枝神社がある。百貫山の山麓の牛越の里より「もぉーきんぐコース」駒返し本線と呼ばれる矢岳高原登山道もある。

柳　岳 [ヤナギダケ] 952.4m ／三等／柳岳／三股町～日南市北郷町／山王原／都城

　別称・やなぎがだけ。古くは時馬尾山とあり、県道33号都城北郷線・高野バス停より進入し、五合目まで延びる内の木場林道柳岳線を利用して登れる。南峰は山嶽（948m、独標）で、北河内林道沿いの本谷川と槻の河内川合流点（本谷橋）は山岳集落跡で、近くにイロハモミジの巨樹（樹齢200年、樹高20m、幹回り2.4m）があり紅葉が見事。そみの谷には県南最大級の滝（落差50m、幅25m）が平成20年（2008）5月に確認された。

　柳岳と牛の峠への中間・細田川の源流部が栂の尾嶽（830.4m、三等、点名：本河内）で、南へかつて崩壊で自然ダムができたタカトンノクエ（840m、独標）、お集り（870m、等高）と呼称されるピークがあり、昔は猟師たちが山頂で1週間から10日ほど自炊しながら小屋掛けをして猟をしたという。三股町と北郷町を結ぶ矢立峠の「矢立」とは、鉄砲で仕留めた空砲3発の合図のことで、山の神に獲物が授かった感謝を奉げた。

　東部にはイッテンカツノクエ（一点潟の崩、別称大八重山、846.5m、三等、点名：赤松）という滑落した赤肌を見せる珍名山があり、遠く都城方面からも視観され、南の尾根を越える送電線の巡視路は、峰筋の古い峠道の樋ケ峠に続いている。県道沿いには、紅葉で知られる渓谷の長田峡や、総延長2kmの遊歩道に世界500種3万本が咲き競う、日本一のシャクナゲ公園「シャクナゲの森」がある。

柳 の 越 [ヤナギノコシ] 992.1m ／三等／土々呂口／諸塚村／諸塚／諸塚山

　山頂（池の窪第二展望所）に、平成10年（1998）建立の四周の山岳展望図が描かれた（標高1000m）木造六角形3階建ての秋政展望台があり、諸塚一のビューポイントだったが、平成17年に落雷などの被害により解体された。「秋政」とは、三田井親武家臣で肥後矢部の庄・戸土呂城主の甲斐兵庫守秋政のこと。三田井氏滅亡のときに、加藤清正や高橋元種に追われ、三田井氏四十八塁・大野原亀山城主の重富弥十郎長義と共に、文禄2年（1593）3月25日、この地で自決した。大規模林道・諸塚スカイライン（旧林道家代線）沿いで諸塚を見下ろす家代峠（秋政公坂）や古陣野に墓標や碑があり、巨杉と九郎山スカイラインのモザイク林相の展望で知られる家代の玉鳳山金鶏寺に祀られている。

　東への尾根は梵天岳（737.9m、四等、点名：小払）から目の神様の吉野宮（座頭神社）

がある宇納間越（825m、等高）へ至る。南の標高780mに位置する高原には、全村森林公園・諸塚「百彩の森づくり」の代表的な施設・天空の森「池の窪グリンパーク（緑色公園）」があり、四季を通じて諸塚村の自然を満喫できる。平成15年（2003）6月には、クロスカントリーコース2000mの周回コース（復員3.5〜3.8m、未舗装、こう配は最も急なところで5度）も完成した。諸塚スカイライン沿いの倉の平展望台近くには、西南戦争で薩軍の見張り場があった天堂端（806.3m、三等、点名：梅ノ木ノ上）がある。

矢筈岳 [ヤハズダケ] 1330m／独標／都農町〜木城町／尾鈴山／尾鈴山

　尾鈴山系の長崎尾と黒原山との中間に位置し、長崎尾は南の1350m峰とで古くは矢筈岳とあり、現在の矢筈岳は南矢筈岳と呼ばれていた。西端の岩棚から鹿遊（かなすみ）連山をはじめ銀鏡七山や米良三山への眺望は圧巻で、黒原山との鞍部にコウヤマキの群生がある。西の板谷谷と今別府谷に挟まれたピークの775m峰（独標）は十七里山という。小藤分登山口〜尾鈴山〜長崎尾〜矢筈岳北峰（旧矢筈岳南峰、1350m、等高線）〜1261m（独標）〜1148m（独標）〜小藤分登山口への周回路は、ゴールデンウィークのアケボノツツジの見頃の時期には、特に人気のコースである。

　弓の弦に当てる矢の二股になった部分の矢筈に似ており双耳峰のことをいう。県内の矢筈岳三山には、片方の峰が邪魔して三角測量ができないために、三角点は埋標されていない。県道22号木城町春山地区の春山林道登山口から矢筈岳〜長崎尾〜尾鈴山頂への登山道（約4時間）が平成26年（2014）4月に「石河内活性化協議会」により45年ぶりに再整備された。

矢筈岳 [ヤハズダケ] 704m／独標／綾町／大森岳／須木

　古くは箭筈嶽（せんかつだけ）、矢括岳（やはずだけ）（『綾郷土誌』）とあり、釈迦ケ岳の南の尾根伝いの山で、健脚者にはセットで登られているが、低山でありながら山深く侮れない。南山麓の綾北川沿いには、スポーツ施設をはじめ、綾てるはの森の宿（旧綾サイクリングターミナル）、綾川荘、式部屋敷などの商業施設がある。

　令和3年（2021）4月に綾町ジオパークにより、南矢筈岳（680m）の突端に、綾岳（664m、距離4km・2時間）コースがオープン。綾川荘入り口の橋を渡り右折し、「式部谷ふれあい広場」管理棟脇から尾谷ホタル渓谷右岸沿いの冒険の森跡の先に【矢筈岳登山口】【綾岳登山はこちら】（式部第一号橋、ホタル第一鑑賞場所）の標柱より、県企業局三財線の鉄塔と巡視路を経由、健脚者は矢筈岳から釈迦ケ岳〜身投嶽を巡ることができる。綾川荘の熊野神社参道から尾根を伝う道は既にブッシュ化している。県道361号綾法ケ岳線より尾谷川源流に沿って大谷林道（大河原林道、ゲートあり）が釈迦ケ岳との鞍部まで延びている。

矢筈岳 [ヤハズダケ] 666m／独標／日之影町／日之影／諸塚山

　綱の瀬川の峡谷を挟んで比叡山と相対し、川床まで400mに達するウォーターカップ（地形状水隙）の断崖を作り出し、矢筈山とも記されている。九州自然歩道沿いの山で丹助岳とセットの遊歩道（4㎞）がある岩峰で、丹助林道の矢筈岳登山口から、展望台のある西峰の北山腹を下り上りして鞍部より山頂の東峰へ。昭和27年（1952）より10年間運用された、高千穂営林署鹿川事業所の木材運搬用のトロッコ道を整備し「矢筈岳トロッコ道ウォーキングコース」（7㎞、2時間）が完成して、八戸・ゆすなみ峠から中川橋を結ぶ綱の瀬川右岸の平坦な山歩きを満喫できる。矢筈岳と同名の二等三角点（736.3m）は丹助岳南の遊歩道の脇に埋設されている。

　北の藤ケ峠（607m〜509m、独標）から丹助岳、南の五ヶ瀬川左岸の高塚山（256.2m、四等、舟の尾）一帯は西南戦争激戦地で、矢筈岳直下の破線がトロッコ道と合流する谷底の小盆地が「ヒハラウド（ヒハロウ）」といい、綱の瀬川の対岸・八幡森（荒神森）に当時唯一渡渉できたところだった。北の日之影町中川集落の棚田約30aには「中川チューリップの里づくり協議会」により植栽された2万5000本のチューリップが4月に開花し、比叡山や矢筈岳を借景に、赤白黄色のコントラストが絶妙である。

ユ

雪 が 峯 [ユキガミネ] 853.2m／三等／雪岳／三股町／高城／都城

　古くは雪岳、雪ケ峰とあり、長田林道・雪ケ峯線が山頂近くまで延びている（一般車両進入禁止）。途中には、宮崎県林業総合センターのスギ・ケヤキ混成林試験地がある。三股地方で降雪や積雪が一番早いことからの山名といわれ、元亀・天正の頃（1570〜91）には、都城島津家（北郷家）最初の軍馬や農耕馬を対象とする大八重の野牧（牧場）が設けられていた。

雪 降 山 [ユキフリヤマ] 990.2m／三等／雪降／西都市／尾八重／尾鈴山

　オサレ山、龍房山と共に銀鏡三山の一つで、無形文化財・銀鏡神楽で有名な銀鏡神社（標高260m）の北面に位置し、かつて神楽山とも呼ばれた。平成2年（1990）4月15日、銀鏡地区村おこし推進会・西都山岳

会実行委員会主催により、第一回山開きが開催された（雪降山登山口～茂地原登山口下山）。五郎ケ越（県道39号西都南郷線）で渡川（南郷区）へ、空野越で中之又隈所（木城町）への峠越で、その来し方を「行き振り返り」見たことからの山名で、東山腹には碁盤の目状の模様の砂岩の節理地層（25m）がある。

五郎越（通称ごろんごえ）は西南戦争の西郷隆盛退軍路で、西郷は明治10年（1877）8月25日豪雨の朝、鬼神野から米良（銀鏡）へ越えていった。旧藩時代は米良氏の5年に1度の参勤交代の経路で、渡川から米良に越えるとき、駒を五郎が貸してくれたことからの峠名で、お大師堂が祀られ、北西の丸笹山から三方岳への展望は見応えがある。

柚木山 [ユノキヤマ] 408.5m ／三等／三角／延岡市北浦町／三川内／蒲江

北浦町中心地より国道388号（日豊リアスライン）を北上すると、真正面の三川内中学校と三川内小学校の背後に聳える山で、左折すれば宗太郎越となる国道10号への三川内の丁字路へ、道に沿う北川支流小川筋は「奇跡の清流」と呼ばれるゲンジホタルの生息地であり、5月下旬には乱舞が見られ、秋には三川内の雲海としても知られている。

昭和48年（1973）に三川内地区が自然休養村に指定され、同52年に西麓に自然休養村管理センター清流荘を建設。バンガローや野外炉などのキャンプ施設があり、シーズンにはキャンパーや清流での水遊びを楽しむ人たちが訪れる。

弓木山 [ユミキヤマ] 848.8m ／三等／弓木山／椎葉村／上椎葉／椎葉村

古くは弓木嶽とあり、点の記には「ゆみぎやま」と振り仮名がある。幕府指定の御立添山の項6カ所のうちに、上弓木山と下弓木山の二山が記されている。山頂部は椎葉村有林で、村道・水越サエ線が東の九合目まで延びている。西山腹に同名の集落からの山名で、小字名も弓木山となっている。

揺岳 [ユルギダケ] 1335.4m ／三等／上中原／五ヶ瀬町／鞍岡／鞍岡

古くは大石嶺とあり、東の三ヶ所方面からは、戸根川山ともいわれる。北に対峙する祇園山と共に、国道503号の坂本を経て大石と荒谷地区を結ぶ広域基幹林道大石越線（大石林道、総延長15999m）の大石越（1023m、独標、WC・P）が登山口で、コースタイム70分、心地よい稜線歩きと山頂直下の急登を攀じれば、さすがは積雪一の五ヶ

瀬町、祇園山と同じに温度計（−40〜50℃）のある山頂へ。『地名用語語源辞典』によると、動詞「アユク」（揺）から「崩崖、地辷り地、山崩れ跡」をいうとある。

　南の尾根伝い1361.5m峰（三等、点名：鞍岡）は、かつて東南麓に、昭和8年（1933）から同24年にかけて錫や銅を採掘していた、財木鉱山があった財木山で、西の波帰方面からは半蔵山と呼称されたが、現在は荒谷山が一般で、五ヶ瀬川支流荒谷川は、紅葉に映える白滝（61m、幅10m）で知られている。

ヨ

横 瀬 山 ［ヨコセヤマ］ 393.5m ／三等／大井／延岡市北浦町／三川内／蒲江

　『西南戦争延岡隊戦史』に「石神越の左方のお藤山を突破し梅木より歌糸へ進撃」と記載がある山で、北浦町三川内の北東に位置し、豊後往還・石神越への途中にある応永9年（1402）創建と伝える三川内（元白山神社）神社脇から、普通林道横瀬線へ連結し、山頂近くへ延びている。林道起点の本口の北東・小川川支流木和田谷には、蛇淵（斑）の滝（20m、二段）がある。

ラ

乱 杭 野 [ラングイノ] 611.9m ／三等／乱杭／日南市北郷町／飫肥／飫肥

　古くは乱杭尾（『日向地誌』）、乱杭山とあり、舞の山〜赤岩山〜坊主山と続く稜線は、寝姿観音（山脈）と呼ばれている。山頂部（500m）には、弘仁10年（819）勧請の霧島神社が鎮座、子供の神様として５月５日が例祭で作神楽が奉納される。この乱杭野一帯は、昭和10年（1935）３月11〜14日にかけて三日三晩の山火事が発生したが、長い時間と労力を費やしすっかり蘇った。

　平成15年（2003）４月、板敷よりふるさと林道荒平線（一名霧島神社参道線、3707m）が通じ、神社の駐車場を起点に、舞の山へは管理歩道４号（旧参道）が、赤岩山南峰へは管理歩道５号の周回路が整備された。神社から西へ林道鍋山線（4187m）が県道28号日南高岡線・北郷町宿野と串間市を結ぶ広域農道（黒潮ロード）へ連結している。初日の出のスポットでハート形に見える日南市街の夜景でも知られ、中腹はスカイスポーツの基地になっており、近くには霧吹の滝がある。

　主に敵の防御や護岸のために、乱りに（不規則に）打ち込んだ乱杭のように、小さなピークが連なることからの山名で、逆茂木、鹿砦とも記される。地形図で

は、霧島神社のところ（500m）に乱杭野と記載があるが、三角点名：乱杭の標石は霧島神社元宮跡（元霧島・舞の山山頂の標識あり）に埋設してある。

　殿所（とんどころ）に裾引く尾根は、天文18年（1549）飫肥城争奪戦で伊東の将・伊東次郎少輔以下3百余人が討ちとられ、島津方で敵伊東方戦死者のために建てた【中の尾供養碑】（高さ1.2mの地蔵菩薩立像）を経て、突端の「中の尾砦跡」（183.9m、二等、点名：二本松）へ続いている。

リ

龍 房 山 ［リュウブサヤマ］1020.4m／三等／竜房山／西都市／尾八重／尾鈴山

　別称・りゅうぼうざん、国土地理院呼称・たつふさやま。雪降山・オサレ山と共に銀鏡三山の一つで、石祠のある東峰は鉾の峰（龍房神山）、中峰を中房山、西の三角点峰からなり、米良修験の遺跡を伝える霊山。大山祇尊（オオヤマツミノミコト）・長女の磐長姫尊（イワナガヒメノミコト）（石長比売）（ミコト）、御醍醐天皇の割符の鏡と懐良親王を祭神とする銀鏡（白見）（しろみ）神社のご神体山である。

　イワナガヒメが鏡に映るわが顔に驚き怒り、鏡を投げられたのが絶頂の大木にかかり、朝夕輝いたので白見村となり、銀の鏡だったので銀鏡村と言いかえられ、鏡山とも呼ばれていた。古述には独鈷山・霊鷲山とあり、昔山中に龍神の棲居する池があったことからの山名という。

　ニホンカモシカが生息する岩場にイワツツジが満開の平成3年（1991）4月14日、銀鏡地区村おこし推進委員会・西都山岳会・宮崎岳朋会主催、後援・西都市観光協会により第一回山開きが開催された。

　昭和52年（1977）国の無形民俗文化財指定の奇祭「米良神楽」（銀鏡神楽・三十三番）は、銀鏡神社の大祭（12月12〜16日）に催される。すっかり夜が明け徹宵神楽が終わりを告げる演目三十二番に、狩法神事シシトギリ（狩面）の狂言劇が奉納され、滑稽な問答や仕草に観客の歓声が山々にこだまし、村は神人一体となる。西都銀上学園（かみ）（銀上小学校・銀鏡中学校）の校歌に歌われている。

ロ

﨑 出 山 ［ロンデヤマ］946.8m／三等／﨑出／日之影町〜美郷町北郷区／宇納間／諸塚山

　国土地理院呼称・ろんしゅつやま。泥を古くは﨑といい、山中の低湿地や谷頭にみられる集落地名の﨑出からの山名で、山頂部には町村界の盛土があり、東南11m地点に三角点が埋設。六峰街道沿いの山だが、その数には入っていない。近くに「スカイロッジ銀河村キャンプ場」や、旭化成グループによる森林保護活動

の取り組みとして森林づくりを進めている「あさひの森」、展望の丘がある。「アジサイの里・椎野」への棚田を抜ける道（7㎞）は椎野アジサイロードとして親しまれている。

　東の速日の峰との中間に尾戸オダチ（887.0m、四等、点名・高塚）〜昔は山深くて魔の山ともいわれていた武田の内（877.6m、三等、点名同じ）がある。「オダチ」とは焼畑のことをいう。西の中小屋山側に県道210号宇納間日之影線（28㎞）が南北に乗り越えている。因みに宇納間地蔵尊にある夫婦石（陰陽石）の女石は五十鈴川支流嶮出谷の川底で発見されたもの。

ワ

若宮山 ［ワカミヤヤマ］ 857.0m ／三等／若宮／椎葉村／上椎葉／椎葉村

　国土地理院呼称・わかみやざん。別称・上茶口（かみちゃぐち）とも呼ばれる。日本最初のアーチ式ダムで昭和30年（1955）３月完成した上椎葉ダム（長さ341m、高さ110m）の右岸の高台・椎葉中学校や若宮総合運動公園（椎葉村運動公園・椎葉村民体育館）の後方に聳える山。

　『新平家物語』の作者・吉川英治が名付けた「日向椎葉湖」は、平成17年（2005）３月、国土交通省の外郭団体・㈶ダム水源地環境整備センターが選ぶ「ダム湖百選」に県内で唯一認定された。椎葉村企画観光課の銘水の郷づくり推進協議会では上椎葉ダムのほか、建設により73戸と一学校が湖底に沈み105名の殉職者を出した慰霊碑のあるダムを一望できる高台の女神像公園、ダム上流部の尾前渓谷が「遊水紀行」として紹介されている。

　西麓の小崎川対岸の竹の枝尾には、日本民俗学の祖・柳田國男の著作『後狩詞記（のちのかり ことばのき）』副題「日向国奈須の山村に於て今も行はる＞猪狩の故実」の成立に尽力した中瀬淳村長旧邸（椎葉村史跡）があり、【民俗学発祥の地】の石碑が建てられている（現椎葉綾心塾・綾部正哉塾長）。

和久塚 ［ワクヅカ］ 591m ／独標／延岡市北川町／熊田／熊田

　大崩山の和久塚とは別山で、湧くように大岩やコブが連なっていることが山名である。西の県道207号延岡岩戸線（オリンピアロード）の脇に、〈西南役戦跡　西郷隆盛宿営の地　地蔵谷〉の標柱がある。明治10年（1877）８月18日未明に可愛岳を突破した西郷軍は、その夜ここより４㎞上流地点の湿地帯の和久塚地蔵谷に露

営し、翌19日上祝子の小野熊次宅へ宿陣した。

「可愛嶽の西方なる西郷越より正北に向ひ、祝子川と北川支流の分水嶺上の大台場山、和久塚の連峰を越えて行くことおよそ7里、屋形越を過ぎて始めて一の渓谷がある。そこは大鹿倉山（570.2m、三等、点名：椎葉）の東南にあたり、まことに深渓幽谷と称すべき沼沢の地で、西郷軍はここに来て初めて喉を潤したであろう地蔵谷である」（香春建一著『大西郷突囲戦史』要約）。

東山腹の森谷観音滝（23m）一帯は森谷観音緑地保全地域に指定されており、香花谷の香花谷観音滝（75m二段）には遊歩道が設けられている。

和戸内山 [ワトウチヤマ] 323.4m ／四等／西ノ内／延岡市北川町／熊田／熊田

宇土内山ともあり、岸壁がそびえて狭くなったところの宇土（うどとも）から和戸になったもので、他に和戸内とは社寺の森をいうこともあり、北川支流小川を眼下にする曹洞宗如意山吉祥寺の背後の山である。JR北川駅近くの舞見田集落より林道・市の迫田の原線の分岐を経て2.2km地点が自動車到達地点で山頂は近い。

西麓のJR日豊本線・北川駅近くの吉祥寺は、明治10年（1877）8月12日、西南戦争で西郷隆盛一行が泊陣したところで、北川が濁流のため止む得ず舟中にて夜を明かした一行は、豊後街道の原型を留める繰越峠（「道の駅北川はゆま」の入り口近くに現存）を越えて、坂本〜竹瀬〜橋岸〜森谷山（曽立山とも。399.6m、三等）裾の笹首や曽立を経て薩軍本営のあった熊田（現延岡市北川支所）より北川支流小川川をわたり黄昏時に到着した。住職一山和尚より蕎麦を振る舞われ喜んでお代わりした西郷は翌13日、昨日来た道を笹首に戻り小野彦治宅に移り二夜を過ごし、14日夜を徹し西郷を囲んで軍議、翌日の和田越決戦を決議した。吉祥寺は正門より20の石段を登りJR日豊本線の線路を横切ると、除夜の鐘・百八つの煩悩と同じ石段を数える古刹である。

鏡山を源流とする南麓の北川支流家田川と川坂川沿いの「家田・川坂湿原」は、環境省が平成13年（2001）に発表した重要湿原500の一つである。

鰐塚山 [ワニツカヤマ] 1118.1m ／一等／鰐ノ塚／宮崎市田野町〜三股町〜日南市北郷町／築地原／日向青島

鰐の塚（わにんつか・わんのつか）が一般で、中の塚（1040m、等高）、妙現嶽（1026.3m、四等、本谷）からなる日南山地の主峰。山幸彦を送り届けた鰐（鮫）の塚の言い

伝えによる山名である。妙現嶽は昔この山中に迷い込んだ猟師がゴミ一つない神社で一夜を明かし助かったが、後日その場所を確かめに出かけるも誰も探せなかったことによる山名である。

一帯は「わにつか県立公園」に属し、平成の大合併後は三股町・宮崎市（元田野町）・日南市（元北郷町）の最高峰で、一等三角点補点が埋設されている。県道343号・鰐塚山田野停車場線（旧持田林道・8830m・昭和34年11月25日完工式）が山頂まで延び、9基の電波塔が建っている。NHKTV塔は34年（1959）11月5日〜35年6月10日完成、放送開始35年7月1日。

田野町からは妙現神社跡を経由する楠原旧登山道と持田のいこいの広場（田野町主催の山開き）コース、県道33号都城北郷線の矢立トンネル（平成10年2月竣工）から1.5㎞の登山口より矢立峠（750m、等高線）〜樅の塚（907.9m、三等、点名矢立尻）を経由する三股コース、北郷町板谷からの4ルートがある。矢立とは一般には墨壺と筆を入れる筒が一体となった筆記用具をいうが、猟の盛んな地方では猪猟に成就したとき空砲を3発空に向けて撃ち山ノ神へのお礼としたところをいい、北郷側には元狩倉、黒荷田とかの狩猟地名も現存する。

平成17年（2005）台風14号により9月3日から6日にかけて総雨量1013mmを記録し、別府田野川支流尻無川やうつら谷が土石流のため深層崩壊、崩壊地面積は29.9ha。昭和59年（1984）6月完成した保養施設「わにつか渓谷いこいの広場」、発見者2人の名前から命名された清幹の滝や「百済王の雨宿りの岩」は埋没するとともに、県道や林道も決壊、被害総額は89億2500万円に達した。平成24年4月29日、登山道も再整備され、7年ぶりに「田野まちづくり協議会」により、日本の南限といわれる珍しいサクラソウの開花に合わせ、いこいの広場コースからの山開きが開催された。

田野町の「鰐塚おろし」に干される大根櫓（2020年「グッドデザイン賞・ベスト100」）とオーバーラップの冠雪の鰐塚山は、冬の風物詩になっており、2021年2月「日本農業遺産」に認定された。

第**2**編　資料データ編

宮崎県内の基準水準点

　全国に83点・宮崎県内には2点設置されている。標高を測定するもので、三角点と同じに、一等、二等、三等の等級があり、一等水準点の間隔は100〜150kmごとに設置されている。

日向市細島八幡区
鉾島神社・鳥居横
昭和6年8月16日埋標

都城市高城町石山字川原田　　国道10号線・萬年橋南詰より狩倉山入口
昭和7年9月12日埋標

《注　意
この標石は当地方一帯の土地の高さを測量する為の基準になるものであります。
この標石を毀損し又は悪戯を為したる者は法律により処分せられます。
　　　　　　陸地測量部》

天測点の山　　一等三角点本点

　三角点網のひずみを修正するため、重量な観測機器を据えて天文測量された天測点（一辺27cmの八角形、地上高100cm）は、昭和29年から５年間、全国48ケ所に設置、現在45ケ所に現存する。宮崎県は牛の峠（北諸県郡三股町宮字尾崎1443番地、尾崎国有林）に、下記の三ケ所と同じに昭和33年に設置。

笠山　標高563.7m
熊本県葦北郡芦北町
（コースタイム１時間半）
熊本県唯一の天測点の山
八代に入港する船舶の目印で
雨ヲラビ岩からの展望は絶景

元越山　581.5m
大分県佐伯市米水津　日本四大眺望
　明治の文豪・詩人・国木田独歩も愛した九州百名山
　（木立コースタイム２時間）
　大分県には姫島にも設置されている

八重山　標高682.6m
鹿児島市と薩摩川内市の境界に位置する
後方は桜島の噴煙（コースタイム２時間半）

菱形基線測点

　地表の歪みを知るために設置されたもので、配置測量4点が菱形をしているのでこのように命名された。

　選定された4点の距離を繰り返し測定し菱形の面積の変化、土地の水平変動や歪みを検出し、主に地震予知の資料とした。全国で15ケ所、九州では宮崎市が唯一の設置場所である。

（『一等三角点のすべて』新ハイキング社より）

①永山　102.8m　三等三角点　二万五千図：宮崎北部
　墓地公園「みたま園」を見下ろす〈宮崎北ロータリークラブ記念植栽〉のある高台の桜公園より周回の踏み分け道があり、コースタイム20分。三角点脇に〈№18　基本菱形基線測点　国土地理院〉と刻字がある。

②宮崎市古城町字鶴尾　林道持田保育作業路　二等三角点　点名・古城の脇に設置。点の記には本城城址とある

③宮崎市港2丁目

④宮崎市瓜生野

一等磁気点

宮崎市田野町　　宮崎大学演習林　管理事務所（0985-86-0036）
埋石　昭和46年9月15日
北緯・31度51.6　東経・131度17.6

　地磁気を測量する地点で、地球内部の構造や地震、火山活動、太陽系の活動を
知ることができる。設置条件は人工的磁場の影響がない鉄道から5km・送電線鉄
塔から2km・配電線から500m以上で、周辺一帯の磁気が変わらない（磁気勾配
が少ない）ことからこの地が選ばれた。（つくば国土地理院・地磁気課）
　白砂尾林道〜八重林道（事務所よりコースタイム55分）

宮崎県の一等三角点

	山　名	標高	行政区［平成の合併前／合併後］	5万分の1図	備　考
1	牛の峠 [うしのとうげ]	918.0	三股町・日南市	都城	本点　天測点
2	大崩山 [おおくえやま]	1643.3	北方町・北川町（延岡市）	熊田	本点 点名・祝子川山
3	尾鈴山 [おすずさん]	1405.2	都農町・東郷町・木城町（都農町・日向市・木城町）	尾鈴山	本点
4	国見岳 [くにみだけ]	1738.8	椎葉村（椎葉村）	鞍岡	本点 〈八代市泉村〉
5	市房山 [いちふささん]	1720.5	西米良村（西米良村）	村所	〈水上村〉
6	大森岳 [おもりだけ]	1108.7	須木村・綾町（小林市・綾町）	須木	点名同じ
7	鏡山 [かがみやま]	645.4	北川町・延岡市（延岡市）	市房山	点名同じ
8	韓国岳 [からくにだけ]	1700.1	えびの市・小林市	霧島山	点名・西霧島山
9	米ノ山 [こめのやま]	191.6	日向市	日向	点名・米山
10	笹の峠 [ささのとうげ]	1340.1	南郷村・椎葉村（美郷町・椎葉村）	神門	点名・笹ノ峠
11	祖母山 [そぼさん]	1756.4	高千穂町（高千穂町）	三田井	《豊後大野市》 ～《竹田市》
12	高畑山 [たかはたやま]	517.7	串間市	都井岬	点名・扇山
13	徳岡山 [とくおかやま]	221.0	高崎町（都城市）	野尻	点名・徳の岡
14	速日の峰 [はやひのみね]	868.0	北方町・北郷村（延岡市・美郷町）	諸塚山	点名・速日岳
15	鰐塚山 [わにつかやま]	1118.1	三股町・田野町・北郷町（三股町・宮崎市・日南市）	日向青島	点名・鰐の塚
16	六ツ野 [むつの]	123.4	国富町六野原	妻	点名同じ

宮崎の山・標高順位

	山　　名	標高／三角点／行政区《大分県》〈熊本県〉〔鹿児島県〕／2.5万図／5万図
1	祖母山 [そほさん]	1756.4m／一等／高千穂町～《豊後大野市》《竹田市》／祖母山／三田井
2	国見岳 [くにみだけ]	1738.8m／一等／椎葉村～〈八代市泉村〉／国見岳／鞍岡
3	市房山 [いちふさやま]	1720.5m／一等／西米良村～椎葉村～〈水上村〉／市房山／村所
4	障子岳 [しようじだけ]	1709m／独標／高千穂町～《緒方町》／祖母山／三田井
5	韓国岳 [からくにだけ]	1700.1m／一等／えびの市～小林市～〔霧島町〕／韓国岳／霧島山
6	烏帽子岳 [えぼしだけ]	1692.2m／三等／椎葉村～《竹田市》／国見岳／鞍岡
7	向坂山 [むこうさかやま]	1684.7m／三等／五ヶ瀬町～椎葉村～〈清和村〉／国見岳／鞍岡
8	五勇山 [ごゆうさん]	1662m／独標／椎葉村～〈八代市泉村〉／国見岳／鞍岡
9	扇山 [おうぎやま]	1661.7m／二等／椎葉村／胡摩山／鞍岡
10	白岩山 [しろいわやま]	1646.7m／三等／五ヶ瀬町～椎葉村／国見岳／鞍岡
11	親父山 [おやじやま]	1644.2m／三等／高千穂町／祖母山／三田井
12	大崩山 [おおくえやま]	1644m／一等／延岡市北方町・北川町／祝子川／熊田
13	本谷山 [ほんたにやま]	1642.8m／三等／高千穂町～日之影町～《緒方町》／見立／三田井
14	白鳥山 [しらとりやま]	1639.2m／二等／椎葉村～〈八代市〉～〈水上村〉／不土野／椎葉村
15	古祖母山 [ふるそほさん]	1633.1m／三等／高千穂町～《豊後大野市緒方町》／祖母山／三田井
16	江代山 (津野岳) [えしろやま]	1607.0m／二等／椎葉村～〈水上村〉／古屋敷／椎葉村
17	傾山 [かたむきやま]	1602.1m／二等／日之影町～《豊後大野市》《佐伯市》／三田井／三田井
18	黒岳 [くろだけ]	1578m／独標／高千穂町／祖母山／三田井
19	三方山 [さんぽうさん]	1577.9m／三等／椎葉村～〈山都町・旧矢部町〉／緑川／鞍岡
20	高千穂峰 [たかちほのみね]	1573.6m／二等／高原町～都城市／高千穂峰／霧島山
21	五葉岳 [ごようだけ]	1569.6m／三等／日之影町～延岡市北川町／見立／三田井
22	鹿納山 [かのうさん]	1567m／独標／日之影町～延岡市北川町／見立／三田井
23	高岳 [たかだけ]	1563.6m／三等／椎葉村～〈泉村〉／国見岳／鞍岡
24	鹿納の野 [かのうのや]	1548m／独標／日之影町～延岡市北川町／見立／三田井
25	石堂山 [いしどうやま]	1547.0m／二等／西米良村～椎葉村／石堂山／村所

	山　　　名	標高／三角点／行政区《大分県》(熊本県)〔鹿児島県〕／2.5万図／5万図
26	時雨岳 [しぐれだけ]	1546m／独標／椎葉村／不土野／椎葉村
27	日隠山 [ひがくれやま]	1544.1m／二等／日之影町／大菅／三田井
28	小川岳 [おがわだけ]	1542.3m／二等／五ヶ瀬町〜〈ｊ山都町・旧矢部町〉／緑川／鞍岡
29	笠松山 [かさまつやま]	1521.9m／三等／日之影町〜《緒方町》／見立／三田井
30	鬼の目山 [おにのめやま]	1491.0m／三等／延岡市北方町・北川町／祝子川／熊田
31	銚子笠 [ちょうしがさ]	1489.2m／三等／椎葉村〜〈水上村〉／不土野／椎葉村
32	兜巾岳 [とっきんだけ]	1488m／独標／日之影町／見立／三田井
33	三方岳 [さんぽうだけ]	1479m／独標／椎葉村〜南郷区／日向大河内／椎葉村
34	三尖 [みつとぎり]	1474m／独標／高千穂町／祖母山／三田井
35	黒岳 [くろだけ]	1455.2m／二等／諸塚村〜椎葉村／胡摩山／鞍岡
36	木浦山 [きうらやま]	1441m／独標／五ヶ瀬町〜椎葉村／胡摩山／鞍岡
37	尾崎山 [おさきやま]	1438.2m／三等／椎葉村／上椎葉／椎葉村
38	馬口岳 [ばくちだけ]	1436m／独標／椎葉村／古屋敷／椎葉村
39	樋口山 [ひのくちやま]	1434.3m／三等／西都市〜椎葉村／石堂山／村所
40	獅子戸岳 [ししこだけ]	1429m／独標／小林市〜〔霧島町〕／日向小林／霧島山
41	新燃岳 [しんもえだけ]	1420.8m／三等／小林市〜〔霧島市〕／高千穂峰／霧島山
42	だき山 [だきやま]	1420.3m／三等／延岡市北方町／大菅／三田井
43	御鉢 [おはち]	1420m／独標／都城市〜高原町〜〔霧島市〕／高千穂峰／霧島山
44	桑原山(八本木) [くわばるやま]	1408.0m／三等／日之影町〜《佐伯市宇目町》／木浦鉱山／熊田
45	たかつごう山 [たかつごうやま]	1406m／独標／椎葉村／上椎葉／椎葉村
46	尾鈴山 [おすずさん]	1405.2m／一等／都農町〜木城町／尾鈴山／尾鈴山
47	木山内岳 [きやまうちだけ]	1401.2m／三等／日之影町〜《佐伯市宇目町》／木浦鉱山／熊田
48	釣鐘山 [つりがねやま]	1395.7m／三等／日之影町／大菅／三田井
49	国見山 [くにみやま]	1391.5m／三等／延岡市北方町／祝子川／熊田
50	地蔵岳 [じぞうだけ]	1388.1m／三等／延岡市北方町／大菅／三田井
51	夏木山 [なつきやま]	1386.0m／三等／日之影町〜《佐伯市宇目町》／木浦鉱山／熊田

	山　名	標高／三角点／行政区〔大分県〕〔熊本県〕〔鹿児島県〕／2.5万図／5万図
52	丸笹山 [まるささやま]	1374.4m／二等／美郷町南郷区／日向大河内／椎葉村
53	長崎尾 [ながさきお]	1373.4m／三等／都農町〜木城町／尾鈴山／尾鈴山
54	萱原山 [かやはらやま]	1364m／独標／椎葉村／日向大河内／椎葉村
55	白鳥山 [しらとりやま]	1363.0m／三等／えびの市／韓国岳／霧島山
56	石仁田山 [いしにたやま]	1359m／独標／椎葉村／日向大河内／椎葉村
57	大幡山 [おおはたやま]	1350m／等高／小林市／日向小林／霧島山
58	夷守岳 [ひなもりだけ]	1344.1m／三等／小林市／日向小林／霧島山
59	諸塚山 [もろつかさん]	1341.5m／二等／諸塚村〜高千穂町／諸塚山／諸塚山
60	笹の峠 [ささのとうげ]	1340.1m／一等／椎葉村〜美郷町南郷区／清水岳／神門
61	石堂屋 [いしどうや]	1335.9m／三等／椎葉村／国見岳／鞍岡
62	揺岳 [ゆるぎだけ]	1335.4m／三等／五ヶ瀬町／鞍岡／鞍岡
63	中岳 [なかだけ]	1332.4m／四等／小林市〜〔霧島市〕／高千穂峰／霧島山
64	矢筈岳 [やはずだけ]	1330m／独標／都農町〜木城町／尾鈴山／尾鈴山
65	丸岡山 [まるおかやま]	1327m／独標／小林市／日向小林／霧島山
66	二子石 [ふたごいし]	1321m／独標／高原町〜都城市／高千穂峰／霧島山
67	龍岩山 [たついわやま]	1318m／独標／椎葉村／上椎葉／椎葉村
68	万吉山 [まんきちやま]	1318m／独標／東郷町〜都農町〜木城町／尾鈴山／尾鈴山
69	硫黄山 [いおうやま]	1317m／独標／えびの市／韓国岳／霧島山
70	大仁田山 [おおにたやま]	1315.6m／三等／諸塚村〜五ヶ瀬町／諸塚山／諸塚山
71	祇園山 [ぎおんやま]	1307.3m／二等／五ヶ瀬町／鞍岡／鞍岡
72	甑岳 [こしきだけ]	1301.4m／三等／えびの市／韓国岳／霧島山
73	筒ケ岳 [つつがだけ]	1292.9m／四等／高千穂町〜〈高森町〉／祖母山／三田井
74	えびの岳 [えびのだけ]	1292.7m／四等／えびの市／韓国岳／霧島山
75	松株山 [まつかぶやま]	1292.5m／三等／椎葉村／上椎葉／椎葉村
76	高塚山 [たかつかやま]	1289.8m／二等／椎葉村／日向大河内／椎葉村
77	黒峰 [くろみね]	1283.2m／三等／五ヶ瀬町〜〈矢部町〉／緑川／鞍岡

	山　　　名	標高／三角点／行政区《大分県》〈熊本県〉〔鹿児島県〕／2.5万図／5万図
78	竹の畑山 [たけのはたやま]	1278m／独標／延岡市北方町／大菅／三田井
79	鉾岳 [ほこんだけ]	1277m／独標／延岡市北方町／祝子川／熊田
80	新百姓山 [しんひゃくしょうやま]	1272.4m／三等／日之影町～《佐伯市宇目町》／木浦鉱山／熊田
81	広野山 [ひろのやま]	1272m／独標／椎葉村／日向大河内／椎葉村
82	神陰山 [かみかげやま]	1271.9m／三等／日向市東郷町～都農町／尾鈴山／尾鈴山
83	不動冴山 [ふどうざえやま]	1259.9m／三等／椎葉村／胡摩山／鞍岡
84	二つ岳 [ふたつだけ]	1257.0m／三等／高千穂町～日之影町／見立／三田井
85	榎峠 [えのきとうげ]	1244.9m／三等／延岡市・北川町／祝子川／熊田
86	洞岳 [どうだけ]	1242m／独標／日之影町／見立／三田井
87	青鈴山 [あおすずやま]	1238.8m／三等／椎葉村／上椎葉／椎葉村
88	赤川浦岳 [あかごうらだけ]	1232.0m／三等／高千穂町／祖母山／三田井
89	掃部岳 [かもんだけ]	1223.8m／三等／西都市～西米良村／掃部岳／須木
90	落石 [おていし]	1220.8m／三等／美郷町南郷区／神門／神門
91	式部岳 [しきぶだけ]	1218.9m／二等／国富町／掃部岳／須木
92	黒原山 [くろばるやま]	1217m／独標／木城町～都農町／尾鈴山／尾鈴山
93	たかはた山 [たかはたやま]	1207.1m／三等／日之影町／見立／三田井
94	清水岳 (山神) [しみずだけ]	1204.5m／三等／美郷町南郷区・西郷区～椎葉村／清水岳／神門
95	天包山 [あまつつみやま]	1188.8m／三等／西米良村／村所／村所
96	赤土岸山 [あかどぎしやま]	1169.4m／三等／諸塚村～五ヶ瀬町／諸塚山／諸塚山
97	松ケ鼻 [まつがはな]	1165.3m／三等／高千穂町／祖母山／三田井
98	春山 [はるやま]	1162.3m／三等／木城町～都農町／尾鈴山／尾鈴山
99	飯干山 [いいぼしやま]	1162m／独標／椎葉村／古屋敷／椎葉村
100	赤木の原山 [あかぎのはらやま]	1161.3m／三等／椎葉村／不土野／椎葉村
101	鳥の霧山 [とりのきりやま]	1152.5m／三等／椎葉村／胡摩山／鞍岡
102	オサレ山 [おされざん]	1151.5m／三等／西都市／尾八重／尾鈴山
103	矢岳 [やだけ]	1131.7m／三等／高原町／高千穂峰／霧島山

	山　　　名	標高／三角点／行政区〈大分県〉(熊本県)〔鹿児島県〕／2.5万図／5万図
104	空野山 [そらんのやま]	1126.6m／三等／西都市〜木城町〜美郷町南郷区／尾八重／尾鈴山
105	烏帽子岳 [えぼしだけ]	1125.6m／三等／西米良村〜西都市／石堂山／村所
106	桧山 [ひのきやま]	1123m／独標／延岡市・北方町／祝子川／熊田
107	熊山 [くまやま]	1119.9m／三等／美郷町南郷区／清水岳／神門
108	鰐塚山 [わにつかやま]	1118.1m／一等／田野町〜三股町〜日南市北郷町／築地原／日向青島
109	大森岳 [おおもりだけ]	1108.7m／一等／小林市須木村／大森岳／須木
110	高峠 [たかとうげ]	1106.7m／二等／美郷町南郷区・西郷区／清水岳／神門
111	乙野山 [おとのやま]	1100.9m／三等／高千穂町〜日之影町／見立／三田井
112	九左衛門 [くざえもん]	1100.6m／二等／諸塚村〜美郷町北郷区／宇納間／諸塚山
113	地蔵岳 [じぞうだけ]	1089m／独標／西都市／尾八重／尾鈴山
114	国見岳 [くにみだけ]	1087.9m／二等／高千穂町〜〈高森町〉／祖母山／三田井
115	二上山 [ふたかみさん]	1082m／独標／高千穂町〜五ヶ瀬町／三田井／三田井
116	真弓岳 [まゆみだけ]	1073m／独標／諸塚村〜日之影町／諸塚／諸塚山
117	角崎山 [つのさきやま]	1070.9m／三等／都農町／尾鈴山／尾鈴山
118	黒岩山 [くろいわやま]	1070.4m／三等／延岡市北方町／祝子川／熊田
119	国見山 [くにみやま]	1036.3m／二等／西都市／三納／妻
120	愛宕山 [あたごやま]	1035.5m／三等／高千穂町／祖母山／三田井
121	龍房山 [りゅうぶさやま]	1020.4m／三等／西都市／尾八重／尾鈴山
122	杖木山 [つえきやま]	1010.2m／四等／木城町〜西都市／尾八重／尾鈴山
123	柳の越 [やなぎのこし]	992.1m／三等／諸塚村／諸塚／諸塚山
124	牧良山 [まきらやま]	990.6m／四等／西米良村〜〈水上村〉〈湯前町〉／市房山／村所
125	雪降山 [ゆきふりやま]	990.2m／三等／西都市／尾八重／尾鈴山
126	小松山 [こまつやま]	988.8m／二等／日南市・北郷町／坂元／日向青島
127	高塚山 [たかつかやま]	987.1m／三等／木城町／尾八重／尾鈴山
128	星の久保 [ほしのくぼ]	982.6m／三等／諸塚村／諸塚／諸塚山
129	桝形山 [ますがたやま]	982.3m／二等／五ヶ瀬町／馬見原／高森

	山　名	標高／三角点／行政区《大分県》〔熊本県〕〈鹿児島県〉／2.5万図／5万図
130	ジヨウゴ岳 [じょうごだけ]	980.0m／三等／小林市／白髪岳／加久藤
131	大瀬内山 [おおせうちやま]	978.6m／三等／西都市〜木城町／瓢簞淵／尾鈴山
132	霜打山 [しもうてやま]	974.7m／三等／椎葉村／上椎葉／椎葉村
133	権現尾 [ごんげんお]	974.6m／三等／都農町／尾鈴山／尾鈴山
134	玄武山 [げんぶざん]	974.3m／四等／高千穂町／祖母山／三田井
135	貝野 [かいの]	958.0m／三等／美郷町南郷区／神門／神門
136	高隈山 [たかくまやま]	956.6m／二等／諸塚村／諸塚／諸塚山
137	戸川岳 [とがわだけ]	954.8m／二等／日之影町／大菅／三田井
138	柳岳 [やなぎだけ]	952.4m／三等／三股町〜日南市北郷町／山王原／都城
139	赤髭山 [あかひげやま]	951.4m／三等／西米良村〜西都市／村所／村所
140	中登岳 [ちゅうのぼりだけ]	949.5m／三等／五ヶ瀬町／鞍岡／鞍岡
141	崙出山 [ろんでやま]	946.8m／三等／日之影町〜美郷町北郷区／宇納間／諸塚山
142	天狗山 [てんぐやま]	940.7m／三等／えびの市／白髪岳／加久藤
143	九郎山 [くろうやま]	936.4m／三等／諸塚村／諸塚／諸塚山
144	上逆瀬山 [かみさかせやま]	931.1m／三等／都農町〜日向市東郷町／尾鈴山／尾鈴山
145	七熊山 [ななくまやま]	929.1m／三等／小林市須木村／須木／須木
146	とやんたき [とやんたき]	929m／独標／日之影町／見立／三田井
147	牛の峠 [うしのとうげ]	918.0m／一等／日南市〜三股町／三王原／末吉
148	西俣山 [にしまたやま]	917.4m／三等／小林市須木村／田代ケ八重／須木
149	鏡山 [かがみやま]	917.0m／三等／五ヶ瀬町〜〔山都町〕／高森／高森
150	天神山 [てんじんやま]	911m／独標／都城市山之口町〜三股町／高城／都城
151	赤木山 [あかぎやま]	909.8m／二等／須木村〜〔多良木町〕／田代ヶ八重／須木
152	千本山 [せんぼんやま]	906.0m／三等／西米良村〜〔多良木町〕／槻木／村所
153	中小屋山 [なかこややま]	902.0m／四等／日之影町〜美郷町北郷区／宇納間／諸塚山
154	高城山 [たかじょうさん]	900.8m／三等／日之影町／諸塚山／諸塚山
155	赤水 [あかみず]	898m／独標／高千穂町〜日之影町／大菅／三田井

	山　　　名	標高／三角点／行政区《大分県》〈熊本県〉〔鹿児島県〕／2.5万図／5万図
156	東岳 [ひがしだけ]	898m／独標／都城市山の口町～三股町／高城／都城
157	日陰山 [ひかげやま]	897.8m／三等／美郷町西郷区／田代／神門
158	上面木山 [じょうめぎやま]	897m／独標／川南町～木城町／石河内／尾鈴山
159	人形岳 [にんぎょうだけ]	887m／独標／延岡市北方町／大菅／三田井
160	市ノ俣山 [いちのまたやま]	881.0m／四等／須木村～〈多良木町〉／田代ケ八重／須木
161	黒原山 [くろはらやま]	880.8m／二等／延岡市北川町／祝子川／熊田
162	尖野 [とぎりの]	878.7m／三等／美郷町西郷区／清水岳／神門
163	速日の峰 [はやひのみね]	868.0m／一等／延岡市北方町／宇納間／諸塚山
164	加子山 (大平) [かこやま]	866.8m／三等／東郷町～美郷町南郷区／坪谷／神門
165	若宮山 [わかみややま]	857.0m／三等／椎葉村／上椎葉／椎葉村
166	稗畑山 [ひえはたやま]	853.2m／三等／西都市／瓢箪淵／尾鈴山
167	雪ケ峯 [ゆきがみね]	853.2m／三等／三股町／高城／都城
168	畑倉山 [はたくらやま]	849.2m／三等／都農町～日向市／尾鈴山／尾鈴山
169	弓木山 [ゆみきやま]	848.8m／三等／椎葉村／上椎葉／椎葉村
170	猿岳 [さるたけ]	847m／独標／高千穂町～日之影町／三田井／三田井
171	飯盛山 [いいもりやま]	846.4m／二等／えびの市／韓国岳／霧島山
172	朝陣野 [あさじんの]	839.4m／三等／田野町～日南市北郷町／築地原／日向青島
173	釈迦ヶ岳 [しゃかがたけ]	830.6m／二等／国富町／大森岳／須木
174	行縢山 [むかばきさん]	829.9m／二等／延岡市／行縢山／延岡
175	冠岳 [かむれだけ]	828m／独標／五ヶ瀬町／鞍岡／鞍岡
176	珍神山 (仏野) [うずかみやま]	823.0m／二等／美郷町西郷区～日向市東郷町／坪谷／神門
177	丹助岳 [たんすけだけ]	815m／独標／日之影町／日之影／諸塚山
178	三つ石山 [みっついしやま]	814.0m／三等／小林市須木村／大森岳／須木
179	烏帽子岳 [えぼしだけ]	808.8m／三等／高千穂町／三田井／三田井
180	三秀台 [さんしゅうだい]	800m／等高線／高千穂町／祖母山／三田井
181	愛宕山 [あたごやま]	799.4m／四等／高千穂町～五ヶ瀬町／三田井／三田井

	山　名	標高／三角点／行政区《大分県》〔熊本県〕〔鹿児島県〕／2.5万図／5万図
182	尾野山 [おのやま]	796.5m／四等／高千穂町／三田井／三田井
183	焼山寺山 [しょうさんじさん]	796.1m／二等／高千穂町／三田井／三田井
184	国見山 [くにみやま]	796m／独標／えびの市／肥後大畑／加久藤
185	猿越 [さるごえ]	791.0m／三等／諸塚村／諸塚／諸塚山
186	並松山 [ならびまつやま]	789.6m／三等／日南市北郷町／築地原／日向青島
187	梅乃木山 [うめのきやま]	789.0m／三等／日南市北郷町／坂元／日向青島
188	西林山 [せいりんざん]	785.9m／三等／日向市東郷町／坪谷／神門
189	滝下山 [たきしたやま]	785.0m／四等／えびの市／吉松／大口
190	男鈴山 [おすずやま]	783.4m／二等／日南市～串間市／飫肥／飫肥
191	木曽山 [きそやま]	771.2m／四等／日南市北郷町／坂元／日向青島
192	比叡山 [ひえいさん]	760m／三等／延岡市北方町／日之影／諸塚山
193	上野岳 [うえのだけ]	755.8m／四等／高千穂町～日之影町／三田井／三田井
194	国見岳 [くにみだけ]	746.1m／三等／小林市須木村／田代ケ八重／須木
195	鞍掛山 [くらかけやま]	742m／独標／高千穂町／三田井／三田井
196	猪田山 [にたやま]	740.5m／二等／西都市／瓢箪淵／尾鈴山
197	矢岳山 [やたけやま]	739.2m／三等／えびの市／加久藤／加久藤
198	石橋山 [いしばしやま]	738m／独標／延岡市北方町／日之影／諸塚山
199	岩壺山 [いわつぼやま]	737.6m／二等／宮崎市～日南市北郷町／郷の原／日向青島
200	内山 [うちやま]	736.4m／独標／えびの市／白髪岳／加久藤
201	造次郎山 [ぞうじろうやま]	733.2m／二等／美郷町北郷区～諸塚村／田代／神門
202	城山 [じょうやま]	731m／独標／高千穂町／三田井／三田井
203	可愛岳 [えのたけ]	727.8m／二等／延岡市・北川町／延岡北部／延岡
204	大野山 [おおのやま]	721.4m／三等／日南市北郷町／坂元／日向青島
205	高平山 [たかひらやま]	719.6m／三等／小林市須木村／大森岳／須木
206	尖山 [とがりやま]	716.3m／四等／美郷町西郷区／坪谷／神門
207	鉄山 [てつやま]	715.6m／三等／えびの市／白髪岳／加久藤

	山 名	標高／三角点／行政区《大分県》〔熊本県〕〈鹿児島県〉／2.5万図／5万図
208	茶臼山 [ちゃうすやま]	714m／独標／北方町／行縢山／延岡
209	盤木山 [ばんぎやま]	711.2m／三等／国富町／大森岳／須木
210	大平岳 [おおひらだけ]	710.3m／三等／高千穂町～日之影町／三田井／三田井
211	大年嶽 [おおとしだけ]	708.4m／四等／小林市須木村／須木／須木
212	仁久志山 [にくしやま]	705m／独標／美郷町北郷区～門川町／上井野／日向
213	矢筈岳 [やはずだけ]	704m／独標／綾町／大森岳／須木
214	十文字山 [じゅうもんじやま]	701m／独標／日之影町／大菅／三田井
215	百貫山 [ひゃくかんやま]	693.0m／Ⅲ／えびの市／加久藤／加久藤
216	黒山 [くろやま]	691.1m／三等／日南市・北郷町／坂元／日向青島
217	四恩岳 [しおんだけ]	675.9m／三等／高千穂町／三田井／三田井
218	烏岳 [からすだけ]	671.7m／三等／五ヶ瀬町／馬見原／高森
219	花切山 [はなきりやま]	669.2m／三等／宮崎市／日向青島／日向青島
220	矢筈岳 [やはずだけ]	666m／独標／日之影町／日之影／諸塚山
221	勘の十小屋 [かんのじゅうごや]	665.8m／三等／美郷町南郷区／神門／神門
222	場照山 [ばてるやま]	660.8m／二等／北浦町～《佐伯市蒲江町》／三川内／蒲江
223	駒瀬山 [こまぜやま]	652.0m／三等／門川町／上井野／日向
224	郷谷山 [ごうたにやま]	649.3m／三等／日南市・北郷町／郷の原／日向青島
225	鏡山 [かがみやま]	645.4m／一等／延岡市北川町／古江／蒲江
226	東山峰山 [ひがしさんぼうさん]	640.8m／三等／延岡市北川町・北浦町／三川内／蒲江
227	相見山 [そうみやま]	640.3m／三等／都農町～木城町／尾鈴山／尾鈴山
228	高屋山 [たかやさん]	640m／等高／高千穂町／三田井／三田井
229	長鼻 [ながはな]	637.6m／三等／宮崎市清武町・田野町／築地原／日向青島
230	黒園山 [くろそんやま]	636m／独標／えびの市～〈湧水町〉〈伊佐市〉／吉松／大口
231	鉾山 [ほこさん]	623m／独標／延岡市北川町・北浦町／三川内／蒲江
232	前平山 [まえびらやま]	622.1m／三等／宮崎市田野町／築地原／日向青島
233	熊山 [くまやま]	621.7m／三等／日向市東郷町／山陰／日向

	山　　名	標高／三角点／行政区《大分県》〈熊本県〉〔鹿児島県〕／2.5万図／5万図
234	高城山 [たかじょうやま]	617m／独標／高千穂町〜〈高森町〉／祖母山／三田井
235	岳山 [だけやま]	613.8m／二等／延岡市・北方町・北浦町／古江／蒲江
236	乱杭野 [らんぐいの]	611.9m／三等／日南市・北郷町／飫肥／飫肥
237	舞之山 [まいのやま]	610m／等高線／日南市北郷町／坂元／日向青島
238	天香山 [あまのかぐやま]	605m／独標／高千穂町／三田井／三田井
239	荒平山 [あらひらやま]	602.9m／二等／宮崎市清武町・田野町／築地原／日向青島
240	和久塚 [わくづか]	591m／独標／延岡市・北川町／熊田／熊田
241	土然ケ丘 [どぜんがおか]	589.7m／二等／小林市須木村・野尻町／高原／野尻
242	丸野山 [まるのやま]	584m／等高／延岡市・北川町／古江／蒲江
243	腹巻山 [はらまきやま]	577.0m／三等／美郷町北郷区／田代／神門
244	谷之城山 [たにのじょうやま]	573.5m／三等／日南市・北郷町／郷の原／日向青島
245	飯塚山 [いいづかやま]	571.4m／四等／延岡市北浦町／古江／蒲江
246	下葛山 [しもつづらやま]	569m／独標／延岡市北川町・北浦町／三川内／蒲江
247	青井岳 [あおいだけ]	563.3m／二等／都城市山之口町／有水／野尻
248	大野岡 [おおのおか]	552m／独標／都城市／都城／都城
249	中ノ嶺 [なかのみね]	548.6m／二等／延岡市北川町〜《佐伯市直川村》／重岡／熊田
250	戸矢山 [とややま]	548.2m／三等／都農町／都農／都農
251	黒岩山 [くろいわやま]	548m／独標／延岡市北川町〜《佐伯市直川村》／重岡／熊田
252	大椎 [おおじ]	543.0m／三等／美郷町西郷区／田代／神門
253	大谷山 [おおたにやま]	533.0m／二等／三股町〜都城市山之口町／山王原／都城
254	赤岩山 [あかいわやま]	530.4m／四等／日南市北郷町／坂元／日向青島
255	八重山 [はえやま]	524.8m／三等／美郷町北郷区／宇納間／諸塚山
256	高平山 [たかひらやま]	524m／独標／美郷町北郷区／宇納間／諸塚山
257	三文字山 [さんもんじやま]	519.1m／三等／日南市北郷町／築地原／日向青島
258	高畑山 [たかはたやま]	517.7m／一等／串間市／本城／都井岬
259	烏岳 [からすだけ]	514.8m／三等／高千穂町／三田井／三田井

	山　　　名	標高／三角点／行政区 《大分県》(熊本県)〔鹿児島県〕／2.5万図／5万図
260	国見ケ丘 [くにみがおか]	513m／独標／高千穂町／三田井／三田井
261	双石山 [ぼろいしやま]	509.4m／三等／宮崎市／日向青島／日向青島
262	津島畑山 [つしまばたやま]	506.3m／二等／延岡市北浦町～《佐伯市蒲江町》／三川内／蒲江
263	七郎山 [しちろうやま]	500.9m／三等／小林市野尻町・須木村／紙屋／野尻
264	斟鉢山 [くんばちやま]	500.5m／三等／宮崎市／日向青島／日向青島
265	迫の岳 [さこのだけ]	498m／独標／高千穂町／三田井／三田井
266	佐土川内山 [さどこうちやま]	496.0m／三等／延岡市北浦町／三川内／蒲江
267	花立山 [はなたてやま]	489.3m／三等／日南市北郷町／坂元／日向青島
268	鹿久山 [かくやま]	485.1m／三等／日南市～串間市／榎原／飫肥
269	金御岳 [かねみだけ]	472m／独標／都城市／末吉／末吉
270	森山 [もりやま]	467.6m／三等／延岡市北浦町／古江／蒲江
271	霧子山 [きりこやま]	461m／独標／延岡市／行縢山／延岡
272	稲妻山 [いなづまやま]	454.0m／三等／都城市山田町／高崎新田／野尻
273	ケラガツカ [けらがつか]	448.5m／三等／都城市高城町～宮崎市高岡町／有水／野尻
274	笠祇岳 [かさぎだけ]	444.2m／三等／串間市～〔志布志市〕／串間／志布志
275	石保山 [いしほやま]	443.1m／四等／延岡市北浦町／三川内／蒲江
276	冠岳 [かんむりだけ]	438m／独標／日向市東郷町／山陰／日向
277	家一郷山 [かいちごうやま]	437m／独標／宮崎市／日向青島／日向青島
278	板川内山 [いたかわちやま]	433.7m／三等／都城市／高野／国分
279	陣ケ峰 [じんがみね]	431.0m／三等／北浦町～《蒲江町》／古江／蒲江
280	川平山 [かわひらやま]	429.5m／二等／延岡市北川町／熊田／熊田
281	唐松山 [からまつやま]	428.3m／二等／門川町／上井野／日向
282	長尾山 [ながおやま]	426.8m／二等／都城市高崎町・山田町／高崎新田／野尻
283	高束山 [たかつかやま]	423.4m／三等／都城市／高野／国分
284	八幡丘 [はちまんがおか]	423m／二等／えびの市～小林市／日向大久保／加久藤
285	楠森塚 [くすもりづか]	416.9m／三等／日向市東郷町／坪谷／神門

	山　名	標高／三角点／行政区《大分県》(熊本県)〔鹿児島県〕／2.5万図／5万図
286	柚木山 [ゆのきやま]	408.5m／三等／延岡市北浦町／三川内／蒲江
287	国見山 [くにみやま]	407.1m／四等／都城市高城町／有水／野尻
288	高平山 [こびらやま]	406.7m／四等／延岡市／延岡北部／延岡
289	坊主山 [ぼうずやま]	404.9m／三等／日南市北郷町／坂元／日向青島
290	椿山 [つばきやま]	395m／独標／宮崎市／築地原／日向青島
291	横瀬山 [よこせやま]	393.5m／三等／延岡市北浦町／三川内／蒲江
292	陣ケ岡山 [じんがおかやま]	387.1m／三等／都城市／高野／国分
293	長尾山 [ながおやま]	382.2m／四等／延岡市／延岡北部／延岡
294	鬼塚 [おにつか]	375.9m／三等／小林市／日向大久保／加久藤
295	鷹取山 [たかとりやま]	375.7m／三等／都城市／高野／国分
296	岩骨山 [がんこつやま]	372.0m／三等／都城市高城町／有水／野尻
297	高尾山 [たかおさん]	366.0m／三等／都城市高城町／有水／野尻
298	城ノ岡 [じょうのおか]	365.4m／三等／小林市・野尻町／高原／野尻
299	鹿鳴山 [かならせやま]	362.3m／三等／串間市～日南市南郷町／本城／都井岬
300	烏帽子岳 [えぼしだけ]	362.2m／二等／延岡市～門川町／川水流／延岡
301	神子山 [みこやま]	359.1m／三等／延岡市北浦町／古江／蒲江
302	霞ケ丘 [かすみがおか]	356m／独標／小林市野尻町／高原／野尻
303	立山 [たちやま]	354m／独標／日向市東郷町／山陰／日向
304	天ケ峯 [てんがみね]	354m／独標／都城市／末吉／末吉
305	ごろ山 [ごろやま]	351.5m／三等／門川町／上井野／日向
306	星ケ尾山 [ほしがおやま]	351m／独標／都城市山田町／高崎新田／野尻
307	霞ケ丘 [かすみがおか]	349.2m／三等／都城市高崎町～高原町／高原／野尻
308	中山 [なかやま]	347.0m／四等／都城市高崎町／高崎新田／野尻
309	戸高山 [とだかやま]	346.8m／四等／日向市～門川町／上井野／日向
310	高森山 [たかもりやま]	341.6m／三等／日向市／山陰／日向
311	荒崎山 [あらさきやま]	338.6m／三等／都農町／都農／都農

	山　　　名	標高／三角点／行政区《大分県》(熊本県)〔鹿児島県〕／2.5万図／5万図
312	鯛取山 [たいとりやま]	336.7m／二等／日南市南郷町〜串間市／榎原／飫肥
313	城山 [じょうやま]	335.2m／四等／都城市山之口町／高城／都城
314	石神 [いしがみ]	329.9m／四等／日向市／山陰／日向
315	四方面山 [しほめやま]	325.7m／四等／都城市山田町／高崎新田／野尻
316	和戸内山 [わとうちやま]	323.4m／四等／延岡市北川町／熊田／熊田
317	滝ケ平山 [たきがひらやま]	319.8m／三等／日南市・南郷町／榎原／飫肥
318	遠見山 [とおみやま]	317.2m／三等／北浦町〜《佐伯市蒲江町》／蒲江／蒲江
319	高松山 [たかまつやま]	313.2m／三等／美郷町北郷区／宇納間／諸塚山
320	遠見山 [とおみやま]	307.9m／二等／門川町／日向／日向
321	熊の神楽 [くまんかくら]	306.1m／三等／美郷町西郷区／田代／神門
322	高塚 [たかつか]	302m／独標／都城市高崎町／高崎新田／野尻
323	高尾山 [たかおやま]	296m／独標／都城市山田町／高崎新田／野尻
324	小手ケ山 [こてがやま]	272.3m／三等／山田町／庄内／都城
325	乙羽山 [おとわやま]	272m／独標／日向市　／山陰／日向
326	鉢ケ峰 [はちがみね]	265.2m／三等／都城市高崎町／高崎新田／野尻
327	木場城 [こばんじょう]	263.6m／三等／都城市高崎町／高崎新田／野尻
328	烏帽子岳 [えぼしだけ]	260.1m／四等／門川町／日向／日向
329	永田山 [ながたやま]	257.0m／三等／日向市／山陰／日向
330	犬ケ城山 [いぬがじょうやま]	253m／独標／日南市／鵜戸／飫肥
331	愛宕山 [あたごやま]	251.3m／二等／延岡市／延岡／延岡
332	母智丘 [もちお]	246m／独標／都城市／都城／都城
333	遠見山 [とおみやま]	245.2m／三等／延岡市北浦町／古江／蒲江
334	徳岡山 [とくおかやま]	221.0m／一等／高崎町／高崎新田／野尻
335	高砂城山 [たかさじょうやま]	202.0m／三等／日南市／鵜戸／飫肥
336	牧内山 [まきうちやま]	201.0m／二等／都農町／都農／都農
337	岡富山 [おかとみやま]	198m／独標／延岡市／延岡北部／延岡

	山 名	標高／三角点／行政区 《大分県》(熊本県)〔鹿児島県〕／2.5万図／5万図
338	城山 [じょうやま]	197m／独標／都城市／庄内／都城
339	鬼ケ城山 [おにがじょうやま]	196.0m／三等／日南市／鵜戸／飫肥
340	館山 [たてやま]	196m／独標／都城市高崎町／高崎新田／野尻
341	茶臼ケ陣山 [ちゃうすがじんやま]	195.5m／三等／都城市／庄内／都城
342	高畑山 [たかはたやま]	193m／独標／日南市南郷町〜串間市／榎原／飫肥
343	米ノ山 [こめのやま]	191.6m／一等／日向市／平岩／日向
344	嵐山 [あらしやま]	183.5m／三等／延岡市・北浦町／古江／蒲江
345	美三ケ辻 [びさんがつじ]	156m／独標／日向市／山陰／日向
346	比良山 [ひらやま]	135m／独標／日向市／山陰／日向
347	牧島山 [まきしまやま]	119m／独標／日向市／日向／日向
348	櫛ノ山 [くしのやま]	95.9m／等高／日向市／平岩／日向
349	久峰 [ひさみね]	88.7m／二等／宮崎市佐土原町／佐土原／妻
350	城山 [じょうやま]	62m／独標／宮崎市／日向青島／日向青島
351	宝塔山 [ほうとうざん]	60.5m／三等／宮崎市佐土原町／佐土原／妻
352	鬼付女峰 [きづくめみね]	57.3m／三等／新富町／日向日置／高鍋
353	城山 [しろやま]	53.6m／三等／延岡市／延岡／延岡
354	権現山 [ごんげんやま]	52m／独標／日向市／山陰／日向
355	虚空蔵山 [こくぞうさん]	49m／独標／日南市南郷町／油津／飫肥

宮崎の山・標高ベスト10

	山　　名	標高	三角点	行政区［平成の合併前／合併後］	5万分の1図
1	祖母山 [そぼさん]	1756.4	一等	高千穂町（祖母山）	三田井
2	国見岳 [くにみだけ]	1738.8	一等	椎葉村〜〈八代市泉村〉（国見岳）	鞍岡
3	市房山 [いちふさやま]	1720.5	一等	西米良村・椎葉村（市房山）	村所
4	障子岳 [しょうじだけ]	1709	独標	高千穂町〜《緒方町》（祖母山）	三田井
5	韓国岳 [からくにだけ]	1700.1	一等	えびの市・小林市〜〔霧島町〕（韓国岳）	霧島山
6	烏帽子岳 [えぼしだけ]	1692.2	三等	椎葉村〜〈泉村〉（国見岳）	鞍岡
7	向坂山 [むこうさかやま]	1684.7	三等	五ヶ瀬町・椎葉村（国見岳）	鞍岡
8	五勇山 [ごゆうざん]	1662	独標	椎葉村〜〈八代市泉村〉（国見岳）	鞍岡
9	扇山 [おうぎやま]	1661.7	二等	椎葉村（胡摩山）	鞍岡
10	白岩山 [しろいわやま]	1646.7	三等	五ヶ瀬町〜椎葉村（国見岳）	鞍岡

宮崎の山・低山ベスト10

	山　　名	標高	三角点	行政区［平成の合併前／合併後］	5万分の1図
1	虚空蔵山 [こくぞうさん]	49	独標	日南市南郷町（油津）	飫肥
2	権現山 [ごんげんやま]	52	独標	日向市（山陰）	日向
3	城山 [しろやま]	53.6	三等	延岡市（延岡）	延岡
4	鬼付女峰 [きづくめほう]	57.3	三等	新富町（日向日置）	高鍋
5	宝塔山 [ほうとうざん]	60.5	三等	佐土原町（佐土原）	妻
6	城山 [じょうやま]	62	独標	宮崎市（日向青島）	日向青島
7	久峰 [ひさみね]	88.7	二等	佐土原町（佐土原）	妻
8	櫛ノ山 [くしのやま]	95.9	三等	日向市（平岩）	日向
9	牧島山 [まきしまやま]	119	独標	日向市（日向）	日向
10	比良山 [ひらやま]	135	独標	日向市（山陰）	日向

宮崎の山・市町村別最高峰

※地図未記載

市町村［平成の合併前／合併後］	山　名	標高	三角点	5万分の1図
高千穂町（高千穂町）	祖母山 [そぼさん]	1756.4	①	三田井
五ヶ瀬町（五ヶ瀬町）	向坂山 [むこうさかやま]	1684.7	③	鞍岡
日之影町（日之影町）	本谷山 [ほんたにやま]	1642.8	③	三田井
北方町・北川町（延岡市）	大崩山 [おおくえやま]	1643.3	①	熊田
延岡市（延岡市）	桧山 [ひのきやま]	1123	独標	熊田
北浦町（延岡市）	場照山 [ばてるやま]	660.8	②	蒲江
椎葉村（椎葉村）	国見岳 [くにみだけ]	1738.8	①	鞍岡
諸塚村（諸塚村）	黒岳 [くろだけ]	1455.2	②	鞍岡
南郷村（美郷町）	丸笹山 [まるささやま]	1374.4	②	椎葉村
西郷村（美郷町）	清水岳 [しみずだけ]	1204.5	③	神門
北郷村（美郷町）	九左衛門 [くざえもん]	1100.6	②	諸塚山
日向市（日向市）	高森山 [たかもりやま]	341.6	③	日向
門川町（門川町）	仁久志山 [にくしやま]	705	独標	日向
西米良村（西米良村）	市房山 [いちふささん]	1720.5	①	村所
西都市（西都市）	樋口山 [ひぐちやま]	1434.3	③	村所
都農町・東郷町・木城町（都農町・日向市・木城町）	尾鈴山 [おすずさん]	1405.2	①	尾鈴山
川南町（川南町）	上面木山 [じょうめんぎやま]	897	独標	尾鈴山
高鍋町（高鍋町）	雲雀山 [ひばりやま]	64.9	③	高鍋
新富町（新富町）	鬼付女峰 [きづくめほう]	57.3	③	高鍋
宮崎市（宮崎市）	岩壺山 [いわつぼやま]	737.6	②	日向青島
佐土原町（宮崎市）	久峰 [ひさみね]	88.7	②	佐土原
国富町（国富町）	式部岳 [しきぶだけ]	1218.9	②	須木
綾町（綾町）	矢筈岳 [やはずだけ]	704	独標	須木

市町村 [平成の合併前／合併後]	山　　名	標高	三角点	5万分の1図
高岡町　（宮崎市）	五町山 [ごちょうやま]	454.6	②	宮崎
三股町・田野町・北郷町 （三股町・宮崎市・日南市）	鰐塚山 [わにつかやま]	1118.1	①	日向青島
清武町　（宮崎市）	荒平山 [あらひらやま]	602.9	②	日向青島
日南市　（日南市）	小松山 [こまつやま]	988.8	②	日向青島
南郷町　（日南市）	霧島山 [きりしまやま]	369.5	③	都井岬
串間市　（串間市）	男鈴山 [おすずやま]	783.4	②	飫肥
高原町・都城市 （高原町・都城市）	高千穂峰 [たかちほのみね]	1573.6	②	霧島山
山之口町　（都城市）	青井岳 [あおいだけ]	563.3	②	野尻
山田町　（都城市）	稲妻山 [いなづまやま]	454.0	③	野尻
高城町　（都城市）	ケラガツカ [けらがつか]	448.5	③	野尻
高崎町　（都城市）	長尾山 [なかおやま]	426.8	③	野尻
えびの市・小林市 （えびの市・小林市）	韓国岳 [からくにだけ]	1700.1	①	霧島山
須木村　（小林市）	大森岳 [おおもりだけ]	1108.7	①	須木
野尻町　（小林市）	※栗須北山 [くりすきたやま]	632	独標	野尻

宮崎県の最東・西・南・北・端の山

※地図未記載

	山　　名	行政区／5万分の1図
最東端　（東経131度52分21秒）	遠見山 [とおみやま]	延岡市北浦町／蒲江
最西端　（東経130度42分11秒）	黒園山 [くろそんざん]	えびの市〜〔伊佐市〕／大口
最南端　（北緯31度22分09秒）	※扇山 [おうぎやま]	串間市都井の岬／都井岬
最南端　（北緯31度26分43秒）	※高畑山 [たかはたやま]	串間市／都井岬
最北端　（北緯32度50分08秒）	傾山 [かたむきやま]	日之影町／竹田
参考　（北緯32度49分46秒）	中ノ嶺 [なかのみね]	北川村／熊田
参考　（北緯32度49分30秒）	筒ケ岳 [つつがだけ]	高千穂町／三田井
参考　（北緯32度49分29秒）	祖母山 [そぼさん]	高千穂町／三田井

関係地形図一覧表

二十万図 (5枚)		五万図 (31枚)	二万五千図 (99枚)			
	号数		1号	2号	3号	4号
大分	3	佐伯	（佐伯）	（畑野浦）	（植松）	上直見
	4	蒲江	蒲江	（深島）	三河内	古江
	8	熊田	重岡	熊田	木浦鉱山	祝子川
	11	竹田	（竹田）	小原	（桜町）	（豊後柏原）
	12	三田井	見立	大菅	祖母山	三田井
	16	高森	高森	馬見原	（肥後吉田）	（大平）
延岡	4	島浦			島浦	
	5	延岡	延岡北部	延岡	行縢山	川水流
	6	日向	日向	平岩	上井野	山陰
	7	都農			都農	川南
	8	高鍋			高鍋	日向日置
	9	諸塚山	日之影	宇納間	諸塚山	諸塚
	10	神門	田代	坪谷	清水岳	神門
	11	尾鈴山	尾鈴山	石河内	尾八重	瓢丹淵
	12	妻	妻	佐土原	三納	岩崎
	13	鞍岡	鞍岡	胡摩山	緑川	国見岳
	14	椎葉村	上椎葉	日向大河内	不土野	古屋敷
	15	村所	石堂山	村所	市房山	槻木
	16	須木	掃部岳	大森岳	田代ケ八重	須木
宮崎	9	宮崎	宮崎北部	宮崎	日向本庄	田野
	10	日向青島	日向青島	郷之原	築地原	坂元
	11	飫肥	鵜戸	油津	飫肥	榎原
	12	都井岬	幸島		本城	都井岬
	13	野尻	紙屋	有水	高原	高崎新田
	14	都城	高城	山王原	庄内	都城
	15	末吉	尾平野	園田	末吉	（大隅松山）
	16	志布志	串間		志布志	（大隅柏原）
鹿児島	1	霧島山	日向小林	高千穂峰	韓国岳	（霧島温泉）
	2	国分	高野	財部	（日当山）	（国分）
八代	4	加久藤	白髪岳	日向大久保	肥後大畑	加久藤
	8	大口	大塚	吉松	（山野）	（大口）

宮崎の山　地形図配置一覧

5万図	2.5万図	山　名	標高	三角点	行政区《大分県》(熊本県)〔鹿児島県〕	掲載ページ
蒲江	蒲江	遠見山 [とおみやま]	317	三等	北浦町～《佐伯市蒲江町》	147
	三川内	場照山 [ばてるやま]	661	二等	北浦町～《佐伯市蒲江町》	163
	三川内	鉾山 [ほこさん]	623	独標	延岡市北川町・北浦町	179
	三川内	東山峰山 [ひがしさんぼうさん]	641	三等	延岡市北川町・北浦町	169
	三川内	下葛山 [しもつづらやま]	569	独標	延岡市北川町・北浦町	109
	三川内	津島畑山 [つしまばたやま]	506	二等	延岡市北浦町～《佐伯市蒲江町》	142
	三川内	石保山 [いしほやま]	443	四等	延岡市北浦町	31
	三川内	佐土川内山 [さどこうちやま]	496	三等	延岡市北浦町	101
	三川内	柚木山 [ゆのきやま]	409	三等	延岡市北浦町	198
	三川内	横瀬山 [よこせやま]	394	三等	延岡市北浦町	199
	古江	陣ケ峰 [じんがみね]	431	三等	北浦町～《蒲江町》	119
	古江	丸野山 [まるのやま]	584	等高	延岡市・北川町	187
	古江	鏡山 [かがみやま]	645	一等	延岡市北川町	59
	古江	岳山 [だけやま]	614	二等	延岡市・北方町・北浦町	137
	古江	遠見山 [とおみやま]	245	三等	延岡市北浦町	148
	古江	神子山 [みこやま]	359	三等	延岡市北浦町	188
	古江	森山 [もりやま]	468	三等	延岡市北浦町	191
	古江	飯塚山 [いいづかやま]	571	四等	延岡市北浦町	26
	古江	嵐山 [あらしやま]	184	三等	延岡市・北浦町	25
熊田	重岡	黒岩山 [くろいわやま]	548	独標	延岡市北川町～《佐伯市直川村》	86
	重岡	中ノ嶺 [なかのみね]	549	二等	延岡市北川町～《佐伯市直川村》	156
	熊田	和久塚 [わくづか]	591	独標	延岡市・北川町	202
	熊田	和戸内山 [わとうちやま]	323	四等	延岡市北川町	203
	熊田	川平山 [かわひらやま]	430	二等	延岡市北川町	70
	木浦鉱山	夏木山 [なつきやま]	1386	三等	日之影町～《佐伯市宇目町》	157

5万図	2.5万図	山　　名	標高	三角点	行政区 《大分県》〈熊本県〉（鹿児島県）	掲載ページ
熊田	木浦鉱山	桑原山 [くわばるやま]	1408	三等	日之影町～《佐伯市宇目町》	90
	木浦鉱山	木山内岳 [きやまうちだけ]	1401	三等	日之影町～《佐伯市宇目町》	75
	木浦鉱山	新百姓山 [しんひゃくしょうやま]	1272	三等	日之影町～《佐伯市宇目町》	120
	祝子川	大崩山 [おおくえやま]	1643	一等	延岡市北方町・北川町	42
	祝子川	鬼の目山 [おにのめやま]	1491	三等	延岡市北方町・北川町	55
	祝子川	国見山 [くにみやま]	1392	三等	延岡市北方町	82
	祝子川	桧山 [ひのきやま]	1123	独標	延岡市・北方町	172
	祝子川	鉾岳 [ほこんだけ]	1277	独標	延岡市北方町	179
	祝子川	黒岩山 [くろいわやま]	1070	三等	延岡市北方町	85
	祝子川	榎峠 [えのきとうげ]	1245	三等	延岡市・北川町	38
	祝子川	黒原山 [くろはらやま]	881	二等	延岡市北川町	88
三田井	見立	五葉岳 [ごようだけ]	1570	三等	日之影町～延岡市北川町	98
	見立	本谷山 [ほんたにやま]	1643	三等	高千穂町～日之影町～《緒方町》	181
	見立	鹿納山 [かのうざん]	1567	独標	日之影町～延岡市北川町	65
	見立	鹿納の野 [かのうのや]	1548	独標	日之影町～延岡市北川町	65
	見立	笠松山 [かさまつやま]	1522	三等	日之影町～《緒方町》	61
	見立	兜巾岳 [とっきんだけ]	1488	独標	日之影町	151
	見立	二つ岳 [ふたつだけ]	1257	三等	高千穂町～日之影町	176
	見立	たかはた山 [たかはたやま]	1207	三等	日之影町	132
	見立	洞岳 [どうだけ]	1242	独標	日之影町	146
	見立	乙野山 [おとのやま]	1101	三等	高千穂町～日之影町	54
	見立	とやんたき [とやんたき]	929	独標	日之影町	151
	大菅	日隠山 [ひがくれやま]	1544	二等	日之影町	168
	大菅	だき山 [だきやま]	1420	三等	延岡市北方町	136
	大菅	釣鐘山 [つりがねやま]	1396	三等	日之影町	143
	大菅	地蔵岳 [じぞうだけ]	1388	三等	延岡市北方町	106

5万図	2.5万図	山　　名	標高	三角点	行政区 《大分県》〈熊本県〉 (鹿児島県)	掲載ページ
三田井	大菅	竹の畑山 [たけのはたやま]	1278	独標	延岡市北方町	137
	大菅	戸川岳 [とがわだけ]	955	二等	日之影町	149
	大菅	赤水 [あかみず]	898	独標	高千穂町〜日之影町	20
	大菅	人形岳 [にんぎょうだけ]	887	独標	延岡市北方町	159
	大菅	十文字山 [じゅうもんじやま]	701	独標	日之影町	110
	祖母山	祖母山 [そぼさん]	1756	一等	高千穂町〜《豊後大野市》《竹田市》	123
	祖母山	障子岳 [しょうじだけ]	1709	独標	高千穂町〜《緒方町》	111
	祖母山	親父山 [おやじやま]	1644	三等	高千穂町	57
	祖母山	古祖母山 [ふるそぼさん]	1633	三等	高千穂町〜《豊後大野市緒方町》	177
	祖母山	筒ケ岳 [つつがだけ]	1293	四等	高千穂町〜〈高森町〉	142
	祖母山	三尖 [みつとぎり]	1474	独標	高千穂町	189
	祖母山	黒岳 [くろだけ]	1578	独標	高千穂町	87
	祖母山	玄武山 [げんぶさん]	974	四等	高千穂町	91
	祖母山	愛宕山 [あたごやま]	1036	三等	高千穂町	21
	祖母山	赤川浦岳 [あかごうらだけ]	1232	三等	高千穂町	19
	祖母山	松ケ鼻 [まつがはな]	1165	三等	高千穂町	186
	祖母山	国見岳 [くにみだけ]	1088	二等	高千穂町〜〈高森町〉	80
	祖母山	三秀台 [さんしゅうだい]	800	等高線	高千穂町	103
	祖母山	高城山 [たかじょうやま]	617	独標	高千穂町〜〈高森町〉	127
	三田井	傾山 [かたむきやま]	1602	二等	日之影町〜《豊後大野市》《佐伯市》	63
	三田井	二上山 [ふたがみやま]	1082	独標	高千穂町〜五ヶ瀬町	174
	三田井	猿岳 [さるたけ]	847	独標	高千穂町〜日之影町	102
	三田井	焼山寺山 [しょうさんじさん]	796	二等	高千穂町	110
	三田井	烏帽子岳 [えぼしだけ]	809	三等	高千穂町	41
	三田井	尾野山 [おのやま]	800	四等	高千穂町	56
	三田井	愛宕山 [あたごやま]	799	四等	高千穂町〜五ヶ瀬町	21

5万図	2.5万図	山　名	標高	三角点	行政区《大分県》〈熊本県〉(鹿児島県)	掲載ページ
三田井	三田井	**鞍掛山** [くらかけやま]	742	独標	高千穂町	84
	三田井	**上野岳** [うえのだけ]	755	四等	高千穂町〜日之影町	34
	三田井	**城山** [じょうやま]	731	独標	高千穂町	113
	三田井	**大平岳** [おおひらだけ]	710	三等	高千穂町〜日之影町	48
	三田井	**四恩岳** [しおんだけ]	676	三等	高千穂町	104
	三田井	**高屋山** [たかやさん]	640	四等	高千穂町	135
	三田井	**天香山** [あまのかぐやま]	605	独標	高千穂町	24
	三田井	**烏岳** [からすだけ]	515	三等	高千穂町	69
	三田井	**国見ケ丘** [くにみがおか]	513	独標	高千穂町	79
	三田井	**迫の岳** [さこのだけ]	498	独標	高千穂町	100
高森	高森	**鏡山** [かがみやま]	917	三等	五ヶ瀬町〜〈山都町〉	59
	馬見原	**桝形山** [ますがたやま]	982	二等	五ヶ瀬町	185
	馬見原	**烏岳** [からすだけ]	672	三等	五ヶ瀬町	69
延岡	延岡北部	**可愛岳** [えのたけ]	728	二等	延岡市・北川町	38
	延岡北部	**高平山** [こべらやま]	407	四等	延岡市	93
	延岡北部	**岡富山** [おかとみやま]	198	独標	延岡市	50
	延岡北部	**長尾山** [ながおやま]	382	四等	延岡市	154
	延岡	**愛宕山** [あたごやま]	251	二等	延岡市	22
	延岡	**城山** [しろやま]	54	三等	延岡市	118
	行縢山	**行縢山** [むかばきさん]	830	二等	延岡市	189
	行縢山	**霧子山** [きりこやま]	461	独標	延岡市	75
	行縢山	**茶臼山** [ちゃうすやま]	714	独標	北方町	140
	川水流	**烏帽子岳** [えぼしだけ]	362	二等	延岡市〜門川町	41
日向	日向	**遠見山** [とおみやま]	308	二等	門川町	147
	日向	**烏帽子岳** [えぼしだけ]	260	四等	門川町	42
	日向	**牧島山** [まきしまやま]	119	独標	日向市	184

5万図	2.5万図	山　　　名	標高	三角点	行政区 《大分県》〈熊本県〉（鹿児島県）	揭載ページ
日向	平岩	米ノ山 [こめのやま]	192	一等	日向市	97
	平岩	櫛ノ山 [くしのやま]	96	等高	日向市	77
	上井野	仁久志山 [にくしやま]	705	独標	美郷町北郷区～門川町	158
	上井野	駒瀬山 [こまぜやま]	652	三等	門川町	96
	上井野	唐松山 [からまつやま]	428	二等	門川町	70
	上井野	ごろ山 [ごろやま]	352	三等	門川町	98
	上井野	戸高山 [とだかやま]	347	四等	日向市～門川町	150
	山陰	冠岳 [かんむりだけ]	438	独標	日向市東郷町	72
	山陰	熊山 [くまやま]	622	三等	日向市東郷町	83
	山陰	立山 [たちやま]	354	独標	日向市東郷町	137
	山陰	永田山 [ながたやま]	257	三等	日向市	156
	山陰	美三ケ辻 [びさんがつじ]	156	独標	日向市	171
	山陰	比良山 [ひらやま]	135	独標	日向市	174
	山陰	権現山 [ごんげんやま]	52	独標	日向市	99
	山陰	高森山 [たかもりやま]	342	三等	日向市	134
	山陰	石神 [いしがみ]	330	四等	日向市	28
	山陰	乙羽山 [おとわやま]	272	独標	日向市	54
都農	都農	戸矢山 [とややま]	548	三等	都農町	151
	都農	荒崎山 [あらさきやま]	339	三等	都農町	25
	都農	牧内山 [まきうちやま]	201	二等	都農町	183
高鍋	日向日置	鬼付女峰 [きづくめみね]	57	三等	新富町	74
諸塚山	日之影	丹助岳 [たんすけだけ]	815	独標	日之影町	139
	日之影	石橋山 [いしばしやま]	738	独標	延岡市北方町	30
	日之影	比叡山 [ひえいざん]	760	三等	延岡市北方町	167
	日之影	矢筈岳 [やはずだけ]	666	独標	日之影町	197
	宇納間	九左衛門 [くざえもん]	1101	二等	諸塚村～美郷町北郷区	77

5万図	2.5万図	山　　名	標高	三角点	行政区《大分県》〈熊本県〉（鹿児島県）	掲載ページ
諸塚山	宇納間	崙出山 [ろんでやま]	947	三等	日之影町～美郷町北郷区	201
	宇納間	中小屋山 [なかごややま]	902	四等	日之影町～美郷町北郷区	155
	宇納間	速日の峰 [はやひのみね]	868	一等	延岡市北方町	165
	宇納間	八重山 [はえやま]	525	三等	美郷町北郷区	160
	宇納間	高平山 [たかひらやま]	524	独標	美郷町北郷区	133
	宇納間	高松山 [たかまつやま]	313	三等	美郷町北郷区	134
	諸塚山	諸塚山 [もろつかさん]	1342	二等	諸塚村～高千穂町	192
	諸塚山	大仁田山 [おおにたやま]	1316	三等	諸塚村～五ヶ瀬町	46
	諸塚山	赤土岸山 [あかどぎしやま]	1169	三等	諸塚村～五ヶ瀬町	19
	諸塚山	高城山 [たかじょうさん]	901	三等	日之影町	127
	諸塚	真弓岳 [まゆみだけ]	1073	独標	諸塚村～日之影町	186
	諸塚	柳の越 [やなぎのこし]	992	三等	諸塚村	195
	諸塚	星の久保 [ほしのくぼ]	983	三等	諸塚村	180
	諸塚	高隈山 [たかくまやま]	957	二等	諸塚村	126
	諸塚	九郎山 [くろうやま]	936	三等	諸塚村	86
	諸塚	猿越 [さるごえ]	791	三等	諸塚村	101
神門	田代	大椎 [おおじ]	543	三等	美郷町西郷区	43
	田代	日陰山 [ひかげやま]	898	三等	美郷町西郷区	169
	田代	造次郎山 [ぞうじろうやま]	733	二等	美郷町北郷区～諸塚村	122
	田代	腹巻山 [はらまきやま]	577	三等	美郷町北郷区	166
	田代	熊の神楽 [くまんかくら]	306	三等	美郷町西郷区	84
	坪谷	尖山 [とがりやま]	716	四等	美郷町西郷区	148
	坪谷	西林山 [せいりんざん]	786	三等	日向市東郷町	121
	坪谷	加子山（大平）[かこやま]	867	三等	東郷町～美郷町南郷区	60
	坪谷	珍神山（仏野）[うずかみやま]	823	二等	美郷町西郷区～日向市東郷町	36
	坪谷	楠森塚 [くすもりづか]	417	三等	日向市東郷町	78

5万図	2.5万図	山　名	標高	三角点	行政区 《大分県》〈熊本県〉〔鹿児島県〕	掲載ページ
神門	清水岳	笹の峠 [ささのとうげ]	1340	一等	椎葉村～美郷町南郷区	100
	清水岳	清水岳（山神）[しみずだけ]	1205	三等	美郷町南郷区・西郷区～椎葉村	108
	清水岳	高峠 [たかとうげ]	1107	二等	美郷町南郷区・西郷区	131
	清水岳	熊山 [くまやま]	1120	三等	美郷町南郷区	84
	清水岳	尖野 [とぎりの]	879	三等	美郷町西郷区	149
	神門	落石 [おていし]	1221	三等	美郷町南郷区	54
	神門	貝野 [かいの]	985	三等	美郷町南郷区	58
	神門	勘の十小屋 [かんのじゅうごや]	666	三等	美郷町南郷区	71
尾鈴山	尾鈴山	尾鈴山 [おすずさん]	1405	一等	都農町～木城町	52
	尾鈴山	長崎尾 [ながさきお]	1373	三等	都農町～木城町	155
	尾鈴山	万吉山 [まんきちやま]	1318	独標	東郷町～都農町～木城町	187
	尾鈴山	矢筈岳 [やはずだけ]	1330	独標	都農町～木城町	196
	尾鈴山	神陰山 [かみかげやま]	1272	三等	日向市東郷町～都農町	65
	尾鈴山	黒原山 [くろばるやま]	1217	独標	木城町～都農町	88
	尾鈴山	春山 [はるやま]	1162	三等	木城町～都農町	166
	尾鈴山	角崎山 [つのさきやま]	1071	三等	都農町	143
	尾鈴山	相見山 [そうみやま]	640	三等	都農町～木城町	122
	尾鈴山	権現尾 [ごんげんお]	975	三等	都農町	98
	尾鈴山	上逆瀬山 [かみさかせやま]	931	三等	都農町～日向市東郷町	66
	尾鈴山	畑倉山 [はたくらやま]	849	三等	都農町～日向市	161
	石河内	上面木山 [じょうめぎやま]	897	独標	都農町～木城町	112
	尾八重	オサレ山 [おされざん]	1152	三等	西都市	51
	尾八重	空野山 [そらんのやま]	1127	三等	西都市～木城町～美郷町南郷区	124
	尾八重	地蔵岳 [じぞうだけ]	1089	独標	西都市	106
	尾八重	龍房山 [りゅうぶさやま]	1020	三等	西都市	201
	尾八重	杖木山 [つえきやま]	1010	四等	木城町～西都市	141

5万図	2.5万図	山　名	標高	三角点	行政区 《大分県》〈熊本県〉《鹿児島県》	揭載ページ
尾鈴山	尾八重	雪降山 [ゆきふりやま]	990	三等	西都市	197
	尾八重	高塚山 [たかつかやま]	987	三等	木城町	130
	瓢箪淵	大瀬内山 [おおせうちやま]	979	三等	西都市～木城町	44
	瓢箪淵	稗畑山 [ひえはたやま]	853	三等	西都市	168
	瓢箪淵	猪田山 [にたやま]	741	二等	西都市	159
妻	三納	国見山 [くにみやま]	1036	二等	西都市	82
	佐土原	久峰 [ひさみね]	89	二等	宮崎市佐土原町	170
	佐土原	宝塔山 [ほうとうざん]	61	三等	宮崎市佐土原町	178
鞍岡	鞍岡	揺岳 [ゆるぎだけ]	1335	三等	五ヶ瀬町	198
	鞍岡	祇園山 [ぎおんやま]	1307	二等	五ヶ瀬町	73
	鞍岡	中登岳 [ちゅうのぼりだけ]	950	三等	五ヶ瀬町	140
	鞍岡	冠岳 [かむれだけ]	828	独標	五ヶ瀬町	66
	胡摩山	扇山 [おうぎやま]	1662	二等	椎葉村	42
	胡摩山	黒岳 [くろだけ]	1455	二等	諸塚村～椎葉村	88
	胡摩山	木浦山 [きうらやま]	1441	独標	五ヶ瀬町～椎葉村	72
	胡摩山	不動冴山 [ふどうざえやま]	1260	三等	椎葉村	176
	胡摩山	鳥の霧山 [とりのきりやま]	1153	三等	椎葉村	152
	緑川	三方山 [さんぼうざん]	1578	三等	椎葉村～〈山都町・旧矢部町〉	103
	緑川	小川岳 [おがわだけ]	1542	二等	五ヶ瀬町～〈山都町・旧矢部町〉	50
	緑川	黒峰 [くろみね]	1283	三等	五ヶ瀬町～〈矢部町〉	89
	国見岳	国見岳 [くにみだけ]	1739	一等	椎葉村～〈八代市泉村〉	79
	国見岳	烏帽子岳 [えぼしだけ]	1692	三等	椎葉村～《竹田市》	40
	国見岳	向坂山 [むこうさかやま]	1685	三等	五ヶ瀬町～椎葉村～〈清和村〉	190
	国見岳	五勇山 [ごゆうざん]	1662	独標	椎葉村～〈八代市泉村〉	98
	国見岳	高岳 [たかだけ]	1564	三等	椎葉村～〈泉村〉	128
	国見岳	石堂屋 [いしどうや]	1336	三等	椎葉村	29

5万図	2.5万図	山　名	標高	三角点	行政区 《大分県》＜熊本県＞（鹿児島県）	掲載ページ
鞍岡	国見岳	白岩山 [しろいわやま]	1647	三等	五ヶ瀬町〜椎葉村	117
椎葉村	上椎葉	尾崎山 [おさきやま]	1438	三等	椎葉村	51
	上椎葉	たかつごう山 [たかつごうやま]	1406	独標	椎葉村	131
	上椎葉	龍岩山 [たついわやま]	1318	独標	椎葉村	138
	上椎葉	松株山 [まつかぶやま]	1293	三等	椎葉村	186
	上椎葉	青鈴山 [あおすずやま]	1239	三等	椎葉村	17
	上椎葉	霜打山 [しもうてやま]	975	三等	椎葉村	108
	上椎葉	若宮山 [わかみややま]	857	三等	椎葉村	202
	上椎葉	弓木山 [ゆみきやま]	849	三等	椎葉村	198
	日向大河内	三方岳 [さんぽうだけ]	1479	独標	椎葉村〜南郷区	104
	日向大河内	丸笹山 [まるささやま]	1374	二等	美郷町南郷区	187
	日向大河内	萱原山 [かやはらやま]	1364	独標	椎葉村	67
	日向大河内	石仁田山 [いしにたやま]	1359	独標	椎葉村	30
	日向大河内	高塚山 [たかつかやま]	1290	二等	椎葉村	130
	日向大河内	広野山 [ひろのやま]	1272	独標	椎葉村	174
	不土野	白鳥山 [しらとりやま]	1639	二等	椎葉村〜〈八代市〉〜〈水上村〉	115
	不土野	時雨岳 [しぐれだけ]	1546	独標	椎葉村	105
	不土野	銚子笠 [ちょうしがさ]	1489	三等	椎葉村〜〈水上村〉	141
	不土野	赤木の原山 [あかぎのはらやま]	1161	三等	椎葉村	18
	古屋敷	江代山 [えしろやま]	1607	二等	椎葉村〜〈水上村〉	38
	古屋敷	馬口岳 [ばくちだけ]	1435	独標	椎葉村	160
	古屋敷	飯干山 [いいぼしやま]	1162	独標	椎葉村	27
村所	石堂山	石堂山 [いしどうやま]	1547	二等	西米良村〜椎葉村	29
	石堂山	樋口山 [ひぐちやま]	1434	三等	西都市〜椎葉村	173
	石堂山	烏帽子岳 [えぼしだけ]	1126	三等	西米良村〜西都市	40
	村所	天包山 [あまつつみやま]	1189	三等	西米良村	23

5万図	2.5万図	山　名	標高	三角点	行政区 《大分県》〈熊本県〉[鹿児島県]	掲載ページ
村所	村所	赤髭山 [あかひげやま]	951	三等	西米良村〜西都市	19
	市房山	市房山 [いちふさやま]	1721	一等	西米良村〜椎葉村〜〈水上村〉	31
	市房山	牧良山 [まきらやま]	991	四等	西米良村〜〈水上村〉〈湯前町〉	185
	槻木	千本山 [せんぼんやま]	906	三等	西米良村〜〈多良木町〉	122
須木	掃部岳	掃部岳 [かもんだけ]	1224	三等	西都市〜西米良村	67
	掃部岳	式部岳 [しきぶだけ]	1219	二等	国富町	105
	大森岳	大森岳 [おおもりだけ]	1109	一等	小林市須木村	49
	大森岳	釈迦ケ岳 [しゃかがたけ]	831	二等	国富町	109
	大森岳	三つ石山 [みっついしやま]	814	三等	小林市須木村	188
	大森岳	高平山 [たかひらやま]	720	三等	小林市須木村	133
	大森岳	盤木山 [ばんぎやま]	711	三等	国富町	166
	大森岳	矢筈岳 [やはずだけ]	704	独標	綾町	196
	田代ケ八重	西俣山 [にしまたやま]	917	三等	小林市須木村	159
	田代ケ八重	赤木山 [あかぎやま]	910	二等	須木村〜〈多良木町〉	18
	田代ケ八重	市ノ俣山 [いちのまたやま]	881	四等	須木村〜〈多良木町〉	31
	田代ケ八重	国見岳 [くにみだけ]	746	三等	小林市須木村	81
	須木	七熊山 [ななくまやま]	929	三等	小林市須木村	157
	須木	大年嶽 [おおとしだけ]	708	四等	小林市須木村	45
日向青島	日向青島	花切山 [はなきりやま]	669	三等	宮崎市	163
	日向青島	双石山 [ぼろいしやま]	509	三等	宮崎市	180
	日向青島	斟鉢山 [くんばちやま]	501	三等	宮崎市	90
	日向青島	家一郷山 [かいちごうやま]	437	独標	宮崎市	58
	日向青島	城山 [じょうやま]	62	独標	宮崎市	115
	郷の原	岩壺山 [いわつぼやま]	738	二等	宮崎市〜日南市北郷町	33
	郷の原	郷谷山 [ごうたにやま]	649	三等	日南市・北郷町	92
	郷の原	谷之城山 [たにのじょうやま]	574	三等	日南市・北郷町	138

5万図	2.5万図	山　名	標高	三角点	行政区 《大分県》＜熊本県＞〔鹿児島県〕	難ページ
日向青島	築地原	鰐塚山 [わにつかやま]	1118	一等	田野町〜三股町〜日南市北郷町	203
	築地原	朝陣野 [あさじんの]	839	三等	田野町〜日南市北郷町	20
	築地原	並松山 [ならびまつやま]	790	三等	日南市北郷町	158
	築地原	長鼻 [ながはな]	638	三等	宮崎市清武町・田野町	156
	築地原	前平山 [まえびらやま]	622	三等	宮崎市田野町	182
	築地原	荒平山 [あらひらやま]	603	二等	宮崎市清武町・田野町	26
	築地原	三文字山 [さんもんじやま]	519	三等	日南市北郷町	104
	築地原	椿山 [つばきやま]	395	独標	宮崎市	143
	坂元	小松山 [こまつやま]	989	二等	日南市・北郷町	96
	坂元	木曽山 [きそやま]	771	四等	日南市北郷町	74
	坂元	梅乃木山 [うめのきやま]	789	三等	日南市北郷町	37
	坂元	大野山 [おおのやま]	721	三等	日南市北郷町	47
	坂元	黒山 [くろやま]	691	三等	日南市・北郷町	89
	坂元	舞之山 [まいのやま]	610	等高線	日南市北郷町	182
	坂元	花立山 [はなたてやま]	489	三等	日南市北郷町	164
	坂元	赤岩山 [あかいわやま]	530	四等	日南市北郷町	18
	坂元	坊主山 [ぼうずやま]	405	三等	日南市北郷町	178
飫肥	鵜戸	犬ケ城山 [いぬがじょうやま]	253	独標	日南市	33
	鵜戸	高砂城山 [たかさじょうやま]	202	三等	日南市	126
	鵜戸	鬼ケ城山 [おにがじょうやま]	196	三等	日南市	54
	油津	虚空蔵山 [こくぞうさん]	49	独標	日南市南郷町	93
	飫肥	乱杭野 [らんぐいの]	612	三等	日南市・北郷町	200
	飫肥	男鈴山 [おすずやま]	783	二等	日南市〜串間市	53
	榎原	鹿久山 [かぐやま]	485	三等	日南市〜串間市	60
	榎原	鯛取山 [たいとりやま]	367	二等	日南市南郷町〜串間市	125
	榎原	滝ケ平山 [たきがひらやま]	320	三等	日南市・南郷町	135

5万図	2.5万図	山　名	標高	三角点	行政区《大分県》〈熊本県〉〔鹿児島県〕	掲載ページ
飫肥	榎原	高畑山 [たかはたやま]	193	独標	日南市南郷町〜串間市	133
都井岬	本城	高畑山 [たかはたやま]	518	一等	串間市	132
	本城	鹿鳴山 [かならせやま]	362	三等	串間市〜日南市南郷町	63
野尻	紙屋	七郎山 [しちろうやま]	501	三等	小林市野尻町・須木町	107
	有水	青井岳 [あおいだけ]	563	二等	都城市山之口町	16
	有水	岩骨山 [がんこつやま]	372	三等	都城市高城町	71
	有水	高尾山 [たかおやま]	366	三等	都城市高城町	125
	有水	ケラガツカ [けらがつか]	449	三等	都城市高城町〜宮崎市高岡町	91
	有水	国見山 [くにみやま]	407	四等	都城市高城町	81
	高原	土然ケ丘 [どぜんがおか]	590	二等	小林市須木村・野尻町	150
	高原	城ノ岡 [じょうのおか]	365	三等	小林市・野尻町	111
	高原	霞ケ丘 [かすみがおか]	356	独標	小林市野尻町	62
	高原	霞ケ丘 [かすみがおか]	349	三等	都城市高崎町〜高原町	62
	高崎新田	稲妻山 [いなづまやま]	454	三等	都城市山田町	32
	高崎新田	星ケ尾山 [ほしがおやま]	351	独標	都城市山田町	179
	高崎新田	中山 [なかやま]	347	四等	都城市高崎町	157
	高崎新田	四方面山 [しほめやま]	326	四等	都城市山田町	107
	高崎新田	高塚 [たかつか]	302	三等	都城市高崎町	130
	高崎新田	高尾山 [たかおやま]	296	独標	都城市山田町	126
	高崎新田	鉢ケ峰 [はちがみね]	265	三等	都城市高崎町	161
	高崎新田	木場城 [こばんじょう]	264	三等	都城市高崎町	95
	高崎新田	徳岡山 [とくおかやま]	221	一等	都城市高崎町	150
	高崎新田	館山 [たてやま]	196	独標	都城市高崎町	138
	高崎新田	長尾山 [ながおやま]	427	二等	都城市高崎町	153
都城	高城	天神山 [てんじんやま]	911	独標	都城市山之口町〜三股町	146
	高城	東岳 [ひがしだけ]	898	独標	都城市山之口町〜三股町	170

5万図	2.5万図	山　名	標高	三角点	行政区《大分県》〈熊本県〉〔鹿児島県〕	掲載ページ
都城	高城	雪が峯 [ゆきがみね]	853	三等	三股町	197
	高城	城山 [じょうやま]	335	四等	都城市山之口町	113
	山王原	柳岳 [やなぎだけ]	952	三等	三股町〜日南市北郷町	195
	山王原	大谷山 [おおたにやま]	533	二等	三股町〜都城市山之口町	45
	庄内	小手ケ山 [こてがやま]	272	三等	都城市山田町	94
	庄内	城山 [じょうやま]	197	独標	都城市	114
	庄内	茶臼ケ陣山 [ちゃうすがじんやま]	196	三等	都城市	140
	都城	大野岡 [おおのおか]	552	独標	都城市	46
	都城	母智丘 [もちお]	246	独標	都城市	190
末吉	尾平野	牛の峠 [うしのとうげ]	918	一等	日南市〜三股町	35
	末吉	金御岳 [かねみだけ]	472	独標	都城市	64
	末吉	天ケ峯 [てんがみね]	354	独標	都城市	144
志布志	串間	笠祇岳 [かさぎだけ]	444	三等	串間市〜〔志布志市〕	61
霧島山	日向小林	獅子戸岳 [ししこだけ]	1429	独標	小林市〜〔霧島町〕	105
	日向小林	大幡山 [おおはたやま]	1352	三等	小林市	47
	日向小林	夷守岳 [ひなもりだけ]	1344	三等	小林市	171
	日向小林	丸岡山 [まるおかやま]	1327	独標	小林市	186
	高千穂峰	高千穂峰 [たかちほのみね]	1574	二等	高原町〜都城市	128
	高千穂峰	新燃岳 [しんもえだけ]	1421	三等	小林市〜〔霧島市〕	120
	高千穂峰	御鉢 [おはち]	1420	独標	都城市〜高原町〜〔霧島市〕	56
	高千穂峰	中岳 [なかだけ]	1332	四等	小林市〜〔霧島市〕	155
	高千穂峰	二子石 [ふたごいし]	1321	独標	高原町〜都城市	175
	高千穂峰	矢岳 [やだけ]	1132	三等	高原町	193
	韓国岳	韓国岳 [からくにだけ]	1700	一等	えびの市〜小林市〜〔霧島市〕	68
	韓国岳	白鳥山 [しらとりやま]	1363	三等	えびの市	116
	韓国岳	硫黄山 [いおうやま]	1317	独標	えびの市	27

5万図	2.5万図	山 名	標高	三角点	行政区 《大分県》＜熊本県＞［鹿児島県］	掲載ページ
霧島山	韓国岳	甑岳 [こしきだけ]	1301	三等	えびの市	94
	韓国岳	えびの岳 [えびのだけ]	1293	四等	えびの市	39
	韓国岳	飯盛山 [いいもりやま]	846	二等	えびの市	27
加久藤	白髪岳	内山 [うちやま]	739	独標	えびの市	37
	白髪岳	鉄山 [てつやま]	716	三等	えびの市	144
	白髪岳	天狗山 [てんぐやま]	941	三等	えびの市	145
	白髪岳	ジョウゴ岳 [じょうごだけ]	980	三等	小林市	110
	日向大久保	鬼塚 [おにつか]	376	三等	小林市	55
	日向大久保	八幡丘 [はちまんがおか]	423	二等	えびの市～小林市	162
	肥後大畑	国見山 [くにみやま]	796	独標	えびの市	83
	加久藤	百貫山 [ひゃくかんやま]	693	三等	えびの市	173
	加久藤	矢岳山 [やたけやま]	739	三等	えびの市	193
国分	高野	板川内山 [いたかわちやま]	434	三等	都城市	31
	高野	高束山 [たかつかやま]	423	三等	都城市	130
	高野	陣ケ岡山 [じんがおかやま]	387	三等	都城市	119
	高野	鷹取山 [たかとりやま]	376	三等	都城市	132
大口	吉松	滝下山 [たきしたやま]	785	四等	えびの市	135
	吉松	黒園山 [くろそんやま]	636	独標	えびの市～〈湧水町〉［伊佐市］	87

本書に出てくる語句の注釈・メモ

やま、さん、だけの呼称　山「さん」岳「だけ」は、信仰の対象の山で、山頂か山頂近くに神（祠）（ほこら）が祀ってあり、なくても山麓の人々が信仰の対象としていたことが多い。高千穂峰は麓では高千穂の御岳と呼ばれている。（『九州の山』立石敏雄著）　例・尾鈴山（おすずさん）傾山（かたむきさん）冠岳の項の宮ケ原岳は宮ケ原山（やま）に変更

たけ（岳）山　可愛岳　猿岳　釈迦ケ岳　矢岳山　金御岳。「だけ」と濁らず「たけ」と発音する

城址と城跡　城址と城跡は同義語であり、「跡」は足跡、跡形、痕跡などの意で使用。元和元年（1615）「一国一城の令」までを城跡とし、「址」は常用外漢字で掘・石垣などの人口構造物の遺跡がある処として城址と区別

米良三山　市房山　石堂山　天包山　（毎年4/29山開き）

銀鏡三山　オサレ山・雪降山・龍房山　※空野山・地蔵岳・烏帽子岳・赤髭山を加えて銀鏡七山という。

桑野内三山　烏岳・桝形山・樺木岳（城山・922m・山頂標式）

徳蘇連山　岩壺山・斟鉢山、花切山の三山。徳蘇山系とも呼ばれる。

六峰街道　速日の峰・九左衛門・真弓岳・諸塚山・赤土岸山・二上山の6峰をつなぐ道　※崙出山・中小屋山は入らない。

五郡八院　荘園時代の古地名で、児湯郡が新納院、宮崎郡が穆佐（むかさ）院、那珂郡が飫肥院・櫛間院、諸県郡が三俣院・真幸（まさき）院・永仁（くに）院、臼杵郡が土持院と称された。

日向国16駅　平安時代中期の延喜式で定められた幹線官路の宿駅名として日向国では16駅があげられている。豊後街道：長井・川辺（延岡）・刈田（門川）・美禰（美々津）・去飛（都農）・児湯（木城）、大隅街道：当麻（佐土原田島）・石田（宮崎市江田）・救麻（宮崎市熊野）・救仁（田野）・水俣（三股）・島津（都城市郡元）、肥後街道：亜郰（綾）・野尻・夷守（小林）・真斫（真幸）

伊東四十八城と八外城　永禄年間（1560年代）全盛時代伊東氏が治めていた城は本拠地の都於郡城と佐土原城を含めて伊東四十八城とあり、39人の城主と7人の領主がいた。その他に日和城（ひわんじょう、高城町）を本城に梶山城、勝岡城、小山城、下の城、野々美谷城、松尾城（三股町・現あじさい公園）、山之口城を支城として8つの外城があった

日向七堂伽藍　浅倉観音（倉岡）・黒坂観音（清武）・日之御崎観音（青島）・円南寺（加江田）・松崎観音（赤江）・伊満福寺（古城）・久峰観音（佐土原）をいう。第30代敏達（びたつ）天皇（572～585）の朝、勅命により、高僧日羅上人の創建

七浦七峠　日の御崎峠（戸崎鼻）～内海峠～内海の浦～小内海の浦～鶯巣峠～鶯巣の浦～伊比井越～伊比井の浦～馬の峠～富士の浦～瀬平峠～小目井の浦～宮浦～烏帽子峠

| 延喜式 | 平安時代中期の延喜5年（905）〜延長5年（927）編纂、康保5年（967）より施行された日本の基本法典（格式・律令の細則）。兵部省の部に日向の国には官営の馬牧（都濃野、野波野、堤野）と牛牧（野波野、長野、三野原）それぞれ三ヶ所が挙げられている。 |

清武郷　天領・船引を除く旧清武町、赤江・城ケ崎を中心地とする大淀川南岸から、青島・旧田野町にかけての地域の9村で、飫肥藩が治めた。地頭所は加納村（清武町）中野地区に置かれていた

北原氏　康永4年（1345）、北原兼幸が日下部重貞に替わり真幸院の領主となってより、兼親が永禄7年（1564）島津義弘入城で伊集院に移封されるまで、15代約219年の間、飯野城主であった。その北原氏が城進出の頃の烽火の山は、八幡山（八幡丘）〜6.5km〜竜ケ峯（りゅうがむね、302m、独標、小林市西方総合運動公園西）〜7.8km〜岩牟礼城（城の岡）〜9.7km〜徳の岡（徳岡山）〜2.6km〜茶臼山（茶臼陣山）と直線上の山々を結んでいた。

耳川の合戦　天正6年（1577）11月12日火蓋を切った大友宗麟と島津義久の戦いで、高城の戦い・高城川の戦いとも言われ主戦場は現在の小丸川であったが、島津軍が敗走する大友軍を追撃し大打撃を与えた所が耳川で「耳川（美々川）の戦い」と呼ばれている。後に豊臣秀吉の九州征伐、西南戦争の激戦地ともなった。

百万円道路　昭和8年（1933）住友財閥より、現在・耳川沿いの椎葉細島線・国道327号（椎葉街道）区間の、西郷村（美郷町西郷区）和田橋から椎葉村までの約40kmの建設費が県に寄贈され、下流の美々津橋架橋と合わせて大恐慌時代の不況対策に貢献した。それまでの椎葉往還と呼ばれる主幹線は、明治36年開通の富高（日向市）〜神門（南郷区）であった。

霧立越　古くは切立越（きったちごえ）、椎葉越、那須越とも言われた。向坂山と白岩山間の白岩峠（杉越・那須越）より水呑の頭（白岩山・1646.7m・三等）から灰木の頭（はいきのかしら、1515m・独標）〜白水山（馬つなぎ場・1443.7m・三等）〜平家ブナ（1.5km）扇山山小屋の尾根筋を経て尾前集落に至る約12kmの往還で、駄賃つけの道とも呼ばれた。

『日向地誌』（平部嶠南）　飫肥藩伊東家の幕末の家老だった平部嶠南（清武町中野出身・1815〜1890）が、宮崎県の委託により明治9年〜明治17年にかけ5郡176町村を実地踏査し、明治10年の西南戦争など想像を絶する困難と闘い、心血を注いで編集著述した地理歴史民俗などの大書。昭和4年に刊行され、昭和51年11/24復刻版。限定500部。

九州大学宮崎演習林　正式名称は国立大学法人九州大学農学部附属演習林宮崎演習林。三方岳団地2282.41ha、萱原山団地146.17ha、津野岳団地486.06haからなる。

廃仏毀釈（はいぶつきしゃく）　慶応4年に神仏判然令、明治初年に新政府は神道と仏教の分離を目的とした神仏分離令を公布。一般には神仏習合を廃し、神仏分離を推し進める一連の動きで、数年間にわたる宗教的クーデターであった。

ユネスコ・エコパーク　国連教育科学文化機関（ユネスコ）が定めたもので、宮崎県内では、日本最大の広さを有する綾町の照葉樹林が、自然そのものはもちろ

ん、自然とそこに住む人々の生活が解け合う文化が高く評価され、平成24年7/11ユネスコにより登録が認められた。正式名称は「綾ユネスコエコパーク（生物圏保存地域）」。綾町全域に小林、西都市、国富町、西米良村の一部にまたがり、自然を厳重に保護する「核心地域」(682ｈａ)、教育や学術研究に活用する「緩衝地域」(8982ｈａ)、人が生活する「移行地域」(4916ｈａ)の3地域に分かれる。国内では32年ぶり、屋久島、大台ケ原・大峰山（奈良・三重）、白山、志賀高原に続いて5ケ所目である。

九州中央山地国定公園　　　九州山地の中央部、宮崎、熊本の両県にまたがる山岳公園で、椎葉地域、市房山一帯の原生林地域及び綾地域の照葉樹林帯によって構成されている。

森林セラピー基地　　　森林浴によるリラックス効果が医学的に実証され、関連施設などの自然・社会条件が一定の水準で整備されている地域。「森林セラピーソサエティ」が認定する。2006年日之影町は全国初、九州唯一の森林セラピー基地の認定を受けた。2008年日南市北郷町、綾町が認定された。

日本の重要湿地　①家田・川坂湿原 ②門川湾・御鉾ヶ浦（細島港）③島浦島周辺沿岸 ④宮崎市周辺の砂浜海岸 ⑤五ヶ瀬川、祝子川、北川の感潮域 ⑥日南市のため池群 ⑦大淀川水系岩瀬川オオヨドカワゴロモ自生地 ⑧宮崎市湧水地帯のオオイタサンショウウオ生息地 ⑨青島周辺沿岸 ⑩本城川河口～千野川河口 ⑪都井岬周辺沿岸 ⑫栄松地先沿岸
ラムサール条約登録湿地の選定や湿地保全の基礎資料とするため平成13年12月環境省にて選定。全国に500カ所。宮崎県内は12カ所

重要生息地　①五ケ所高原重要生息地（高千穂町）　②高鍋湿原重要生息地（高鍋町）　③笠祇・古竹草原重要生息地（串間市）　④家田・川坂湿原重要生息地（延岡市）⑤黒岳重要生息地（諸塚村）　⑥和石田園重要生息地（宮崎市高岡町）　⑦本城干潟重要生息地（串間市）　⑧鳥屋岳重要生息地

森林浴の森100選　　　環境財団が昭和61年選定。宮崎県内は①えびの高原池めぐりの森②九州中央山地国定公園綾地区

日本の奇祭　　高千穂神楽と銀鏡神楽　　（『日本の奇祭』有朋社）

日本三大車窓展望地　①根室本線新内駅付近（狩勝峠、三大車窓区間は1966年廃線）、②篠ノ井線姥捨駅（善光寺平）、③肥薩線矢岳真幸駅区間の「矢岳越」、第一矢岳トンネルと第二矢岳トンネル間

日本三大下り宮　　　貫前神社（群馬県富岡市）、草部吉見神社（熊本県安蘇郡高森町）、鵜戸神宮（日南市）

宮崎県二大木造三階建住宅　①大正10年築「旧・高鍋藩御用の高鍋屋旅館」（現・日向市細島みなと資料館）②日南市油津「杉村金物店」　江戸時代は幕府の3階建禁止令が出され武家以外の建築を禁止された。慶応3年に解除。

棚田百選　　平成11年7月26日、農水省により選定された。県内11ヶ所。真幸棚田（えびの市）、尾戸の口、栃又、徳別当（高千穂町）、石垣の村（日之影町）、鳥の巣、下の原、日蔭（五ヶ瀬町）、坂元（日南市）、向江、春の平（西米良村）

新日本旅行地100選　日本交通公社が雑誌『旅』刊行40周年記念に昭和41年11月発表。①青島②えびの高原③都井岬

日本百名峠　国見峠・中山峠（百名峠）、小崎峠と不土野峠（椎葉村〜水上村・九州山地脊梁越）、軍谷峠（小林市〜須木村）、七浦七峠、堀切峠、矢立峠（日南市北郷町〜三股町・鰐塚山登山口）、宗太郎峠（国道10号線・佐伯市）、高森峠（熊本県）、横谷峠（熊本県湯前町）、加久藤峠（堀切峠）、湯山峠

日本100名急登　傾山.観音岳コース（九折〜傾山）標高差:1180m.平均斜度:12.7°　市房山.一ツ瀬川コース（槇ノ口発電所〜市房山）標高差:1400m.平均斜度:13.3°『山と渓谷2012/8月号』

未来に残したい日本自然100選　朝日新聞社と（財）森林文化協会が昭和53年選定。(94)綾渓谷の照葉樹林、綾北・綾南川（本庄川）沿いに世界でも最大規模の照葉樹林が広がる。(95) 祝子川渓谷、「ツツジの標本室」といわれ、自然林にはカモシカも棲息する。

日本登山ルート100選　月刊『山と渓谷』1000号記念（平成30年8月号）選定。

(96)「祖母・傾山群」上畑〜大障子岩〜九合目小屋〜祖母山〜本谷山〜九折越小屋〜傾山〜三ツ尾〜九折　/2泊3日

(97)「大崩山群」お化粧山登山口〜お化粧山〜鹿納山〜お姫山〜五葉岳〜兜巾岳〜大吹登山口〜お化粧山登山口　/日帰り

(98)「大崩山群」大崩山登山口〜ワク塚〜大崩山〜坊主尾根〜大崩山登山口　/日帰り

(99)「霧島連山」えびの高原〜韓国岳〜新燃岳〜高千穂河原〜高千穂峰　/日帰り

日本の歩きたくなる道500選（平成16年12/27　日本ウォーキング協会発表）

①サンマリンのみち②都城、桜と甌穴を訪ねるみち③延岡展望、愛宕山のみち④美々津の町並みと太平洋のパノラマのみち⑤照葉樹林都市、綾展望のみち⑥ひむかの国、宮崎、神話の里を巡るみち⑦えびの高原池めぐり、自然とふれあうみち⑧高千穂峡を巡るみち⑨小林の陰陽石、三之宮峡を巡るみち⑩南国都井岬、癒しのみち

クワの道　日本クワオルト（健康保養地）研究所（名古屋市）と太陽生命保険（東京都）の認定と協力で、延岡市に整備された健康の道。①須美江コース・須美江家族村を使う全長2.53km　②金堂ケ池コース・西階運動公園に隣接する1.79kmのウォーキングコース

大分百山　（社）日本山岳会東九州支部が選定の百山中、宮崎関係は11山が入っている。①場照山②津島畑山（豊後水道沿岸）　③祖母山④障子岳⑤古祖母山⑥本谷山⑦傾山⑧新百姓山⑨夏木山⑩木山内岳⑪桑原山

登 山 用 語 辞 典

【山登りの用語】

鞍部（あんぶ）　稜線上で少し低くなっているところ　コル　タルミ　タワ

石車（いしぐるま）　　落葉に隠れて見えない石

右岸・左岸（うがん・さがん）" 谷の上流から下流に向かって右が右岸、左が左岸　川を遡行
　　　しているときは左右が逆になる

右俣・左俣は、下流から上流を見て右が右俣となる "

尾根（おね）　　稜線　山の尾　峰続き　おど　尾羽根

ガレ場（がれば）　砕石が不安定に堆積した急斜面

木時（きどき）　　木の生長が止まる冬場のことで、水分、養分を吸い上げず板にしても反り
　　　や割れが少ないから伐採の好機である

キレット（きれっと）　　切戸　岩の割れ目

草付き（くさつき）　　源頭や滝場に草の生えた斜面

ケルン（けるん）　アイルランド語で石塚を意味し、転じて登山路での指導標としての役目や、
　　　登山記念にピラミット状に石を積んだもの　積石と当て字される

コース（こーす）登路　登山道　ルートより広義に用いられる

コースタイム（こーすたいむ）登山コースの休憩時間を加味しない標準的な所要時間

木場（こば）　　山仕事の根拠地として休憩したり食事したりするところ　集材場

コル（こる）　　鞍部　峰と峰との間の凹んだ処　たわ　山のたおり

ゴルジュ（ごるじゅ）　両岸の岸壁が狭まった谷筋　牛首　廊下　ノド（喉）　うと

里言葉（さとことば）　　方言　ふるさとことば（なまり）　お国言葉　田舎特有の言葉　地言
　　　葉（地方なまり）

ザレ場（ざれば）　ざらざら壊れかけている斜面　粒の細かい砂礫地

山座同定（さんざとうてい）　　実際の風景や写真を見ながら山の名前をを確定すること　地
　　　図上の地形と実際の山々が一致した時は山を固定したという

GPS（じーぴーえす）　全地球測位システム　カーナビど同じく、衛星を利用し現在地を測
　　　定するシステム　現在はハンデイタイプが普及し山行で使われている

シャリバテ（しゃりばて）　　　低血糖症などにより疲れて動けなくなること、えぎれ（餌切れ・
　　　日向弁）

小路（しょうろ）　こみち　細道　小径（しょうけい）

捷路（しょうろ）　近道

樵道（しょうろ）　きこりの通う山道

スラブ（すらぶ）　一枚岩で割れ目などのとぼしい岸壁

双耳峰（そうじほう）　　顕著な頂上を二つもった山　二つ岳、矢筈岳、二子山など

ダキ（だき）　　滝と違い、急崖のこと　後に岳と転化された処もある

ツメ（つめ）　　川の源頭部　沢が最後に稜線のピークに突き上げるところ

出会（であい）　　二本の沢が合流するところ　吐合

等高線（とうこうせん）　地形図の標高が等しい地点を結んだ線　コンターライン（略してコン
　　　ターともいう）

道標（どうひょう）　　　みちしるべ　山導（やましるべ）　指導票　標式　テープ　ケルン　鉈

　　　　　　　　　　目（なため）　ペンキ

読図（どくず）　地形図に示された情報を読み取ること

独標（どくひょう）　　　独立標高点の略　三角点はなく、地形図に点と小数点のない高さの
　　　　　　　　数字が書かれた標高点

渡渉（としょう）　水流を徒歩で渡ること

トラバース（とらばーす）　　山の斜面（山腹）を横切ることで、滑落しないように注意すべ
　　　　　　　　き場所が多い　ガレ場を渡る　へつる

幕営地（ばくえいち）　　　キャンプ場　テント場（テン場とも）

ピーク（ぴーく）　一番高い所　山頂　頂（いただき）　山の司　こぶ　頭　辻　峠　嶺　天辺
　　　　　　　　頂辺　尾上（峰の上、山の峰続きの上、稜線を言うこともある）

短山（ひきやま）　祝詞にある高山の反対語　低山　小山

ビバーク（びばーく）　　　露営の意味で、予期せぬ出来事で、宿泊施設を利用しないで一夜を
　　　　　　　　明かすこと

ファーストエイド（ふぁーすとえいど）　　応急処置のこと　常備薬や外傷薬などの救急用品
　　　　　　　　セットをファーストエイドキットという

巻く（まく）　　　通過困難な場所やピークを迂回すること　迂回路：巻き道　沢登りなどの時
　　　　　　　　に滝やゴルジュを避け山腹に一度上がってから下降することを高巻くとい
　　　　　　　　う

道開き（みちびらき）　　　単独でテープを設置したり整備したりすること　　新ルートを開拓
　　　　　　　　すること

ヤブコギ（やぶこぎ）　　　藪漕ぎ　藪の密生地帯を舟を漕ぐようにかきわけながら進むこと

陽樹（ようじゅ）　暗い条件下では生長できない木

稜線（りょうせん）　　　ピークとピークを結ぶ尾根　尾羽根　吊尾根　尾上（おのえ）

【山の用語】

畔山（あぜやま）　畑の畦の畔にある立木の叢生地

奥山（おくやま）　深山　外山　サエ山　人里離れた奥深い山

御留山（おとめやま）　お禁止山　山止の古語　その筋により動植物の捕獲採取を禁じた山
　　　　　　　　狩倉山（禁足地、神域により立入禁止）

里山（さとやま）　一般には低山より低い山　村里にある山　生活圏の山　山地の麓の山村や
　　　　　　　　農村で生活と関わり様々な素材を生み出していたエリヤ
　　　　　　　　麓の集落の裏山　山と集落の中間で薪や落葉を供給した雑木林　コーマ山

山塊（さんかい）　山地や山脈と離れて存在する一群の山々　尾鈴山塊などという

山靴（さんぐつ）　登山靴の山仲間の言葉

山頂三角点（さんちょうさんかく）　　　山頂に埋設された三角点標石　三角点峰

桟道（さんどう）　切り立った崖などに棚のように張り出して設けた道

岨道（そばみち）　山道で崖が切り立ったところ

杣人（そまびと）　樵　きこり

杣山（そまやま）　材木を取るための木を植えた山

高山（たかやま）　高嶺　高峰　大山

坦路（たんろ）　　平らかな路　坦道

柱状節理（ちゅうじょう）　　溶岩がゆっくり冷えると規則正しい亀裂がはしる柱状の岩

低山（ていざん）　一般に全国的には3000m級以下の、県内では500m以下の山を言う

天文山（てんもんやま）　天文観測や航海の目印になる山　元山（本山）ともいう

中山（なかやま）　端山と奥山の中間に位置する山

野山（のやま）　野と山　野または山　野原の山

初山（はつやま）　その年初めての登山　端山のことをいう場合もある

端山（はやま）　連山の端にある山　麓の山　浅い山

日和見山（ひよりみやま）　　日和山　お天気占いの山　天文山や当て山と違い必ずしも高い山ではなく港や海岸線を見渡せる小高い場所もある

山当て（やまあて）　　当て山　やまだて　やまあわせ　山を目印にして、漁師が漁場を知ったり、船の位置確認や帰港の目標とする航海術
地方によっては「山測り」ともいうが、山当て＋日和山など、もっと広範囲な意味を持つ

山懸け（やまがけ）　山を見ることによって海底の地形を推測し魚のいる場所を探すこと

山詞（やまことば）　　山言葉　狩詞　山人や猟師などが山に入った時だけ山神の祟りを避けて使う言葉

山裾（やますそ）　山の麓　やまのすそ

山止（やまどめ）　山に入ることや山の産物などを採取することを禁ずること

山の末（やまのすえ）　　山の奥　山頂　山巓（さんてん）　山峰　隈　尾上

山向（やまむけ）　神事に使う用材や榊などを採るために山に入ること　やまむかえとも言う

オダチ（おだち）　茅場（かやば）　屋根を葺く萱を採取する山

南那珂山地（みなみなか）　　日南山地、鰐塚山地とも呼ばれる　鰐塚山を主峰に宮崎平野の南限、都城盆地の東壁、串間市と鹿児島県志布志市との県境をなす、地質は主に新生代古第三紀の日南層群と新三世紀の宮崎層群からなる"

鵜戸山地（うどさんち）　南那珂山地の一部で宮崎層群を区別して言う、双石山よりほぼ南に延びる山地、最大標高は岩壺山737.6m、七浦七峠、日南海岸

東岳山地（ひがしだけさ）　　鰐塚山から牛の峠への稜線を西側の都城方面では東岳とか東岳山地と言っていた

ひむか・まほろば八景（ひむか）　　鶴富屋敷（椎葉村）　池の窪グリーンパーク（諸塚村）　中小屋天文台（北郷区）　大斗の滝（西郷区）　西の正倉院（南郷区）　牧水公園（東郷町）　馬ケ背（日向市）　サバイバルアイランド乙島（門川町）

【城跡用語】

曲輪（くるわ）　　山を開いて平坦にし建物を建てられるようにした平地のこと

堀切（ほりきり）　尾根を切り裂いて敵の侵入を防ぐ役割を果たすＵ字路の堀溝　切り通しともいう

土塁（どるい）　　土を盛って線上に高くしたもの

虎口（こぐち）　　曲輪の出入口で防備を施したもの

ウジ（うじ）　　けもの道

ヨナ（よな）　　火山灰

狩倉　鹿倉（かくら）　①神の降臨したところで岩棚や巨樹の根方にある山の神の祠、猟の
　　　　　　　　　　　　神様などをいう　②狩りの領域（狩猟場）や山の神が支配する領域　③領主、
　　　　　　　　　　　　藩主の猟場
カグラ（かぐら）　猪の潜伏所・狩用語
トヤ（とや）　　　鳥屋、狙撃場のことをいう場合もある
サエ（さえ）　　　山の八合目以上をいう　高所

【季語の山】
山笑う（やまわらう）　　春
山滴る（やましたたる）　夏
山粧う（やまよそう）　　秋
山眠る（やまねむる）　　冬

参考文献 (アイウエオ順)

あ

油津―海と光と風と　其の1、其の2　　日南市産業活性化委員会編・発行

綾郷土誌　　綾郷土誌編纂委員会編　綾町

石が語るふるさと　　宮崎県教職員互助会企画・発行

一等三角点全国ガイド　続一等三角点全国ガイド　　一等三角：点研究会編　ナカニシヤ出
　　　版

一等三角点のすべて　　多摩雪男著　新ハイキング選社

一等三角点の名山と秘境　　新ハイキング社編・発行

一等三角点百名山　　一等三角点研究会編　発行者・川崎吉光　山と渓谷社

稿本　伊東崩物語　　大町三男著

伊東三位入道の都於郡没落を追う　　原田珂南著　都於郡城史顕彰会

伊能測量隊まかり通る　　渡邊一郎著　NTT出版

イワクラ　古代巨石文明の謎に迫る　　磐座学会編　シオンライブラリーサービス

江戸時代人づくり風土記・宮崎　　農文協発行

江戸百名山図譜　　住谷雄幸著　小学館

えびの市史　　えびの市郷土編纂委員会編　宮崎県えびの市

えびの市の城館跡　　えびの市教育委員会発行

登山ガイド　大分百山　―改訂版―　　日本山岳会東九州支部　小野高速印刷

大淀川流域の歴史　第1～3巻　　甲斐亮典　編著　鉱脈社

大淀川の歴史　　「大淀川の歴史」編集委員会　建設省九州地方建設局宮崎工事事務所

大淀川流域　地方いわれ事典　　国土交通省編　九州地方整備局・宮崎河川国道事務所

鬼降る森　　高山文彦著　幻戯書房

歩く感じる江戸時代　飫肥街道　　前田博仁著　鉱脈社

飫肥西郷　小倉處平　小伝　　吉田常政著　日南市観光協会

飫肥地方の史跡考　続・飫肥地方の史跡考　　吉田常政著　鉱脈社

か

甲斐党戦記　　荒木栄司著　熊本出版文化会館

海南小記　　柳田國男著　角川文庫

加江田渓谷と青島・内海海岸　　池内捨市著　鉱脈社

各駅停車　全国歴史散歩　宮崎県　　宮崎日日新聞社発行

かごっま弁辞典　　寺尾政一郎著　高城書房

高千穂村々探訪　　甲斐畩常著・発行

門川町史　　宮崎県東臼杵郡門川町発行

悲しき矛盾　小野葉桜　遺稿歌集　　ナガトモ印刷出版部発行

神々の里本組・たかまがはら　　本組公民館編著　川辺印刷所

神棲む森の思想　後藤俊彦著　展転社
菊池一族　阿蘇品保夫著　新人物往来社
菊池氏を中心とせる　米良史　中武雅周著　中武雅周
木地師・熊・狼　高千穂郷・山の民の生活誌　碓井哲也著　鉱脈社
木城町史　木城町発行
北浦町史　北浦町発行
北方町のあの村この里（古老が語る昔と今）北方教育委員会発行
北方町史　北方町史編纂委員会　北方町役場発行
北川村史　通史編・別編　北川村役場発行
北郷町史　北郷町発行
木花郷土誌　木花郷土誌編集委員会編・発行
九州山岳　朋文社
九州自然歩道（下）・新ガイド（下）　西日本新聞社開発局出版部編　西日本新聞社発行
九州自然歩道をあるく　田嶋直樹著　葦書房
九州脊梁の山山　吉川　満著　葦書房
九州の沢と源流　吉川　満著　葦書房
九州の山歩き　吉川　満著　弦書房
日帰りで登る　九州の山　吉川　満著　絃書房
宮崎県の山歩き　吉川　満著　葦書房
九州戦国合戦記　吉永正春著　海鳥社
九州謎解き散歩　山本鉱太郎著　廣済社
九州南北朝戦乱　天本孝志著　葦書房
九州の温泉と山　足利武三 / 井上　優著　西日本新聞社
九州の滝　渓谷　湖　足利武三著　西日本新聞社
九州百名山　足利武三著　山と渓谷社
マイカーで行く　九州百山峰　渡部智倶人著　葦書房
九州の山岳　渡部智倶人著　海鳥社
日之影の無縁墓は語る　渡部智倶人著　海鳥社
九州の峠　甲斐素純 / 前山光則 / 溝辺浩司 / 桃坂豊著　葦書房
火の神・山の神 / 豊穣の神・境の神　九州の土俗面考（1・2）　高見乾司著　海鳥社
九州の名族興亡史　十二　九州編Ⅱ　新人物往来社
九州の山　立石敏雄著　しんつくし山岳会
九州の山と伝説　天本孝志著　葦書房
九州八十八所巡礼　九州八十八所所霊場会編　朱鷺書房
「九曜の旗」「歳蔵の譜・飫肥藩昔物語」　毛利泰之著　毛利泰之・宮崎南印刷
郷土誌・青島　宮崎市青島地区公民館篇　江南プリント社
郷土史大系　熊本・宮崎・鹿児島・沖縄 12　宮崎県史・日高次吉　著者代表・原田敏明著
　　　宝文館出版
郷土史たかおか　高岡を語る会編　高岡町文化財委員会
郷土誌（東米良）　東米良郷土誌編集委員会発行

清武町史　　清武町発行

霧島屋久国立公園「霧島の自然」　　環境庁霧島屋久国立公園管理官事務所編　　えびの・高千穂
　　河原ビジターセンター発行

霧島の文化と歴史　　霧島の歴史文化を伝承する会発行

霧島山　　中村治四郎著　朋文社

近世日向の修験道　　前田博仁著　鉱脈社

櫛津土々呂歴史いろいろ　　甲斐聡　大編集

串間市郷土史　　串間市役所発行

串間地名考ー歴史と伝説　　桧垣三樹雄著　鉱脈社

百済伝説　神門物語　　土田芳美／原田須美雄著　南郷村

くまもと里山紀行　　熊本日日新聞社発行

熊本の地名を考える　　高濱幸敏著　弦書房

熊本百名山　　熊本日日新聞社発行

黒木淳吉作品集　　黒木淳吉著　鉱脈社

校歌のこころ　校歌のことば　宮崎県立高校校歌の研究　　高山俊文著　鉱脈社

神孫　豊後大神氏　　木村高士著　新人物往来社

五ヶ瀬町史　　五ヶ瀬町発行

ここに学校があった　　「ここに学校があった」編集委員会編　宮崎県教職員互助会発行

ここに学校があった 第2編　別冊・校歌集　　宮崎県教職員互助会発行

口語訳　古事記　（完全版）　　三浦佑之著　文芸春秋

古事記日本書紀事典　　武光　誠／菊池克美著　東京堂出版

古代史謎解き紀行Ⅲ九州邪馬台国編　　関　裕二著　ポプラ社

小林の地名考～ふる里への感謝を込めて　　吉本正義著　鉱脈社

小林町郷土誌　　小林町編・発行

コンサイズ　日本地名事典　改訂版　　三省堂発行

さ

西郷村史　　西郷村企画・編集　鉱脈社

西国合戦記　　読売新聞西部本社著　新人物往来社

最新地形図の本　　大森八四郎著

斉藤茂吉集　　講談社

日本のふるさと　西都・西米良紀行ー宮崎県　　田浦チサ子著　文昌堂

西都原古代文化を探る　　日高正晴著　鉱脈社

サンカ研究　　田中勝也著　新泉社

三国名勝図会　全四巻　索引　　五代秀尭・橋口兼柄編　青潮社

山人の賦、今も　　飯田辰彦著　河出書房新社

山頭火大全　　講談社

散歩考古学　東京の中の宮崎　　松本こーせい著　宮崎日日新聞社

山名考　　池田光二著　　文藝社

山名の不思議　私の日本山名探検　　谷　有二著　平凡社

椎葉山根元記　　椎葉高男著　鉱脈社

椎葉村史　　椎葉村発行

椎葉問わず語りの記　　椎葉　久著　鉱脈社

椎葉の山民　　野間吉夫著　慶友社

史跡で綴る都於郡伊東興亡史　　大町三男著　小城印刷

都於郡史談／都於郡懐古　　大町三男著　杉田書店

小説　島津啓次郎　　榎本朗喬著　鉱脈社

裂帛　島津戦記 (決死不遜の薩摩魂) 歴史群像シリーズ戦国セレクション　　学研

写真でたどる　大崩山系の魅力　　川崎伴平著　鉱脈社

写真で見る宮崎県の地学ガイド　　足立富男著　宮日文化情報センター

住所と地名の大研究　　今尾恵介著　新潮選書

修験道の本　　学研

狩猟民族と修験道　　永松　敦著　白水社

城雪穂作品集　　城雪穂著　鉱脈社

浄土むら土呂久　　川原一之著　筑摩書房

庄内軍記　全　復刻版　　都城史談会校訂・発行

庄内古跡由来記　全　　都城史談会校訂　都城市立図書館発行

諸国の合戦争乱地図　西日本編　　人文社

神孫　豊後大神氏　　木村高士著　新人物往来社

神道の本　　学研

新・平家物語　　吉川英治著　講談社

新編・九州の山と高原　　折元秀穂著　西日本新聞社

神武天皇のお舟出と海の道　　渕　敏博著　地域文化出版

「神武東征」の原像　　宝賀寿男著　青垣出版

鈴嶽物語　河内之国風土記　　松田正照著　鉱脈社

図録山漁村生活史辞典　　柏書房古文書シリーズ

図録農民生活史辞典　　柏書房古文書シリーズ

姓氏百話　　渡辺三男著　新人物往来社

征西将軍　懐良親王の生涯　　坂井藤雄著　葦書房

清流北川の曙　　猪野隆徳著　河野印刷

世界山岳百科辞典　　山と渓谷社

石仏入門　　日下部朝一郎著　図書刊行会

千年を耕す椎葉焼き畑村紀行　　上野俊彦著　平凡社

続日本の地名　　谷川健一著　岩波新書

その日その日宮崎県―諸編―　　日向郷土史会編　文華堂出版社

た

高岡町史　上・下巻　　高岡町発行

高崎町史　　高崎町史編纂委員会　高崎町発行

高城町郷土史資料集　郷土の研究　　宮崎県立高城高校編　高城町教育委員会

高城町史　　高城町史編集委員会　高城町

高千穂採薬記　　賀来飛霞／澤武人／滝一郎著　鉱脈社

高千穂太平記　　西川　功著　青潮社

高千穂鉄道　　栗原隆司著　海鳥社

高千穂伝説殺人事件　　内田康夫著　角川書店

街道の日本史53　高千穂と日向街道　　安藤　保／大賀邦夫著　吉川弘文館

高千穂の古事伝説民話　　高千穂老人クラブ連合会編　高千穂社会福祉協議会

高山彦九郎全集　第4巻　高山彦九郎遺稿刊行会

武石道生　　松田仙峡著　武石道生顕彰会

田野町史　上下巻　続編　　田野町発行

たばる―今語り伝えるふるさと　　高千穂農業改良普及所編・発行

訪ねてみたい地図測量史跡　　山岡光治著　古今書院

地図のことがわかる辞典　　田代博／尾崎朗・編著　日本実業出版社

地図の楽しみ　　堀　淳一著

地図のファンタジア　　尾崎幸男著

地図の読み方　　平塚昌夫著　小学館

地名覚書　　染矢多喜男編著　いずみ出版

地名から歴史を読む方法　　武光　誠著　河出書房新社

地名の語源　　鏡味完二・鏡味明克著　角川書店

地名の古代史 (九州編)　　谷川健一・金達　寿著　河出書房新社

地名の由来を知る事典　　武光　誠著　東京堂出版

地名の読み方　　MRT 宮崎放送

地名用語語源辞典　　楠原佑介／溝手理太郎編　東京堂出版

地名を歩く　地名が囁く知られざる歴史　　新人物往来社発行

天皇家の"ふるさと"日向を行く　　梅原　猛著　新潮社

峠　秘境横谷　附西南の役記録　　中武雅周著　中武雅周

東郷町史　通史編・別編　　東郷町発行

とこしえの森　巣之浦・大平　若き営林技師　落合兼徳の生涯　　甲斐嗣朗著　鉱脈社

翔ぶが如く　　司馬遼太郎著　文芸春秋

な

中郷村史　　緒方　代著　都城市立図書館

名づけの民俗学　地名・人名はどう命名されてきたか　　田中宣一著　吉川弘文館

南郷町郷土史　　南郷町郷土史編纂委員会　南郷町役場

西岳風土記／続・西岳風土記　　西岳地区元気づくり委員会編　文昌堂

日南市史　　日南市史編纂委員会　日南市

日本古代地名の研究　　李炳銑著　東洋書院

日本古代地名事典　　吉田　茂著　新人物往来社

日本古代地名の謎　　山口恵一郎・監修／本間信治著　新人物往来社

日本語の語源　　田井信之著　角川書店

日本山岳事典　　三省堂

日本山岳ルーツ大辞典　　監修・池田末則　編者・村西利夫　竹書房

日本残酷物語　全5部　　平凡社刊

日本山名事典　　三省堂刊

日本山名総覧　　武内　正編著　白山書房

全現代語訳　日本書紀　上・下　　宇治谷　孟著　講談社学術文庫

日本神話・伝説が面白いほどわかる本　　新人物往来社刊

日本地名学を学ぶ人のために　　吉田金彦／糸井通浩著　世界思想社

日本地名大事典　コンパント版　上下　　吉田　茂編著　新人物往来社

日本の神々　多彩な民族神たち　　戸部民夫著　新紀元社

日本の神々の辞典　　学研刊

日本の奇祭　　監修　文化庁　田中英機　有朋社

日本の地名　　　　新人物往来社刊

日本の地名がわかる事典　　浅井建爾著　日本実業出版社

日本の民俗　宮崎　　田中熊雄著　第一法規出版

日本の山の名著・総解説　　近藤信行著　自由国民社

日本百名山　　深田久弥著　新潮社

新装版　日本百名峠　　井出孫六編　㈱マリンアド

日本民俗学の源流　柳田国男と椎葉村　　牛島盛光著　岩崎美術社

日本「霊地・巡礼」総覧　　別冊歴史読本編　新人物往来社

日本歴史地名辞典　　吉田茂樹著　新人物往来社

野尻町史　　野尻町刊

延岡ガいどマップ　　「延岡ガい～どマップ」編集委員会　㈱ながと

延岡市史　　石川恒太郎著　佐藤今朝夫

は

廃仏毀釈百年　　佐伯恵達著　鉱脈社

幕末・維新期の米良菊池氏　資料にみる米良山の動き　　西米良村教育委員会編　鉱脈社

花の百名山　　田中澄江著　文春文庫

花の百名山登山ガイド（下）　　山と渓谷社刊

日本の暦と歳時記　　新人物往来社刊

肥後相良一族　　池田こういち著　新人物往来社

人はなぜ山を詠うのか　　正津　勉著　アーツアンドクラフツ

日之影の無縁墓は語る　　渡部智倶人著　海鳥社

日向郷土辞典　　松尾宇一編　文華堂

日向国山陰村坪屋村百姓逃散資料集　　野口逸三郎編　鉱脈社

日向古蹟誌　　平部嶠南著　歴史図書社

日向三代と神武東征　　日高　稔著　鉱脈社

日向路の仁王さま　ぶらり見て歩き　　高木道弘著　鉱脈社

日向市の歴史　　日向市役所総務課刊

日向路めぐり　　松山　敏著　文華堂
日向地誌　　平部嶠南著　青潮社
日向地名録　　若山甲蔵著　歴史図書社
日向の国山東阿南の攻防　　新名一仁著　鉱脈社
日向の伝説と史蹟　　宮崎県編　歴史図書社
日向の風土と観光　　総合文化協会編　鉱脈社
ぶらり九州山めぐり　　春日　明著　葦書房
ふるさとの散歩道　　宮崎県商工労働部観光振興課　㈶国土地理協会／宮崎県観光協会
ふるさとの歴史　　塩水流忠夫著　文昌堂
ふるさと民話孝　　比江島重孝著　鉱脈社
ふるさとを忘れた都市への手紙　　宮崎日日新聞社報道部取材班　農山村文化協会
文化財を訪ねて　　日向市役所企画課刊
ポイントはここだ　'80年九州西中国の釣り場　　毎日新聞社刊
牧水歌集　　若山牧水著　金園社
みなかみ／おもいひでの記　　若山牧水著　籾山書店
歌人牧水　　大梧法利雄著　桜楓社
観賞　若山牧水の秀歌　　大梧法利雄著　短歌新聞社
裾野と牧水と秋灯　　鈴木芳子著　みどり美術印刷株式会社
若山牧水選集　郷里の山河　　編集・解説　伊藤一彦　鉱脈社
星降る地蔵の里・北郷村100年のあゆみ　　北郷村刊
細島伝承　その歴史と風俗　　児玉　洋著　文藝社
双石山・宮崎自然休養村　　川越石男著　秀巧社印刷

ま

槇峰鉱山史　　北方町教育委員会刊
又鬼と山窩　　後藤興善著　批評社
水の森　　高山文彦著　中央公論新社
三股の研究―微視の郷土史―　　桑畑初也著　文昌堂
みまた歴史散歩　　桑畑初也著　文昌堂
明治初期の都城盆地の村々―日向地誌を読む　　桑畑初也著　文昌堂
南川郷土史　　南川公民館　諸塚村
南九州の地名　　青屋昌興著　南方新社
美々津郷土誌　　黒木晩石著　講談社
都城盆地　史跡ガイドブック①②　　南九州文化研究会編・刊
都城盆地の歴史散歩　　木村秀雄著　南九州文化研究所
宮崎県史蹟調査　　西図協刊
宮崎県神社誌　　宮崎県神社庁刊
宮崎県大百科辞典　　宮崎日日新聞社刊
宮崎県　地学のガイド　　宮崎県高校教育研究会理科・地学部会　コロナ社
宮崎県地名大辞典　　角川書店刊

宮崎県　謎解き散歩　　永井哲雄　編著　新人物文庫

宮崎県の生物　　宮崎県高校教育研究会理科・生物部会　鉱脈社

宮崎県の地名　　平凡社刊

宮崎県の民俗　　宮崎県民俗学会編集・刊

新・分県登山ガイド44　宮崎県の山　　緒方優／門田純著　山と渓谷社

宮崎県の歴史　　坂上康俊／長津宗重／福島金治／大賀郁夫／西川誠著　山川出版社

宮崎県の歴史　　日高次吉著　山川出版社

宮崎市史　　宮崎市史編纂委員会　宮崎市

みやざき新風土記　　宮崎県高等学校教育研究会社会科地理部会　鉱脈社

宮崎の岩場　　宮崎登攀倶楽部　白山書房

航空写真で見る　宮崎の海釣り　　宮崎日日新聞社刊

ふるさとのみち　宮崎の街道　　「ふるさとのみち宮崎の街道」編集委員会　宮崎県教職員互助会

みやざきの巨樹100選　　宮崎県緑化推進機構　宮崎県（林務部森林保全課）

みやざきの自然　　創刊号〜20号　　坂元守雄発行　鉱脈社

宮崎の田の神像　　青山幹雄著　鉱脈社

ここまでわかった　宮崎の大地　　青山尚友著　鉱脈社

詩集「宮崎の地名」4部作　　杉谷昭人著　鉱脈社

みやざきの謎　新・みやざきの謎　　三又　喬著　西日本新聞社

宮崎の百一人　　宮崎県編　宮崎日日新聞社刊

みやざきの文学碑　　みやざきの文学碑編集委員会　宮崎県芸術文化団体連合会

宮崎の名水環境　　坂口孝司著　鉱脈社

宮崎の野鳥　　宮崎県編　鉱脈社

みやざき百山　　日本山岳会宮崎支部編　宮崎日日新聞社

支部創立30周年記念誌　神々の山を辿る　　日本山岳会宮崎支部編　公益法人日本山岳会宮崎
　　　　　　　支部

みやざきふれあいの森ガイド　　企画編集・宮崎県　鉱脈社

鳥は人の心で鳴くか　みやざき野鳥民俗誌　　鈴木素直著　本田企画

みやざき歴史の道を行く　明治初期の街道と歴史の風景　　徳永孝一著　鉱脈社

宮本常一とあるいた昭和の日本2　九州①　　田村善次郎・宮本千晴著　須藤功編　農文協

無鹿　　遠藤周作著　文芸春秋

村の風土記　　黒木重太郎著　第一法規出版

村は終わった－最後の人となった房子－　　新納　仁著　尾鈴山書房

茂吉と九州　　合力　栄著　葦書房

物語の中のふるさと　　読売新聞西部本社　海鳥社

森のふくろう－柳田國男の短歌　　木嶋靖生著

諸塚村史　　諸塚村刊

諸塚村の古木・巨樹100選　　宮崎県諸塚村編・刊

や

やぁ九州／たずねて九州／会いたくて九州　　岬　茫洋著　秀巧社印刷

悲運の宿老　薬丸湖雲　　永迫弘毅著　鉱脈社
安井息軒　　安井息軒百年忌祭奉賛会編・刊
柳田國男全集5　後狩詞記・山鳥民譚集ほか　　ちくま文庫
山青き神のくに　　後藤俊彦著　角川春樹事務所
山歩きのための山名・用語事典　　山と渓谷社刊
山と川と城と－高城興亡記－　　新納　仁著　尾鈴山書房
山之口町のふるさと民話　　山之口ふるさと創世推進協議会　文昌堂
新版　山の高さ　　鈴木弘道著　古今書院
山の地図と地形　　山と渓谷社刊
山の名前の謎解き事典　　谷　有二著　青春出版社
山の標的　猪と山人の生活誌　　須藤　功著　未来社
四千万歩の男　全5巻　伊能忠敬伝　　井上ひさし著　講談社

ら

柳宏吉著作集　第1巻・第2巻　　鉱脈社
蘆花全集　第11巻　死の蔭に　　蘆花全集刊行會

わ

私のウエストン追跡記　細部からその実像に迫る　　田端真一著　山と渓谷社
句集　みせばや　　芳野年茂恵著　猪八重製本

西南戦争関係書

飫肥西郷　小倉處平　小伝　　吉田常政　日南市観光協会
史伝　桐野利秋　栗原智久　学研
人斬り半次郎　　池波正太郎　立風書房
西郷隆盛　全14巻他2巻　　林　房雄　徳間書店
西郷隆盛の道　　アラン・ブース　柴田京子訳　新潮社
西郷臨末記　　香春建一　尾鈴山書房
大西郷突圍戦史　　香春建一　改造社
薩摩維新秘録　ぼっけもん邊見十郎太　　矢野宏治　南方新社
真説　西南戦争　勇　知之　七草社
西南戦争外史　　飯干　憶　鉱脈社
西南戦争（最強薩摩軍団崩壊の軌跡）　　学研
知られざる西南戦争　　山口　茂　鳥影社
西南戦争従軍記　　風間三郎　南方新社
西南戦争始末記　　今村了介　新人物往来社
西南戦争戦砲日記写真集　　青潮社
西南戦争、戦跡を訪ねて　　北川町教育委員会
西南戦争延岡隊戦記　　河野弘善　尾鈴山書房

西南の役戦跡紀行　　近本喜績　山下プリント
西南の役高千穂戦記　　西川功・甲斐畩常共著　宮崎県西臼杵郡町村会
戦袍日記　全　　佐々友房　青潮社
戦袍日記　全　　古閑俊雄　青潮社
玄耳と猫と漱石と・「南洲先生大将服焼片」併載　　安田　満　巴書林
西郷隆盛　孤高の英雄全軌跡　　別冊歴史読本　新人物往来社
薩摩の巨人　西郷隆盛　　別冊歴史読本　新人物往来社
西郷隆盛の生涯　　別冊歴史読本　新人物往来社
大西郷終焉秘史　　田中萬逸　青潮社
初公開　隠れたる西南の役の記録　1部・2部　　原作者・柴修也　　編集者・富田然道　富
　　田商事

雑誌・季刊誌・会報

えびの　　えびの市史談会
くしま史談会報　　串間史談会
Green Walk 九州・山口版　季刊誌　　創刊号〜44号にて廃刊　ライトハウス出版
ひなもり　　小林史談会
日和城　　高城の昔を語る会　高城町郷土資料館／文昌堂
文芸えびの　　えびの市文化協会
みみかわ　　耳川文化の会
宮崎観光要覧　　各年度版　　宮崎県
宮崎県文化年鑑　　宮崎県芸術文化団体連合会　鉱脈社
みやざき民俗　　『みやざき民俗』編集委員会　宮崎県民俗学会／鉱脈社
もろかた（諸県）　　都城史談会
南九州文化　　南九州文化研究会
山と渓谷　　山と渓谷社
歴史読本　　新人物往来社
ふるさと　みまた　　三股郷土史研究会
連山　　自然を愛する会・会報　熊本シェルパ
山楽　　宮崎山楽会会報　宮崎山楽会

第**3**編　山を讃える校歌

　校歌にて讃えられる故郷の山河。離郷し何年かして帰郷する度に、遊び親しんだ河川はその都度小さくなったと感じられたが、朝夕眺め友と競った山並は少しも変わらず出迎えてくれた。

　県内の校歌を全部網羅していませんが、あの頃、あの時代、あの友を思い出して頂ければ幸いです。「ふるさとの山に向かひて言うことなしふるさとの山はありがたきかな」

（石川啄木『一握の砂』より）

（注）等数は三角点、なお鹿川中学校歌の作詞者は色々問合せて不明でしたが敢て記載しましたので、ご存じの方がおられましたら教えてください。

霧島山
[火山の博物館]と称される大小27を数える火山の総称。昭和9年3月、雲仙（天草）、瀬戸内海と共に、わが国最初の国立公園に指定　日本百名山

えびの市立　飯野小学校［黒木　清次 作詞・海老原　直 作曲］
1番　どっしり　大きな**霧島**が　朝夕いつも　見ているよ　みんな元気に　まゆあげて　高いのぞみを　いだこうよ　飯野　飯野　新しい　われらが飯野小学校

えびの市立　大河平小学校（オ コ ビラ）［斉藤　賢次 作詞・海老原　直 作曲］※平成17年3月閉校
1番　南に遠く**霧島**の　理想の峰はいや高く　流れてつきぬくるそんの　えい知の泉　今日もわく（※2番　白髪岳）

えびの市立　岡元小学校［黒木　淳吉 作詞・海老原　直 作曲］
2番　南に聳える**霧島**の　雪をいただく山あおぎ　強く正しく生きるよう　励まし合って学ぼうよ　みんなくぐったこの門を　元気いっぱいふみしめる　のびる良い子の岡元小（※1番　**矢岳嶽**）

えびの市立　真幸小学校（マ サ キ）［長嶺　宏 作詞・海老原　直 作曲］
1番　かすみたなびく　**霧島**の　やさしい　うでに　いだかれて　胸に　めばえる　きよい夢　正しく　のびよ　真幸小

えびの市立　上江中学校［西田　英雄 作詞・斉藤　恭子 作曲］
2番　亀城のあとの　真白き砂は　澄みてにごらぬ　われらが心　南に高き**霧島山**は　常に変わらぬ　われらが理想

小林市立　小林小学校［長嶺　宏 作詞・石田　良男 作曲］
1番　すみわたる空に　しずまる**霧島山**　いつもだまって　ぼくらを見ている　楽しいときも苦しいときも　さあ元気に　進もう　小林　小林　われらの母校

小林市立　細野小学校［黒木　清次 作詞・海老原　直 作曲］
1番　にい雪ひかる　**きりしまの**　うちにひそむる　火のいのち　きびしきおろし　身にうけて　まことの道を　ひらくかな　細野　細野　ああ光あれ　細野校

小林市立　永久津小学校 ［黒木　清次 作詞・海老原　直 作曲］
2番 霧島おろし　峰の雪　はださす寒さ　たえぬいて　今日も　励みの　時
計台　たゆまず学ぶ　学園は　われらが永久津　永久津小

小林市立　紙屋小学校 ［川崎　栄一 作詞・緒方　広一 作曲］
3番 霧島山　高くそびえて　力の限り　はげみつとめよ　いつも教うる　山
のこころに　ここ生きるわれら　ああ　ぼくのわたしの　紙屋校

小林市立　南小学校 ［黒木　清次 作詞・海老原　直 作曲］
1番 霧島山の　朝明けに　大きく高い　この心　望み明るく　まゆをあげ
みんなで学ぶ　窓辺には　桜の花も　きそいさく　南　南　われらが学
舎　南校

小林市立　三松小学校 ［黒木　清次 作詞・海老原　直 作曲］
1番 黒土かおる　三松原　朝夕あおぐ　**霧島**に　大きのぞみを　たくしつつ
強く明るく　伸びてゆく　わがまなびやは　三松校

小林市立　永久津中学校 ［長嶺　宏 作詞・海老原　直 作曲］
1番 永遠の　時に耐えて　**霧島山**は　天地の真中に　せきとして立つ　ぼく
らは知る山の底深く　燃える火を　永久津の子らよ　雄々しくあれ

小林市立　東方中学校 ［大倉　貞人 作詞・谷口　藤吉 作曲］
1番 霧島の朝日を浴びて　今　仰ぐ　自由の光　大いなる　希望に燃えて
尋め行くは　真理の泉　ああ　東方　吾等が母校

小林市立　細野中学校 ［黒木　清次 作詞・海老原　直 作曲］
1番 霧島の裾ひくところ　緑風はるかにわたり　朝日さす細野が原に　見よ
や立つ　われらが学舎

高原町立　後川内小学校 ［八反　ふじお 作詞・五十嵐光一 作曲］
1番 よんでいる　よんでいる　**霧島山**が　今日もみんなを　よんでいる　さ
あ　校庭の　桜のように　清く　明るく　美しく　生きていこうよ　歌
おうよ　後川内の小学生

高原町立　広原小学校 ［黒木　清次 作詞・海老原　直 作曲］
1番 白雲わたる　**霧島**のすそひくところ　この里に　さくら花咲く　学園は
ともに明るく　かたよせて　学ぶわれらが　学ぶわれらが　広原小

高原町立　後川内中学校 ［長嶺　宏　作詞・海老原　直　作曲］
1番　風の日も　雪の日も　**霧島山**は　学び舎の窓の向こうから　いつも雄々しく　呼びかける　後川内の子らよ　高く高く　もっと　高く飛べ　高く飛べ

都城市立　有水小学校 ［長嶺　宏　作詞・海老原　直　作曲］
1番　さわやかな朝のひかりに　ふかみどりにおう山なみ　**きりしま**はひときわたかく　ゆめかける空のかなたへ

都城市立　川東小学校 ［刀坂　守信　作詞・有馬　俊一　作曲］
1番　美しい**霧島山**が　にこやかに　心も広く　よりたくましく　大きく伸びよと　呼んでいる　ぼくらもきみらも　天まで伸びよう　ぼくらの学びや　川東

都城市立　上長飯小学校 ［高森　文夫　作詞・有馬　俊一　作曲］
1番　**霧島**の緑の風が　吹いてくる学びやの窓　緑にそまる希望の風に　みんなの胸もあふれてる

都城市立　祝吉小学校 ［松山　文二　作詞・海老原　直　作曲］※東岳に重複
2番　いつかしき山　**霧島**高く　**東岳**はやさし　はぐくまれ　のびゆくわれら　友よ　手に手をとりて　ああ楽しき母校

都城市立　笛水小学校 ［坂本彦太郎　作詞・古江　綾子　作曲］(※平成21年小中一貫校となる)
1番　仰ぐひたいに　緑が映えて　たえずはげます　**霧島の山**　はるかな峯に　心もはずむ　げんきでまじめに　しっかりやろう　がんばろう　笛水の友だち

都城市立　菓子野小学校 ［田中為雄　作詞・有馬　俊一　作曲］
1番　青空高くそびえ立つ　**霧島山**が招いてる　強く正しく天までのびよ　明るい日本を築くのだ

都城市立　西小学校 ［長嶺　宏　作詞・海老原　直　作曲］
1番　おはよう　**霧島**　風の日も　雪の日も　いつもだまって　ぼくらを見ている　ぼくらも　伸びよう　天まで　のびよう　ぼくのまなびや　西小

都城市立　西岳小学校 ［前田　一美・津曲　一夫　作詞・高島　巖　作曲］
3番　むらさきそむる　**霧島**のはてなき空は　みんなの姿　共に育たん　世界の友と　ああおおらかな　我が学びや　(※1番　**東岳**)

都城市立　明和小学校 ［久味木　福市 作詞・大中　恩 作曲］
　1番　朝霧晴れて　くっきりと　**霧島山**の　姿のように　体を鍛え　たくまし
　　　　く　明るく仲よく　さあ励もう　元気な学校　われらの明和

都城市立　吉之元小学校 ［黒木淳吉 作詞・高橋　政秋 作曲］
　3番　紅葉に燃える　**霧島**は　朝日にむかい　まゆあげて　輝く道を　ゆけと
　　　　いう　兄姉みんな　この丘に　通い学んだ　わが母校　元気良い子の
　　　　吉之元小

都城市立　石山小学校 ［長嶺　宏 作詞・海老原　直 作曲］
　2番　秋のゆうべの　空たかく　むらさきにおう　**きりしま**の　やさしいうで
　　　　に　いだかれて　しずかにねむる　こがねの穂なみ

都城市立　麓小学校 ［長嶺　宏 作詞・海老原　直 作曲］※編曲・田中留美子
　1番　白い雲が　空にとびちり　**霧島**おろしが　はだをつきさす　冬のあした
　　　　ぼくらは進む　大地ふみしめ　胸をはり　ぼくらは進む　風の中を　麓
　　　　麓　ぼくらの学びや

都城市立　高城小学校 ［長嶺　宏 作詞・海老原　直 作曲］
　1番　風にも　雪にも　**霧島山**は　いつも　おおしく　そびえている　ぼくら
　　　　も　この山のように　おおしく　すすもう　すすめ　すすめ　高城小学
　　　　校

都城市立　四家小学校 ［長嶺　宏 作詞・海老原　直 作曲］（※平成22年4／1閉校）
　2番　夕焼けの　雲の上に　遠く輝く　**霧島**　おばあさんも　おかあさんも
　　　　仰いできた　**きりしま**　わたしも伸びよう　雲までのびよう　四家小
　　　　わたしの学び舎

都城市立　庄内小学校 ［八波　則吉 作詞・村田先生 作曲］※改作・蓑部　哲三
　1番　朝日たださす　**きりしま**の　ここみんなみの　ふもとなる　大淀川の川
　　　　上に　輝く里と　仰がるる　わが庄内の　ゆかしさよ

都城市立　丸野小学校 ［時盛　年明 作詞・増広　卓三 作曲］
　2番　雲間はるかに**霧島**を　あした夕べに仰ぎみて　理想にもゆる友どちが
　　　　むつみつどえる学び舎は　ああわれらが丸野校

都城市立　中霧島小学校 ［米丸　重志 作詞・高島いわお 作曲］
　2番　かすみたなびく中つ空　朝夕仰ぐ**霧島**の　高きをおのが心とし　日ごと
　　　　のつとめ励まなん

都城市立　江平小学校 ［長嶺　宏 作詞・海老原　直 作曲］
　1番　あかるくすんだ　あおい空　ひかりのなかに　**きりしま**は　いつもだまって　ぼくらをはげます　おおしくのびよ　江平の子たちよ（※3番　**木場城**）

都城市立　縄瀬小学校 ［刀坂　守信 作詞・金丸　亨一 作曲］
　3番　高い青空　**霧島**の　雄々しい姿　友として　おはよう　おはよう　一日が始まる　ゆるがぬ心　日に日に鍛え　正しく明るく　育ちゆく　われらの学校　縄瀬小（※1番　**東岳**）

都城市立　夏尾小学校 ［長嶺　宏 作詞・海老原　直 作曲］
　1番　霜柱ふみ　学校へ行く　ばら道の朝　ばら道の朝　雪をかぶった　**霧島**の　まぶしい光　大空に　ひときわ　高く　高く

都城市立　高城中学校 ［長嶺　宏 作詞・海老原　直 作曲］
　1番　白雲をまとい　星宿をいだき　おおしく立つは　われらが**霧島**　つねにつよく　行手をしめす　ああ若鷲われら　つばさを張らん

都城市立　有水中学校 ［長嶺　宏 作詞・海老原　直 作曲］
　1番　はるばると陽にかすむ　山脈の上　**霧島山**は高らかに　そそりたちたり　ああ　ふるさとの山よ　山よ　永遠に強くおおしく

都城市立　沖水中学校 ［黒木　清次 作詞・海老原　直 作曲］
　1番　**霧島**の裾ひくところ　ひろきかな　みどりの沃野　そのもかな真理をたずね　ああ　この郷土の明日をぞひらく　見よや　沖水　沖水中

都城市立　小松原中学校 ［高野　兼盛 作詞・鶴田　貞雄 作曲］
　1番　仰げば**霧島**いや高く　清き流れは大淀の　歴史は薫る三州に　平和の鐘は鳴り渡り　朝日に映ゆる**小松原**

都城市立　夏尾中学校 ［服部　七郎 作詞・佐藤　五雄 作曲］
　3番　**霧島**の裾ひくところ　香に満ちて気は澄みわたる　あゝ　強く正しく　日日に進みて　開きゆく　新しき世界　行く手はてなし　夏尾　夏尾　われらの夏尾中学校（※1番　**高千穂峰**）

都城市立　西岳中学校 ［長嶺　宏 作詞・有馬　俊一 作曲］
　1番　朝夕に　あおぎ親しむ　**霧島**の　大きな姿よ　ただひとり　たかくりりしく　雲をよび　雪をいただく　西岳われら　つねにたかく

都城市立　山之口中学校〔比江島　一夫 作詞・大山　親衛 作曲〕

3番 茜に映ゆる　**霧島**の　霊峰高く　さんぜんと　文化の恵み　あまねきて
平和の国を　創らなむ　理想の道を　行く我等　ああ山之口　山之口中
学校（※1番　**東岳**）

三股町立　深年小学校〔上井　正省 作詞・上井　正省 作曲〕（※平成21年4／1閉校、八
代小学校に統合）

2番 高田原の　朝ぼらけ　あかねの空に　くっきりと　そびゆる霊峯　**霧島**
の　偉容を仰ぐ　高台は　学ぶ我等が深年校

三股町立　三股小学校〔松田　松雄 作詞・海老原　直 作曲〕

2番 **きりしま**の　そびえるかなた　わかばとは　とぶよはるかに　つばさに
は　ペンのきらめき　ひとすじに　理想へむかう　わかばとの　のぞみ
はるか（※1番　**東岳**）

三股町立　三股西小学校〔桑畑　徳次郎 作詞・女子分　花子 作曲〕

2番 澄みわたる空　流れゆく　**霧島**は　そびえたつ　大きな夢に　満ちあふ
れ　理想にもえて　学びあう　三股西の　明るきわれら　希望をめざし
て　進もうよ

三股町立　三股中学校〔長嶺　宏 作詞・海老原　直 作曲〕

1番 眼をあげよ碧空たかく　満身に陽をあび群山をぬき　ひとりそびゆる**霧
島山**　つねにきよくつねにほがらかに　一点のくもりもみず　あゝ明朗
の子三股われら

国富町立　木脇小学校〔谷村　博武 作詞・森永　国男 作曲〕

1番 杉の木立の　間から　**霧島山**の　見える丘　みんな仲よく　集まって
進んで学ぶ　よい子ども　静かな学校　木脇小

国富町立　木脇中学校〔江原　白村 作詞・海老原　直 作曲〕

2番 西にはるけく**霧島**も　紫紅のきぬに仰ぎみる　清流垂.るる本庄の
流れの彼方東せば　怒涛かなでる太平洋　ああ学び舎の窓さやか

国富町立　本庄中学校〔谷村　博武 作詞・海老原　直 作曲〕

1番 みはるかす　山脈青く　**霧島**の空の高みに　希望あり　台地のほとり
夢を追い　われらはつどう　本庄　本庄　われらの中学

西都市立　三財中学校［横尾　寛 作詞・蓑毛　慶栄 作曲］※尾鈴山と重複
1番　北に**尾鈴**の山青く　南**霧島峯**高く　永久に寄せくる大黒潮　東方はるか
　　　　望み見て　高原に立つ学び舎は　三財中学　ああ　わが学園

宮崎市立　浦之名小学校［布施　武 作詞・高橋　政明 作曲］
4番　**きりしま**おろしの　冬の山　今日も学校へ　一、二、三　こころのよい
　　　　子が　せいぞろい　まるくつくったえがおのわ　みんなでいっしょに
　　　　浦之名小

宮崎市立　瓜生野小学校［長嶺　宏 作詞・海老原　直 作曲］
1番　春は見渡す花の園　はるかに霞む**きり島**や　西に連なる山並は　優しく
　　　　野末に煙ってる　ここ麗しい丘のほとり　我らが母校瓜生野小

宮崎市立　江平小学校［桑原　香 作詞・海老原　直 作曲］
2番　**霧島山**のいや高く　正しく清い　この命　望み　望み　かがやく　望み
　　　　われらの学びや　江平校（※3番　**木場城**）

宮崎市立　大淀小学校［長嶺　宏 作詞・海老原　直 作曲］
1番　**霧島**の水源遠く　豊かに流るる大淀の水　岸近きところ友よ友よ　美し
　　　　き学園を築かん　我が心の故郷母校大淀（※2番　**尾鈴山**）

宮崎市立　鹿村野小学校［佐伯　英雄 作詞・森永　国男 作曲］※平成20年4／1閉校
2番　西空に　高くそびゆる　**霧島山**　野づら広く　豊かなる村　この里に
　　　　育つわれらは　ひたすらに　励みつとめて　築かなむ　ああ　われらの
　　　　学校　かむらの小学校

宮崎市立　清武小学校［日高　正 作詞・海老原　直 作曲］
4番　千代にかわらぬ　**霧島**の　真白き姿　仰ぎつつ　文化の恵　身にうけて
　　　　とわにゆるがぬ　わが学びや

宮崎市立　江南小学校［黒木　清次 作詞・園山　謙二 作曲］※編曲・田爪久遠
3番　**霧島**おろし　すさぶ日も　すくすく伸びる　杉木立　竹の林も　しなや
　　　　かに　耐えるよみんなこの窓に　明日のまことを学びあう　江南　江南
　　　　江南小学校

宮崎市立　潮見小学校［神戸　雄一 作詞・高見　三夫 作曲］
2番　はるかに仰ぐ**霧島**の　山のかなたに浮かぶ雲　わがあこがれの果てもな
　　　　し　潮見　潮見　われらが母校

宮崎市立　那珂小学校［桑原　香 作詞・海老原　直 作曲］
2番 真澄の空の**霧島山**は　高い吾らのその希望　流れたえせぬ石崎川は　強い吾らのその精神　明けくれ文化をきわめつつ　みな果てしゆく吾がつとめ

宮崎市立　宮崎小学校［桑原　香 作詞・園山　民平 作曲］
2番 雲間にあおぐ　**霧島**は　高いわれらの　その望み　大空ひたす　日向灘　大空ひたす　日向灘　広いわれらの　この心

宮崎市立　宮崎西小学校［黒木　清次 作詞・斎藤　正浩 作曲］
3番 山なみ遠く　**霧島**の　はださすおろし　吹く日にも　たゆまずはげむ　あすの夢　ああ　ひたすらに　まことをもとめ　みくなが学ぶ　明るく学ぶ　わが学びやよ　宮崎西小（※2番　**尾鈴山**）

宮崎市立　檍中学校［長嶺　宏 作詞・海老原　直 作曲］
2番 沃野つらなり　海波とどろき　**霧島**はるかに　望むところ　伸びゆく命　子孫ここに学ぶ　檍　檍　われらがふるさと

宮崎市立　赤江中学校［桑原　香 作詞・海老原　直 作曲］
2番 **霧島山**の理想は高く　若いこのちから勢え　朗に　強い身体　高く打つ　文化の脈膊　ああ　赤江　わが学園

宮崎市立　大塚中学校［南　邦和 作詞・寺原　伸夫 作曲］
3番 **霧島**は　あじさい色に　鎌ケ迫池に　友とかたらい　すこやかに育て　われらが生命　いざ進まん大塚　みらいめざして　いざ進まん大塚　実りゆたかな　わが母校

宮崎市立　大宮中学校［川野　正一 作詞・海老原　直 作曲］
2番 青き山脈　白き雲　**霧島の峰**　はるかなり　たくましき　のぞみにもえて　若き力　ここに育つ　空うるわしき　母校大宮（※3番　平和台）

宮崎市立　大淀中学校［長嶺　宏　作詞・海老原　直 作曲］
1番 **霧島**の水源遠く　ゆたかに流るる　大淀の水　岸近ところ　友よ友よ　美しき学園を築かん　わが心の故郷　母校大淀（※2番　**尾鈴山**）

宮崎市立　清武中学校［日高　正 作詞・海老原　直 作曲］
1番 朝日輝く　日向灘　夕日は映ゆる　**霧島**に　久遠の白路の　一線を　自主協同の　精神もて　正しく進む　人や誰　清し清中　嗚呼　我が母校

宮崎市立　東大宮中学校 ［黒木　清次　作詞・横山　詔八　作曲］
3番　**霧島**は遠く彼方に　冬おろし学窓に荒ぶも　耐えて学ばん　若き生命を
いまわが胸に　究むるは　豊かなる明日への真理　ああ　栄えあれ　東
大宮　われらが学園（※2番　**尾鈴山**）

宮崎市立　宮崎大学教育文化学部附属中学校 ［長嶺　宏　作詞・海老原　直　作曲］
　　　　　　　　　　　　　　　　　　　　　　　　　※尾鈴山重複
1番　さあ　窓を開けよう　流れいる大気の薫　**霧島**から**尾鈴**にかけてつらな
る山は　無言のうちに　力強くぼくらに語る　ぼくらはそれを知ってい
る　ぼくらもだまってそれに答える

宮崎県立　飯野高校 ［黒木　淳吉　作詞・園山　謙二　作曲］
1番　残雪映ゆる**霧島**の　凛たる姿仰ぐとき　剛き精神を育てんと　ともに眉
あげ学びゆく　あゝ　希望もゆ明るき学び舎　伸びゆく我らが飯野飯野
高

宮崎県立　小林高校 ［黒木　和雄　作詞・園山　民平　作曲］
1番　**霧島の山**　麓はひろく　豊けき郷に集うもの　あふるる親愛　腕をくみ
て　学びて止まぬ　我等が業に　力あれ　力あれ　力あれ

宮崎県立　小林工業高校 ［黒木　淳吉　作詞・海老原　直　作曲］（※平成22年4月1日閉
校、小林秀峰高校に再編統合）
1番　雲わきあがる**霧島**の　秀峰朝に仰ぎつつ　科学の光かかげんと　えい智
をみがき創りゆく　ああ今日も眉あげ共に進まん　我らが誇り　小林
小林工業高校

宮崎県立　小林商業高校 ［黒木　清次　作詞・海老原　直　作曲］（※平成22年4月1日閉
校、小林秀峰高校に再編統合）
1番　あかつきの気は澄みわたり　**霧島**の大き山群　久遠のその姿　仰ぎみて
おお　小林　小林　小林商高　真理をたずね　いまぞ　若き生命は集う
ここ　われらが学園

宮崎県立　本庄高校 ［日高　重孝　作詞・下総　皖一　作曲］
3番　大淀の　流れ豊かに　見はるかす　**霧島の峰**　その高き　理想の光　諸
共に　照らせ吾友

宮崎県立　宮崎海洋高校 ［谷村　博武　作詞・園山　謙二　作曲］※双石山重複
1番　黒潮の海鳴り高く　**霧島**の峯遠光る　阿波岐原入江のほとり　なつかし
の学舎はたつ　海洋　海洋　われらが高校

宮崎市立　宮崎工業高校 ［神戸　雄一 作詞・園山　民平 作曲］
2番 山霧島の　かげうかべ　とわに流るる　大淀の　岸べに立ちて　もの思う　われらの思い　たれか知る　ああ　宮崎工業　宮崎工業　われらが学園

宮崎県立　都城工業高校 ［土持　綱之 作詞・尾薗　成穂 作曲］
1番 霧島の　遠きやまなみ　都島　ゆかりの丘べ　自主自立　こころに堅く　知と技と日々に培う　若人の　のぞみあふれて　ああ　われら　ともに究めん　工業の　新しき道

高千穂峰
たか　ち　ほの　みね

1574.4m二等　『古事記』にある竺紫の日向の久士布流多気で、ニニギノミコトが降臨に際して突き立てたという「天の逆鉾」が山頂に立つ、霧島東神社の社宝　日本二百名山 (深田久弥クラブ選定)

小林市立　小林中学校 ［外山　定男 作詞・吉本　正義 作曲］
3番 高千穂の嶺　南にしるく　伝統古き　秀麗の郷土　あふるる　幸　胸裡秘めて　瑞瑞し　我が学園に　うち建てん　文化の基

小林市立　紙屋中学校 ［黒木　清次 作詞・渡瀬　博司 作曲］
4番 新雪ひかる　高千穂の　肌さすおろし　身にたえて　三とせの月日　ひたすらに　いまぞ萌えたつ　若き葦　ああ栄あれ　学舎よ

小林市立　三松中学校 ［長友　定行 作詞・海老原　直 作曲］
1番 高千穂は空にせまりて　山脈の重なるところ　聖なる学園そびゆ　これぞ我等が母校　三松中　高千穂の高き理想　友よかかげむ

高原町立　狭野小学校 ［黒木　清次 作詞・海老原　直 作曲］
1番 雲たちわたる　高千穂の　峯を朝夕　仰ぎつつ　みどりのすそ野　この里に　強く明るく　伸びていく　我らは狭野小　希望の子

高原町立　高原小学校 ［安田　尚義 作詞・　不　詳 作曲］
1番 高千穂の峰　朝夕に　仰ぎいそしむ　学び舎の　ほこりを持ちて　睦み合う　歴史は古し　高原校

高原町立　高原中学校 ［安田　尚義 作詞・園山　民平 作曲］
1番 高千穂の峰　朝夕に　仰ぐこの庭　風清し　ここに学びて　伸びゆく我ら　個人の完成目指して進まん　あーああ　高原　高原　高原中学校

都城市立　五十市小学校［坂本　彦太郎　作詞・高西　菊雄　作曲］
1番　坂をあがれば　あおい空　むらさきけぶる　**高千穂**が　おおきなかげを
おとしてる　ここは五十市小学校　まなびのまどの明け暮れに　つよく
あかるく　すこやかに　ただしく　きよく　そだちゆく　われらの学校
五十市校

都城市立　梅北小学校［梅北　兼光　作詞・石田　良男　作曲］
1番　むらさきにおう**高千穂**の　煙はとわにたなびきて　文化のいずみわくと
ころ　われらのほこり君しるや　梅北梅北われらの母校

都城市立　沖水小学校［川越　実　作詞・木岡英三郎　作曲］
1番　平和をのりし　日本の　理想のすがた　そのままに　くもにそびえて
ゆるぎなき　**高千穂の嶺**ぞ　わがかがみ

都城市立　乙房小学校［立元　克　作詞・海老原　直　作曲］
1番　風はさわやか　せんかの丘よ　すくすく伸びるわれらは若い　古い歴史
の　ほこりをもって　仰げは遠い　**高千穂の峯**　ああ乙房校　明るい学
園

都城市立　木之川内小学校［財部　通政　作詞・佐藤　禎二　作曲］
1番　西に**高千穂**　そびえたち　田園東に　遠くのび　ながゆたけき　学舎に
集うわれらは　幸多し

都城市立　志和池小学校［服部　七郎　作詞・池田　玉　作曲］
1番　美しい**高千穂の峯**を仰いで　ああ　希望は胸にいっぱい　ぼくらも　き
みらも　仲よく　仲よく　志和池　志和池　志和池小学校

都城市立　高崎小学校［蓑部　哲三　作詞・金丸　亮一　作曲］
1番　朝日かがやく　**高千穂**に　私たちはちかうのだ　がんばる強い人になり
希望の道を　進むのだ……ああ高崎小学校　みんな仲よく　学ぶのだ
世界の子らと　わになって

都城市立　高崎麓小学校［豊松　良夫　作詞・園山　民平　作曲］
2番　空澄みわたる　**高千穂の峰**の頂　仰いでは　誠を求め　智をみがき　共
に学ぶよ　麓校（※1番　**霞ヶ丘**）（※3番　**長尾山**）

都城市立　大王小学校［豊松　良夫　作詞・海老原　直　作曲］
1番　仰ぐ**高千穂**陽にはえて　若草めぐむ**小松原**　あふれる力みちみちて　た
つは我らの大王校　大王　大王小学校

都城市立　御池小学校 ［田中　為雄　　作詞・臼杵　通夫 作曲］
  1番　高千穂の　山ふところに　生まれ育つ　われは山の子　み池っ子
　　　お山のように　がっちりと　強く雄々しく　元気よく　いつも仲よく
　　　学ぼうよ
  2番　高千穂は　いつも見ている　千年のあらしに耐えて　天をつく　大樹の
　　　ように　がっちりと　強く正しく　元気よく　いつも仲よく　元気よく
  4番　高千穂は　いつも呼んでいる　いただきにみんなのぼろう　日本の　よ
　　　い子の声が　聞こえるぞ　世界をつなぐ　日本の　よい子の声が　聞こ
　　　えるぞ

都城市立　南小学校 ［服部　七郎 作詞・海老原　直 作曲］
  3番　冬晴れの　高千穂の峰　山肌に　雪を洗って　高い理想を呼びさます
　　　さあ行こうよ　正しく強く　明日の世界を　ささえるために　南の南の
　　　われらよいこ（※2番　鰐塚山）

都城市立　安久小学校 ［村田　静馬 作詞・海老原　直 作曲］※東岳に重複
  1番　旭ほのぼの　のぼるとき　東岳また　高千穂の　峯々あかね　色そめて
　　　朝な朝なの　わが里の　香る学び舎　安久校

都城市立　山田小学校 ［服部　七郎 作詞・有馬　俊一 作曲］
  1番　校門の坂のぼってくれば　高千穂の峰が呼んでいる　つらさに負けぬよ
　　　い子たち　ああ元気むあふれる　われらの山田小学校

都城市立　笛水小中学校 ［蓑部　哲三 作詞・尾園　茂徳 作曲］※平成21年小中一貫校と
　　　　　　　　　　　　　　　　　　　　　　　　　　　　　　　　　　　なる
  1番　小鳥鳴き明けゆく大地　学び舎はにおいて立てり　高千穂をさやかに仰
　　　ぎ　こころざし直く正しく　呼びあいてここに集わん　あ＞笛水　われ
　　　らの中学

都城市立　五十市中学校 ［神戸　雄一 作詞・園山　民平 作曲］
  1番　光りかがやく朝あけに　はるかにあおぐ高千穂の峰の　かなたを　行く
　　　くもよ　わがあこがれの　果てもなく　ああ　五十市　五十市　われら
　　　が学園（※2番　母智丘）

都城市立　庄内中学校 ［豊松　良夫 作詞・園山　民平 作曲］
  1番　狭霧に明くる高千穂の　峰のすがたを仰ぎつつ　高き理想の旗かげは
　　　我らは立てりいにしえの　光とどむる学びやと　いざ　いざ　いざ　こ
　　　こに　ここに　庄内中学　我らは立てり

都城市立　**志和池中学校**［豊松　良夫 作詞・園山　民平 作曲］
1番　あけぼのの　あけぼのの　茜さやかに　**高千穂**の　そびゆるところ　田園の　田園の緑新たに　風清く　輝くところ　わが学舎　ここにあれば　われら若く　われら発剌　ああ　志和池中学　われら常に望まん

都城市立　**妻ケ丘中学校**［豊松　良夫 作詞・高嶋　巌 作曲］
2番　**高千穂**の**高千穂**のはるかなる峰　仰ぐ日は仰ぐ日は心勇みて　グランドに力みなぎる　力々正しき力　ああ妻ケ丘　我らの中学　われらわれら常に正し

都城市立　**中郷中学校**［豊松　良夫 作詞・海老原　直 作曲］
3番　大空は澄みて　明るき中郷　**高千穂の峰**は　はるかにそびえて　理想にみちびく　ああよきわが里　正しきよろこび　若き日の　理想高し　中郷　中郷　われらの中学

都城市立　**夏尾中学校**［服部　七郎 作詞・佐藤　五雄 作曲］
1番　若草の丘辺を行けば　尾根こえて道はるかなり　あゝ心豊かに理想に燃えて　仰ぐ目に**高千穂の峰**　久遠に高し夏尾　夏尾　われらの夏尾中学校（※3番　**霧島山**）

都城市立　**西中学校**［久味木福市 作詞・上久保寿名雄 作曲］
1番　裾野広がり　頂上高く　**高千穂の峰**　悠然と　理想の学園　ここにありうまずたゆまず　助け合い　豊かな心　育まん　共に励まん　西中われら（※3番　**母智丘**）

都城市立　**姫城中学校**［豊松　良夫 作詞・園山　民平 作曲］
3番　常磐木はさえて　**高千穂の峰**は　はるかに　すみわたる　青空に　輝くは　理想の白雲　いざすがすがし　夢はみどりの　ランランランラン　真理の鐘をならせ　ああ　我等　姫城中学　姫城中学　我等清し

都城市立　**御池中学校**［田中　為雄 作詞・臼杵　通夫 作曲］
2番　**高千穂**は　いつも見ている　千年の嵐に耐えて　天を突く　大樹のようにがっしりと　強く正しく元気よく　いつも仲よく学ぼうよ

都城市立　**山田中学校**［豊松　良夫 作詞・海老原　直 作曲］
1番　天そそる　天そそる　**高千穂**　仰げば光る　雲ゆきて　花ひらく　この学苑に　いまぞ　われらは　理想をまなぶ　ああ美しい　山田中学　山田中学　われら　われら　ここに清し

三股町立　勝岡小学校 ［轟木　兼雄　作詞・横山　詔八　作曲］
2番　朝ゆう仰ぐ　**高千穂**のけ高い姿　勝岡の　心とし　はげまし合って　た
くましく　希望はるかに　すすみゆく　その名も高い　勝岡小学校

宮崎市立　住吉中学校 ［外山　牧風　作詞・海老原　直　作曲］
1番　**高千穂の峰**の高きを　理想とし　学びはげめる　我が母校　我が母校

新富町立　富田中学校 ［長友　定行　作詞・海老原　直　作曲］※鬼付女峰と重複
1番　**高千穂**を　はるかに仰ぎ　きずくめの　森のほとり　そびえ立つ　われ
らが母校　富田中　今こそ揚げよ　高き理想　かがやく世紀　君を待つ

延岡市立　恒富小学校 ［八波　則吉　作詞・小松　耕輔　作曲］
2番　空をひたせる日向灘　広きおのが心にて　雲間に仰ぐ**高千穂の**　高きぞ
おのが望みなる（※1番　**愛宕山**）

宮崎県立　高城高校 ［長嶺　宏　作詞・石田　良男　作曲］
1番　あさあけの　野べをおほふ　しろき霧のうへに　**高千穂**はひとり立ちた
り　わが若き日の　はるけきのぞみ　ここに芽ぐみて　ほこりかにたた
ふ　ひとり立つものの　よろこびを　永遠の故郷　母校　高城

宮崎県立　高原高校 ［谷口　藤吉　作詞・谷口　藤吉　作曲］（※平成25年4月1日閉校※小
林秀峰高校に再編統合）
1番　あかねがよぶ　**高千穂**を　けだかく仰ぐ　よき里に　つめ草の校旗　ひ
らめきて　若き血潮は　躍るかな　ああ　高原　栄光あれ

宮崎県立　延岡工業高校 ［渡辺　修三　作詞・岡本　敏明　作曲］
2番　友よ立て　見よ山々の　雲白き　**高千穂の峰**　若ものの　意気高らかに
あゝさえかえる　緑の丘辺　向洋　向洋　われらが母校

宮崎県立　都城泉ケ丘高校 ［長嶺　宏　作詞・石田　良男　作曲］
2番　夕雲のたなびく彼方　**高千穂**はにおいてたてり　まみ澄し若人の群　美
しくここに集いて　高きのぞみに思いをかく　ああ泉ケ丘　我等が母校

宮崎県立　都城農業高校 ［安田　尚義　作詞・岡本　敏明　作曲］
1番　**高千穂の峯**の朝雲　光りたち　ゆたかな北諸の　平野覚めたり　雄々し
く　雄々しく　展けゆく未来　ああ　英知と伝統の　わが学園

宮崎県立　宮崎南高校 ［黒木　淳吉 作詞・服部　良一 作曲］
　　3番　**高千穂**遠く　丘の上　英知を胸に　集まった　一人一人が　青い麦　苦
　　　　難を越えて　遥かなる　未来の道を　開こうよ　ああわれらが　母校
　　　　宮崎南　みなみ高校

東　岳
（ひがし　だけ）

898m昔から島津の荘（都城地方）では、霧島山系を西岳、鰐塚山系を東岳と呼
んでおり、鰐塚山と東岳は同山だったが、のちに区別され命名

都城市立　祝吉小学校 ［松山　文二 作詞・海老原　直 作曲］ ※霧島と重複
　　2番　いつかしき山　**霧島**高く　**東岳**はやさし　はぐくまれ　のびゆくわれら
　　　　友よ　手に手をとりて　ああ楽しき母校

都城市立　縄瀬小学校 ［刀坂　守信 作詞・金丸　亨一 作曲］
　　1番　朝日はのぼる　**東岳**　理想を高く　胸にして　おはよう　おはよう　一
　　　　日が始まる　清い真心　たゆまず磨き　正しく明るく　育ちゆく　われ
　　　　らの学校　縄瀬小（※3番　霧島山）

都城市立　西岳小学校 ［前田　一美・津曲　一夫 作詞・高島　巌 作曲］
　　1番　朝日はのぼる　**東だけ**　燃える光は　ぼくらの力　正しく強く　伸びゆ
　　　　く五百　ああ　喜びの　我が学びや（※3番　霧島山）

都城市立　東小学校 ［川越　実 作詞・不明 作曲］
　　1番　広き田畑の末霞　山波走る**東岳**　都の塵も遠くして　草花みだれ匂う野
　　　　に　たつや我等が学びの舎

都城市立　安久小学校 ［村田　静馬 作詞・海老原　直 作曲］ ※高千穂峰と重複
　　1番　旭ほのぼの　のぼるとき　**東岳**また　**高千穂**の　峯々あかね　色そめて
　　　　朝な朝なの　わが里の　香る学び舎　安久校

都城市立　山之口小学校 ［長嶺　宏 作詞・海老原　直 作曲］
　　1番　あさぎりの　山なみあおく　呼べばこだまが　とおくこたえる　**東岳**よ
　　　　しとしい山よ　さあ　みんなげんきに　山之口小の　よい子たち

都城市立　山之口中学校 ［比江島　一夫 作詞・大山　親衛 作曲］
　　1番　朝日に匂う　**東岳**　走る山脈　悠久の　伝統代々に　受けつぎて　至誠
　　　　の情　貫ぬかむ　久遠の道を　行く我等（※3番　霧島）

三股町立　三股小学校［長嶺　宏　作詞・海老原　直　作曲］
1番 ひがしだけ　やまあいふかく　ながれでる　みどりのふちせ　ゆたかに
も　大地をぬらし　ふるさとの　幸をやしなう　山田川　めぐみゆたか
（※2番　霧島山）

母智丘
（も・ち・お）
245.4m山頂標識　「日本さくら名所100選」に選定　母智丘神社　馬頭観
音　古くは石峯丘、石牟礼、持尾、餅丘とある

都城市立　五十市中学校［神戸　雄一　作詞・園山　民平　作曲］
2番 母智丘の桜の　咲くところ　みどり萌え立つ　原頭の　風さわやかに
吹くところ　立てる学びや　わが母校　ああ五十市　五十市　われらが
学園（※1番　高千穂峰）

都城市立　西中学校［久味木福市　作詞・上久保寿名雄　作曲］
3番 歴緑に映えて　風さわやかに　母智丘の桜　らん漫と　理想の学園　こ
こにあり　強くきびしく　鍛え合い　耐える体を　養わん　共に踊らん
西中われら（※1番　高千穂峰）

木場城
（こ・ば・じょう）
263.4m三等　木葉城、木場砦、木場城岡、とんじゃケ丘　元亀2年、伊
東義祐が築き、族将弟・伊東加賀守祐安を配した中世期の山城跡

都城市立　江平小学校［長嶺　宏　作詞・海老原　直　作曲］
3番 むかしをかたる　木場城　いまをおいたつ　江楽園　思い出ふかい　江
平のまなびや　いつもなかよく　前に進もうよ

柳岳
（やなぎ・だけ）
952.3m三等　都城方面からは確認し易い山で、古くは時馬尾山、県道33号都
城北郷線・高野バス停より木場林道柳岳線が五合目まで延びる

三股町立　長田小学校［小松　清　作詞・石田　良男　作曲］
2番 山なみ青く空をきり　はるかにそびえる柳岳　清く正しくのびゆく心
希望にもえる長田校

長尾山
（なが・お・やま）
426.5m二等　高崎町最高峰　御池から陣の端（東霧島神社上宮）まで約10
km、7つの三角点が埋設され県内最長、長尾岡、長尾連山とも呼ばれ長
尾山林道が走っている

都城市立　高崎麓小学校［豊松　良夫　作詞・園山　民平　作曲］
　3番　緑に続く**長尾山**　古く生まれた　この里に　優れた力うけつぎて　共に
　　　　学ぶよ麓校（※1番　**霞ケ丘**）（※2番　**高千穂峰**）

かすみ が おか
霞 ケ 丘
349.2m三等　霞権現として知られる霞神社が山頂に鎮座、神殿裏の岩窟
には白蛇が生息し、県内はもとより県外からの参拝者も多い

都城市立　高崎麓小学校［豊松　良夫　作詞・園山　民平　作曲］
　1番　**霞が丘**に　照る朝日　山の畑に　開く花　心を合わせ　あたたかに　共
　　　　に学ぶよ　麓校（※3番　**長尾山**）

高原町立　後川内中学校［長嶺　宏　作詞・海老原　直　作曲］
　2番　暑い日も　寒い日も　**霞ヶ丘**は　ふり上げる　鍬の向こうから　いつも
　　　　静かに　呼びかける　後川内の子らよ　深く　深く　もっと　深く掘れ
　　　　深く掘れ

や たけ やま
矢 岳 山
739.3m三等　古くは屋嶽で、「その峰形が屋脊に似たるを以て名を得たり」
とあり（『三国名勝絵図』）

えびの市立　岡元小学校［黒木　淳吉　作詞・海老原　直　作曲］
　1番　雲わきのぼる　**矢岳嶽**　緑に萌えて　美しく　明るく　元気に　伸びる
　　　　よう　夢をえがいて　学ぼうよ　みんなくぐった　この門を　元気いっ
　　　　ぱい　ふみしめる　のびる良い子の　岡元小（※2番　**霧島山**）

えびの市立　真幸中学校［長嶺　宏　作詞・海老原　直　作曲］
　1番　しらしらとあけゆく朝　さわやかににおう山脈　わかくさの**矢岳**の原に
　　　　きよらかに夢は花咲く　（※3番　**霧島山**）

白鳥山と甑岳
（しらとりやま1363.1m三等・こしきだけ1301.4m三等）霧島山系の山で、白
紫池〜六観音御池〜不動池と、池巡りコース沿いにある山

えびの市立　上江小学校［黒木　淳吉　作詞・海老原　直　作曲］
　1番　**白鳥こしき**の連山に　雲わりのぼり　みどり風　平和のつかい白はとの
　　　　きぼう求めて進もうよ　みんな楽しく元気よく　のびろよ　のびろ上江
　　　　小

滝下山 たき した やま

785.0m四等　肥薩線宮崎県唯一の駅・真幸の背後に聳える山

えびの市立　真幸小学校・西堅内分校［職員一同　作詞・池田恒次郎）作曲］（※平成10年4／1休校、※平成13年4／1閉校）

1番　朝日に映える**滝下の**　山のみどりを背にうけて　清き流れの白川に　永久の姿写しつつ　光り輝けり　西堅内小学校

城 の 岡 じょう おか

（高牟礼城跡）365.3m三等　戦国時代・真幸院を中心に一大勢力を築いた北原氏の火立城（狼煙城）

小林市立　栗須小学校［妹尾　良彦　作詞・小川比農夫　作曲］

2番　めぐる畠の　ひろくして　吾等が心　またひろし　仰ぐ**古城の**　高くして　吾等の心　勇むなり（※1番　**霞ケ丘**）

韓 国 岳 から くに だけ

1700.1m一等　霧島山系最高峰　『古事記』にある虚国岳を始め、空国岳、唐紅岳、西霧島山、西岳、筥野岳、雪岳、複の山、御天井嶽、甑岳などの別称を数え、高千穂二上峰の一峰とも記される

小林市立　幸ケ丘小学校［黒木　淳吉　作詞・海老原　直　作曲］※**夷守岳**と重複

1番　**からくにひなもり**雲わきて　緑の丘に風かおる　いつも楽しく元気よくみんなの胸に　しあわせを　力あわせてともそうよ　のびるよのびよ幸ケ丘小

小林市立　西小林小学校［妹尾　良彦　作詞・高野　駒雄　作曲］

1番　仰げば**からくに**山高く　ふせばすそ野の原広し　この里の子と生まれたる　われらはうれし　ああ楽し

小林市立　西小林中学校［長嶺　宏　作詞・金堀　伸夫　作曲］

1番　あおぎ見る　**韓国岳**　天日の下　白雲とび交う　ここに無限の力がひそむ　ああ　　この山のごとく　強くきびしくあれ　西小林中　われら

えびの市立　加久藤中学校［黒木　淳吉　作詞・海老原　直　作曲］

1番　**韓国**の山脈み青く　ここに立つ　わが学び舎に　うち集う　希望もとめて　ああうちたてん　高き誇りを　加久藤　加久藤中学

夷守岳
<ruby>夷<rt>ひな</rt></ruby><ruby>守<rt>もり</rt></ruby><ruby>岳<rt>だけ</rt></ruby>　1344.1m三等　生駒富士、富士の名を冠した県内唯一の霧島山系の山で、花の駅・生駒高原のシンボルの山

小林市立　幸ケ丘小学校［黒木　淳吉 作詞・海老原　直 作曲］※**韓国岳**と重複
1番　からくにひなもり雲わきて　緑の丘に　風かおる　いつも楽しく元気よく　みんなの胸にしあわせを　力あわせてともそうよ　のびるよのびよ　幸ケ丘小

霞ケ丘
<ruby>霞<rt>かすみ</rt></ruby><ruby>ケ<rt>が</rt></ruby><ruby>丘<rt>おか</rt></ruby>　356m　三つの峰の中央が野尻霞権現

小林市立　栗須小学校［妹尾　良彦 作詞・小川比農夫 作曲］
1番　かすみが丘に　花わらい　岩瀬の川に　月浮かぶ　三ケ野山べの　学びやに　集う　吾等は　幸なれや（※2番　**城の岡**）

小 松 山
<small>こ まつ やま</small>

988.8m二等　雅名を 英 山、別称に小松の峰平成の合併前は日南市最高
<small>はなぶさやま</small>
峰

日南市立　吾田小学校 ［八波　則吉 作詞・田村　虎蔵 作曲］
- **2番**　**小松の峯**の　うるわしき　四季の眺めは　変われども　変わらぬものは
動きなき　山に宿れる　自治のさま

日南市立　吾田東小学校 ［山根　廣義 作詞・根井　翼 作曲］
- **2番**　永遠に変らぬ**小松山**　雄々しき峰を　仰ぐ時　強く明るき　夢が湧く
真理を求め　ひとすじに　伸びゆく吾田東小

日南市立　板谷小学校 ［中村　地平 作詞・園山　謙二 作曲］（※昭和44年閉校、日南市立
坂元小学校に統合）
- **1番**　**小松の山**の　みどりかぜ　いっぱい吸って　元気よく　今日も鍛える
この身体　みんな　強い子　強くて良い子　板谷校

日南市立　飫肥小学校 ［神戸　雄一 作詞・園山　民平 作曲］
- **1番**　山あきらかに　水清く　郷土のめぐみ　うけつぎて　輝く偉人　生まれ
し地　**小松のみね**の　白き雲　草みどりなる　城あとに　たてる学びや
わが母校

日南市立　日南東郷小中学校 （小学部）［黒木　清次 作詞・海老原　直 作曲］
- **3番**　**小松**おろしの　朝夕も　いまさきわたる　山さくら　この国里の　よき
人の　真理をたずね　いざゆかん　東郷東郷　わが学びやは　東郷小

日南市立　吉野方小学校 ［武田　良守 作詞・川口　晃 作曲］（※平成26年4／1閉校、
日南市立飫肥小学校へ統合）
- **1番**　**小松**のふもと　ひろびろと　緑の野山　さちおおく　みのり豊かな　ふ
るさとの　わたしたちが　育っていくよ　楽しい小学校　楽しい小学校

日南市立　飫肥中学校 ［神戸　雄一 作詞・海老原　直 作曲］
- **1番**　あしたゆうべに　仰ぎみる　**小松の山**の　草みどり　空とぶ白き　雲に
さえ　われらの　希望は　おどるかな

日南市立　北郷中学校 ［矢野　不二男　作詞・海老原　直　作曲］
1番　緑なす杉の山脈　天そそる　**小松の峰**のいや高き　使命をにないたくましき　天地に立てば　若き生命ここにみなぎる　ああ北郷　北郷　北郷中学

日南市立　酒谷中学校 ［原田　章之進　作詞・松本　寛郎　作曲］※平成28年3月27日廃校
2番　緑も深き　酒谷の　**小松山**かげ　あおぐ地に　そびゆる山より　なお高き　文化の国をのぞみつつ　新しき時代を築く　われらが母校　酒谷中学校

男鈴山 <small>お すず やま</small>　783.4m二等　鈴嶽神社のある女鈴山との双峰　串間市最高峰

日南市立　大窪小学校 ［酒井　祐春　作詞・石原　四郎　作曲］
1番　朝日輝く**男鈴山**　仰ぐ瞳もはつらつと　正しく強く健やかに　伸びるは大窪小学校　希望の雲がわきあがる

日南市立　酒谷小学校 ［矢野不二夫　作詞・海老原　直　作曲］
1番　**男鈴の山**の　空高く　輝きわたる　太陽に　桜の花の　あかあかと　朝の希望が　湧いてくる

滝ケ平山 <small>たき が ひら やま</small>　319.8m三等　古くは滝ケ平嶽とあり、北面に堂地の滝、竹田の滝などの滝があることからの山名で、現在11ケ所が数えられる。

日南市立　細田小学校 ［長嶺　宏　作詞・海老原　直　作曲］
1番　朝夕に仰ぎみる山　山ざくら美しく咲き　雨風のふきしる山　**滝ケ平**いつも高く　いつも正しく

日南市立　細田中学校 ［長嶺　宏　作詞・海老原　直　作曲］
3番　細田の川　**滝が平嶺**　川は若人の姿　山は若人の望み　さあ　さあ　力を合わせ共に進もう　細田　細田　僕らの母校

花立山 <small>はな たて やま</small>　489.4m三等　旧飫肥街道の山、花立桜公園、平成11年4月「第11回全国さくらサミットIN北郷」の主会場

日南市立　北郷小学校 ［布施　武　作詞・川口　晃　作曲］
1番　**花立**の　牧場の緑が呼んでいる　蜂の巣の　川のせせらぎが　招いてるさあ行こう　みんなで　築こう　明るい学校　北郷小学校

仙立山 （せんだつやま）　433.7m（地形図未記載）四等　登山口に古い里程標があり、山頂より黒仁田小学校が西望される。昭和54年平成天皇が皇太子の頃に来校

北郷町立　黒荷田小学校［矢野不二男 作詞・海老原　直 作曲］※平成21年3月1日閉校
1番　雲わき上がる黒荷田の　仙立山にのぼる子は　み空にのびる　杉のよに　元気な我等をつくるのだ

鼓ケ岳 （つづみがだけ）　275.2m（地形図未記載）三等　日南市吾田の中央部に位置し、東南の桜ヶ峠に連なり、車道が山頂近くまで伸びている

日南市立　吾田中学校［長野満治子 作詞・海老原　直 作曲］
1番　澄める川面に　鼓ケ岳の影うつり　自然の恵み豊かなるわが中学　輝く瞳生気みち　真理の泉汲みとりて　育ちゆく　われらわれら

津の峯 （つのみね）　94m（地形図未記載）古称・猪の床勢、昔から油津港のシンボルで、「日和（見）山」　戦時中は軍の「監視哨」が設置され「カンシションやま」とも呼ばる

日南市立　油津小学校［矢野不二男 作詞・園山　民平 作曲］
2番　津の峯に　虹立ち渡り　夕焼けて　広渡は流る　美わしき　この姿　心の姿　きょうもみがかん　油津健児

飫肥城 （おびじょう）　50m（地形図未記載）江戸時代は伊東氏飫肥藩、一城攻防83年の三州（日向、大隅、薩摩）一の名城　城内に飫肥小学校

日南市立　桜ケ丘小学校［中村　地平 作詞・園山　謙二 作曲］
1番　朝風わたる城の峯　伸びる飫肥杉仰ぎみて　強くきたえるこのからだ　みんなも伸びる元気な子　桜ケ丘のよい子供

鯛取山 （たいとりやま）　366.7m二等　榎原神社のあるJR日南線・榎原駅の背後に聳え、町歌に歌われる日南市南郷町シンボルの山

日南市立　榎原小学校［矢野不二男 作詞・海老原　直 作曲］
3番　世界に続く青空に　鯛取山を仰ぎつつ　日に日に伸びるこの力　きたおう強く　より強く

串間市立　秋山小学校 [布施　武 作詞・布施　武 作曲]
1番 鯛取山の　美しく　みどり豊かに　風さやか　平和の里は　静まりて
自然の幸の　尽きるなし　ここ秋山の　おかに立つ　われらが母校　秋
山小

高 畑 山 （たか はた やま）

517.6m一等　地形図記載の山では県内最南端に位置。航空自衛隊高畑山
分屯基地

串間市立　本城小学校 [矢野不二夫 作詞・海老原　直 作曲]
3番 高畑山の　空はれて　窓べをたたく　山風の　語るをきけば　きょうも
また　きたえよかたく　岩のように

串間市立　有明小学校 [神戸　雄一 作詞・海老原　直 作曲]
2番 春せんだんの　青若葉　つぶらに光る　実もなりて　はるかに仰ぐ　高
畑も　呼べはこたえん　われらが学園

串間市立　市来小学校 [岩下　銕太郎 作詞・高橋　政秋 作曲]
1番 みどりの風は　友を呼び　高畑山に　こだまする　強く元気にたくまし
く　育つ　われらのあ＞　市来小学校

小松ケ丘・扇山 （こまつがおか・おうぎやま）

（こまつがおか170m小松ケ峯・おうぎやま295.3m〈地形図未記載〉三等）
都井岬「コシジロヤマドリ遊歩道」牧水歌碑～扇山～灯台ま
で続いている

串間市立　都井中学校 [黒木　清次 作詞・森　浩司 作曲]（※2017年3月閉校、同4月串
間中学校に統合）
1番 小松が丘や　扇山　たてがみ長く　陽に映えて　山野をかける　矢馬の
群れ　四季の花咲く　この郷土に　鍛えて強く　のびてゆく　ああ都井
都井中学　われらが学園

瀧 口 山 （たつ ぐち やま）

506.4m〈地形図未記載〉二等　甚谷国有林田口林道終点。かつて航海の目標
の山で・長谷山・前見山とも言う

串間市立　大束小学校 [矢野不二男 作詞・海老原　直 作曲]
3番 瀧口山の　空高く　あおぐひとみに　この胸に　今日も呼ぶ呼ぶ　山が
呼ぶ　のぞみは高く　いや遠く

串間市立　大束中学校［長嶺　宏　作詞・海老原　直　作曲］
2番　秋さわやかに風かおり　**瀧口山**の山のかげ　青空高く青くとき　若き心
はすみわたり　理想は雲を駆けるかな

麻<ruby>あさ</ruby> 畠<ruby>ばた</ruby> 山<ruby>やま</ruby>　217.9m（地形図未記載）三等　学校から東南に位置し、昔麻の畠があったこ
とに由来する山名で、現在は杉山

串間市立　北方小学校［佐伯　英雄　作詞・緒方　広一　作曲］
1番　**麻畠山**の　彼方から　明るい光が　さしてくる　朝の露草　ふみわけて
今日も　楽しい道をゆく　楽しい友と　語りつつ　ああ　楽しい学校
北方　北方　北方小学校

笠<ruby>かさ</ruby> 祇<ruby>ぎ</ruby> 岳<ruby>だけ</ruby>　444.2m三等　鹿児島県境を跨ぐ山頂の笠祇神社の鳥居

串間市立　笠祇小学校［新名　弘之　作詞・恒吉　利忠　作曲］※平成28年3月休校
1番　**笠祇の山**に空高く　光る若葉に風かおる　共につどえば　きょうもまた
歌声ひびく　かろやかに　明るいえがおの　元気な子

釈迦ケ岳 （しゃかがだけ）

830.6m二等　和泉式部の伝説地・日本三大薬師寺・眞金山法華嶽薬師寺が登山口

国富町立　深年小学校 ［土井　正省 作詞・土井　正省 作曲］（※平成21年4／1閉校、八代小学校に統合）

3番　愛染川のせせらぎに　**釈迦岳**の嶺こだまする　歴史はふるき法華岳の　薬師の　古刹背におうて　立つは我等が深年校

綾町立　綾中学校 ［日高　重孝 作詞・園山　民平 作曲］

3番　中空高くそぎ立ちて　白雲かかる**釈迦が嶽**　大き望みを抱きつつ　正しき道の一筋に　自由の翼延ばしゆく　わが学び舎に恵みあれ

式 部 岳 （しきぶだけ）

1218.9m二等　平成8年発行の地形図に新登場した宮崎平野と国富町最高峰、平成7年に法華嶽薬師寺の和泉式部伝説にちなんで命名

国富町立　八代小学校 ［上杉　哲夫 作詞・八代中学校第三学年生徒 作曲］

1番　山脈青く**式部岳**　東に望む太平洋　自然の大地ひらけゆく　豊かな郷のよるところ　立つは八代小学校

双 石 山 （ぼろいしやま）

509.3m三等　国の特別天然保護区域 (63.96㌶) に指定「にっぽん百低山」としてNHKで放映

宮崎市立　鏡洲小学校 ［鏡洲小学校職員 作詞・黒木義典 作曲］

1番　山は緑に色映ゆる　**双石山**を仰ぎ見て　叡智を競い血を湧かす　望みは果てず幸多し　ああ鏡洲小　我等が母校

宮崎市立　鏡洲中学校 ［金丸　桝一 作詞・海老原　直 作曲］（※平成2年4／1閉校、木花中学校に統合）

1番　光に透けて清らにあおく　若草もゆる山辺に野辺に　まなざしふかく希望にあふれ　つよくたゆまず吾等は伸びる　ああ**双石**のわかきちから　鏡洲鏡洲われらが母校

宮崎県立　宮崎海洋高校 ［谷村　博武 作詞・園山　謙二 作曲］

2番　**双石の山**ひだ青く　かもめ飛ぶ砂丘のほとり　若き日の夢はまどろみ　窓に咲く希みは遠し　海洋　海洋　われらが学園（※1番　霧島山重複）

鰐塚山
わに　つか　やま

1118.1m一等三角点補点、鰐の塚、中の塚、妙現嶽からなる日南山地の主
峰　宮崎市・日南市・三股町の最高峰

都城市立　南小学校［服部　七郎 作詞・海老原　直 作曲］

2番　わに塚の　青い山々　広野吹く　風もみどりに　胸の希望をふくらます
さあ行こうよ意気高らかに　明日の日本を受持つために　南の南のわれ
らよいこ（※3番　高千穂の峰）

都城市立　西中学校［久味木　福市 作詞・上久保寿名雄 作曲］

2番　霧にかすみて　走る山なみ　**わに塚の峰**　包むごと　理想の学園　ここ
にあり　学び求めて　磨き合い　自学の力　培わん　共に努めん　西中
われら

宮崎市立　七野小学校［高橋　家成 作詞・鬼束　広夫 作曲］

1番　紫雲たなびく　**鰐塚**や　山ほととぎす鳴く里の　名も松阪の橋の辺に
楽しく学ぶ　七野校

宮崎市立　田野小学校［長嶺　宏 作詞・海老原　直 作曲］

2番　夕映えに　そまる丘路　はるかに澄んだ空の下　なつかしい　**鰐塚山**
が　仰がれる路　我が家へ（我が家へ）帰る　おかあさんも　おばあさん
も　通ったこの道　ああ　りんどうが咲いてる

宮崎市立　田野中学校［中村正雄 作詞・園山　民平 作曲］

1番　ああ**鰐塚**の　峰高く　真蒼き空に　聳つところ　新た生命と　めぐみつ
つ　学びて日々に　伸びゆかん　学園　学園　田野中学　栄あれ

宮崎市立　宮崎南小学校［黒木　清次 作詞・緒方　広一 作曲］

3番　ふるい伝えも　残る町　**わにつか**おろし　吹く日にも　山をあおげば
わく力　そうだ　みんな仲よく　学びつつ　まことをもとめ　伸びゆく
われら　南南　いつも楽しい　宮崎南小

宮崎県立　日南農林高校［黒木　淳吉 作詞・海老原　直 作曲］（※平成23年4月1日閉
校、日南振徳高校に再編統合）

3番　天高く　緑の山脈　**鰐塚**の　**鰐塚**の　恩恵うけて　飫肥杉は　白雲をき
る　ああ我ら　眉をあげ　理想はるかに　豊かなる故郷つくる　日南農
林　日南農林高校

斟鉢山

500.4m 三等　花切山・岩壺山と共に徳蘇連山の一つ、東峰の霊山（440m）には斟八神社が鎮座

宮崎市立　木花小学校 ［神戸　雄一 作詞・有馬俊一 作曲］
　1番　緑したたる　**くんぱちの**　平和の里に　生まれきて　遠きむかしを　しのびつつ　まことの道を　きわめんと　学ぶわれらの　楽しさよ

宮崎市立　国富小学校 ［桑原　香 作詞・海老原　直 作曲］
　1番　深い希望は　名も本郷の　海にのぞんで　海の幸　高い理想は　**くん鉢山の**　ますみに仰ぎ　沃野ははるか　豊かに開く　くがの幸　昔伝ゆる　かがやく文化　国富の荘の　真ただ中　我が学び舎は　ここに立つ

宮崎市立　木花中学校 ［川添　同 作詞・海老原　直 作曲］
　1番　**斟鉢の峯を**流るる白雲や　平和なる光かがよい　若草の若き生命に　ふっくらと希望は宿る

荒平山（丸目山）

602.9m二等　荒平山森林公園　清武町最高峰　今泉神社元宮

宮崎市立　大久保小学校 ［職員一同 作詞・有馬　俊一 作曲］
　3番　**丸目の山を**　仰ぎつつ　智徳をみがき　体をねり　ひねもす学ぶ　人の道　進む吾等に　光あれ

宮崎市立　加納小学校 ［渡辺　紀南 作詞・阿万　為孝 作曲］
　3番　みなみに仰ぐ　**丸目山**　文教生きる　城内の　歴史の重み　うけついで　学ぶよろこび　ここにあり　すぐれた知性　みがきつつ　未来に伸びる　加納小

久峰

88.7m二等　佐土原町最高峰　久峰総合公園　久峰観音

宮崎市立　広瀬北小学校 ［昭和54年度職員一同 作詞・昭和54年度職員一同 作曲］
　2番　**久峰山の**さわやかな　小鳥の声が呼んでいる　緑の歌につつまれて　清い心をみがき合い　希望豊かに根をはって　大きく伸びよう　みんなの学校　広瀬北小学校

宮崎市立　広瀬小学校 ［長嶺　宏 作詞・岡本敏明 作曲］
　3番　**久峯山の**山近く　古い歴史の学びやに　今新しい希望わく　さあ仲よく手を取って　進みいこう　進みいこう　みんなのみんなの広瀬小

宮崎市立　久峰中学校 ［坂元　紘 作詞・上久保寿名雄 作曲］
2番　風薫る**久峰山**に　久遠の光満つるとき　真理の道を究めつつ　友よ清き
心を育まん　ああ　われらの久峰　輝く母校

宝塔山

60.5m三等　宝塔山公園　一帯には佛日山大光寺（三十三観音）、宝塔山稲荷
神社、恵日山吉祥寺・鬼子母神、臨済宗・松巌寺、浄土真宗・崇穪寺、
真言宗・多楽院を数える佐土原島津のシンボルの山

宮崎市立　佐土原小学校 ［長嶺　宏 作詞・海老原　直 作曲］
3番　**宝塔山**の　丘のほとり　佐土原小は　歴史の中に　さんぜんと　生きて
いる　友よ　ともよ　手に手をつなぎ　誇り高く　進もう　進もう

天ヶ城

121.8m（地形図未記載）三等　別名高岡城・麓城。旧名内山城。伊東四十八
城の一つ。現在は天ヶ城公園「宮崎市天ヶ城歴史民俗資料館」が開設

宮崎市立　高岡小学校 ［中村　地平 作詞・海老原　直 作曲］
3番　楠のかげ　いつものぼった　**城山**の　高い道だよ　雲はるか　まことた
どって　かたくんで　みんないっしょにはげもうよ　よい子　よい子の
高岡　高岡小学校

宮崎市立　高岡中学校 ［黒木　淳吉 作詞・橋本　睦夫 作曲］
1番　朝日かがやく**天ケ城**　古き歴史の丘に立ち　生きる力　磨かんと　友情
あつく　肩くみて　大地をけりて　はばたけば　いきいき伸びる　ああ
高岡中学校

城　山

（紫波洲崎城・しわすさきじょう）62m　伊東氏四十八城の一つ　宮崎白浜オートキ
ャンプ場　山頂には昭和47年建立の宮崎仏舎利塔

宮崎市立　青島小学校 ［長友千代太郎 作詞・佐藤　一郎 作曲］
3番　**城山**の上に　昔をあおぎ　しわすの先に　行く末思う　ここに湧き来る
我等の力

宮崎城

93m（地形図未記載）池内城とも　慶長5（1600）年、関ヶ原の戦いで東軍の
伊東祐兵の家臣・清武城主稲津掃部助重政は、西軍（後に東軍）の高橋元種
の支城であるこの城を攻撃し、城主の権藤種盛は討死した

宮崎市立　池内小学校 ［永峰　麗子　作詞・濱田　至　作曲］（※補作・山内郁男）
3番 **城山**のぞむ校庭に　誇りは高く　夢語る　集うわれらは　ひとすじに
真理の道を　学ぶ日々　希望はばたく　池内小

倉 岡 城　40m（地形図未記載）池尻城とも、伊東四十八城の一つ、倉岡神社

宮崎市立　倉岡小学校 ［長嶺　宏　作詞・海老原　直　作曲］
1番 一つ瀬川の　虹の橋　**尾鈴の山**の　綿の雲　ともにてをとり　遊ぼうよ
ああ夢多い　自然の子ども　富田小の　わたしたち

宮崎市立　宮崎北中学校 ［長嶺　宏　作詞・海老原　直　作曲］
1番 瓜生野や竹篠の丘　日にかすみ　思いは遠し　倉岡や**古城**のほとり　緑
濃く　水青みたり　今ぞ我が学びの窓に　新しき命は芽ぐむ　ああ　母
校北中栄あれ

穆 佐 城　60m（地形図未記載）月山日和城（高城町）木城高城と共に日向三高城　伊東四十八城の一つ

宮崎市立　穆佐小学校 ［星崎　文子　作詞・坂元　士郎　作曲］
1番 昔をしのぶ　**城山**の　学びの窓も　あかるくて　胸もおどるよ　大淀の
清いながれを　北にみる　みんなよい子の　穆佐小

平 和 の 塔　塔37m海抜56m（地形図未記載）昭和15年（1940）紀元二千六百年奉祝事業として建立　平和台公園

宮崎市立　生目小学校 ［長嶺　宏　作詞・海老原　直　作曲］
3番 雨風つのるあらしにも　いつもかわらぬ**平和の塔**　おおしくみんなで助
けあい　進む我らはよい子ども　生目　生目我らのふるさと

宮崎市立　大宮小学校 ［長嶺　宏　作詞・海老原　直　作曲］
1番 みどりの丘　**平和の塔**　一面の　菜の花ばたけ　風はかおり　心ははず
む　我らの学舎　大宮小学

宮崎市立　小松台小学校 ［中武　睦男　作詞・富高　令子　作曲］
2番 山脈とおく光満ち　**平和の塔**はそびえたつ　やさしく心はぐくみて　進
む　われらの学び舎は　ああ　**小松台小学校**

宮崎市立　東大宮小学校 ［職員合作　作詞・職員合作　作曲］
　　3番　夕陽に映ゆる　**平和の搭**に　みんな大きく　虹をかけ　望み高らか　誇
　　　　らしく　明日に向かって　伸びゆこう　東大宮　われらの母校

宮崎市立　大宮中学校 ［川野　正一 作詞・海老原　直 作曲］
　　3番　ああはてもなき大空に　**平和の塔**は　そそりたつ　ひとすじの　決意も
　　　　かたく　若き心　ここに結ぶ　神武の丘へ　母校大宮　大宮（※2番霧島
　　　　山）

市房山 （いちふさやま）

1720.8m一等　石堂山・天包山と共に米良三山　平安初期大同2年(807)
霧島神宮を勧請し市房神社（市房山神宮・市房大権現）鎮座

西米良村立　村所小学校 ［河野　鑑重　作詞・園山　民平　作曲］
2番　あおぐ**市房**白雪や　千々にいろどる山々も　ながれてつきぬ一つ瀬に
望みはつづく太平洋　けだかく清くたえまなく　強く明るく　きょうも
はげまん

西米良村立　西米良中学校 ［西米良中同窓会　作詞・海老原　直　作曲］
3番　**市房の峯**　に秀でて　理想おき　流れてやまぬ　ひとつ瀬の　川の心を
胸にひめ　雄々しく勇み　若人のはばたくところ　あゝ我らが学園　こ
こにあり

国見山 （くにみやま）

1036.3m二等　古くは国見嶺、米良街道（国道219号）・西米良村横野の稲荷
橋のたもとから、児原稲荷神社の登山口まで車道がある

西米良村立　越野尾小学校 ［越野尾小ＰＴＡ原作・松畑哲夫　作詞・中武　乙一　作曲］
（※平成17年4／1閉校、※村所小学校に統合）
3番　夕日に映える**国見山**　助け励ます友情は　明るくやさしく育ちゆく　あ
あ　栄える我等の越野尾小

龍房山 （りゅうぶさやま）

1020.6m三等　銀鏡三山の一つ、石祠のある東峰は鉾の峰（龍房神山）、中
峰を中房山、西の三角点峰からなる　銀鏡神社のご神体山

西都市立　銀上小学校 ［松山　文二　作詞・安藤　郁夫　作曲］
2番　**龍房山**に　旭は照りて　今日も晴れゆく　山路を越えて　急ぐ楽し　わ
が学舎

西都市立　銀鏡中学校 ［松山　文二　作詞・安藤　郁夫　作曲］
1番　窓をあければ　**龍房**の　あれバラ色の　雲がわく　いつしか夢は　山こ
えて　広い世界に　かけて行く　ああ　希望の源　われらの母校

初瀬山
（はつせやま）

197.4m〔地形図未記載〕三等　初瀬山長谷寺、養老年間建立・長谷観音像安置「長谷観音緑地環境保全地域」に指定

西都市立　三納小学校 ［田中長二郎　作詞・園山　民平　作曲］
1番 緑かがやく　**初瀬山**　明るい風に　あらわれて　みんな仲よく　てをつなぐ　みんな仲よく　てをつなぐ　たのしい　たのしい　われらの　三納校

都於郡城
（とのごおりじょう）

104.5m〔地形図未記載〕四等　戦国大名伊東氏全盛期の支配範囲を示す48の外城の主城　伊東満所の生誕地

西都市立　都於郡小学校 ［金丸　純子　作詞・海老原　直　作曲］
1番 風かおる　みどりの丘に　新しい　命はぐくむ**都於郡**　みんな　みんな　明るく強く　進もうよ　高く　豊かな　人の道

西都市立　都於郡中学校 ［長嶺　宏　作詞・海老原　直　作曲］
1番 群竹の深く茂れる**都於郡**　**古城**の跡　その昔　遠くローマに使いせし　少年満所生まれし所　我等の　我等の　ふるさと

尾鈴山
（おすずさん）

1405.2m一等　尾鈴瀑布群（30数滝）は、昭和19年（1944）国指定文化財に、昭和33年（1958）尾鈴県立自然公園に指定　矢研の滝（日本百名滝）

西都市立　妻南小学校 ［旭吉　法城　作詞・海老原　直　作曲］
2番 仰ぐ**尾鈴嶺**　一ツ瀬の　流れも清し　わが故郷　ああ妻古き　この郷里の　栄えある吾等　みなともに　躍る希望も　新しく　強くゆたけく　永久に生きなむ

西都市立　妻北小学校 ［黒木　清次　作詞・金堀　伸夫　作曲］
3番 **尾鈴の山**の　いや高く　肌さす嵐　身に受けて　日々に新たな　この郷に　高く豊かに　伸びていく　我等はみんな誠の子

西都市立　茶臼原小学校 ［比江島　重孝　作詞・恒吉　利忠　作曲］
1番 仰ぐ**尾鈴**に　陽の光り　風が鳴る　はずむ心よ　希望の瞳　みんな笑顔で　胸をはれ　緑の学び舎　我等の母校　明るく　あかるく　輝けよ

西都市立　穂北小学校［黒木　淳吉 作詞・海老原　直 作曲］
1番　尾鈴の峰に　雲わきて　仰ぐひとみに　風かおる　みんないっしょに
手をとって　正しく強く　元気よく　すすむよ　伸びろ　穂北小

西都市立　三財中学校［横尾　寛 作詞・蓑毛　慶栄 作曲］※霧島山と重複
1番　北に尾鈴の山青く　南霧島峯高く　永久に寄せくる大黒潮　東方はるか
望み見て　高原に立つ学び舎は　三財中学　ああ　わが学園

西都市立　穂北中学校［黒木　淳吉 作詞・海老原　直 作曲］
1番　ふり仰ぐ　尾鈴の高嶺　あたらしき　青葉萌えたち　うち集う　町山附
きに　ああ　若き日の　希望求めん

日向市立　越表小学校［高森　文夫 作詞・海老原　直 作曲］（※平成21年4／1 廃校）
1番　学びの庭の　青い空　尾鈴の峠の　白い雲　希望の歌の　湧いてくる
ああ　越表小学校

日向市立　坪谷小学校［高森　文夫 作詞・海老原　直 作曲］
3番　懐かしい　尾鈴のふもと　清らかな　瀬音の歌に　お父さんも　ここで
学んだ　お母さんも　ここを巣立った　坪谷小　坪谷小　たたえよ母
校

日向市立　坪谷中学校［大悟法　利雄 作詞・森　完二 作曲］（※平成23年4月1日閉校
※東郷学園（東郷中学校）に統合）
1番　尾鈴の高嶺　坪谷川　見よや牧水先生を　育みそだて　先生の　歌に輝
く　山川の　この美しき　清らかさ　ああ　幸深き　坪谷中学

日向市立　富島中学校［窪宮　和夫 作詞・窪宮　和夫 作曲］
3番　夕べに臨む　尾鈴山　気高く清くうるわしき　希望の光りを　仰ぎつつ
歴史を誌す　わが使命　光る　富高中学校

日向市立　美々津中学校［長嶺　宏 作詞・海老原　直 作曲］
1番　夕映の尾鈴山に　見よ明星の　光はあかし　はるかに仰ぐ　遠き望　永
遠に招く　美々津　美々津　われらが母校

都農町立　都農小学校［安田　尚義 作詞・金堀　伸夫 作曲］
1番　仰ぐ尾鈴の　山高く　福浦浜の海深し　みのりゆたけき　ふるさとに
古き歴史を　つたえたる　栄えここにあり　栄えここにあり　都農小
学校

都農町立　**都農東小学校**［江原　白村　作詞・海老原　直　作曲］（※内野々分校同じ）
　2番　旭さんたる日向なだ　しゅうれい**尾鈴**永遠に映ゆ　心見川の清流に　晴
　　　れて母校の窓うらら

都農町立　**上新田小学校**［長友　定行　作詞・海老原　直　作曲］
　3番　**尾鈴山**　かすみにけむり　鳥うたう　山脈のなか　美しき　学園たてり
　　　これぞわが母校　上新田　高山の　高きのぞみ　友よ　かかげむ

都農町立　**都農中学校**［長友　定行　作詞・海老原　直　作曲］
　1番　**尾鈴**のやまなみ　かすみ淡く　一の宮森　歴史ぞふるき　ああ清し　我
　　　らが母校　都農中学　久遠の理想　若きわれら　学徒の胸に　かがやく

川南町立　**川南小学校**［小森　理一　作詞・園山　民平　作曲］
　番　紫匂う　**尾鈴山**　荒波寄する　日向灘　朝夕べの　友として　学ぶわれ
　　　らが　楽しさよ

川南町立　**通山小学校**［長友　保一　作詞・坂元　士郎　作曲］
　1番　**尾鈴**のすその　荒海の　岸うつほとり　大いなる　自然の中に　はつら
　　　つと　伸びゆく我等　はつらつと　ああ　校運　いやさかの　通山

川南町立　**東小学校**［小森　理一　作詞・園山　民平　作曲］
　1番　かすみこめたり**おすず山**　しらほはるけし日向なだ　天地さやかにすむ
　　　ところ　われら学びの道をいく　ああとわにとわに　幸あれ東校

川南町立　**山本小学校**［小森　理一　作詞・海老原　直　作曲］
　1番　**尾鈴**のふもとはるかなる　すそ野に続く日向灘　広きをおのが心とし
　　　われらはきよくのびていく　うれしまなびや山本校

川南町立　**唐瀬原中学校**［石崎　尹　作詞・矢野　義暁　作曲］
　3番　**尾鈴**の峰は　おごそかに　野に咲く花の　色清し　このふるさとの　こ
　　　のふるさとの　愛に生き　われらは学ぶ　唐瀬原　友よ　たたえん　あ
　　　あ　わが母校

川南町立　**国光原中学校**　［小森　理一　作詞・園山　民平　作曲］
　2番　天雲高く　粛として　北に**尾鈴の山**そびゆ　仰げは心澄みまさり　生々
　　　日々に力湧く

木城町立　木城小学校 ［黒木　重幸　作詞・金堀　伸夫　作曲］
2番　心をみがき　みをきたえ　**尾鈴の山**の　そのように　けだかく太く　そだちます　ぼくらの学校　木城の学校　ぼくらの学校　木城の学校

木城町立　木城中学校 ［本田　親徳　作詞・金堀　伸夫　作曲］
1番　仰ぐ**尾鈴の山**なみに　白雲はるかたなびきて　精気あふるる若人の　心の糧を　満たしつつ　高き理想を培わむ　我等が学び舎　木城中学校

高鍋町立　高鍋西小学校 ［安田　尚義　作詞・金堀　伸夫　作曲］
1番　青い**尾鈴**の　美しさ　朝な夕なに　仰ぎつつ　ひとつ心に　睦みあう　学びの庭の　楽しさよ

高鍋町立　高鍋東小学校 ［神代　勝文　作詞・青柳　善吾　作曲］
1番　北に仰ぐ　**尾鈴山**　東に望む　日向灘　嶺の松風　波の音　わが学び舎の　心地よや

高鍋町立　高鍋西中学校 ［石丸　恵守　作詞・金堀　伸夫　作曲］
1番　**尾鈴嶺**の　やさし姿よ　白雲も　谷のみどりも　なちかしき　故郷の山　仰ぎ睦まむ　我等睦まむ

新富町立　上新田小学校 ［長友　定行　作詞・海老原　直　作曲］
3番　**尾鈴山**　かすかにけぶり　鳥うたう山脈の中　美しき学園立てり　これぞわが母校　上新田　高山の高きのぞみ　友よ　かかげむ

新富町立　富田小学校 ［長友　定行　作詞・海老原　直　作曲］
1番　一つ瀬川の　虹の橋　**尾鈴の山**の　綿の雲　ともにてをとり　遊ぼうよ　ああ夢多い　自然の子ども　富田小の　わたしたち（※2番鬼付女峰）

宮崎市立　大淀小学校 ［長嶺　宏　作詞・海老原　直　作曲］
2番　**尾鈴山**頂きかすみ　みどりに輝く天神ノ森　丘近きところ友よ友よ　空高く旗を揚げん　我が心の故郷母校大淀（※1番霧島山）

宮崎市立　住吉小学校 ［藤原　光雄　作詞・蛯原　三好　作曲］
1番　緑の丘　広い田の面　はるかに仰ぐ　**尾鈴山**　みんな仲良く　元気に歌う　楽しい学びや　住吉小学校

宮崎市立　宮崎西小学校 ［黒木　清次　作詞・斉藤　正治　作曲］
2番　緑の並木花の街　豊かな流れ大淀を　見渡す彼方　**尾鈴山**　ああたくましく　きたえるからだ　みんなが伸びる　元気に伸びる　わが学びやよ　宮崎西（※3番霧島山）

宮崎市立　大淀中学校 ［長嶺　宏 作詞・海老原　直 作曲］
2番 **尾鈴山** 頂かすみて　みどりに輝く天神の森　丘近きところ　友よ友よ　空高く　旗を掲げん　わが心の故郷　母校大淀（※1番霧島山）

宮崎市立　東大宮中学校 ［黒木　清次 作詞・横山　詔八 作曲］
2番 かおる風　**尾鈴嶺**はかすみ　白雲の流れはるかに　夢抱く日日伸びゆく力　いまわが胸に湧きたつは　たくましき明日への理想　ああ光りあれ　東大宮　われらが学園（※3番霧島山）

国立　宮崎大学教育文化学部附属中学校 ［長嶺　宏 作詞・海老原　直 作曲］（※霧島山と重複）
1番 さあ　窓を開けよう　流れいる大気の薫　霧島から尾鈴にかけてつらなる山は　無言のうちに　力強くぼくらに語る　ぼくらはそれを知っている　ぼくらもだまってそれに答える

宮崎県立　妻高校 ［富松　良夫 作詞・児玉　不二子 作曲］
1番 光る**尾鈴**の　高嶺を仰ぎ　清風かをる　文化の森に　常にかがやく　我等が母校　たたへよ　たたへよ　いにしえの都万　たたへよ　たたへよ　あたらしき生命　いざ求めん　常に常に　高き希望を　妻高　妻高　我等妻高

宮崎県立　西都商業高校 ［金丸　桝一 作詞・海老原　直 作曲］
1番 **尾鈴の峰**の　朝まだき　応えはふかし　蒼穹の　芝つゆひかる　調殿に　希望は高く　溢れつつ　真理の道に　わけいりて　時をわかたず　求めなん

宮崎県立　高鍋高校 ［田内　高次 作詞・加藤　二郎 作曲］
4番 **尾鈴の山**の黎明に　清雪の色鮮やかに　濁世の迷　覚まさんと　競い立ちたる若人の　正気溢るる**古城**の池　見よ　渾身の血は躍る

宮崎県立　高鍋農業高校 ［安田　尚義 作詞・金堀　伸夫 作曲］
3番 美わしき　**尾鈴**を仰ぎ　研学の実　結ぶところ　生産の　文化は拓け　学園は　無限に伸ぶる　あゝ真理　ここに栄あり　たのしきかな　理想の児我ら

宮崎県立　都農高校 ［安田　尚義 作詞・矢野　義暁 作曲］（※令和3年3月閉校）
1番 朝ゆうに**尾鈴**仰げば　ゆく雲の影もかがよい　胸にわく久遠の理想　おおここぞ我ら学徒の　誇りの庭　都農高校

宮崎県立　日向工業高校 ［清武　肇 作詞・海老原　直 作曲］
2番　尾鈴山はるか雲にはえ　英知冴えつちかうところ　強き精神ここに磨きて　限りなき真理を求む　ああ伸びゆく母校　我らの日向工業

上面木山 <ruby>上<rt>じょう</rt>面<rt>め</rt>木<rt>ぎ</rt>山<rt>やま</rt></ruby>　897m古くは上兔木山・大戸嶽　尾鈴山系の南端に位置する山

川南町立　多賀小学校 ［小森　理一 作詞・金堀　伸夫 作曲］
1番　上面木のすそ野のほとり　にこやかに睦みかわして　明け暮るる希望の中に　ああ多賀　多賀小　ゆくえは楽し

鬼付女峰 <ruby>鬼<rt>き</rt>付<rt>づく</rt>女<rt>め</rt>峰<rt>ほう</rt></ruby>　57.4m三等　観音山公園　新富町最高峰　三角点峰では県内最低山

新富町立　富田小学校 ［長友　定行 作詞・海老原　直 作曲］
2番　海原かぎる水平線　**鬼付女森**の銀の灯　朝夕高く仰いでは　ともに望みを語ろうよ　ああ幸多い希望の子ども　富田小のわたしたち（※1番**尾鈴山**）

新富町立　富田中学校 ［長友　定行 作詞・海老原　直 作曲］（※高千穂峰と重複）
1番　高千穂をはるかに仰ぎ　**きずくめの森**のほとり　そびえ立つ　われらが母校　富田中　今こそ揚げよ　高き理想　かがやく世紀　君を待つ

扇　山（おうぎ　やま）

1661.7ｍ二等　九州中央山地国定公園の中心部にあり、霧立越の東端に位置し、椎葉山では一番人気の山　扇山山小屋　シャクナゲの群生地

椎葉村立　仲塔小学校［佐伯　英雄　作詞・緒方　広一　作曲］（※平成24年4月1日閉校、※椎葉小学校に統合）

1番　山ふところに　抱かれて　わが故里は　豊かなり　西に聳ゆる　**扇山**　歴史を綴る　八村杉　雄々しく立てと　語るなり　ああ我等　仲塔の子

向　山（むかい　やま）

1357.2ｍ（地形図未記載）三等、時雨岳の北部に地形図未記載で三角点名に向山とあり、椎葉村不土野の地区名で、向山日添神楽

椎葉村立　尾向小学校［那須　林　作詞・海老原　直　作曲］

2番　朝日に映える　山脈（やまなみ）に　匂う紅葉の　**向山**　真白き深雪　ふみわけて　耐えていそしむ　学舎に　我等が母校　尾向小学校

三方岳（さんぼうだけ）

1479ｍ九州大学宮崎演習林（農学部附属演習林）・三方岳自然林保護区（総面積2900ｈａ）の「九大原生林」

椎葉村立　栂尾小学校［黒木　征士　作詞・海老原　直　作曲］（※平成5年4／1休校、※平成14年4月1日閉校、※大河内小学校に統合）

1番　**三方の峯**　きり晴れて　日は新しく　照りはえる　われら山の子　栂尾の子　おおしき峯を　ながめつつ　まなびの道に　いそしめば　やがてはにおう　野辺の花

諸塚山（もろつかやま）

1341.6ｍ二等　太白山、日本一早い山開き　六峰街道の山の盟主

諸塚村立　立岩小学校［川口　正治　作詞・金丸　亮一　作曲］（※平成18年4月1日閉校※諸塚小学校に統合）

2番　空は明るく　**諸塚**の　緑の山に　眼をあげて　明るく正しく　元気よく　学ぶわれらの　ああ　立岩小

諸塚村立　諸塚小学校［小嶋政一郎　作詞・権藤　円立　作曲］

1番　狭霧流るる　耳川の　玉のま清水　澄みとおり　高くそびたつ　**諸塚**の　まどかの峰に　光あれ

諸塚村立　七つ山小学校［赤松　春海　作詞・矢代　秋雄　作曲］
3番　おおさむこさむ冬の日も　たゆまず学ぶ朝な夕　強く正しく情ある　人
と成る日を願いつつ　**太白山**下雪は降る　ああ七つ山　わが母校

諸塚村立　諸塚中学校［黒木　邦彦　作詞・海老原　直　作曲］（※編曲・児玉繁喜）
1番　むらさきこもる九州の　連山ここにそびえたつ　**諸塚山**の雄姿を　あお
ぎて集う学園に　若き命の血は燃ゆる　あゝあこがれのわが諸中

高千穂町立　向山中学校［高橋　政秋　作詞・高橋　政秋　作曲］（※平成20年4／1閉校
　　　　　　　　　　　　　　　　　　　　　　　　※高千穂中学校に統合）
1番　山よ　**諸塚山**よ　わが父の　理想をうつして　いまもみどりに　この姿
胸にうつせば　若きあこがれ　高くはぐくむ　**向山**中学校

日 陰 山　（権現山・ごんげんさん）　897.1m三等　「美しい日本のむら景観100選」（農村景
　　　　　　観百選）の御田祭で知られる田代神社本宮が中腹に鎮座する

美郷町立　西郷義務教育学校［黒木　良昭　作詞・黒木　裕明　作曲］
1番　**権現山**に　朝陽があふれ　学びの坂を　歩み行く　未来を拓く　学び舎
で　自主創造の　理想を掲げ　活気みなぎる　我が母校

清 水 岳　1204.5m三等　別名・山神　神門神社のご神体山　西郷区最高峰で、明治
　　　　　　43年の石祠と昭和43年建立の清水岳社がある

美郷町立　山瀬小学校［黒木　淳吉　作詞・海老原　直　作曲］（※平成20年4月1日閉校※
　　　　　　　　　　　　　　　　　　　　　　田代小学校に統合）
1番　雲わきのぼる　**清水岳**　みどりあふれる　この里に　強く生きよと　そ
びえてる　みんな通った　山道を　今日もそろって元気よく　いこうよ
のびろ　山瀬小

高 峠　1106.7m二等　古くは高嶺と記し、南郷区中心地の北方に聳え、三角点峰は
　　　　「蚕子の戸山」とある（『日向地誌』　百済の里　「神門霧・大雲海」

美郷町立　小八重小学校［黒木　淳吉　作詞・有賀　正助　作曲］（※平成20年4月1日閉
　　　　　　　　　　　　　　　　　　　　　　校※田代小学校）に統合）
1番　雲わきのぼる**高峠**　紅葉に燃える山あおぎ　励ましあって学ぼうよ　祖
先もふんだこの道を　いつも元気に通学います　良い子が伸びる小八重
小　小八重小

美郷町立　神門小学校［小侍　方子 作詞・海老原　直 作曲］（※平成23年４／１付閉校、
美郷南学園（南郷小学校）に新設統合）

３番　のぞみはるかな　**高峠**　いざ手をとりて　さわやかに　まことの道を
進まなむ　ああ新しき　神門小

とがり　やま
尖　山　716.2m四等　三十三観音仏が安置されてる尖山観音滝（25m）があり、日陰山
と共に御田祭で知られる西郷区の中心地・田代を代表する山

美郷町立　西郷中学校［福永　安則 作詞・植村　享 作曲］

１番　みどりは深しとがり岳　天にそびえるその姿　希望にみつるまなびやの
伸びる生命に似たるかな　ああ　西郷中学校　われらが母校

かんむり　だけ
冠　岳　438m宝永元年（1704）創建の冠嶽三所大権現（冠岳神社）換座　日向市東郷町の
玄関口の山

日向市立　東郷小学校［高森　文夫 作詞・海老原　直 作曲］（※平成23年４月１日東郷学
園に合併）

２番　清き流れの美々津川　**冠山**の山ざくら　けだかく清きこころもて　我等
は共に伸びゆかん

日向市立　福瀬小学校［海野　實門 作詞・海老原　直 作曲］（※平成23年４月１日東郷学
園に合併）

１番　秀立ちけだかき　**冠嶽**　東麓の　せせらぎに　朝光はやく　白瀧映ゆる
さわやかな　わが学び舎よ

日向市立　東郷学園［高森　文夫 作詞・海老原　直 作曲］（※小中一貫校　東郷・福瀬小
学校※東郷・坪谷中学校が合併）

２番　清き流れの美々津川　**かんむり山**の山桜　気高く清き心もて　我らは共
に伸びゆかん

こめ　やま
米 の 山　191.4m一等　車道が通じ、パラグライダー滑走場の山頂展望台脇に一等
三角点補点石と三角測量図のブック型石碑がある

日向市立　日知屋小学校［脇　太一 作詞・海老原　直 作曲］

１番　朝日がのぼる**米の山**　仰ぐ希望の眉清く　よび合う声もはれやかに　ふ
たばすくすく　伸びていく　たのしい日知屋小学校

日向市立　日知屋東小学校 ［村口　美好　作詞・海老原吉之　作曲］
1番 米の山　緑に映えて　学び舎の　白亜は招く　力　力　生気あふれて伸びていく　　われらが母校　歴史はあける

日向市立　冨髙小学校 ［野口　雨情　作詞・駒井　一陽　作曲］
1番 朝日たださす富高の　みどりも深き**米の山**　海上の幸あつまれる　われらの郷土栄えあれ

日向市立　細島小学校 ［北原　白秋　作詞・外山　國彦　作曲］
2番 あした波間の魚とり　夕帰るさの**米の山**　日々のにぎわい夕炊ぎ　商しげき市の幸

比良山
ひ ら やま
135m宮崎県立日向高校の背戸の山で平野部に突出した岩山

日向市立　財光寺小学校 ［三輪　秋葉　作詞・海老原　直　作曲］
1番 **比良山**晴れて　雲高く　陽はさしまねく　天地の　学びの庭に　鳴る鐘は　永遠に輝く　ひびきあり　ああひびきあり　財光寺

日向市立　財光寺中学校 ［村口　美好　作詞・三上　次郎　作曲］
1番 東雲の空輝けば　**比良の山**静かに明けて　学校に集う友がき逞しく心豊かに伸びてゆく　財光寺中　われらが母校

塩見城
しお み じょう
73m（地形図未記載）日知屋城・門川城と共に「日向三城」と呼ばれた（塩見城山公園）

日向市立　塩見小学校 ［長嶺　宏　作詞・海老原　直　作曲］
1番 **城山**の　青葉かくれの　学び舎の　明るい窓に　流れいる　緑の微風　一心に　いそしむ子らの　行手には　大きな恵　さあ　みんなで進もう　手をとって　塩見の子らに　栄えあれ

高森山
たか もり やま
341.8m三等　平成の合併前は地形図記載では日向市最高峰　石塚の展望台

日向市立　岩脇中学校 ［古田　覚　作詞・戸高フミ子　作曲］（※平成18年4月平岩小学校と合併し、平岩小中学校となった）
1番 **高森山**に紫の　かすみたなびき　黒潮に朝日　ただよう　岩脇の緑の丘に　そびえたつ　我らが学舎の　偉容こそ集う　我らの誇りなれ

戸 高 山　346.8m四等　平成12年発行の地形図より源五郎山（地元呼称、163.4m、四等）
から変更になった

門川町立　五十鈴小学校 ［平屋　尚俊 作詞・江川　和光 作曲］
　2番　山の端まろき　**戸高山**　若い樹々の葉　燃え立つ緑　空を仰いで　ひと
すじに　究めしゆかむ　真理の道を（※3番**狗山城**）

狗 山 城（日向門川城）　29m（地形図未記載）文明年間（1469年〜1487年）伊東祐
尭築城、伊東氏48城の一つ

門川町立　五十鈴小学校 ［平屋　尚俊 作詞・江川　和光 作曲］
　3番　朝日に映える　**狗山城**　風爽やかに　雲は輝く　古しのびて　爽やかに
求めしゆかむ　はるかな未来（※2番**戸高山**）

古祖母山
ふ　そ　ぼ　さん

1633.1m　古くは祖母嶽・土ケ嶽・尾平山。南峯と北峯の双峰　かつては祖母神鎮座

高千穂町立　上岩戸小学校 [熊埜御堂　斉　作詞・中須　正三郎　作曲]（※平成22年4／1日閉校※岩戸小学校に統合）

2番　**古祖母**の　緑したたる　岩戸川　流れは尽きじ　とこしえに　望みは高き　上岩戸

高千穂町立　岩戸小学校 [興梠　栄二朗　作詞・上久保　淳　作曲]

1番　**古祖母**の　そびゆる麓　つたからみ　苔むす岩に　泉わき　水は流るる　この自然　ああ　きれいな　きれいな　学校

高千穂町立　岩戸中学校 [上徳　憲一　作詞・見山　富士夫　作曲]

1番　はるかなる天　**古祖母**の　雲はわき　水流れたり　石楠花の花　咲くところ　学舎は　窓をひらきて　立ちてあり　ああ　この自然　われらが岩戸　岩戸中学校

祖母山
そ　ぼ　さん

1756.4m　宮崎県最高峰　日本百名山　山頂には方位盤と、山名の由来の一つ、神武天皇の祖母・豊玉姫を祀る祖母嶽大明神の石祠があり、山麓に換座された祖母嶽神社のご神体山

高千穂町立　田原小学校 [佐藤　圭一　作詞・佐藤　圭一　作曲]

1番　南に五ヶ瀬　北に**祖母**　伸びる我らの　シンボルは　高く尊く　たくましき　ああ　まなびやの　大いちょう

高千穂町立　五ケ所小学校 [佐伯　英雄　作詞・緒方　広一　作曲]（※2010年、田原小学校と統合。）

1番　三秀台は日に映えて　希望に輝く**祖母**の雪　ああ五ケ所五ケ所こそ　若い僕らの喜びが　泉のように湧く村だ　僕等の力をより合わせ　明るい村をつくるのだ　われら五ケ所小学校

2番　**祖母**阿蘇久住に囲まれて　続く緑の広野原　ああ五ケ所五ケ所こそ　若い私のこの夢が　五色の虹に咲く里よ　みんなの心を打ちそろえ　楽しい里をつくるのよ　われら五ケ所小学校

五ヶ瀬町立　桑野内小学校［野辺　敬蔵 作詞・日高　隆 作曲］（※平成16年4月1日閉校※上組小学校に統合）

　3番　北に大阿蘇　東に**祖母**　朝な夕なに　仰ぎ見て　高き理想を　かかげたる　学びの窓に　栄えあれ　ああ　わが母校　桑野内

高千穂町立　田原中学校［長嶺　宏 作詞・海老原　直 作曲］

　1番　みはるかす　九重　**祖母**　阿蘇　おおらかに　けむりわきたち　はてしなく　波うつ大地　わかくさの　三秀台に　はばたくは　われらの希望

三　秀　台
（さん　しゅう　だい）

800m祖母山の登山基地で五ヶ所高原の西・崩野峠よりにある小高い丘をいい、阿蘇、くじゅう、祖母と九州を代表する三山を見事に一望にできることから名付けられた。

高千穂町立　五ヶ所小学校［佐伯　秀雄 作詞・緒方　広一 作曲］

　1番　三秀台は日に映えて　希望に輝く**祖母**の雪　ああ五ヶ所　五ヶ所こそ若い僕等のよろこびが　泉のように湧く村　僕等の力をより合わせ明るい村をつくるのだ　われら五ヶ所小学校

高千穂町立　田原中学校［長嶺　宏 作詞・海老原　直 作曲］

　1番　みはるかす　九重　**祖母**　阿蘇　おおらかに　けむりわきたち　はてしなく　波うつ大地　わかくさの　三秀台に　はばたくは　われらの希望

二　つ　岳
（ふた　だけ）

1257.1m三等　北峰と南峰（1260m、ヒカゲツツジの名所）の特徴ある双峰は各所から眺められ、高千穂を代表する山

高千穂町立　上岩戸小学校［熊埜御堂斉 作詞・中須正二郎 作曲］（※平成22年3月31日閉校）

　1番　朝霧のたゆることなき高原に　姿うるわし**二つ岳**　天下に誘れ　上岩戸

三　尖
（みっ　とぎり）

1474m全国難読山名ベスト15　かつては黒岳・親父山とセットの藪漕ぎ登山の山

高千穂町立　上野小学校［谷村博武 作詞・海老原　直 作曲］※玄武山に重複

　2番　**三尖**玄武の山や四季見原　空の遠くへすくすくと　伸びる願いの学舎に強く生きぬく　上野小学校

高千穂町立　上野中学校［谷村博武　作詞・海老原　直　作曲］
1 番 **三尖** 仰げば高く　鶯の　飛びかいて鳴く村の道　新しき希望に燃えて　胸をはりわれらは通う　ああ　上野中学われらの学園

玄 武 山
（げんぶやま）

974.2m四等　山頂部は三田井氏48塁の一つ・玄武城跡集雲山龍泉寺が新登山道

高千穂町立　上野小学校［谷村博武　作詞・海老原　直　作曲］※三尖に重複
2 番 **三尖** 玄武の山や四季見原　空の遠くへすくすくと　伸びる願いの学舎に　強く生きぬく　上野小学校

高千穂町立　上野中学校［谷村博武　作詞・海老原　直　作曲］
3 番 **玄武山** 霧はれゆきて　美しく　もみじに映える学び舎　豊かなる知識の泉　たえまなくわれらはぐまん　ああ　上野中学われらの学園

穂 日 嶺（穂觸峯）
（くしびね）

420m（地形図未記載）等高　日本書紀にある「筑紫日向の久志布流多気」として天孫降臨の峯と伝わる。中腹の穂觸神社のご神体山で禁足地

高千穂町立　高千穂中学校［工藤　正勝　作詞・森義　八郎　作曲］
1 番 **穂日嶺**に雲霧なびき　五ヶ瀬川流れ　さやけし　改まる国の明日　大阿蘇の噴く火さながら　潔き希望に燃えて　立ちたり学舎　**高千穂**中学

国 見 ケ 丘
（くにみがおか）

513m神武天皇の御孫・建磐龍命が筑紫（九州）征伐の途中に、神霊を祀り朝夕国見をされたという伝説地、雲海の名所、刈干切唄

高千穂町立　押方小学校［押方小同窓生　作詞・緒方　廣一　作曲］
1 番 **国見ケ丘**の朝日かげ　けだかき姿仰ぎつつ　正しく強くほがらかに　育つわれらに力あり（※3番**二上山**）

二 上 山（ふたがみやま）
（ふたかみさん）

1082m『日本書紀や日向、常陸国風土記』にみえる二上（神）峯で男岳と女岳一対の際立ったピーク、六峰街道の山で三ケ所神社奥宮

高千穂町立　押方小学校［押方小同窓生　作詞・緒方　廣一　作曲］
2 番 彩る希望そのままに　**二上山**は　もみじして　つどい明るき　押方のこの学舎に　栄あれ（※1番**国見ケ丘**）

五ヶ瀬町立　坂本小学校 ［西川　功 作詞・渡瀬　博司 作曲］
　1番　朝日たださす　**二上の**　山なみあおぐ　学び舎は　高き　希望を胸にひ
　　　め　清く　正しく　美しく　伸びる　良い子の集うとこ　我等が坂本小
　　　学校

烏帽子岳 808.7m三等　普通林道烏帽子岳線が山頂まで延びる　高千穂町の玄関口に聳える山

高千穂町立　向山北小学校 ［佐伯　英雄 作詞・森永　國男 作曲］（※平成22年4／1閉
　　　　　　　　　　　　　　　　　　校※高千穂小学校に統合）
　2番　花咲き丘に　鳥は鳴く　**烏帽子岳の**　峯の雪　清き心を　歌うなり　豊
　　　かに　ひろき心もて　友とまじわる　子等集う　ああ　**向山**北校

高千穂町立　向山南小学校 ［桑原　香 作詞・園山　民平 作曲］（※平成20年4／1閉校
　　　　　　　　　　　　　　　　　　※向山北小学校に統合）
　1番　**烏帽子ケ岳の**　峰青く　雲にそびゆるところ　明るく　広い　心は育つ
　　　光　光　みなぎる光　若い　いぶき　ああ　南校　わが学び舎

日之影町立　高巣野小学校 ［佐伯　英雄 作詞・緒方　広一 作曲］
　2番　そそりたつ　**烏帽子岳**　仰ぐ瞳に　流れゆく雲　知を磨き　体きたえて
　　　伸びゆかん　友よ　ああ　ひたすら励む　高巣野校

城　山（樺木岳城） 922m（地形図未記載）南北朝時代の宮方の将・三田井氏一族・芝原又三郎入道性虎築城の高千穂随一の大規模な城塞

五ヶ瀬町立　上町小学校 ［中武　三郎 作詞・飯干　靖 作曲］
　2番　**城山**のぞむわが里に　ひらけし展望　三秀峰　強く生きぬく　子供らの
　　　高き理想の　学舎は　誇る伝統　創り出し　ああわが母校　上組小

祇園山 1307.3m二等　九州発祥の山、九州最古の山岳、貞観11（869）年勧請・祇園神社（旧称祇園大明神）からの山名

五ヶ瀬町立　鞍岡小学校 ［桑原　杏 作詞・園山　民平 作曲］
　1番　**祇園の山**のうすがすみ　そのふところに抱かれて　みどりに映ゆる山の
　　　幸　高い理想に　たゆみなく　なおも正しく伸びていく　ああ鞍岡　鞍
　　　岡　わが母校

傾　山
かたむき　やま

1605.2ｍ二等　後傾、本傾、前傾と連なる三つの流紋岩の険しい岩峰が西の祖母山側に傾いていることからの山名で、県内最北端に位置

日之影町立　見立小学校 ［見立小昭和42年度職員 作詞・見立小昭和42年度職員 作曲］
（※平成14年４月１日閉校、※日之影小学校に統合。）

１番　**傾山**の雲晴れて　朝日かがよう山脈の　平和の里の学舎に　きょうも希望のにじがたつ　ああ見立　われらが母校　見立小

丹　助　岳
たん　すけ　だけ

815ｍ　九州自然歩道沿いの山で、八合目に丹助岳山小屋がある　高城山と１年毎に輪番制で山開き開催

日之影町立　大菅小学校 ［佐伯　英雄 作詞・石原　四郎 作曲］（※平成16年４月１日閉校※宮水小学校に統合）

１番　桜並木に春風が　花を咲かせる青空に　**丹助**高くそびえ立つ　わがまなびやの美しさ　希望にもえてよい子らの　つどうこの庭　大菅校

日之影町立　宮水小学校 ［高森　文夫 作詞・海老原　直 作曲］

２番　**丹助山**に雲わきて　希望の歌がこだまする　ひまわりの花咲ける庭　明るく強く伸び行かん　はえあれ母校宮水小

比　叡　山
ひ　えい　ざん

760ｍ前峰、本峰、後峰の三峰からなり、全山が急峻かつ複雑な花崗斑岩の環状岩脈は、地形上貴重な存在であり、垂直の岸壁はロッククライミングのメッカとして県外にも知られている

北方町立　下鹿川小学校 ［富永　憲市 作詞・東　正剛 作曲］（※平成14年４月１日閉校※美々地小学校に統合）

１番　**比えいの山**を　あおぎ見て　けわしきみねの　山あいに　祖先の教えをしのびつつ　正しく伸びる　下鹿川小

延岡市立　美々地小学校 ［小島政一郎 作詞・海老原吉之 作曲］（※平成26年４月１日※学校再編により閉校）

２番　仰ぐ**ひえいの**　あかね雲　いわがね掘りて　幸堀りて　ふるさと美々地きょうも伸ぶ　ちからの泉　きょうも伸ぶ

大　崩　山
おお　くえ　やま

1644ｍ一等　九州本土最後の秘境の山　平成２年（1990）祖母傾大崩山周辺「森林生態系保護地域」として指定

日之影町立　鹿川中学校 ［中須正三郎　作曲］※平成18年３月31日閉校

１番　雲わきいずる　**大崩**の　山なみ近く　うちあおぎ　望みも高く　若人われら　体を鍛え　知をみがく　ああ　われらがまなびや　鹿川中学校

北川町立　**祝子川小中学校**〔渡辺　修三 作詞・土持　昭郎 作曲〕（※平成15年4月1日
閉校※北川小・中学校に統合）

1番　朝に夕に仰ぎ見る　**大崩山**のいただきに　希望の雲が立ちのぼる　ああ
故郷の美しい　みんなの母校　祝子川校

速日の峰

868.0m一等　六峰街道の山の一つで、山頂東端には平成8年7／7
全面開業のレジャー施設「エトランド速日の峰」がある

延岡市立　**城小学校**〔小島政一郎 作詞・海老原吉之 作曲〕（※平成26年4月1日閉校※北
方学園に新設統合）

2番　**速日峰**　雲は行き交う　緑こき　森や林や　そのふもと　吾が学び舎の
高き窓　鐘がひびくよ

美郷町立　**北郷小学校**〔校歌選定委員会 作詞・山中盛男編曲・坂元士郎 作曲〕

1番　五十鈴の川や　**速日峰**　歴史は残る　琵琶の原　緑に映える　山あいに
集いて学ぶ　北郷小

行縢山

829.9m二等　養老2年に創建した「行縢神社」のご神体山　全国難読山
名サミットで19位、「行縢の滝」は日本百名滝　「にっぽん百低山」

延岡市立　**三椪小学校**〔長瀬　憲一 作詞・加藤　功 作曲〕（※霧子山重複　平成26年4月
1日学校再編により閉校）

1番　山なみつづく　**むかばきや**　**霧子の山**に　雲わきて　三椪の子らの　夢
もかけるよ　空高く　雲遠く

延岡市立　**南方中学校**〔加藤　環 作詞・有馬　俊一 作曲〕

1番　白雲わきて　**むかばきの**　雄々しき姿　朝夕に　仰ぎてつどう　学舎に
我ら手を取り　親愛と　協力の実　示しつつ　平和の鐘をならさなん

延岡市立　**黒岩中学校**〔吉田　正實 作詞・権藤　円立 作曲〕（※可愛岳と重複）
1番　**可愛の嶺**を　父と見て　**行縢**の麓　母となし　朝に夕に　仰ぎつつ　愛
と正義の道を践む　我らが母校黒岩中学

宮崎県立　**延岡第二高校**〔沢　武人 作詞・柳田　育秀 作曲〕（※可愛岳・愛宕山に重複）
3番　銀河は冴ゆる**行縢山**や　寒風すさぶる天守山　試練の道は遠けれど　真
理の花はまだ咲かず　我等延岡第二高校生

霧子山

461m　医者・国学者・歌人「武石道生」(号・霧岡散人・1748〜1831) がこよなく愛した山

延岡市立　三椪小学校 [長瀬　憲一 作詞・加藤　功 作曲]（※平成26年4月1日学校再編により閉校）
1番　山なみつづく　**むかばきや　霧子の山に**　雲わきて　三椪の子らの　夢もかけるよ空高く　雲遠く（※2番**行縢山**）

延岡市立　三椪中学校 [山積　保 作詞・田島暉朗生徒 作曲]（※昭和47年4月1日閉校）
1番　遥かに望む**霧子山**　かすみにけむる広野原　仰ぎたてたる学舎は　らんまんとして花香り　共に集いてむつびゆく　我が母校三椪中（※2番**行縢山**)

可愛岳

(えのたけ) 727.7m二等　西郷隆盛宿陣跡資料館　天孫瓊瓊杵尊 (ニニギノミコト) の御陵伝説の可愛山陵 (経塚) 日本で一番遅い山開き

延岡市立　北川小学校 [比江島重孝 作詞・後藤　哲郎 作曲]
1番　朝ぎり晴れる　**えのたけ**の　あおぐ緑よ　日の光　今日も明るい　この笑顔学ぶよい子の　北川　北川

延岡市立　東海小学校 [野口　雨情 作詞・権藤　円立 作曲]
1番　かなたに高く　聳ゆるは　雄々しき姿　**可愛岳**　あさに夕べに　仰ぎつつ　学びのわざに　いそしまむ

延岡市立　東海東小学校 [園田　尚子 作詞・園田　尚子 作曲]
2番　緑映える**可愛岳**仰ぎ見て　励む子ども未来へはばたこう　心豊かに勇気持って　創り出そう　東海東小

延岡市立　北川中学校 [松田　松雄 作詞・海老原　直 作曲]
1番　渓がきらめく　朝の道　そよぐ木の葉　重なる巌　**可愛岳**近く　陽に映えて　ああ　心は清く　歌ごえ合わせ　集り来れば　学び楽しい　われらが中学　北川

延岡市立　黒岩中学校 [吉田　正實 作詞・権藤　円立 作曲]（※行縢山と重複）
1番　**可愛の嶮**を　父と見て　**行縢**の麓　母となし　朝に夕に　仰ぎつつ　愛と正義の道を践む　我らが母校黒岩中学

宮崎県立 延岡第二高校 ［沢　武人 作詞・柳田　育秀 作曲］（愛宕山・行縢山に重複）
1番 落日赤く**可愛岳**の　峯染めなして沈む時　真理の道をきわめんと　若き
命の火を燃やす　我等延岡第二高校生

宮崎県立 延岡東高校 ［吉田　英一 服部七郎・補作 作詞・湯山　昭 作曲］（※平成19
年4月1日閉校）
3番 **可愛の嶺**に　かがやきて　立てる夏雲　若人　われら　こころ豊かに
創造の英知　ここに磨けば　真理の道は　日に新たなり　ああ　延岡東
わが母校

長尾山 382.2m四等　明治10年8月15日、西南戦争で西郷隆盛が始めて戦場に立った薩軍最後の決戦地・和田越がある

延岡市立 東海中学校 ［渡辺修三 作詞・石田良男 作曲］
2番 朝つゆ白き**和田越**の　山はみどりの古戦場　昔を語る松風も　歴史は古
き丘の上　ああ　わが友よ堂々の　我らが母校　東海中

宮崎県立 延岡商業高校 ［谷村博武 作詞・園山謙二 作曲］
1番 **長尾の山**の空澄みて　清浄の地にならびたつ　白亜の校舎光りあり　質
実剛健　いざわれら　ここに集えり若き日を　延岡商高延岡商高　平和
の学園

愛宕山 251.2m二等　日本夜景百選、『日本夜景遺産』　笠沙の御崎公園

延岡市立 恒富小学校 ［八波　則吉 作詞・小松　耕輔 作曲］
1番 緑したたる**愛宕山**　山の姿のうるわしく　みなもと遠き大瀬川　川の瀬
のとのさやけさよ（※2番**高千穂**）

延岡市立 西小学校 ［渡辺　修三 作詞・西崎　嘉太郎 作曲］
2番 みんなの胸にこだまして　　**あたごの山**がよびかける　力をあわせ手をふ
って　平和の道を行くように　正しく清くのびていく　西小西小われら
の母校

延岡市立 東小学校 ［長嶺　宏 作詞・海老原　直 作曲］
2番 **愛宕山**ふるきつたえや　土はゆたかに黄金のみのり　学びの窓に結びし
なかま　いつまでも　守れふるさと

延岡市立　**恒富中学校**［窪宮　和夫　作詞・窪宮　和夫　作曲］※」編曲・今村健二
　1 番　浅緑におう　**愛宕山**　気高きいぶき　身に受けて　平和の光　学舎に
　　　　われらの誇りここにあり　たたえ恒富　わが母校

延岡市立　**南中学校**［小島　政一郎　作詞・山村　雪子　作曲］
　2 番　よしや**愛宕の山**おろし　夜半に猛るも何かせん　学びの道の一すじに
　　　　気おう精神の灯火は　我が行く方を照らすらむ

宮崎県立　**延岡高校**［渡辺　修三　作詞・近衛　秀麿　作曲］
　1 番　うるわし延岡　輝く母校　明け行く空の　ひかりさやけく　ただよう雲
　　　　よ　川の流れよ　みどりの**愛宕**を　仰ぎみるとき　希望の風は　胸にあ
　　　　ふるる

宮崎県立　**延岡第二高校**［沢　武人　作詞・柳田　育秀　作曲］（※可愛岳・行縢山に重複）
　2 番　春は**愛宕**の花の宴　夏は弦歌の五ヶ瀬川　誘うものは多くとも　などて
　　　　なずまんその声に　我等延岡第二高校生

城　山（延岡城跡）　53.5m三等　延岡七万石お城山　日本三大ヤブツバキ群生地

延岡市立　**岡富小学校**［野口　雨情　作詞・権藤　円立　作曲］
　2 番　明けくれここに眺めにし　かの**城山**のなつかしく　わが岡富の学び舎は
　　　　永久に朝日や匂うらん

延岡市立　**岡富中学校**［北園　静夫　作詞・西岡　光夫　作曲］
　1 番　楠の葉香る**城山**の　鐘鳴るほとり古の　学びの跡に　つどいたる　我ら
　　　　理想に輝きて　清心の気は　あふれたり　岡中　その名　その名　わが
　　　　わが　母校

延岡市立　**西階中学校**［高森　文夫　作詞・伊藤　宣二　作曲］
　2 番　**城址の森**に　茂るときわざ　五ヶ瀬の水は　清らに流れ　春さりくれば
　　　　萌ゆる若草　吹きくる風が　われらにつげる　燃えよ新しき　学びの庭
　　　　で　ああ　西階中学校

宮崎県立　**延岡商業高校**［谷村　博武　作詞・園山　謙二　作曲］
　3 番　**城山**の鐘なつかしき　工場の街をのぞみ見て　産業人の誇りあり　勤労
　　　　愛好いざわれら　努め励まんもろともに　延岡商業　延岡商業　理想の
　　　　学園（※1番**愛宕山**）

鏡　山 （かがみやま）

645.4m一等　スカイスポーツのメッカ「風と光の丘・鏡山公園」

延岡市立　須美江小学校 ［小島政一郎 作詞・海老原吉之坂口　勲 作曲］（※平成15年4
月1日閉校※熊野江小学校に統合）

2番　**鏡山の**　道は楽し　渚洗う　水は清し　登れ　この道　唄いつつ　走れ
この水　元気よく

延岡市立　熊野江小学校 ［横山　寛 作詞・蓑毛　慶栄 作曲］

1番　世界をつなぐ広い海　空は明るい　**鏡山**　その海山に　抱かれて　明る
く正しく元気よく　学ぶ我等は　ああ熊野江のよい子ども

延岡市立　熊野江中学校 ［河野　久江 作詞・海老原　直 作曲］（※平成26年4月1日閉
校　同一校地に南浦中学校を新設統合）

1番　気高くやさし　**鏡山**　朝な夕なに　仰ぎつつ　理想は高く　大空に　我
等の夢は　わきかえる　ああ我等の母校　熊野江中

延岡市立　南浦中学校 ［牧野　直樹 作詞・　渡邊百合子 作曲］（※編曲・本田弥佐子）
2番　古い歴史と伝統が　今も伝わる　南浦　母のやさしさ　**鏡山**　ここが我
らのふるさとよ　清き心で伸びてゆく　南浦中学校

飯　塚　山 （いいづかやま）

571.4m四等　古くは末越山、別称に谷光、とびの越しがあり、飯を盛っ
た塚状の山容からの山名

延岡市立　北浦中学校 ［蓑部　静枝 作詞・海老原　直 作曲］（※編曲・椛山達美）
2番　母のごと　**飯塚の山**　高く優しく　朝夕に親しみ仰ぎ　清しき心ここに
育くむ　北浦　北浦　ああ聖らけき　我等が母校

尾高智山 （陣ケ峰） （おたかちやま）

392m（地形図未記載）大永7年11月、豊後の大友宗鑑の追討令
で討ち死にした第十代栂牟礼城主佐伯次郎惟治主従21名を
祀る尾高智神社がある

延岡市立　三川内小学校 ［水津　保補修・高森文夫 作詞・海老原　直 作曲］
1番　朝な夕なに　**尾高智の**　雄々しき姿　仰ぎつつ　学びの窓につどいきて
理想の真理　求めゆく　光　ここにあり　三川内小学校

あ と が き

　元々は、編集の一人だった『日本山名事典』（2004年　三省堂刊）の、担当した宮崎県に関係する山名の集大成として、写真なしでの出版を考えていた。その相談を、『昭和絵巻』（2008年、鉱脈社刊）出版にあたって面識のあった詩人・杉谷昭人さんを介して鉱脈社の川口敦己社長に面談したところ、自分だけに都合のいい構成で記録していた雑文のフロッピーを預かってもらいましたら、出来上がったゲラ刷りは、何と添付していた写真入りで、見違えるような構成とレイアウトがされていて、補筆と写真追加の助言がありました。

　添付していた写真は、例えば、釈迦ケ岳山頂の三角点測量に使用したやぐらの覘標等々、フィルムカメラでの私ども二人の写真がほとんどで、私としては私的な記録で撮ったものでした。しかしこれも、三年忌を過ぎた「二人歩地山楽会」相棒の鎮魂になるかとも思っておりご容赦ください。

　　終生を亡妻は自分を二の次に黒子に徹し吾を支へて
　　亡き妻はわが守り神一番の味方理解者応援団長

　なお鉱脈社のみなさんには、本書の出版にあたって、原稿や校正のメールの交換で拙い私のパソコンのやり取りをしていただいた制作担当の岩元由記子さん、編集担当の小崎美和さんなど、スタッフの皆さまにはいろいろお世話になり感謝申し上げます。

　　登り来し山それぞれに想ひありだが最たるはこれからの山

三人寄れば山岳会・二人ポッチで山楽会

松本　久治

著者紹介

松本久治（まつもと　ひさはる）

1940年清武町生まれ
清武小・中学校〜宮崎大宮高校〜東洋大学卒

『みやざきの自然』（鉱脈社）山歩き連載、『日本山名事典』（三省堂）
宮崎県内420山編集、『昭和絵巻』（鉱脈社）編集員、イレブント
レッキングサークル（大宮いちいち会山歩き同好会）、元日本山岳会
員、元宮崎山楽会・岳友、㈶日本自然保護協会・会員、NPO
法人自然を愛する会・名誉会員、二人歩地山楽会、㈲フェニッ
クスエージェント・相談役

宮崎山名事典

2024年7月10日　初版印刷
2024年7月29日　初版発行

著　　者	松本久治 ©	
発 行 者	川口敦己	
発 行 所	鉱 脈 社	
	〒880-8551　宮崎市田代町263番地　電話0985-25-1758	
	郵便振替 02070-7-2367	
印刷・製本	有限会社 鉱 脈 社